중국,
그래도 중국

중국 런민대학 왕이웨이 교수가
처음으로 국제관계의 각도에서 중국경제를 분석한 책

중국,
그래도 중국

왕이웨이 지음
한민화 옮김 · 김흥규 추천

서울문화사

먼 저 예전에 있었던 이야기를 꺼내보고자 한다. 20년 전, 푸단 대학에 다닐 때의 여자 친구였던, 지금의 아내를 데리고 처음 고향집에 다녀온 적이 있다. 고향은 장시의 소도시다. 때마침 춘절 연휴여서 기차 안은 인산인해를 이루었고, 아예 올라타기 어려울 정도였기 때문에 그녀를 기차 창문을 통해 겨우 밀어 올렸다. 그런데 막상 올라타긴 했어도 서 있을 공간조차 부족했었다. 사실 이런 모습은 그 당시에 늘 볼 수 있던 광경이었다. 훗날 고속전철이 생기고 나서야 그녀는 내 청혼을 받아들였다.

중국의 일부 인접국가도 그 당시의 중국과 비슷한 교통문제에 직면해 있다는 사실을 잘 알고 있다. 지금 중국에는 수많은 고속전철이 건설되었지만 말이다. 우리도 이제 인접국가가 편리한 교통시설을 구축할 수 있도록 도움을 줌으로써 고향에 좀 더 빠르고 편안하게 다녀올 수 있는 여건을 만들어야 한다.

나는 연세대학교 국제대학원에서 잠시 교편을 잡은 적이 있다. 당시 연세대학교 내 김대중도서관에서 한 장의 지도를 발견하고 가슴이 설레었다. 그 지도는 고 김대중 대통령이 평양을 방문했을 당시의 민족 부흥의 꿈을 소개하는 지도였는데, 부산에서 평양을 거쳐 울란바토르와 모스크바까지 연결되는 철도노선도였다. 이것이 바로 한민족의 유라시아대륙 호연호통(互聯互通, 서로 연결되고 통하게 함.-역주)의 꿈이 아니고 무엇이겠는가!

오늘날 시진핑 중국 국가주석이 제안한 '일대일로'는 고 김대중 대통령을 비롯한 수많은 선인들이 꿈꿔 온 유라시아대륙 호연호통의 100년의 꿈이라 할 수 있다. 이는 한국과 중국 국민을 포함한 인류 문명의 공동부흥을 추진할 원동력이 될 것이다.

일대일로와 관련하여 집필한 두 권의 책,《중국, 그래도 중국(一帶一路 : 機遇與挑戰)》,《바다는 요절했는가?-유럽문명계시록(海殤? - 歐洲文明啓示錄)》을 모두 영문판으로도 출간하게 되었다. 그리고 상우인서관(商務印書館)의 요청으로 세 번째 책인《세계는 통한다 : 일대일로의 논리(世界是通的 : 一帶一路的邏輯)》도 출간했다.

이 책《중국, 그래도 중국》에서는 네 가지의 문제, 즉 '무엇이 실크로드인가? 무엇이 일대일로인가? 왜 우리는 일대일로를 건설해야 하는가? 그리고 일대일로는 세계에 어떠한 이익을 가져오는가?'에 대해 주로 설명하고자 했다.

그렇다면 '일대일로'는 무엇인가?

나는 1에서 6까지 숫자에 의미를 두고 순서대로 요약 설명하고자 한다.

1. 개념적 의미로 하나의 벨트와 하나의 로드다.

2. 두 개의 날개로서 하나는 육상, 하나는 해상이다. 즉 실크로드 경제벨트와 21세기 해상 실크로드를 말한다.

3. 공상(共商, 지혜를 한데 모아 이익공동체를 구축), 공건(共建, 전략과 힘을 모아 책임공동체를 구축), 공향(共享, 국민에게 수혜를 주는 운명공동체를 구축)의 세 가지 원칙이다.

4. 4개의 키워드 : 호연호통, 전략적 연계, 에너지 협력, 제3자 시장개발 (개방협력, 조화·포용, 시장운영, 호혜공영)

5. 다섯 가지 방향 : 정책, 인프라, 무역, 자금, 민심을 말한다. 이 가운데 공자학원은 민심상통에 각별히 공헌할 것이다.

6. 6대 영역 – 6대 경제회랑 : 중국에서 중앙아시아와 러시아를 경유하여 유럽(발트 해)에 이르는 벨트. 중국에서 중앙아시아와 서아시아를 경유하여 페르시아 만과 지중해에 이르는 벨트. 중국에서 동남아와 남아시아, 인도양에 이르는 벨트. 중국·파키스탄 경제회랑, 방글라데시·중국·인도·미얀마 경제회랑, 신유라시아대륙교 및 중국·몽골·러시아 등의 경제회랑. 이 가운데 중국·파키스탄 경제회랑은 석유 운송에 역점을 두고 있으며 방글라데시·중국·인도·미얀마 경제회랑은 아세안국가와의 무역교류를 강조하고 있다. 한편, 신유라시아대

류교는 중국에서 유럽으로 직통하는 물류의 핵심통로 건설에 중점을 두며, 중국·몽골·러시아 경제회랑은 국가안보와 에너지개발에 편중될 것이다.

말은 쉽지만 무엇이든 실천이 어려운 법이다. 그렇다면 우리는 어떻게 일대일로의 구상을 실현할 것인가? 나는 공자의 지혜를 빌려 문제해결에 도움을 얻고자 한다. 바로 '내가 서고자 하면 남을 세워주고 내가 도달하고자 하면 남을 도달시켜준다[己欲立而立人, 己欲達而達人, 출처 : 논어 옹야편(論語·雍也- 역주)]'는 것이다. 모든 국가에는 각자 나름의 발전 수요가 존재하며, 중국의 일대일로는 유엔UN의 '2030년 후 지속가능한 발전의제'를 구현하는 데 충분히 역할을 할 것이다. 인프라 구축과 관련해서 베이더우 항법위성은 2018년에 일대일로 연선국가를 커버할 수 있으며 2020년에 전 세계 지역을 커버할 것으로 예상된다. 또한 이렇게 되면 인터넷이 구축되지 않아도 도로 건설과 원격교육에도 매우 유리한 여건을 조성할 수 있다. 일부 산간벽지에는 전기시설조차 없는 곳이 많은데 이를 통해 빈곤지역도 첨단과학기술의 혜택을 누릴 수 있기 때문이다. 이외에도 중국의 발전경험 가운데는 성공사례와 실패사례가 모두 존재하는데, 일대일로 국가는 성공경험을 흡수하고 실패사례를 거울로 삼을 수 있다. 특히 '환경오염을 뒷전에 두고 난개발을 진행하다가 나중에 뒷수습해야 하는' 전철을 밟지 않아도 되는 것이다. 중국인은 '중국의 꿈'을 가지고 있으며 다른 국가의 국민도 자신들의 꿈을 가지고 있다. 따라서 일대일로는 다른 국가가 그들의 꿈을 실현하도록 도와줄 것이며, 궁극적으로 그 취지는 연선국가의 공동번영과 문명의 공동부흥에 있다.

글로벌 금융위기가 발발한 이후, 세계경제의 공헌도 측면에서 중국은 평균 30%의 역할을 했다. 두 번째인 미국의 배에 달하는 공헌을 한 셈이다. 실물경제에 투자하는 한 가지 방법으로 인프라 건설에 집중하여 실물경제의 발전을 촉진한 것이다. 일대일로는 전 세계 경제회복을 견인할 성장엔진이 될 것이다. 이 청사진을 보면 일대일로 국가의 GDP는 전 세계의 29%에 불과한 반면 인구는 전체 인구의 63%에 달한다는 점을 발견할 수 있다. 한마디로 엄청난 잠재력을 보유하고 있다는 의미다.

결론적으로 말하면, 나는 일대일로의 주된 역할이 글로벌 경제의 번영을 실현하는 데 있다고 생각한다. 포스트 위기시대에 빈국과 부국 간, 동서양 간 커다란 간극이 존재하고 있으며 심지어 한 국가 안에서도 현격한 차이가 나타나고 있다. 이는 필연적으로 많은 위험을 초래할 수 있으며, 그런 의미에서 일대일로는 글로벌 재균형을 실현하는 프로젝트가 될 것이다. 전 세계 지도를 펼쳐 놓고 보면, 오늘날 수십 억의 인구가 현대화를 추진하고 있음에도 수백 년 전 유럽이 개발한 항로와 표준을 그대로 준용하고 있다. 지금 전자상거래가 비약적으로 발전하면서 대서양과 태평양 간의 기존 무역노선이 턱없이 부족한 상황이다. 종전의 많은 시설과 설비의 개선 작업이 필요한 것이다. 일례로 파나마는 기존의 노후한 운하의 개량과 업그레이드 작업을 희망하고 있다. 이 운하는 무려 100여 년 전 미국이 개척한 것이기 때문이다.

한밤중의 세계지도를 보고 있다고 가정해보자. 일본이나 북미, 유럽 등 일부 국가의 연해지역만 휘황찬란한 조명을 밝히며 현대화된 도시임을 입증할 것이다. 전 세계적으로 여전히 빈곤의 암흑에서 헤어나지 못하는 곳이 있다. 따라서 일대일로를 통해 모든 사람이 저녁에도 전기를 켜고 환한 불빛을 밝히기를 바란다. 세계은행 자료에 따르면 오늘날 전 세계 생산의 80%가 연해지역 100킬로미터 반경에서 이루어진다고 한다. 이러한 글로벌화는 반쪽짜리 글로벌화partical globalization다. 우리는 더욱 광범위한 호연호통을 통해 인류 문명의 공동부흥을 촉진시킴으로써 더욱 포용적인 글로벌화inclusive globalization를 구축해야 한다.

우리 함께 손을 맞잡고 '일대일로'와 한국의 '유라시아 이니셔티브'를 상호 연계할 수 있도록 노력해보는 게 어떠한가. 이를 통해 한국과 중국 국민의 공동부흥을 실현하며 '중국의 꿈'과 '한국의 꿈'이 통하는 아름다운 미래를 건설해나갈 수 있으리라 확신한다.

왕이웨이

김흥규(아주대 중국정책연구소장)

1 왕이웨이와
일대일로

—

중국 런민대 왕이웨이 교수는 필자가 알고 지낸 지 10여 년에 이르는 지인이다. 그는 천재류에 속하는 학자다. 말하는 속도보다 생각하는 속도가 무척 빠르고 복합적이어서 종종 말이 어눌하게 느껴질 정도다. 그의 연구 영역은 중국 문명과 역사, 동북아 국제정치, 중·미관계, 유럽 정치, 금융과 경제 등 다양하여 두루 미치지 않는 곳이 없을 정도다. 경이로운 점은 사통팔달하면서도 깊이가 있다는 것이다.

일설에 의하면, 당시 원자바오 총리가 그의 재능을 높이 사 발탁하여 키운 학자라고 한다. 상하이 복단대 미국연구소의 학자였던 그를 유럽연합에 보내 3년간 외교관으로서 유럽의 정치경제를 경험하게 한 것이다. 귀국하자마자 젊은 나이임에도 상하이 명문 동제대학이 갓 설립한 국제관계연구원의 집행원장이 되었다. 현재는 런민대의 국제관계연구소 소장, 유럽연구센터 소장, 금융연구소 선임연구원의 자리를 겸직하고 있다.

그러한 왕이웨이가 《중국, 그래도 중국》이라는 책을 썼다. 그는 패권국가의 글로벌 전략이라는 인상을 줄까 봐 '대전략'이라는 개념을 쓰는 것을 주저했지만, '일대일로'는 시진핑 시기에 제안된 중국의 국가대전략이다. 일대일로는 그만큼 중요한 주제다. 그 스스로가 언급한 대로 중국의 일대일로 구상은 시진핑 시기만의 단기적인 정책이 아니라 적어도 중국 건국 100주년인 2049년까지 중국의 꿈을 달성하기 위해 중국이 제시한 핵심적인 장기 프로젝트다. 즉 우리가 살아가는 동안 지속적으로 직면해야 할 현실인 것이다.

일대일로 구상이 처음으로 언급된 것은 2013년 9월 시진핑 주석이 카자흐스탄의 한 대학 연설에서 제안한 '실크로드 경제벨트' 구상에서다. 이후, 동년 10월 인도네시아에서 개최된 아시아태평양경제협력기구 비공식 정상회담에서 '21세기 해상 실크로드'의 구축을 제안하면서 중국이 육상과 해상을 아우르는 대구상을 추진 중이라는 것이 공개되었다. 중국은 이어 2015년 3월 28일 그간의 실크로드 구상을 종합하여 국가발전개혁위원회, 외교부, 상무부가 일대일로 구상에 관한 보고서를 공동으로 발표하는 것으로 그 구상의 대강을 소개했다.

그러나 외부인의 입장에서는 중국의 일대일로 구상은 그 중요성에도 불구하고 여전히 모호하고 미지의 영역으로 남아 있었다. 《중국, 그래도 중국》은 적절한 인물이 적절한 시점에 우리의 지적 갈증을 해소해주는 중요한 저작이다. 그의 역량에 걸맞게, 일대일로의 역사·문명론적인 기원에서부터 그 방향, 내용, 함의, 추진전략, 도전요인과 대응전략 등을 포괄적으로 제시하고 있다. 중국의 일대일로 구상이 담고 있는 문제의식은 저작의 서문에서 잘 제시되고 있다. 즉 시진핑이 제시한 '중화민족의 위대한 부흥'이라는 중국의 꿈을 어떻게 실현할 수 있을까? 중국이 굴기하는 이 중대한 시기에 국제적인 발언권(영향력)을 확보하기 위해 주변과 세계에 어떠한 제안을 내어놓을 수 있을까? '중화민족의 위대한 부흥'이 단지 중국의 탐욕의 확대가 아니라 공공재로서 인류 문명에 어떠한 공헌을 할 수 있을까? 왕이웨이는 이 책을 통해 이에 대한 그 스스로의 해답을 내놓고 있는 것이다.

현재 일대일로와 관련한 수많은 책과 저작들이 쏟아져 나오고 있지만 이만한 내용과 깊이를 담으면서, 함께 구체적인 전략과 정책적 함의를 담아낸 책은 찾기 어려울 것이다. 이 책은 중국의 경제발전전략뿐만 아니라 중국의 외교안보전략을 이해하기 위해서도 반드시 읽어야 할 필독서다.

2   시진핑 시기의 일대일로 구상과
동아시아 국제정세

—

　　2015년 3월 중국 국무원은 국가발전개혁위원회, 외교부, 상무부가 공동으로 '육상 실크로드 경제구역과 21세기 해상 실크로드 수립을 공동으로 추진하기 위한 전망과 행동'을 발표했다. 이 구상에서 동북아지역은 거의 배제되어 있다. 실크로드의 범위에 대한 한 연구에 의하면, 일대일로 구상에 있어서 핵심 국가는 중국, 중앙아시아, 러시아이고, 한국은 일본, 아프리카와 더불어 최종단계에서 투사해야 할 과제로 남겨졌다.

　　중국의 일대일로 구상이 향후 유라시아에서 30~40년간 먹고살 문제와 연관된 가장 중요한 정책인 것을 감안할 때, 우리로서는 대단히 중대한 사안이다.《중국, 그래도 중국》은 결국 한국과 일본이 일대일로 구상과 연계될 것이라는 점을 보여주고 있다. 그의 주장은 일대일로 구상에 동북아가 빠져 있다는 우려가 동북 3성 지역에서 점증하자, 시진핑 주석은 2015년 여름에 두 차례나 이 지역을 방문하여 동북아지역을 포함시키겠다고 언급한 내용과 일치한다.

　　일대일로 구상은 최근 중국 외교의 패러다임 변화를 가장 상징적으로 보여준다. 그간 중국에서는 후진타오 시기부터 서부 대개발 전략의 추진과 더불어 일대일로 구상의 내용을 담은 생각들이 간헐적으로 제기되었다. 그러다 시진핑 시기에 들어 산발적이고 독립적으로 추진되었던 사업들과 구상들을 하나의 국가대전략이라는 이름으로 통합하여 운용하고자 하는 의지를 드러내었다. 2015년은 그런 의미에서 대단히 중요하다. 새로운 서진(西進)전략이 일대일로 구상이라는 이름으로 가시화되었고, 이를 재정적으로 뒷받침할 아시아인프라투자은행[AIIB]의 설립이 예상을 뛰어넘어 빠르게 추진된 해다. 2015년 50여 개 국가가 모여 이를 출범시켰고, 이미 77개 국가가 가입의사를 밝힌 바 있다.

중국의 정치문화나 정책결정과정은 대체로 보수적이고 변화가 완만하다는 것이 일반적인 인식임을 감안할 때, 현재 일대일로 추진과 그 속도는 가히 획기적이다. 중국을 발전도상국으로 인식한 후진타오 시기까지는 감히 이러한 국가대전략 구상을 추진할 의지나 자신감을 보이지 못했다. 시진핑 시기 들어 중국의 외교는 과거의 행태와는 확연히 다른 길을 걷고 있다.

이러한 변화를 이해하기 위해서는 먼저 중국의 자아정체성의 변화에 주목하는 것이 중요하다. 중국 주류 전략사고가 중국이 '세계에서 가장 큰 발전도상국'이라기보다 이제는 '발전중인 강대국'이라는 인식으로 전환하면서, 전례 없이 중장기적인 '국가대전략'을 구상하고 실천에 옮기고 있다. 중국이 스스로를 발전도상국으로 인식했을 시기에는 국가대전략을 구상한다는 것이 국력 면에서 실현가능성도 없을 뿐 아니라 정책의 유연성을 제약하여 국가이익에도 부합하지 않는다는 생각이 강했다. 중국은 이와 더불어 '대륙국가'라는 정체성에서 탈피하여 '대륙-해양' 국가라는 복합 정체성으로 전환 중이며, 실제 일대일로 구상은 공간적으로 대륙과 해양을 망라하고 있다. 이러한 변화는 일대일로 구상에서 잘 드러나고 있다.

정체성의 변화에 따른 자연스런 결과로, 중국은 더 이상 스스로를 동아시아의 지역강국으로서가 아니라 강대국으로서 세계를 전략공간으로 보고 있다. 중국은 일대일로 구상을 추진하는 데 있어서 '유라시아의 허브국가'이자 '중앙국가'가 되고자 하고 있다. 이러한 공간 인식의 변화는 중국의 대외정책의 초점이 더 이상 동아시아에 머무르지 않고 아시아와 유럽을 연결하고, 더 나아가 아프리카와 남아메리카를 연결하는, 보다 더 거대한 구상을 가능하게 하고 있다. 이는 결국 미국이 최근 추진 중인 '아시아재균형정책'에 대한 중국의 답이 아닌가 여겨진다.

미국은 중국의 부상에 대한 대응으로 2011년 이후 '아시아재균형정책'을 추진하면서 중국을 견제하고자 하는 의지를 강하게 드러내었다. 보다 구체적으로는 신남방 삼각체제(미·일·호) 또는 다이아몬드 안보제휴체제(미·일·호·인)의 형성, 투르크메니스탄-아프가니스탄-파키스탄-인도를 연결하는 미국판 신실크로드 구상을 실현하려 하고 있다. 일본은 외양상 이러한 미국의 정책에 적극 호응하고 미·일 동맹을 강화하는 조치를 취했다. 이러한 일본의 태도는 중국의 부상에 따라 2010년부터 동아시아 경제 최강국의 자리에서 밀리면서 지역강대국의 지위를 위협받는 상황에서 나온 대응전략이라 할 수 있다. 일본은 중국에 굴복하기보다는 중국에 맞설 수 있는 의지와 역량을 지닌 국가로서 미국으로부터 인정받고자 하는 것이다. 하지만 일본의 속내는 단순히 미국을 추종하고 중국에 적대적이라기보다는 보다 복합적인 것으로 보인다. 즉 실제 일본의 대중정책의 핵심은 대중 견제에 중점을 둔 헤징전략 정도로 해석할 수 있겠다.

중국은 2013년 이후 '새로운 아시아 안보체제 수립 구상', '아시아인프라투자은행'처럼 미국을 배제한 새로운 국제기구의 수립을 제안했고, 향후 국제규범 영역에서도 미·중 갈등이 예상보다 빨라 미·중 관계가 새로운 격랑의 단계로 접어들고 있음을 보여준다. 과거의 일반적인 예상은 중국이 미국을 경제규모에서 추월하고, 군사비 규모에서 엇비슷해지는 2020년경부터 2040년경의 시기에 본격적인 미·중 간 규범 경쟁에 들어갈 것으로 평가했다.

《중국, 그래도 중국》은 일대일로 구상이 개방적이며, 전방위적인 전략 구상이라는 것을 보여주고 있다. 다만, 우리의 시각으로 볼 때 중국이 그간 보여준 대응은 미국의 압박, 미·일동맹의 강화 등 동쪽으로부터 오는 거센 도전에 응전하기보다는, 동쪽은 점진적인 대응과 관리(東管), 서쪽은 적극 진출(西進), 남쪽은 새로운 영역 확장(南開), 북쪽은 협력 강화(北和)라는 정책 방향을 설정한 것으로 보인다. 이는 중국이 불리한 군사적인 대립과 직접적인 충돌은 회피하면서도 중국이 활용 가능한 자금과 투자를 확대하고 인문교류를 활성화해 미국을 역으로 포위할 방책으로 보인다. 2015년은 그 중대한 전환점이 되었다.

3 중국의 서진(西進)과 남진(南進)전략 전개

—

이 책에서 중국이 서쪽은 적극 진출(西進), 남쪽은 새로운 영역 확장(南進) 전략을 우선적으로, 그러나 병행하여 추진할 것이라는 것을 설명하고 있다. 중국의 새로운 서진(西進)전략의 핵심은 새로운 실크로드 전략(일대일로)의 추진과 아시아인프라투자은행의 설립이라 할 수 있다. 남진

(南進)전략은 우선 남중국해에서 중국의 주권영역을 확보하면서, 점차 남태평양 영역으로 협력과 영향력을 확대하는 것이다. 다만 그 추진 동력은 전통적인 안보적 접근이 아니라 문화, 인문교류, 경제협력을 통해 찾겠다는 것이다.

그간 중국은 발전도상국으로서 국가대전략을 수립하고 실행하는 것이 국익에 도움이 되지 않는다는 입장을 바꿔, 시진핑 시기 들어서는 보다 적극적으로 국가대전략을 구상하고 운용하려는 의지를 지니고 있음을 보여주고 있다. 이 구상이 추진되기 전까지 중국은 주변국들과 광범위한 해양분쟁에 휘말려 있었고, 주변국들과 갈등이 증폭되고 중국 위협론이 팽배하는 상황에 직면해 있었다.

중국의 새로운 실크로드 전략은 다면적인 목표를 동시에 추진하고 있다. 경제적으로는 새로운 단계의 경제발전전략을 추진하고 있는 상황에서, 4조 달러에 달하는 보유 외환의 출구, 과잉 설비 및 생산의 해외 이전, 새로운 경제발전 동력을 제고할 수 있을 것으로 기대하고 있다. 두 번째로는 인프라 투자가 어렵고 낙후된 서부지역의 개발을 촉진하려는 필요성과 의지의 발현이라 할 수 있다. 세 번째로는 국내 정치·사회적 안정성의 제고를 기대할 수 있겠다. 네 번째 외교적인 측면에서는 주변국과의 관계 강화 기회 및 유럽, 아프리카, 남아메리카에 이르는 네트워크의 구축과 허브 역할을 기대할 수 있을 것이다. 그리고 중앙아시아 등 서부 주변국들에 대한 영향력 강화와 대테러 협력 강화의 효과도 기대할 것이다. 마지막으로 전략적으로는 미국이 지배하는 해상루트에서 벗어나 보다 다양한 에너지 공급 루트를 개발하는 것이다. 특히 미국 위주의 국제질서와 그 압박에서 벗어나 출구를 모색하고 새로운 대안적 질서를 제시할 기회를 맞이하고 있다.

중국의 실크로드(일대일로) 구상과 추진은 2013년부터 공식화되었으며 크게 육상 실크로드 경제벨트와 해상 실크로드로 대별된다. 중국은 2015년 3월 28일 그간의 실크로드 구상을 종합하여 국가발전개혁위원회, 외교부, 상무부가 공동으로 보고서를 발표했다. 이 보고서에 따르면 중국은 육상으로는 국제적인 통로를 이용하고, 실크로드를 연결하는 중심도시를 기반으로 하고, 경제무역산업지대를 협력플랫폼으로 만들어 중국-몽골-러시아, 중국-중앙아시아-서아시아, 중국-중남아시아 등 3개 국제경제협력 회랑을 포함한 6대 경제협력지대를 구축하고자 하고 있다. 해상으로는 주요 항구를 포인트로 하고 안전하고 효율적인 운송통로를 공동으로 건설하고자 한다. 흔히 진주목걸이전략이라 지칭되는 중국-미얀마-방글라데시-인도-파키스탄-아라비아 해-아프리카 연안선과 중국-남중국해-남태평양 두 개의 해상선이 주요 방향으로 설정되어 있다.

그리고 일대일로의 중점 사업으로는 정책소통, 인프라연통, 무역창통, 자금융통, 민심상통 등 5통(通)을 제시하고 있다. 이를 해석하자면 일대일로 사업은 단순한 투자와 경제, 무역 사업을 넘어서서 보다 전략적이고 안보적인 함의를 담고 있는 것이다. 이 구상에서 특히 주목되는 부분은 동북아시아 지역에 대한 구상의 부재 및 관심의 저하다. 상기의 보고서에 나타난 육상 3개 라인과 해상 2개 라인에서 동북아는 배제되어 있다.

중국의 일대일로 구상에 있어 동북아지역에 대한 소홀은 중국 내부에서도 큰 우려를 불러일으켰다. 동북 3성 지역은 그렇지 않아도 북핵문제로 안전문제가 우려되고 있고, 경제적으로도 출로를 찾지 못하는 상황에서 동북지역이 일대일로 구상에서 배제되면 더욱 어려운 상황에 빠져들 것으로 우려하고 비판의 목소리를 높였다. 이에 대해 중국정부는 동북아지역에로의 일대일로 확장에 대해 검토하고 고민 중인 것으로 보인다. 일단 시진핑 주석은 2015년 7월 두 차례의 동북지역 방문을 통해 동북지역의 발전계획에 대해 보다 긍정적으로 고려하고 있음을 알렸다. 동시에 2015년 9월 '제2차 세계대전 전승절 70주년 기념' 행사로 방중한 박근혜 대통령을 통해 한국과 일대일로 구상의 실현에 협력하기로 합의했다. 이로써 기존의 동북개발계획 및 두만강 유역 개발계획의 지속적인 추진, 북한 개방의 확대 노력, 중국, 러시아, 한국 등 삼국 경제협력의 확대 등과 같은 정책이 예상되지만 아직 구체적인 실천 계획은 수립되어 있지 않을 것으로 보인다.

중국은 2015년 일대일로를 재정적으로 뒷받침할 아시아인프라투자은행을 성공적으로 설립했다. 이를 20세기 후반을 지배했던 미·영·일 연합 금융질서에 종언을 고하는 것으로 보는 것은 과도한 평가이지만, 분명한 것은 가장 강고한 것으로 평가된 기존 금융질서에 심리적인 종언을 고한 전환기적인 사건이라고 평가할 수 있다. 향후 위안화 국제화는 가속화될 것으로 보이며, 국제무대에서 중국의 영향력은 증대할 것으로 보인다.

4 한국의 유라시아 이니셔티브와 중국의 일대일로 구상

—

최근 한국정부는 2013년 10월 18일 한·러 정상회담을 앞두고 유라시아 이니셔티브를 제안했다. 한국은 동북아의 고립된 섬으로 남지 않고 역동하는 시대의 흐름에 동참하겠다는 의지를 보인 것이다. 한국의 부산을 출발하여 북한, 러시아, 중국, 중앙아시아, 유럽을 관통하는 실크로드 익스프레스를 실현해나간다는 구상을 밝힌 것이다. 2013년 11월 푸틴 대통령과의 정상회담에서 한·러 정상은 한반도 종단철도^{KTR}와 시베리아 종단철도^{TSR} 연결에 대한 인식을 공유했고, 라진-하산 프로젝트 참여에 관한 양해각서를 체결했다. 한국의 유라시아 구상은 중국 횡단철도, 시베리아 종단철도, 몽골 횡단철도를 상호 연결하고 유럽까지 연결한다는 구상을 담고 있다. 남북한 내 단절된 철도 및 고속도로 구간을 연결하여 외부의 철도와 접목시킨다는 내용도 포함되어 있다. 한국은 이러한 구상들을 실현하기 위해 2015년부터 유라시아 친선특급사업, 한·중앙아시아 협력사무국 신설을 추진했다.

한국은 유라시아 이니셔티브와 중국의 일대일로를 연계하는 데 적극적인 태도를 유지하고 있다. 우리는 '제2차 세계대전 전승절 70주년 기념식'을 통해 중국은 향후 일대일로 구상을 실현하는 데 한국과 같이 협력하기로 합의했다. 이는 한국정부의 신뢰프로세스 및 동북아 평화구상과 논리적으로 연계되어 있다. 경색된 남북한 관계 및 동북아 국제관계를 경제, 물류의 소통, 인적교류 등의 방식으로 완화하겠다는 정치적 의지를 포함하고 있다. 잠재적으로는 북한의 경제개혁과 개방에 필요한 투자자금의 확보의 통로로서 아시아인프라투자은행에 대한 기대치도 존재한다.

그러나 한국의 유라시아 이니셔티브 구상의 최대의 장애는 북한의 경직된 태도와 깊은 연관이 있다. 북한의 김정은 정권은 당분간 한국은 물론 중국과의 관계 희생도 감수하면서 핵무기 및 그 운반수단 개발을 강화하겠다는 태도를 보여주고 있다. 북한이 핵무기무장전략을 채택하는 한 동북아의 안보정세는 항상 긴장되고, 경제발전에 필요한 안정과 동력은 제한적일 수밖에 없는 상황이다. 이는 한국의 발전은 물론이고, 중국의 동북 3성, 연해주지역의 발전에 큰 장애요인이 되고 있음을 의미한다.

두 번째 도전은 일대일로 정책에서 동북아는 그 발전계획에서 비중이 낮게 책정되어 있다는 점이다. 중국의 동북 3성 지역은 향후 지역발전이 더욱 지체되는 상황을 우려하게 되었다. 시진핑 주석이 이러한 우려를 해소하기 위해 2015년 7월 두 차례에 걸쳐 동북지역을 방문했지만 여전히 '구상'이 동북지역에 구체화하기까지는 많은 시간이 필요할지도 모른다. 이러한 상황이 외교안보 측면에 던지는 함의는 크다. 중국이 장차 한국에 대한 기대치는 낮추고, 북한과의 관계 개선을 추진하면서, 한반도 자체 변수의 영향을 낮추는 방향으로 정책을 전개할지도 모른다는 우려가 존재한다는 점이다. 중국의 한반도에 대한 상대적 관심이 줄어들면, 북한이 도발할 개연성은 상대적으로 증대할 것이다. 이는 중국의 국가이익에도 부합되지 않는다.

세 번째 도전은 기존의 동북 3성 발전계획, 두만강 유역 삼국 공동개발계획 등을 어떻게 일대일로 사업과 연계시키면서 북한의 개혁과 개방을 유도하느냐 하는 점이다. 이는 한국이 홀로 해결할 수 있는 문제는 아니다. 중국, 러시아, 북한, 일본, 미국을 다 같이 끌어안고 합의를 이뤄낼 수 있어야 한다. 다자적인 노력이 필요함을 말해준다.

향후 중국의 국제적 영향력은 더 증대될 것이다. 다만, 당분간은 미·중간의 갈등과 경쟁의 골은 더 첨예하고 깊어질 것으로 예상되어 한국의 외교안보는 더 부담스런 상황에 직면할 개연성이 다대하다.

중국의 전략적 이해 측면에서 볼 때, 북한은 동아시아에서 과거 냉전시기 중국을 위해 미국을 견제했던 역할에서 벗어나, 이제는 동북아에서 군사적인 역량을 강화하고 중국을 견제하고자 하는 미국의 전략적 이해에 부응하는 역할을 하는 존재가 되고 있다. 북한은 현재 새로이 변화한 중국의 강대국 외교에 직면하면서 추후에도 벼랑 끝 전술을 구사할지 아니면 보다 유화적인 태도를 취할지 중요한 결단의 순간에 놓여 있다.

현재 상태대로라면, 한국정부의 아시아인프라투자은행 참여의 주요 명분인 대북 경제개발, 북방 경제협력에 활용하려는 기대는 당분간 실현되기 어려울 수 있다. 남북관계 개선도 어려울 전망이다. 중국은 현재 북한의 도발을 억제하고, 경제개발계획에 유인하기를 희망하고 있다. 그러나 최근의 북핵 실험 정국은 현재까지 그 결과를 낙관할 수는 없게 만들고 있다.

이러한 도전에 직면하여 한국은 중국의 동북 3성 발전전략과 연계하여 한·중 공동 협력을 강화할 필요성이 존재한다. 한·중은 어떻게 북한 변수를 줄이면서 협력이 가능한지에 대해 연구와 협력을 배가해야 할 시점에 와 있다. 이런 차원에서도 왕이웨이 교수가 저술한《중국, 그래도 중국》을 면밀하게 읽어볼 필요가 있다. 그가 제안한 전략과 내용, 책략이 중국 주류 전략사고의 종지를 담고 있을 가능성이 대단히 크기 때문이다. 우리는 이를 적극 이해하고 활용할 방도를 찾아야 한다.

차
례

'일대일로(一帶一路)', 중국의 꿈과 세계의 꿈이 만나는 가교

중화민족의 위대한 부흥이란 중국의 꿈을 어떻게 실현할 수 있을까? 중국이 굴기하는 중차대한 이 시기에, 국제적 발언권을 확보하기 위해 어떤 위대한 제안을 내놓을 것인가? 또한 중화민족의 위대한 부흥은 인류 문명에서 어떠한 역할을 할 것인가? '실크로드 경제벨트'와 '21세기 해상 실크로드'(약칭 일대일로) 구축의 제안이 바로 이러한 질문에 대한 답이라 할 수 있다.

　그렇다면 왜 지금 '일대일로'를 제안하는가? 그리고 왜 하필 신(新)실크로드가 아닌 실크로드 경제벨트여야 하는가? '21세기'를 강조하는 이유는 과연 무엇이며 역사적인 해상 실크로드와의 차이점은 어디에 있을까?

일대일로는 중국이 추진하는 기존 전략의 일환인가? 아니면 중국의 새로운 위대한 제안인가? 기존의 지역협력 모델이나 글로벌 체제와는 어떤 관련이 있을까? 일대일로는 어떠한 국가와 지역을 포함하는가? 카자흐스탄, 인도네시아 두 국가를 대상으로 일대(一帶)와 일로(一路)를 제안한 이유는 무엇인가? 그렇다면 어떻게 일대일로를 건설할 것인가? 그리고 일대일로의 기회와 위험은 무엇일까? 일대일로로 인해 중국과 세계는 어떤 관계로 변화할 것인가? 구축 완료까지 소요되는 기간은 얼마일까? 그리고 일대일로의 구축이 중국과 세계에 가져올 변화는 무엇인가?

이 책에서는 이러한 여러 가지 근본적인 질문에 대해 체계적인 답변을 준비했다. 한마디로 일대일로 구상은 전방위적 대외개방에 절대적으로 필요한 비전이며 문명 부흥을 향한 거스를 수 없는 대세다. 또한 일대일로 구상은 포용하는 글로벌화를 실현하기 위한 시대적 요구이자 지금까지 글로벌화의 참여자에 불과했던 중국이, 이제는 신글로벌화를 창조하는 플래너로 거듭나는, 대세의 커다란 전환을 알리는 신호탄이라 할 수 있다.

인류 문명 역사와 글로벌 정세를 살펴보면 위대한 일대일로의 제안은 3대 핵심과업을 수행해야 하며 '삼오효과(三五效應)'를 보여주고 있다.

I 5천 년 동안 전례 없던 변화의 국면 : 전통적인 중화문명의 구조전환 추진

―

일대일로는 중화문명의 구조전환 추진이라는 역사적 과업을 실천해야 한다.

중국은 문명화를 추진하면서 현재 육지문명에서 해양문명으로, 농경문명에서 산업·IT문명으로, 지역문명에서 글로벌문명으로 구조전환되는 시기를 겪고 있다. 이는 5천 년 동안 그 유례를 찾아볼 수 없던 변화의 국면이다. 중국은 인류 고대문명의 부흥과 구조전환을 병행 추진하는 기적을 지금 실현하려 하고 있다. 그 일환으로 일대일로 구상을 제안함으로써 글로벌 시대에 문화적 자신감과 자각을 충분히 입증한 셈이다.

중화문명은 장기간 북방의 위협을 받아 위축되었으며 내륙에 국한되어 발전해 왔다. 해안 방비는 방어 수준에 불과했으며 오랜 기간 소극적 수성 상태에 머물러 있었다. 해양으로 진출을 시도했으나, 서쪽으로 움직였을 뿐 발전에는 여전히 한계가 있었다. 따라서 이번에 중국이 제안한 일대일로 구상은 육상과 해상으로 동시에 진출한다는 공식 선언을 담은 것으로 그 의미가 남다르다. 다시 말해 육상문명의 강점을 발휘하면서 해양문명의 발전도 동시에 추진하며 육·해상 문명을 조화롭게 발전시켜 양자를 겸비한 문명화 국가로 부상한다는 비전을 제시하고 있다.

두 개의 실크로드 가운데 하나는 유라시아지역 교통망이다. 이는 철도, 도로, 항공, 항만, 오일·가스 송유관, 전력망 및 통신망으로 구성된다. 통합적이고 입체적으로 서로 연결하여 통하게 한다는 이른바 호연호통(互聯互通)을 구현하는 교통망을 일컫는다. 향후 정책, 인프라(교통설비), 무역, 자금(화폐), 민심 등 5통(五通)의 토대 위에 6번째 '통'으로 네트워크를 통합 연결한다는 의미의 망통(網通)을 구현할 수도 있다. 또한 이러한 교통 노선을 따라 관련 산업클러스터를 조성하여 산업 집적화와 경제적 부대효과를 창출하고 건설업, 금속제련업, 에너지, 금융, 통신, IT, 물류, 여행업 등을 통합 발전시키는 경제회랑을 구축할 계획이다. 이런 의미에서 일대일로는 최첨단 기술 로드라고 해도 과언이 아니다. 자본과 기술을 기반으로 거대한 유라시아 시장을 확보하면서 중국은 'Made in China', 즉 세계의 공장에서 세계표준으로 거듭날 것이다. 이는 중국이 농경문명에서 산업·IT문명으로 구조전환되리라는 사실을 반증할 것이다.

일대일로는 중국의 10여 개 성과 아시아·아프리카·라틴아메리카의 광범위한 지역을 연결하고 나아가 남태평양지역까지 범위를 확대하여 세계와 중국을 하나의 벨트로 묶는 프로젝트다. 북극항로가 개통되면 일대일로는 세계의 지정학적, 지역적 경제 판도를 재편하면서 군수산업을 포함한 중국 기업의 해외진출 전략인 '주출거(走出去, 국외 투자 장려, 밖으로 나간다는 뜻 - 역주) 전략'에 박차를 가할 것이다. 일대일로는 전 세계가 누릴 수 있는 공공재로서 중국이 지역문명의 한계를 뛰어넘어 세계적 문명으로 도약하리라는 사실을 보여줄 것이라 확신한다.

II 5천 년 동안 전례 없던 변화의 국면 : 근대 인류 문명의 혁신 추진

—

일대일로는 인류 문명의 혁신 추진이라는 현실적인 과업을 짊어지고 있다.

먼저 일대일로의 글로벌화 추진과 발전 방향성을 살펴보면 포용성을 담고 있다는 점을 알 수 있다.

전통적 글로벌화는 해양에서 처음 싹트기 시작하여 탄생했으며 연해지역과 해양국가에서 먼저 발전했다. 해양지역에 비해 육상국가와 내륙지역은 비교적 낙후하여 양자 간에는 현격한 빈부격차가 생겼다. 전통적 글로벌화는 유럽에서 태동하여 미국에서 그 찬란한 꽃을 피웠다. 이때부터 국제질서의 서방중심론이 대두하면서 동방은 서방세계에 예속되었고 농촌은 도시의, 육지는 해양의 부속으로 전락하는 등 부정적 영향을 받았다. 지금 중국은 일대일로 구상으로 글로벌 재균형 전략을 추진하고자 한다. 일대일로는 대(對)서방 개방정책을 기치로 내걸고 중국의 서부지역과 중앙아시아, 몽골 등 내륙국가 개발을 선도함으로써 국제사회에서 글로벌화의 포용적 발전이념을 추진하려 한다. 뿐만 아니라 서방세계를 대상으로, 중국의 우수한 양질의 생산력과 비교우위 산업분야의 홍보에 직접 나서고 있다. 이를 통해 주변국가가 우선적 수혜를 받을 것으로 예상된다. 과거 역사적으로 중앙아시아 등 실크로드 주변지역이 동서양 무역과 문화교류의 경유지에 불과했다면, 이제는 합류지로 거듭나면서 요충지로서 그 위상이 달라질 것이라 확신한다. 일대일로는 유럽인의 손에서 탄생한 글로벌화로부터 초래된 빈부격차와 지역발전 불균형이라는 부작용을 극복하고 지속적 평화 실현, 안정적 안보 확보, 공동 번영을 추구하는 평화로운 세계 건설을 향해 나아가려 한다.

다음으로 유라시아 대륙을 인류 문명의 중심지로 재탄생시킨다는 점에 주목할 필요가 있다.

과거 동서양 양대 문명을 하나로 연결했던 실크로드는 오스만제국이 강대해지자 단절되는 운명을 맞았다(역사적으로 '오스만제국 장벽'이라 함). 유럽은 자구책으로 바다로 눈길을 돌릴 수밖에 없었고, 유럽의 해양진출은 중국의 나침반, 화약 등 4대 발명품이 아랍을 거쳐 유럽으로 전파되는 계기가 되었다. 해양진출을 시작한 유럽은 주변지역을 식민지화함으로써 글로벌화를 추진했다. 이는 아랍인의 해상운송 개척과 더불어, 실크로드를 더욱 쇠퇴의 길로 걷게 만들었다. 동방문명은 폐쇄적이고 보수적인 방향으로 전개되면서 이른바 '서방 중심 세계'로 진입하기 시작했다. 그러다 서방세계의 무게중심이 유럽에서 급부상한 미국으로 넘어가게 된다. 쇠퇴기에 접어들기 시작한 유럽은 유럽통합을 이루어냈으나, 대세를 전환하기에는 역부족이었다.

이제 유럽은 세계 중앙무대에 복귀할 수 있는 절호의 기회를 맞이하고 있다. 이는 바로 유라시아 대륙의 부흥을 통해서 가능하다. 영국의 지정학자 해퍼드 매킨더 Halford John Mackinder(유라시아 개념을 최초로 제안한 19세기 영국 지리학자 - 역주)는 유라시아 대륙을 '세계의 섬'으로 비유하며 그 가치를 높이 평가한 바 있다. 유럽시장의 통합과정은 브레진스키 Brzezinski 의 저서《거대한 체스판 The Grand Chessboard》에서 지적된 바와 같이 미국을 '고립된 섬'으로 회귀시키는 전략적 효과뿐만 아니라 유라시아 대륙을 인류 문명의 중심지로 부활시키는 지정학적 효과를 동시에 발휘할 것으로 본다. 결국 글로벌 패러다임과 세계 판도를 바꿀 것으로 예상된다. 중국은 유럽연합EU의 호연호통 전략1)과 자국의 일대일로 전략을 하나로 연결하고 정책, 무역, 인프라, 자금, 민심의 '5통'을 통해 평화, 성장, 개혁, 문명이라는 4대 동반자관계의 구축을 추진할 것이다. 유라시아 대륙이 인류 문명의 중심지로 재탄생하면 그 파급효과는 아프리카 대륙에까지 이를 것으로 보인다.

세 번째로 인류 문명의 혁신적 진화를 통한 글로벌 재균형 전략을 완성하는 비전을 제시했다는 점에 주목해야 한다. 글로벌화에 불을 지핀 것은 유럽인이다. 그런데 미국이 후발주자로서 오히려 유럽을 능가하여 아직까지도 세계 해상물류의 중심지는 〈그림 1〉에서 보는 바와 같이 대서양과 태평양 건너, 그 사이에 있다.

일대일로는 태평양과 대서양 사이에 두 개의 경제벨트를 구축하는 프

▶ **그림1 · 세계 해상물류도** 2)

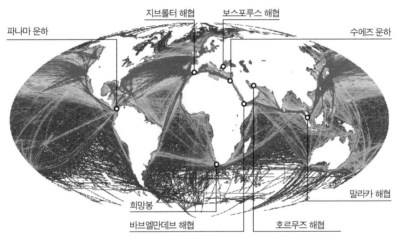

파나마 운하 　 지브롤터 해협 　 보스포루스 해협 　 수에즈 운하

희망봉 　 말라카 해협

바브엘만데브 해협 　 호르무즈 해협

---

1) 유럽연합 역시 유럽의 뉴실크로드 플랜을 제안했다. 취지는 리스본에서 블라디보스토크까지 자유무역구를 건설하여 파트너 국가가 '모스크바와 브뤼셀 사이에서 선택'할 필요가 없도록 하는 데 있다. 이 구상은 중국과 유럽의 범대륙 간에 연계 가능성을 제공했다.

2) **참고자료** │ National Center for Ecological Analysis and Synthesis, https://www.neptune.nceas.ucsb.edu/cumimpacts2008/impacts/transformed/jpg/shipping.jpg(accessed 29 July 2014)

로젝트로서 세계를 더욱 균형적으로 발전시키며 내륙 문명의 부흥, 육·해상 문명의 접목을 추진하는 비전을 제시하고 있다.

실크로드는 유라시아 대륙의 무역 통로이자 문명 교류의 연결고리라 할 수 있다. 실크로드 경제벨트는 글로벌 시대에 고대 무역과 문화 통로를 계승할 뿐 아니라 육상 글로벌화 추진을 통해 해상 글로벌화의 위험을 헤지hedge하는 역할을 해낼 것이다. 문명과 경험을 서로 교류하고 나누면서 유라시아 대륙의 평화와 번영을 실현하며 인류의 지속가능한 발전이라는 새로운 문명을 열 것으로 기대한다. 아울러 경제건설, 정치건설, 문화건설, 사회건설, 생태문명건설이라는 오위일체의 이념을 토대로 지속가능한 발전을 이루는 신인류 문명의 역사를 열어나갈 것이다.

경제벨트는 지역경제 협력모델에 대한 혁신적 개념이다. 그 가운데 경제회랑Economic Corridor, 특히 중국·몽골·러시아 경제회랑, 방글라데시·중국·인도·미얀마 BCIM 경제회랑, 신유라시아대륙교, 중국·중앙아시아 경제회랑, 중국·인도차이나반도 경제회랑, 해상 경제회랑 등은 경제성장을 통해 주변국가의 동반 성장을 주도할 것으로 예상된다. 이는 전통적 경제학 이론을 뛰어넘는 개념이라 할 수 있다. 중국은 세계 최대 무역국가로 성장했으나, 비동맹정책을 표방하면서 해상패권을 주무르는 미국에 신형 국제관계를 수립하자고 제안한 바 있다. 또한 같은 맥락에서 중국은 21세기 해상협력의 신개념을 제기했다. 이는 운항, 물류, 안보협력의 혁신적 모델을 만들어 특허경영권, 항구의 공동건설·공동향유 등의 방식을 통해 육·해상 실크로드의 통합 연계를 추진하는 비전을 제시하고 있다. 21세기 해상 실크로드에서 키워드는 바로 '21세기'다. 바꿔 말하면 중국은 서구 열강이 걸어왔던 해양 확장, 분열, 식민지 등의 구태의연한 전략을 답습하지 않으며, 해양패권을 잡기 위해 미국과 대치하는 그릇된 길로 빠져들지 않겠다는 점을 시사한 것이다. 21세기의 의미는 바로 중국이 구시대적 글로벌화의 폐단을 효율적으로 차단하는 한편, 사람과 바다가 하나가 되어 평화롭게 공존하며 지속가능한 발전을 실현하는 신형 해양문명을 열어가겠다는 의지의 표명이다.

III 5천 년 동안 전례 없던 변화의 국면 : 중국의 꿈 실현 추진

—

　　일대일로는 중국의 꿈 실현이라는 미래의 역사적 사명을 짊어지고 있다.

　일대일로와 '두 개의 백년[兩個一百年, 공산당 창당 100주년이 되는 2021년과 신중국 건국 100주년인 2049년을 중화민족 부흥의 꿈을 이뤄가는 '두 개의 백년'으로 칭하고 있다. 첫 번째 백년대계는 공산당 창당 100주년인 2021년의 중진국 도달, 즉 '샤오캉사회(小康社會)의 실현'이다. 사회주의 국가인 신중국은 1949년에 세워졌다. 건국 100주년 다음 해인 2050년에 도달할 또 다른 백년대계는 바로 선진국 진입이다. - 역주]'은 마치 한 몸처럼 움직이는 중국의 꿈이라 할 수 있다. 중화민족의 위대한 부흥이라는 중국의 꿈을 실현하기 위해서는 이를 구체적으로 실행할 수 있는 방안과 청사진이 필요하다. 일대일로는 바로 이러한 중책을 맡고 있다. 2021년에 첫 삽을 뜨고 2049년에 기본적으로 완성할 계획이다.

일대일로가 바라보는 중국의 꿈은 다음 세 가지로 요약할 수 있다.

첫째, 그동안 중국이 글로벌화라는 흐름에 편승하고 편입되어 왔다면 이제는 글로벌화를 기획하는 플래너로서 그 위상이 바뀔 것이라는 점이다. 또한 중국이 세계를 향해 개방정책을 펼쳐 왔으나, 이제는 세계가 중국을 향해 개방하는 형태로 상황이 달라질 것이다. 중국은 60여 년에 걸쳐 독립·자주의 평화발전 노선을 확립했다. 그런데 거의 반세기 동안 세계적 흐름을 주도하는 개척자는 될 수 없었다. 50년 전, 중국은 미국 제국주의와 소련 수정주의(중국은 소련을 수정주의라 하면서 자본주의 국가와 교류한 소련을 맹렬히 비난함. - 역주) 타파를 슬로건으로 내세우며 중국 특색의 사회주의 기틀을 공고히 했다. 하지만 개혁개방정책을 실시한 이후에는 서방세계의 손아귀에서 벗어나지 못한 채 좌지우지당했었다. 그런데 이제는 아시아와 유럽을 주무른다 해도 과언이 아니다. 중국이 두 가지 실크로드를 제안한 것은 중국의 대외개방 전략이 새로운 역사의 장을 열었다는 의미다. 개방전략의 내용 면에서 달라진 점을 살펴보자. 먼저 해외 기술 및 자본 도입, 또는 투자유치를 의미하는 인진래(引進來) 전략에서 주출거 전략으로 방향을 선회했다. 그리고 이 두 전략을 더욱 유기적으로 통합하여 글로벌 경제협력 경쟁에 참여·주도할 수 있는 새로운 비교우위를 발굴함으로써 개방을 통해 개혁을 이끌어내려 한다는 점이다. 개방 전략의 범위를 보면 중국 서부지역 개발에서 서쪽과 남쪽 방향으로 개방 대상을 확대하는 전략을 실시하고자 한다. 한마디로 전방위적 개방이라는 새로운 틀을 형성한 것이다. 그렇다면 개방의 정도는 어떠한가? 글로벌 지역경제 통합이라는 발전추세에 발맞춰 주변지역을 기반으로 한 자유무역구 전략을 채택하고 상품, 자본, 노동력의 자유로운 이동 실현을 목표로 하고 있다. 중국의 안보전략에서 최대한 융통성과 탄력성을 발휘할 수 있는 곳은 바로 서부지역이다. 서부지역은 중국이 균형적이고 지속가능한 발전을 실현할 수 있는 심장부라 할 수 있다. 일대일로는 서부대개발 프로젝트를 초월하는 비전을 제시하고 있을 뿐 아니라 중국 내 시장통합이라는 단계를 훌쩍 뛰어넘어 유라시아 시장 건설을 궁극적 목표로 한다.

둘째, 중국은 유럽과 아시아 통합이라는 청사진을 완성하며 '대주변(大週邊) 국가('주변국외교'와 함께 최근 등장한 용어. '주변'이 이웃을 말한다면 '대주변'은 인접국 너머 국가도 포함함. 이는 중국이 주변국 개념을 확대하고 있음을 의미함.-역주)' 및 지역의 기반을 공고히 하여 이를 발판으로 삼을 계획이다. 일대일로를 통해 호연호통이 완성되면 세계경제의 엔진이라 할 수 있는 아태지역과 세계 최대 경제체인 유럽연합이 하나의 벨트로 묶여 유라시아 대륙에 새로운 기회와 공간이 제공될 것이다. 또한 동아시아, 서아시아, 남아시아 경제복사구Economic Radiation(반사이익을 받는 지역이라는 의미, 경제발전 수준이 높은 국가와 상대적으로 낙후한 국가 간에 자본, 인력, 기술 등의 교류 및 이동을 통해 사고방식이나 생활습관 등을 전파하여 자원 재배치 효과를 누릴 수 있음.-역주)를 조성할 수도 있다. 경제무역을 활성화하며 경제기술 협력의 기반을 다지고 자유무역구를 건설, 최종적으로 유라시아라는 거대 시장을 조성하려는 계획은 양대 실크로드 건설의 기본 방향이자 목표라 할 수 있다. 또한 일대일로는 역내 무역과 생산요소의 최적화된 배분으로 지역경제 통합을 추진하고자 한다. 이를 통해 지역경제와 사회를 함께 발전시키는 플랫폼을 제공할 계획이다. 최근 유럽연합은 리스본에서부터 블라디보스토크를 연결하는 유라시아통합전략구상을 제안한 바 있다. 또한 러시아도 유라시아경제 공동체Eurasian Economic Union 구축을 제시했다. 일대일로는 이러한 두 구상에 비해 더욱 광범위하고 실현가능한 비전을 제시하며 포용성을 갖춘 전략이 다. 현재 미국이 주도하면서 타결을 모색 중인 TPPTrans-Pacific Strategic Economic Partnership(환태평양경제동반자협정), TTIPTransatlantic Trade and Investment Partnership(범 대서양 무역투자동반자협정) 등은 고도의 글로벌화를 표방하며 중국을 견제 하려는 의도로 진행되고 있다. 일대일로는 이러한 노림수에 효과적으로 대처할 수 있는 전략이다. 중국은 아젠다 선정, 메커니즘, 이념 등에서 더 이상 미국이 주도하는 국제체제(WTO와 같은)에 '무임승차(이 표현은 버락 오 바마 미국 대통령이 최근 중국이 세계분쟁 해결과정에서 무임승차해 왔다고 비판한 데 대해 본문에서 풍자적으로 같은 단어를 사용하여 반박한 표현임.-역주)'할 이유가 없 다. 오히려 아시아, 유럽, 아프리카가 중국이라는 특급열차에 언제든지 무 임승차하기를, 아니 탑승하기를 희망하고 있다. 일대일로는 중국이 대주 변을 운영하고 관리하는 데 필요한 전략적 구상이기도 하다. 역사적으로 강대국의 굴기를 살펴보면 우선 주변지역에서 교두보를 확보한 뒤에 전 세계를 대상으로 그 영향력을 확대했음을 알 수 있다. 주변지역은 중국이 안심하고 편안하게 살아갈 수 있는 터전을 지탱해주는 곳이자 발전과 번 영을 이루는 기반이기도 하다. 글로벌화와 유라시아통합이라는 전략적 포 석에 따라 중국이 대주변과 이익 공동체, 책임 공동체, 안보 공동체를 형성 하여 궁극적으로 운명 공동체를 건설한다면 중국의 국제적 영향력과 소프 트파워를 한 단계 강화시키는 절호의 기회가 될 것이다.

셋째, 중국은 글로벌화 전략에서의 비교우위를 재정비하여 전반적인 국가 경쟁력을 강화할 것이다. 일대일로 구상을 통해 중국은 전방위 개방 전략을 추진하여 글로벌 분업체계에서의 새로운 비교우위를 발굴해야 한다. 또한 새로운 글로벌 경쟁시대를 맞이하여 글로벌 산업가치사슬의 다운스트림에서 저가상품 제조에 치중하던 중국이 업스트림의 고부가가치 영역으로 포지셔닝을 끌어올리는 것도 바로 일대일로를 통해서 가능하다. 비교우위 측면에서 노동·자원집약형에서 기술집약형으로 산업구조의 고도화를 진행해야 한다. 일대일로 구축과정은, 곧 중국이 글로벌 산업가치 사슬의 다운스트림에서 업스트림으로 진화하는 과정이기도 하다. 중국은 호연호통 관련 업종과 분야에서 인력, 물자, 재력, 경험, 표준의 비교우위를 극대화하고 이를 충분히 발휘하여 중국의 국제경쟁력을 전반적으로 제고해야 한다.

고대 실크로드는 중국과 동서양을 서로 연결하는 국도(國道)였다. 또한 중국과 인도, 그리스 3대 주요 문명이 한곳에서 만나는 교량이기도 했다. 그랬던 실크로드가 현대에 이르러 새로운 시대와 변화된 정세 속에서 다시 활력을 찾고 부활함으로써 중국 대외개방 정책의 전략적 요충지로 거듭나고 있다. 일대일로 구상은 중앙아시아, 아세안, 남아시아, 중유럽·동유럽, 서아시아, 북아프리카 등 65개 국가와 전 세계 44억 명의 인구를 아우른다. 전 세계 인구의 63%를 차지하며 경제규모는 약 21조 달러로 전 세계 경제규모의 29%에 해당한다.[3] 2013년 중국과 일대일로 연선 국가 간 무역액은 1조 달러를 초과했다. 이는 중국 대외무역 총액의 4분의 1에 해

---

3) 일대일로는 개방적이며 65개 국가에 한정되지 않음.

당한다. 과거 10년 동안 중국과 연선 국가 간 무역액은 연평균 19% 성장했으며, 이는 동기대비 중국 대외무역액의 연평균 성장률보다 4% 높은 기록이다. 향후 더욱 성장할 가능성이 있다. 현재 초안 작업 중인 '13.5규획(제13차 5개년 규획, 5년 단위의 경제계획 - 역주)'에 따르면 중국은 10조 달러의 상품을 수입하며 5천억 달러를 상회하는 대외투자를 진행하고 출국 여행객 수는 약 5만 명에 이를 것으로 예상된다. 중국 주변국가와 실크로드 연선 국가가 가장 먼저 수혜를 받는 국가가 될 것이다. 시진핑 주석이 언급한 바와 같이 일대일로는 중국을 비약적으로 발전시킬 양 날개이자, 아시아를 비약적으로 성장시킬 양 날개이기도 하다. 일대일로는 함께 비즈니스를 추진하며 공동으로 건설하여 같이 키운 파이를 서로 나누는 공상(共商), 공건(共建), 공향(共享)의 원칙을 강조하고 있다. 또한 개방적이고 포용적인 이념을 슬로건으로 내세운다. 구체적으로 설명하면 첫째, 이미 형성된 협력의 틀을 함께 수용한다는 의미이다. 가능하면 새로운 그릇에 따로 담지 않겠다는 뜻이다. 둘째, 역외세력도 포용하겠다는 선언이기도 하다. 러시아, 미국, 유럽, 일본 등 역외세력을 배제하지 않겠다는 의지를 표명하며 국제협력의 공공정신과 누구나 이용할 수 있는 공공재로서의 중립적인 성격을 강조하고 있다. 다시 말해 중국이 일방적으로 추진하는 전략이 아니라는 점을 피력하고 있다. 이는 중국의 꿈이 세계인의 꿈인 행복한 삶의 추구와 일맥상통한다는 사실을 보여준다. 스리랑카의 꿈, 러시아 부흥의 꿈, 인도네시아 해양강국의 꿈, 몽골의 꿈이 실크로드의 꿈과 서로 한곳에서 만나게 된다. 중국의 기회가 바로 세계의 기회가 되고, 세계의 기회는 분명 다시 중국의 기회로 전환될 것이다. 일대일로 프로젝트를 통해 연선 국가와 지역은 중국과 실질적인 전략적 협력 동반자 관계를 구축하게 되며 글로벌 동반자 네트워크로 하나의 벨트로서 연결될 것이다. 이를 추진하기 위해 중국은 적시에 포용·개방·지속가능한 '실크로드 안보관'을 제안했다. 또한 관련 홍보단을 구성하여 실크로드 안보관의 취지와 전략, 해당지역이 누릴 수 있는 혜택 등을 알리고 있으며, 유엔개발계획^{UNDP}은 중국이 앞서 이룬 성과와 공헌에 대해 높이 평가하고 있다. 중국은 일대일로 프로젝트를 '국제연합^{UN}의 2015년 이후 지속가능한 발전'의 의제로 상정할 계획이다. 이는 2012년 말 제18차 공산당 전국대표대회의 18대 보고서에서 제시한 시장경제·민주정치·선진문화·조화사회·생태문명의 '오위일체' 이념을 실천하여 녹색 실크로드를 건설하기 위해서이다.

일대일로는 하나의 독립된 기구 또는 메커니즘이 아니다. 이는 협력발전의 이념이자 하나의 구상으로서 관련 국가와의 기존 다자간 체제를 그 기반으로 한다. 실질적이고 효율적인 기존의 지역협력 플랫폼을 준용하며 고대 실크로드의 역사적 코드를 배경으로 평화로운 발전추구를 강조하고 있다. 주변국가와 경제협력 동반자로서의 관계를 적극 강화하고 정치적 신뢰, 경제적 융합, 문화적 포용을 실현하는 이익 공동체, 운명 공동체, 책임 공동체를 구축하는 데 기본 취지가 있다.

물론 일대일로는 고립된 전략이 아니며 중국 전략정책의 전부라고 말할 수도 없다. 중국 국내의 '전면적 개혁심화 및 전방위적 개방[4개의 자유무역구, 창장경제지대(長江經濟帶), 징진지(京津冀, 베이징·톈진·허베이의 약칭 – 역주) 일체화]', 아시아·태평양자유무역지대^{FTAAP}를 근간으로 하고 있다. 이를 기반으로 일대일로라는 일체(一體)와 전면적 개혁심화·전방위적 개방,

FTAAP의 양익을 함께 추진하는 일체양익(一體兩翼)의 대전략을 수립함으로써 중국의 꿈을 실현하고자 한다.

결론적으로 말하면 일대일로는 중국의 꿈을 실현하기 위한 필연적 선택이다. 또한 중국이 대국으로 굴기하면서 국제적 발언권과 비교우위를 확보하기 위한 전략적 밑그림이라 할 수 있다. 일대일로를 추진함으로써 중국은 더욱 풍요롭고 행복한 인류의 삶을 위해 국제적 책임을 수행해야 한다. 현재 세계적으로 다양한 수요를 원하는 목소리는 날로 커지는 반면 글로벌화 체제의 낙후성으로 인해 수요와 공급 체계는 매우 불안정하다. 이러한 불균형이 오히려 중국의 발전과 일대일로 건설의 추진동력이라 할 수 있다. 일대일로는 장기적인 신프로젝트로서 주변국가에 대한 공식 선언문의 성격을 띠고 있다. 일대일로를 널리 알리고 씨앗을 뿌림으로써 관련 국가와의 협력을 강화하고 우의를 더욱 돈독히 하는 한편, 중국의 제조와 경영, 기획 능력, 나아가 국제적 신용을 획기적으로 제고시키는 계기가 될 것으로 확신한다. 이는 5천 년, 500년, 50년 동안 그 유례를 찾아볼 수 없었던 대세의 거대한 변화라 할 만하다. 우리는 일대일로라는 대전략을 추진하면서 5천 년, 500년, 50년이라는 3개의 '5'라는 숫자를 강조하며 이를 '삼오효과'라 부르고 있다. 그리고 모든 '5'에는 또 각각 세 가지의 함의가 있다. 이 모든 것은 돌고 돌아 결국 하나의 결론에 도달한다. 바로 일대일로 구상이 실크로드의 꿈을 발판으로 중국의 꿈을 실현하는 과정이며, 이는 세계의 꿈 실현을 앞당기는 추진동력이라는 사실이다. 이러한 기본이념을 바탕으로 실크로드 문화를 전파하고 실크로드에 담긴 이야기를 풀어내며, 실크로드 정신을 널리 알리고자 한다. 우리는 바로 여기에서 실크로드 공공외교(정부 간 소통과 협상 과정을 일컫는 전통적 의미의 외교와 대비되는 개념으로, 문화·예술, 지식, 미디어, 홍보 등 다양한 소프트파워 기제를 활용하여 외국 대중에게 직접 다가가 감동을 주어 긍정적인 이미지를 만들어나간다는 의미 – 역주)의 나아갈 방향과 해답을 찾아볼 수 있다.

1부

시대를
초월한
'일대일로'

당나라 시인 장적(張籍)은 고시에서 "수많은 낙타 방울소리가 아득히 줄지어 사막을 횡단하니 하얀 비단을 실은 낙타가 안서(安西, 실크로드 교통 요지로 둔황의 동쪽에 위치함.-역주)까지 이른다(無數鈴聲遙過磧, 應馱白練到安西)."라고 표현했다. 장적의 시구를 보면 천 년 전 고대 실크로드가 얼마나 성황을 이루었는지 가히 미루어 짐작할 수 있다. 실크로드는 한·당나라 시대의 태평성세와 찬란한 영광을 뒷받침하는 든든한 버팀목이었다. 또한 중국의 비단, 차엽, 도자기 등의 물품을 쉼 없이 실어 나르는 교역의 통로이기도 했다. 당시 전 세계는 실크로드에 열광하고 도취했다. 장건이 실크로드를 개척한 이후부터 육상 실크로드와 해상 실크로드, 양대 운송 루트가 점차 형성되었다. 그 가운데 육상

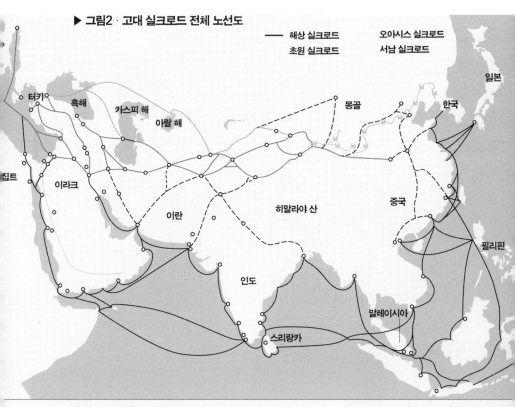

▶ 그림2 · 고대 실크로드 전체 노선도

—— 해상 실크로드   오아시스 실크로드
- - - 초원 실크로드   서남 실크로드

일본

터키   흑해   카스피 해   아랄 해   몽골   한국

집트   이라크   이란   히말라야 산   중국   필리핀

인도

말레이시아

스리랑카

창안, 란저우(蘭州, 간쑤성의 성도-역주), 둔황, 투르판(Turpan, 吐魯番), 우루무치, 화전(禾田),
쇄엽[碎葉, 7세기 중엽 지금의 타림(Tarim) 분지 부근에 있었던 서돌궐],
카스가얼(신장웨이우얼 자치구의 서남부에 있는 도시-역주), 사마르칸트,
콘스탄티노폴리스(Constantinopolis, 터키 이스탄불의 옛 이름-역주), 베네치아, 로마, 제노바

실크로드는 북방 라인과 남방 라인으로 나뉜다.

구체적으로 살펴보면 장건이 서역(西域, 한나라 시대에 본격적으로 사용된 개

념으로 옥문관 서쪽 지방, 즉 지금의 신장과 중앙아시아 일부를 가리킴. - 역주)에 처음

파견되었을 때 이용한, 정부의 공식 루트인 서북 실크로드가 있으며 북쪽

으로 몽골고원에 이르고 서쪽으로 톈산 북록에서 중앙아시아로 진입하는 초원 실크로드, 그리고 중국 남중국해에서 출발하고 남중국해를 통과하여 태평양, 인도양, 페르시아만에 들어서며 멀리 아프리카, 유럽까지 아우르는 해상 실크로드가 있다. 1913년 프랑스의 한학자인 엠마뉘엘 에두아르 샤반Emmanuel-èdouard Chavannes이 처음으로 '해상 실크로드' 개념을 제안했다. 그는 자신의 저서인 《서돌궐사료(西突厥史料)》에서 "실크로드는 육로와 해상, 두 가지 길이 있다. 북쪽으로 강거(康居, 중국 한·위시대에 중앙아시아 키르기스 초원을 중심으로 한 터키계 유목민족의 나라 - 역주)에서 출발하여 남쪽으로 인도의 여러 항구로 통하는 해상 로드가 있다."라고 밝혔다.

고대 해상 실크로드의 역사는 2천 년 전으로 거슬러 올라간다. 한무제 때 동남아시아를 거쳐 인도에 이르는 해상 통로를 개척했고 당나라에 들어서 대외무역의 무게중심이 육로에서 해상으로 옮겨왔다. 송·원시대에 이르러 광저우와 취안저우 등의 지역에 아랍상인의 입항을 독려하여 무역을 촉진하게 된다. 이로써 기존의 광저우에서 남아시아를 거쳐 남인도로 진행되었던 무역 범위가, 인도양을 넘어 페르시아만에 이르고 아랍국가 연안 일대까지 확대되었다. 명나라 중엽에 유럽의 식민주의가 동쪽으로 침투하자 명나라는 장주(漳州) 월항(月港)에서 해외무역 금지조치를 부분 해제하고 개인 해외무역선의 출항을 허용했다. 특히 스페인 식민지의 통치자는 필리핀에서의 통치권을 유지하기 위해 마닐라에서 멕시코 아카풀코에 이르는 대범선무역(大帆船貿易, 해상 실크로드를 통한 무역. 대범선무역이란 16세기 이후 태평양을 통해 신·구대륙 간에 대형 범선으로 이뤄진 무역을 말한다. - 역주) 항로를 개척했다. 그리고 중국 상선이 마닐라까지 운송한 중국산 생사와 견직물을 태평양을 거쳐 미주대륙에 운송한 이후 또다시 대서양을 거쳐 유럽 각 지역으로 운송했다. 이는 중국의 고대 해상 실크로드에 커다란 지각변동을 가져온다. 즉 지역무역에 국한되었던 해상항로가 동서양을 연계하는 글로벌 무역 항로로 확대·발전하는 계기가 된 것이다.

실크로드는 우정과 부를 나누는 소통의 길이었으며 교류와 공존의 길이었다. 오가는 상인들의 발걸음이 끊이지 않았고 서로 다른 문명이 교차하여 만나고 얼기설기 엮여 상호 융합을 이루었다. 이른바 모든 것을 두루 포용하고 망라한다는 겸용병포(兼容并包)의 이념이 실크로드 흥성과 늘 함께했다. 오늘날까지 면면히 이어진 이 이념은 실크로드에 새로운 시대적 의미를 부여하고 있다.

고대의 육상 실크로드와 해상 실크로드, 거대한 이 두 물줄기가 오늘날 한곳에서 합류를 시도하고 있다. 이제는 단순한 비단길(실크로드)이 아니다. 중국은 더 이상 단지 '비단' 국가에 머물러 있지 않기 때문이다. 또한 '비단'이라는 단어가 더 이상 '중국제조(中國製造, Made in China)'의 대명사가 아니기 때문이기도 하다. 이제 중국은 고속도로, 고속전철, 오일·가스 송유관, 통신망, 해상통로 등을 주축으로 이들을 하나로 묶는 이른바 호연호통을 구현하고자 한다.

독일의 지리학자 리히트호펜 Richthofen은 아마도 자신이 1877년에 명명한 실크로드가 21세기에 부활하여 세계의 정치·경제구조를 재편하리라고는 상상조차 하지 못했을 것이다. 사실 실크로드는 2천 년 동안 동서양 무역 및 문화교류를 통틀어 이르는 말이었다. 먼저 실크로드는 단순히 하나의 루트만이 아닌, 비단, 차엽, 초원, 도자기, 향료 등의 교역 루트를 일컫는 대명사로 불렸다. 다음으로 비단이 동서양 무역을 촉진한 주요 동력이었다고 보기 어렵다. 단지 중국 특산품인 비단이 로마제국 귀족들의 사랑을 받았기 때문에 '비단, 즉 실크 Silk'라고 명명한 것에 불과하다. 한편으로는 실크로드 횡단에 드는 운송비용이 막대하고 많은 위험도 감수해야 했기 때문에 가볍고 운반이 편리하면서도 황금처럼 값비싼 비단을 취급해야만 수지타산이 맞았다. 유럽인이 동방에서 가장 얻고자 했던 것은 사실 향료였다. '오스만제국 장벽' 때문에 실크로드가 통제·단절된 이후 유럽인이 불가피하게 바다로 눈길을 돌린 동기도 여기서 찾아볼 수 있다. 포르투갈인 바스쿠 다가마 Vasco da Gama는 전 세계를 항해하다가 아메리카 대륙에 도착했는데 그곳을 인도로 오인했다. 인도는 당시 향료 생산국이었기 때문에 유럽인은 해상의 위험을 무릅쓸 가치가 있었다. 이는 훗날 스페인, 네덜란드 등의 유럽 제국주의 국가가 앞다투어 황금을 비롯한 기타 재물을 약탈하는 계기를 제공했다.

그렇다면 오늘날 실크로드가 다시 부활하게 된 원인은 무엇일까? 또한 오늘날의 실크로드와 역사 속의 실크로드는 과연 어떠한 차이점과 연관성이 있을까?

1 고대 실크로드의 형성과 발전

장건이 서역으로 원정을 나서기 전, 서방세계에서 발견된 자료에서 우리는 일찍이 중국이 비단을 수출한 기록을 찾아볼 수 있다. 예를 들면 기원전 3세기경, 고대 로마의 지리학자는 이미 중국을 '세리카Serica(라틴어로 비단을 만드는 국가라는 뜻 - 역주)' 또는 '세레스Seres(라틴어로 비단을 만드는 사람이라는 뜻 - 역주)'라고 불렀는데 이는 누에와 명주실을 그리스어로 번역한 것과 밀접한 관련이 있다. 서방세계의 눈에 비친 중국은 비단으로 나라를 일으키고 비단으로 강국이 된 나라였다. 미루어보건대, 한무제가 실크로드를 공식화하기 100년 전부터 중국 비단은 이미 서방에 전해졌고 비단은 당시 많은 국가가 중국을 이해하는 매개체였다는 사실을 알 수 있다. 이는 장건의 '착공지려[鑿空之旅, 서역의 구멍을 뚫는다는 의미의 서역착공(西域鑿空)의 여정을 의미 - 역주]'를 위한 굳건한 발판이 되었다.

서한(西漢) 시기, 북방 흉노족의 힘이 커지자 조정에서는 흉노 세력을 제압하기 위해 장건을 대월지(大月氏, 기원전 3세기경 중앙아시아의 아무다리야강 유역에서 터키계 또는 이란계 민족이 세운 나라 - 역주)에 파견하여 동맹을 추진하고자 했다. 그런데 장건은 서역원정 도중 흉노족에게 억류되어 수십 년간 발이 묶이고 만다. 그러나 그는 결국 목적지인 대월지에 도착하여 그곳에서 한족문화를 전파하는 한편, 서역 여러 국가의 장점을 취해 성공적으로 동서양 소통의 길을 열었다. 신망(新莽) 정권 시기, 정권 교체와 국내 갈

등의 증폭으로 실크로드는 더 이상 발전하지 못한 채 정체 상태에 머물렀다. 동한(東漢) 정권 수립 이후에는 반초(班超, 중국 후한 초기의 무장 - 역주)가 다시 적진의 길에 들어서서, 서역을 개척하여 지중해 부근까지 그 영향력을 확대했다. 반초는 바로 2차 서역착공을 추진함으로써 동서양의 문물·문화 교류를 한 단계 발전시키는 계기를 마련했다.

"웅장한 뜻을 품고 서역원정을 떠나 고대 발자취를 따라가니, 홀로 구름처럼 떠돌며 광활한 사막의 석양 한가운데에 서 있노라(壯志西行追古踪, 孤煙大漠夕陽中)."
"낙타 방울소리가 고대 비단길에 울려 퍼지니, 호마(胡馬, 서북지역 민족의 말 또는 군대를 의미하며 고대 중국 북방과 서방의 이민족을 가리킴. - 역주)가 마치 당·한 시대의 위풍을 바로 가까이 느끼는 듯하구나(駝鈴古道絲綢路, 胡馬猶聞唐漢風)!"

천 년이 지난 오늘날에도, 시인이 붓 끝으로 묘사한 내용을 통해 우리는 여전히 당시에 휘황찬란했던 영광의 발자취를 가까이에서 느낄 수 있다.

수·당나라 시기, 비단길은 진정 비단길만이 발휘할 수 있는 독특한 역할을 톡톡히 해냈다. 바로 중국과 서방세계에 유사 이래 최고의 번영을 가져왔던 것이다. 중국은 다업, 비단, 도자기 등을 끊임없이 수출했다. 동시에 서방의 향료, 과학기술을 쉼 없이 도입했다. 당나라의 수도 창안에는 이방인의 발길이 끊이지 않았으며 태종은 '천가한[天可汗, 7, 8세기에 투르크인이나 서역인들이 당나라의 황제나 천자를 지칭하던 말. 가한(可汗)은 터키어로 최고위

지배자를 뜻함. 즉 하늘에서 내려온 황제라는 의미임. 당 태종 이세민의 존칭 – 역주]'으로 추대되어 각국의 옹호를 받았다.

▶ **그림3 · 13세기의 실크로드**

안사의 난(安史之亂, 중국 당나라 때 안녹산과 사사명이 일으킨 반란 – 역주) 이후 육상 실크로드는 저항에 부닥쳤고 상대적으로 해상 실크로드가 점차 발전하기 시작했다. 양송(兩宋) 시기, 북방의 육상 실크로드는 장기간 요, 금, 서하 왕조에 의해 통제되어 북송 때는 육상 실크로드 발전에 한계가 있었다. 남송 시기, 중국은 조그만 영토에 안거하면서 임안(臨安, 남송의 도읍지. 현재의 항저우 – 역주)의 유리한 형세를 이용하여 해양 운송사업을 발전시키기 시작했다. 이후 해상 실크로드는 꾸준히 발전을 거듭했으며 점차 전통적인 육상 실크로드를 대체하고 주도적 위상을 차지하면서 동서양 교류와 소통의 효과적인 형태로 자리 잡았다. 명나라 초기에 해상 실크로드가 최고의 융성기를 맞이하면서 광저우, 취안저우, 항저우 등이 주요 항구로 확고하게 자리매김했다. 그러나 주원장의 해금정책(海禁政策, 명·청 두 왕조가 시행한 해상 교통·무역·어업 등에 대한 제한정책 – 역주)으로 해상 실크로드는 서서히 쇠락의 길을 걷기 시작한다.

실크로드 발전의 역사적 발자취를 거슬러 올라가면 실크로드는 천 년의 세월 동안 변화와 부침을 반복하면서 인고의 세월을 견디고 변천을 겪어 왔다. 그럼에도 면면히 그 맥을 유지하며 쇠퇴하지 않고 동서양 세계에 역사적으로 지대한 공헌을 했다. 그 근거로는 우선 중국과 서방세계 간에 무역 및 상업 교류가 번창했었던 점을 들 수 있다. 천 년이 넘는 세월 동안 실크로드를 누비는 상인들의 왕래는 끊이지 않았다. 실크로드를 걷는 낙타의 경쾌한 방울소리가 간간히 울려 퍼졌으며 분주하고 번화한 길모퉁이에서 사람들은 서로 만나고 소통했다. 거래하는 곳마다 어김없이 각종 기이한 물품이 셀 수 없을 정도로 넘쳐났다. 이렇게 서로 무역을 통해 중국과 서방세계 모두가 부를 쌓고 물질적 번영을 이루는 최고의 시기를 누렸던 것이다. 한마디로 실크로드를 통해 부 축적 네트워크, 자원 축적 네트워크, 인적교류 네크워크를 형성했던 셈이다. 이외에 또 한 가지, 실크로드 주변에 자리 잡은 각 민족의 안정을 도모할 수 있었다는 점도 간과할 수 없다. 여러 민족 간에 경제무역 거래가 빈번해지자, 문화적 교류를 통한 상호 이해 증진의 기회도 확대되었다. 덕분에 민족 간에 대규모 충돌이나 분쟁은 거의 발생하지 않았다. 이와 동시에 실크로드 주변국가에서는 민족 간 융합의 움직임도 나타났다. 발전 정도는 비록 서로 달랐지만 나름대로 각자

발전성과를 거둘 수 있었다. 마지막으로 실크로드는 단순한 경제·무역의 길을 뛰어넘는 문화의 길이었다는 점이다. 여러 문화가 이곳에서 하나로 합류하여 포용과 개방의 정신으로 세계문화의 다양성을 발전시키고 세계문화의 소통·교류의 장을 마련했다. 특히 주목할 만한 사실은 불교가 실크로드를 통해 인도를 경유하여 서역을 지나 중원지역까지 전파되어 중국에 널리 보급되었다는 점이다. 이후 경교(景敎, 기독교 종파 가운데 하나인 네스토리우스교가 동양에 전래된 이후 붙여진 명칭-역주), 배화교, 마니교 등이 잇달아 도입되면서 중국의 일반대중에게 종교 인식이 형성되었다. 이는 정신세계 수련에 도움을 주며 사회의 안정과 유지에 기여했다. 고대 실크로드의 발전 맥락을 이해한다면 거시적 측면에서 오늘날의 일대일로 구축과 고대 실크로드의 연관성을 파악할 수 있다. 나아가 양자 간 상호연관성과 차이점을 총체적으로 이해하는 데 도움이 될 것이다.

2 고대 실크로드를 초월한 '일대일로'

1 · 일대일로는 무엇인가?

2013년 9월 시진핑 중국 국가주석은 카자흐스탄 나자르바예프 대학에서 '인민 우의를 돈독히 하고 공동번영의 미래를 열자'라는 주제로 강연한 바 있다. 강연에서 시진핑은 "유럽과 아시아 각국 경제를 더욱 긴밀히 연결하고 상호협력을 더욱 강화하며 발전 기회를 한층 확대해서 혁신의 협력모델로 '실크로드 경제벨트'를 함께 건설할 수 있다. 이는 실크로드 지역의 각 국가와 국민에게 부를 가져오는 위업이다."라고 밝혔다. 중국은 여기서 처음 실크로드 경제벨트의 전략적 구상을 제안했다.

2013년 10월에 열린 아시아태평양경제협력기구^{APEC} 비공식 정상회담 기간에 시진핑 주석은 "동남아지역은 예로부터 해상 실크로드의 주요 허브로서 중국은 아세안^{ASEAN}(동남아시아 국가연합) 국가와 해상협력을 강화하여 중국정부가 설립한 중국·아세안 해상협력기금을 충분히 활용하고 해양협력 파트너십을 강화하기를 희망한다."라고 밝히면서 21세기 해상 실크로드를 함께 구축하자고 제안했다.

'실크로드 경제벨트'와 '21세기 해상 실크로드'(이하 일대일로로 약칭)는 21세기 아시아·아프리카·유럽의 정치, 경제, 인프라, 자금, 민심을 서로 연계·소통하는 범지역 협력모델이다. 이는 고대 실크로드를 초월할 뿐 아니라 미국이 전후 초기에 추진한 '마셜플랜'Marshall Plan(제2차 세계대전 후, 1947년부터 1951년까지 미국이 서유럽 16개 나라에 행한 대외원조계획. 정식 명칭은 유럽부흥계획European Recovery Program, ERP이지만 당시 미국의 국무장관이었던 마셜G. C. Marshall이 처음으로 공식 제안했기에 '마셜플랜'이라고 한다.-역주)'도 능가하는 개념으로서 향후 21세기 중국의 꿈과 세계의 꿈이 만날 수 있도록 교량의 역할을 할 것으로 기대된다. 2015년 3월 28일 중국 국가발전개혁위원회, 외교부, 상무부가 공동 발표한 '실크로드 경제벨트와 21세기 해상 실크로드의 공동 건설 추진에 대한 미래비전과 행동'에 따르면, 일대일로 공동건설

▶ **그림4 · 일대일로 전체 노선도1)**

---

1) 언론에서는 이 그림을 신화사에서 발표한 것으로 밝히고 있으나, 사실 정부의 공식적인 인정을 받지 못했다. 일대일로는 개방과 공동경영의 원칙을 강조하기에 그림에서 표기한 국가만이 그 혜택과 권한을 누릴 수 있는 것이 아니기 때문이다. 아래 글에서 언급한 65개 국가도 동일하다는 의미다.

의 취지는 다음과 같다. 즉 '경제요소의 체계적이고 자유로운 이동을 통한 효율적 자원 배치와 긴밀한 시장융합을 추진한다. 연선 국가 간 경제정책의 공조와 조화를 추진한다. 더욱 광범위하며 수준 높고 심도 있는 지역협력 확대를 통해 개방적이고 포용적이며 균형을 갖춘, 상호가 이로운 지역경제협력의 틀을 함께 마련한다.'

실크로드 경제벨트 전략은 세 가지 노선으로 구분된다. 즉 유라시아 대륙을 주축으로 하는 북선(北線, 북경-러시아-독일-북유럽), 석유천연가스 송유관을 중심으로 하는 중선(中線, 북경-서안-우루무치-아프가니스탄-헝가리-파리), 그리고 초(超)국가 고속도로를 중심으로 하는 남로[南路, 북경-남강(南疆, 중국 신장의 남부지역)-파키스탄-이란-터키-이탈리아-스페인]가 있다.

실크로드 경제벨트의 핵심벨트는 중국에서 중앙아시아와 러시아를 경유하여 유럽(발트 해)에 이르는 벨트, 중앙아시아와 서아시아를 경유하여

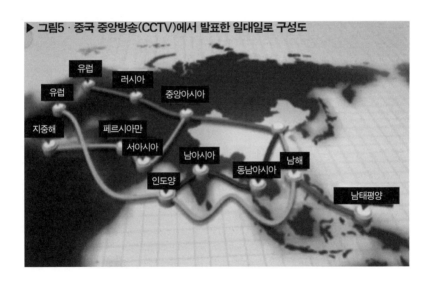

▶ 그림5 · 중국 중앙방송(CCTV)에서 발표한 일대일로 구성도

페르시아만과 지중해에 이르는 벨트, 그리고 중국에서 동남아와 남아시아, 인도양에 이르는 벨트로 구성된다. 중국·파키스탄 경제회랑, 방글라데시·중국·인도·미얀마 경제회랑, 신유라시아대륙교 및 중국·몽골·러시아 등의 경제회랑이 실크로드 경제벨트의 기본 골격을 형성한다. 이 가운데 중국·파키스탄 경제회랑은 석유 운송에 역점을 두고 있으며 방글라데시·중국·인도·미얀마 경제회랑은 아세안 국가와의 무역교류를 강조하고 있다. 한편, 신유라시아대륙교는 중국에서 유럽으로 직통하는 물류의 핵심통로 건설에 중점을 두며, 중국·몽골·러시아 경제회랑은 국가안보와 에너지 개발에 편중할 것이다.

21세기 해상 실크로드의 중점 노선은 중국의 연해항구에서 출발하여 남중국해를 경유하고 인도양을 지나 유럽까지 연장되는 루트와, 중국의 연해항구 – 남중국해 – 남태평양에 이르는 루트로 구성된다.

실크로드 경제벨트는 고대 실크로드 개념의 기초 위에 형성한 새로운 경제발전 지역이다. 실크로드 경제벨트는 우선 하나의 경제벨트란 개념으로, 경제벨트의 기반 위에 각 도시의 조화로운 발전 실현이라는 이념을 덧입혔다. 대부분 실크로드 연선 국가는 양대 경제엔진 사이의 함몰지대에 위치한다. 전체 경제벨트를 구성하는 양 끝에 위치한 두 개 지역은 경제발전 수준이 높은 반면, 그 사이에 있는 지역은 저개발 국가가 대부분으로 편차가 심하다. 이른바 '양변고, 중간저(兩邊高, 中間低)'의 양극화 현상을 나타내고 있는 것이다. 경제발전과 행복한 삶의 추구는 이들 국가와 국민의 공통된 희망이라 할 수 있다. 이러한 간절한 희망과 욕구가 '양대 경제엔진의 상호연결'이라는 수요와 함께 맞물리고 하나하나 더해져서 실크로드 경제벨트의 글로벌 전략기반을 형성하게 되었다.

해양은 각 국가의 경제·무역·문화의 상호교류를 가능케 하는 천연의 연결고리라 할 수 있다. 21세기 해상 실크로드의 공동건설은 급변하는 글로벌 정치·무역체제 하에서 중국과 세계를 연결하는 '신형' 무역을 개척하는 방법이다. 그 핵심가치는 연결 루트의 건설과 전략적 안보에 있다. 더욱이 중국이 세계 2대 경제대국으로 부상하고 글로벌 정치경제 질서가 합종연횡을 거듭하는 상황에서 21세기 해상 실크로드의 개척과 확장은 중국의 전략적 안보 강화에 분명 일조할 것으로 기대된다. 21세기 해상 실크로드와 실크로드 경제벨트, 상하이 자유무역구, 고속철도 전략 등은 모두 이러한 정세를 염두에 두고 제안한 구상이라 할 수 있다.

21세기 해상 실크로드의 전략적 협력 파트너 대상은 비단 아세안에 국한되지 않는다. 점이 모여 선을 이루고 선이 모여 면을 이루듯이, 주요 거점 항구를 노드^{node}로 삼아 안전, 효율성, 소통의 삼박자를 갖춘 운송 대(大)통로를 공동 건설하여 주변국가와 지역 간의 교류를 증진함을 그 목표로 삼고 있다. 또한 아세안, 남아시아, 서아시아, 북아프리카, 유럽 등의 거대한 지역별 경제시장을 서로 연계하여 남중국해, 태평양과 인도양을 겨냥한 전략적 협력 경제벨트를 발전시키고, 궁극적으로 아시아·유럽·아프리카 경제무역의 통합을 미래의 발전방향과 비전으로 제시하고 있다. 아세안은 지리적으로 해상 실크로드의 교차로이며 반드시 거쳐야 하는 길목에 위치해 있다. 따라서 신해상 실크로드 전략을 추진할 때 최우선적으로 발전시켜야 할 지역이다. 또한 중국과 아세안 국가는 폭넓은 정치적 기반과 견고한 경제적 기반을 갖추고 있기 때문에 21세기 해상 실크로드 전략은 쌍방의 공동 이익과 수요에 부합되는 구상이라 할 수 있다.

2 · 일대일로 건설은 왜 필요한가?

일대일로 프로젝트에는 3대 전략과제가 직접적으로 언급되어 있다. 이 가운데 '3통(三通)', 즉 통로(通路), 통항(通航), 통상(通商)은 전략과제를 해결하는 출발점이다. 3통 범주에 속하는 관련 사업분야 및 개별 주식 등은 일대일로 건설의 가장 직접적이고 선도적인 수혜를 받을 전망이다. 여기서 '통로'는 실크로드 경제벨트의 최우선 과제이며 막힘없는 완벽한 통로 구축이야말로 중국의 3대 전략과제 해결에 중요한 의미를 가진다.

1) 일대일로에서 직접 언급한 3대 전략과제

일대일로 프로젝트는 가장 중요한 중장기 발전전략으로서 중국의 생산력 과잉문제 해소, 자원과 에너지 확보, 전략종심(戰略縱深, 깊이 있는 방어체계, 돌진하는 적을 지체하게 하고 교란할 수 있는 완충지대 확보 전략 – 역주) 개척 및 국가안보 강화라는 3대 주요 전략과제를 해결하고자 한다.

중국의 풍부한 양질의 생산력 시장

생산력 과잉은 경제 운영에 막대한 부작용을 초래하고 있다. 그러나 일반대중의 입장에서 보면 중국이 현재 보유하고 있는 생산력은 매우 풍부하며 양질의 것이다. 통상적으로 건실하면서 이윤을 창출하는 산업의 경우 생산력이용률은 85% 이상이 되어야 한다. 국제통화기금IMF이 산정한 바에 따르면 중국의 전체 산업 생산력이용률은 65% 미만이다. 현재 중국의 수출국은 비교적 단순하고 그 범위도 일부에 국한되어 있다. 즉 미국, 유럽, 일본이 수출 핵심국가로서 매우 큰 비중을 차지하고 있다. 그런데 문제는 이 같은 기존 수출국 시장은 개발이 완료된 포화상태라 할 수 있으며 추가 발전의 여지가 크지 않다는 사실이다. 이들 주요 수출국은 중국 국내의 풍부한 양질의 생산력을 소화하기 힘들뿐더러, 내수시장 확대도 기대하기 어려운 상황이다. 따라서 중국은 이제 일대일로 프로젝트를 추진함으로써 새로운 시장을 개척하여 돌파구를 마련하고자 한다.

중국의 자원 확보 문제

중국의 오일가스와 광산자원의 대외 의존도는 비교적 높은 편이다. 현재 이러한 자원은 주로 연해 해상 루트를 통해 중국에 들여오고 있다. 철광석은 호주와 브라질, 석유는 중동에 의존하고 있으며 루트도 비교적 단순하다. 현재 중국과 주요 에너지 수출국과의 협력은 다소 부진한 상황이며 경제무역 분야의 협력 또한 아직은 비효율적이며 범위도 한정적이다. 그 때문에 에너지 분야의 협력은 느슨하고 불안정하다 할 수 있다. 일대일로 프로젝트는 육로를 통한 안정적·효율적 진입 통로를 제공하고 자원 확보 채널을 다양화한다는 측면에서 매우 중요한 의미를 갖는다.

전략종심 개척 및 국가안보 강화 문제

중국의 자원 수입은 지금까지도 주로 연해 해상 루트를 통해 진행되고 있는데 연해지역은 외부 위험에 직접 노출되어 있어 전시에는 매우 취약하다. 산업 인프라 시설도 대부분 연해지역에 집중적으로 배치되어 있기 때문에 외부 공격을 받으면 중국 전체가 순식간에 핵심 인프라 시설을 잃게 될 것이다. 현재 전략적으로 노출이 적은 곳은 중국 중부와 서부지역이다. 특히 서부지역은 토지가 광활하고 인구수가 적으며 산업 발전이 부진한 상태다. 따라서 수많은 산업과 인프라 시설의 발전 잠재력이 무궁무진한 지역이자, 전시에도 상대적으로 위협에 덜 노출되어 있는 곳이다. 일대일로 프로젝트를 통해 서부지역 개발에 박차를 가한다면 전략종심 개척과 국가안보 강화에 분명 크게 기여할 수 있을 것이다.

2) 통로는 '일대'의 핵심 포인트

일대일로 프로젝트에는 3대 전략과제가 직접적으로 언급되어 있다. 그 가운데 '3통'이 전략과제를 해결하는 출발점이다.

중국의 과잉 생산력 문제를 해소하려면 여러 측면을 다각적으로 고려한 방안을 강구해야 한다. 앞서 밝힌 바와 같이 일대일로는 이 문제를 체계적으로 해결할 수 있는 핵심 포인트이자 돌파구다. 현실적으로 서부지역의 인프라 시설이 취약하다는 점을 고려하면 외부의 힘을 효과적으로 빌리고 내부 역량을 집중하여 막힘없는 사통팔달의 교통 동맥을 구축하는 것이 최우선 과제라 할 수 있으며 일대일로 구축 취지와도 부합한다. 그러므로 가장 먼저 착수할 영역은 바로 통로, 통항이어야 한다.

일대(一帶, 육상 실크로드 경제벨트 - 역주)는 '통로'부터 착수한다. 연결루트인 '통로'의 구축 대상으로 선정할 곳은 인프라 시설이 취약하여 노후화된 설비를 업그레이드해야 할 필요성이 크고 그 수요가 충분한 지역이다. 바로 중국의 광활한 서부지역이 그 대상이다. 먼저 교통설비 구축과 오일·가스 송유관 구축을 시작으로 진행할 계획이다.

교통설비 구축은 철도, 도로, 항만, 민간항공 분야를 포함한다. 주요 추진방향은 중앙아시아, 남아시아, 동남아시아다. 중국-라오스, 중국-태국, 중국-미얀마, 중국-키르기스스탄-우즈베키스탄 철도 등의 프로젝트를 우선적으로 고려할 수 있다. 중국-타지키스탄 고속도로, 중국-카자흐스탄 고속도로는 주요 개량 도로로 선정하여 추진이 가능하다.

다음으로 오일·가스 송유관 구축을 살펴보자. 서북·서남·동북·해상 등 전 분야가 오일·가스 운송의 전략적 루트라 할 수 있다. 여기에 중국·러시아 천연가스 송유관, 중야천연가스 송유관[中亞天然氣管道, 중국석유(中國石油)의 산하회사-역자], 중국·미얀마 오일·가스 송유관 등의 구축을 핵심 프로젝트로 선정하여 진행해야 한다. 중국 서남지역 전력망과 중국·러시아 전력망도, 주요 프로젝트로 선정하여 구축 및 업그레이드 사업을 진행할 필요가 있다.

사실 교통설비와 오일·가스 송유관 구축 사업은 일대일로 전략에서 호연호통 실현을 위한 기반을 제공하는 것에 불과하다. 더욱 중요한 부분은 중국과 연선 국가 간의 정책·무역·통화·민심을 다각도로 서로 교류하고 소통하는 데 있다.

결론적으로 일대일로 프로젝트가 왜 필요한지에 대한 답은 자명하다. 해외 직접투자를 늘리고 해외시장을 개척, 상품 수출을 확대함으로써 생산력 과잉현상을 해소하는 한편, 무역장벽을 제거하여 궁극적으로는 중국의 장기적인 발전이익에 부합하는 글로벌 무역·통화체제를 확립하기 위해서다.

3   고대 실크로드를 혁신적으로
계승·발전한 '일대일로'

일대일로는 고대 실크로드의 개방과 포용, 겸수병축(兼收幷蓄, 모든 것을 받아들여 보존한다. - 역주) 정신을 계승했다. 따라서 고대 실크로드와 유사점이 있다. 또한 일대일로 정책은 새로운 시대적 배경 하에 새로운 시대적 기운을 담고 있기 때문에 공간과 내용 두 가지 측면에서 기존 실크로드의 함의를 초월하고 있다. 혁신적 계승의 기반 위에서 그러한 함의를 더욱 확대하고 발전시켜 연선 국가에 더욱 폭넓은 발전 기회를 제공할 것이다.

1   일대일로 정책의 역사적 계승
-

고대 실크로드는 '경제무역 협력, 문화교류, 민족 안정'이라는 세 가지 측면에서 긍정적인 역할을 발휘했다. 오늘날의 일대일로 구축도 고대 실크로드와 마찬가지로 이러한 세 가지 역할을 충분히 해낼 수 있다. 이 과정에서 중국은 책임감과 성실함, 포용력을 지닌 대국으로서의 태도를 갖추고, 전 세계와 발전을 통한 이익을 공유할 것이다. 시진핑 주석이 시사한 바와 같이 유럽과 아시아 각국 경제를 더욱 긴밀히 연결하고 상호협력을 한층 강화하여 발전 기회를 확대해서 혁신의 협력모델로 실크로드 경제벨트를 함께 건설할 수 있다. 이는 실크로드 지역 각국의 국민에게 부를 가져다주는 위업이다. 고대 실크로드와 오늘날 실크로드를 살펴보면 양자 모두 친선의 길, 번영의 길, 교류의 길을 추구했다 할 수 있다.

친선의 길이란, 일대일로가 고대 실크로드를 근간으로 민족 안정과 평화 공존에 기여한다는 의미다. 오늘날 평화로운 발전은 점차 시대적 키워드로 부상하고 있다. 이런 의미에서 일대일로 프로젝트는 각국 국민의 삶을 윤택하고 풍요롭게 하는 발전의 길을 조성할 것으로 기대된다. 나아가 여러 연선 국가 및 민족의 우호적 왕래와 우호 공존의 길을 열 것이다. 최근 중국이 굴기하면서 서방세계에서 '중국위협론'이 대두되고 있다. 그 영향으로 세계 여론은 중국 굴기에 의구심을 품고 중국의 급부상을 세계 정치질서에 대한 위협으로 판단하고 있다. 친선의 길은 중국이 평화 발전의 길을 계속 견지해나가며 세계 패권을 노리지 않는다는 사실을 충분히 보여준다. 국력이 강화된 지금, 중국은 인진래와 주출거 전략을 유기적으로 강화·접목한 발전을 통해 얻게 된 보너스, 즉 '홍리(紅利, '보너스'라는 의미로 부대효과로 얻어진 이익이라는 뜻이며 중국 언론에 자주 등장함.–역주)'를 세계와 공동으로 나누고자 한다. 또한 호연호통의 토대 위에 각 국가와 평등 발전, 호혜와 공영의 길을 열어나갈 것이다.

번영의 길이라 일컫는 이유는 고대 실크로드가 동서양 무역을 연계하여 엄청난 사회적 부를 창출했던 것처럼, 오늘날의 일대일로 구축이 아시아·유럽·아프리카 대륙을 관통하여 생동감 넘치는 동아시아경제권, 선진적 유럽경제권을 형성하고 경제·무역교류를 통해 동서양 양대 시장의 번영을 촉진함으로써 연선 국가에 거대한 발전 기회와 잠재력을 제공할 것이기 때문이다. 일대일로 프로젝트의 아젠다 선정을 보면 자유무역구가 빠지지 않는다. 예를 들어, 중·일·한 자유무역구, 중–아세안 자유무역구

CAFTA가 있다. 또한 각종 경제회랑도 한 축을 차지하는데 방글라데시·중국·인도·미얀마 경제회랑, 중국·몽골·러시아 경제회랑 구축 및 업그레이드를 예로 들 수 있다. 이는 산업 분업을 합리적이고 효과적으로 촉진하여 국가 간 무역장벽을 해소하고 수출입 경영 및 경제무역 투자의 편리성을 도모하고자 하는 데 그 취지가 있다. 나아가 고효율의 부(富) 유통망, 물류 운송망, 화폐 교환망을 건설하는 계획을 비전으로 제시하고 있다.

교류의 길이라 표현한 이유는 일대일로가 단순한 하나의 경제무역의 길을 초월한 문화교류·민중교류의 길을 의미하기 때문이다. 일대일로 주변의 모든 국가가 인프라 시설을 부단히 정비하고 완비하여 상호 경제무역 교류가 한층 강화되었을 때, 이러한 기틀 위에 형성된 문화교류 또한 그 찬란한 빛을 발할 것으로 확신한다. 30억 인구를 아우르는 일대일로를 구축하는 과정에서 평화협력, 개방·포용, 호학호감(互學互鑑, 서로 배우고 서로 본보기가 된다는 의미로 '상호학습' 또는 '상호귀감'으로 해석 가능-역주), 호혜와 공영의 전통적인 실크로드 정신을 발휘한다면, 그리고 개방·포용의 자세로 연선 국가 간에 상호 인적교류를 활발히 한다면 '민심상통'을 조기에 실현할 수 있으며 일대일로 정책에 대한 각국 국민의 지지와 호응도 얻을 수 있다. 뿐만 아니라 문화 다양성의 발전을 대대적으로 추진하고 문화의 소통·교류를 토대로 하여 물질·정신의 통합을 실현할 수 있다. 경제와 인문 두 영역에서 진정한 의미의 공상, 공건, 공향의 합리적 이념을 구현하는 것이다.

일대일로는 오늘날의 발전 흐름, 즉 대세에 뿌리를 내린 개념에 바탕을 두었다.

또한 일대일로는 친선, 번영, 교류라는 고대 실크로드의 전통이념을 계승하고 발판으로 삼아 상호존중·신뢰의 길, 협력·상생의 길, 문명·상호귀감의 길을 열어가는 과정이다. 일대일로를 구축해나가는 과정은 장기적으로 진행되는 지구전이므로, 우리는 결코 한술 밥에 배부를 수는 없다는 사실을 간과해서는 안 된다. 이는 거시정책의 일환이기 때문에 미래비전을 염두에 두고 장기적인 안목에서 정책 효율성을 평가해야 한다. 이제 중국은 일대일로와 관련된 제반 정책을 선정하고 완비해나가며 인프라 건설에 박차를 가해야 한다. 그리고 다양한 문제를 면밀하고 신중하게 검토하여 처리해야 한다. 눈앞의 이익에 급급하여 경중을 판단하지 못하는 어리석음을 경계해야 할 것이다.

2 · 일대일로 정책의 시대적 발전

중국 공산당 18기 삼중전회(三中全會, 중국 공산당 중앙위원회 전체회의의 세번째 회의 - 역주)에서는 '중국 공산당 중앙정부의 전면적 심화개혁과 관련한 중대문제에 대한 결정'을 공식으로 발표하면서 실크로드 경제벨트와 21세기 해상 실크로드 건설 프로젝트를 정식 가동한다고 선언한 바 있다. 이는 중국의 대외개방 정책이 새로운 국면에 접어들었다는 신호탄이라 할 수 있으며 일대일로 정책을 국가 핵심전략으로 채택하여 공식화한다는 뜻이다. 일대일로는 고대의 실크로드 정신을 계승한 기반 위에 오늘날 국내외 정세를 반영한 정책이다. 따라서 고대 실크로드와는 차별화되는 새로운 의미를 내포하고 있다. 바로 두 가지 부분에서 전통적인 실크로드 개념을 초월한다. 먼저 공간적으로 그 범위가 달라졌다는 점을 들 수 있다. 고대 실크로드의 한계를 초월하여 더욱 광범위한 지역을 포괄하고 있으며 협력 가능성, 즉 협력의 공간도 크게 확대되었다. 내용 면에서도 새로운 색채를 담고 있는데 이는 전통적인 실크로드의 사유방식을 초월하는 개념이다. 바로 시대성, 선진성, 개척성을 반영했다는 점이다. 중국은 이러한 일대일로 구상의 장기 비전을 단계별로 실현할 계획이다.

1) 공간적 초월

중국에서 유럽과 아프리카 대륙으로 향하는, 정식으로 개척된 육상 루트가 고대 실크로드다. 이 육상 루트는 서한의 도성인 창안에서 출발하여 하서회랑(河西回廊, 치렌산맥 북록에 동서로 이어져 있는 오아시스 지대-역주)을 경유하면 두 개의 갈림길로 나뉜다. 그 가운데 하나는 양관부터 시작하여 산산을 거쳐 곤륜산 북쪽기슭을 따라 서쪽으로 가서 그 이후에 야르칸드^{Yarkant}[莎車(사차), 옛 실크로드 남도(南道)의 요충지-역주]를 지나고 차령(葱嶺, 파미르고원의 명칭-역주)을 서쪽으로 넘어 대월지를 나와 파르티아^{Parthia}[중국에서 안식(安息)이라 음역함.-역주]에 이르는 길이다. 서쪽으로는 이건^{Likan}(犂靬, 고대 도시 이름으로 학계에서도 정확한 지역에 대한 의견이 분분하나 로마를 지칭할 가능성이 높음.-역주)으로 연결되며 또한 대월지를 통해 남쪽으로 향해 신독(身毒, 고대 중국인이 인도 지방을 부른 명칭-역주)으로 갈 수도 있다.

또 다른 루트는 옥문관에서 출발하여 차사전국(車師前國)을 경유, 텐산 남쪽기슭을 따라 서행하다가 카슈가르를 지나 파미르고원인 차령을 서쪽

방향으로 넘어간 이후 대원(大宛, 한나라 때 중국인이 중앙아시아의 동부 페르가나Fergana 지방을 부르던 이름-역주)을 지나가면 강거, 엄채(奄蔡, 서한 시대 강거의 서북지역-역주)에 이른다. 앞서 언급한 두 가지 루트를 살펴보면 고대 실크로드는 주로 동아시아에서 시작되어, 중앙아시아와 서아시아 지역을 거쳐 유럽 여러 국가와 서로 연결되었음을 알 수 있다. 물론 동남아시아와 남아시아 등의 지역도 어느 정도 실크로드의 영향권 아래에 있었다고 할 수 있지만 서아시아, 중앙아시아와 비교하면 그 영향력은 상대적으로 제한적이었다.

일대일로는 거시적으로 보면 대부분 고대 실크로드의 발자취를 따라가면서 구축될 예정이며 현존하는 유라시아대륙교를 기반으로 진행될 것이다. 또한 중앙아시아와 서아시아 등의 주요 지역을 통과하여 유럽과 연결함으로써 실크로드 주변국가 간의 호연호통을 구현하고자 한다. 중국은 일대일로 프로젝트를 추진함과 동시에 시너지를 창출할 수 있는 '경제회랑' 구축도 전개하고 있다. 그리고 경제회랑을 구축함으로써 역사적으로 육상 실크로드에서 배제되었던 주요 지역을 일대일로 프로젝트에 편입시켰다. 예를 들면 '중국·파키스탄 경제회랑'의 경우 중국 신장지역에서부터 파키스탄을 거쳐 남아시아에 이르는 새로운 루트를 그 대상으로 하고 있다. 게다가 이 경제회랑과 '방글라데시·중국·인도·미얀마 경제회랑'을 상호 연계함으로써 남아시아와 동남아시아 지역을 일대일로 구축 대상에 포함시켰다. 그뿐만이 아니다. 고대 실크로드의 주요 육상 루트에서는 배제되었던 중국의 서남지역도 일대일로 프로젝트에서 중요한 역할을 차지하고 있다. 이 밖에 '중국·몽골·러시아 경제회랑'이 구축되면 동북아지역이 일대일로 프로젝트에 편입하게 된다. 이는 고대 실크로드의 포괄범위를 훨씬 넘어서는 것이다. 일대일로는 공간적 범위를 확대하여 중국 각 성(省)의 적극적 참여를 유도할 계획이다. 또한 프로젝트가 완성되면 남아시아, 동남아시아, 동북아시아, 동아시아, 서아시아와 중앙아시아, 나아가 유럽까지 하나의 벨트로 묶이는 효과가 있다. 앞서 서술한 바와 같이 일대일로는 고대 실크로드의 지역적·공간적 개념을 비약적으로 뛰어넘는 전략으로서 새로운 시대적 사명을 부여받고 출범했다.

시진핑 주석은 연설을 통해 점이 모여 선이 되고 선이 모여 면과 조각을 이루는 것과 마찬가지로 지역 간의 대협력을 단계적으로 추진할 계획이라고 밝혔다. 또한 시 주석은 연설에서 정책·인프라·무역·자금·민심 등 다섯 가지 분야에서 서로 통하는 '5통'을 실현해야 한다고 강조한 바 있다.

5통이란 구체적으로 정책소통(政策溝通), 인프라연통(設施聯通), 무역창통(貿易暢通), 자금융통(資金融通), 민심상통(民心相通)을 말한다. 시 주석의 발언을 통해 일대일로 구상은 경제무역을 중심으로 진행되었던 고대 실크로드의 협력방식을 초월한 것으로서 지역협력 범위가 크게 확대되었음을 알 수 있다. 이처럼 새로운 지평을 열고 있는 일대일로 구상은, 무역을 통해 서로 교류하는 무역통에만 그 범위가 한정되지 않는다. 이는 무역통으로 출발하여 정책, 인프라 건설, 과학기술, 문화와 민심까지 아우르는 전방위적 호연호통의 실현이라는 청사진을 제시하고 있다. 궁극적으로 일대일로는 새로운 시대를 맞이하여 변화된 국제정세 속에서 지역협력의 확고한 기틀을 마련할 것으로 확신한다.

앞서 언급한 두 가지 전략 외에도 중국은 해상 실크로드 구축 프로젝트를 병행할 계획이다. 역사적으로 보면 해상 실크로드의 흥성은 육상 실크로드의 쇠퇴와 밀접한 관련이 있다. 그렇기 때문에 해상 실크로드와 육상 실크로드가 동시에 흥성했던 사례는 어디에서도 찾아볼 수 없다. 이에 반해 지금 중국이 제안한 일대일로 구상은 바로 해상과 육상을 통합하여 양자 발전을 조화롭게 추진함으로써 새로운 르네상스를 창출하는 데 그 역점을 두고 있다는 것에 남다른 의미가 있다. 육·해상 실크로드의 통합 추진은 공간적 측면에서 볼 때 고대 실크로드에서는 상상조차 할 수 없었던 광대한 지역을 포함하고 있다.

2) 내용 면에서의 초월

일대일로 정책은 고대 실크로드가 함의한 것을 뛰어넘는 풍부한 내용과 가치를 담고 있다. 여기에는 바로 시대성, 선진성, 개척성이라는 세 가지의 함의가 내포되어 있다.

일대일로는 이렇게 함의된 내용을 토대로, 고대 실크로드를 혁신적으로 발전시킨 프로젝트다.

첫째, 일대일로는 시대성을 담고 있다. 그렇다면 시대성은 과연 무엇을 의미하는가? 고대 실크로드는 호황과 번영을 구가하며 육상을 발판으로 발전했으나 해상 진출에는 실패했었다. 전 세계가 대항해시대를 맞이했을 당시, 중국은 쇠퇴의 길을 걷기 시작한다. 설상가상으로 중국은 쇄국정책을 실시하여 문호를 닫음으로써 근대 서방세계로부터 능욕과 압박을 받기에 이르렀다. 오늘날의 해양은 이미 중요한 전략적 자원으로 자리 잡았다. 중국이 발전하려면 큰 강에서 큰 바다로 세력을 뻗어 나가야 하며 육지에서 바다로 그 영향력을 확대해야만 한다. 해양이 절대적으로 필요한 수단이 된 것이다. 따라서 중국은 고대 실크로드의 '육지 중시·해양 경시' 태도를 지양하고 실크로드 경제벨트와 21세기 해상 실크로드를 혁신적으로 연계할 계획이다. 육·해상을 통합적으로 관리하여 조화로운 공동발전을 추진하는 것은 해양강국 건설이라는 새로운 시대적 요구에 부합되기도 한다. 이외에도 일대일로를 통해 중국의 서북·서남지역을 개방정책의 선봉지역으로 선정하여 정책을 우선적으로 추진한다면, 동부 연해도시와의 빈부격차를 해소하는 데도 기여할 수 있다. 결과적으로 일대일로는 중국 내 모든 성이 공동번영을 누릴 수 있는 절호의 기회를 제공할 것으로 기대된다. 이는 '개혁개방의 심화와 대외개방의 새로운 국면 조성'이라는 시대적 요구에 부응하는 전략이라 할 수 있다.

둘째, 일대일로는 선진성을 담고 있다. 중국 고대는 농경경제 위주로 운영되었기 때문에 상업 활동은 제한적이며 소극적일 수밖에 없었다. 사농공상 이념의 지배를 받고 있던 고대 사회에서는 육상 실크로드를 통해 주로 농산품 및 농업가공품을 수출했다. 당시의 수출구조가 얼마나 취약했는지 알 수 있다. 중국은 자체적으로 이미 보유하고 있던 무궁무진한 자원의 이점을 제대로 살리지 못했던 것이다. 이에 반해 일대일로는 루트와 이념이라는 두 가지 측면에서 고도의 선진성을 갖추고 있다. 먼저 루트의 선진성에 대해 살펴보면 '5통'을 통해 정치, 경제무역, 교통, 화폐, 민심을 하나로 통합하는 혁신적인 비전을 제시했다. 루트의 선진화를 통해 중국은 전략적 강점을 십분 발휘할 수 있으며, 중국이 발전을 통해 거둔 성과를 전 세계와 공동으로 향유할 계획이다. 이는 바로 누구나 잘 알고 있는 전형적인 평등과 협력의 혁신모델이다. 다음으로 이념적 선진성에 대해서 살펴보자. 일대일로는 고대 실크로드의 포용정신을 변함없이 계승하고 있다. 이러한 정신을 기반으로 세계 모든 국가를 통합적인 운명 공동체로 여기며 공동의 부 창출을 목표로 하고 있다. 역사적으로 어느 국가든 자국의 이익추구를 지상목표로 삼았다는 사실에 비추어볼 때 일대일로는 선진적인 이념을 표방하고 있다는 사실을 알 수 있다.

셋째, 일대일로는 개척성을 담고 있다. 앞서 언급한 바와 같이 중국은 일대일로 구축과정에서 패권을 노리지도 패권을 쥐지도 않을 것이다. 중국은 세계를 하나의 공동체로 인식하며 주변국가가 일대일로 프로젝트에 함께 참여하기를 호소하고 있다. 또한 평등·협력, 소통·이해를 통해 공동의 부를 창출하여 함께 키운 파이를 나누는 데 그 핵심가치를 두고 있다. 또한 급변하는 국제정세에도 함께 대처해나가기를 희망하고 있다. 중국이 제안한 혁신적인 호혜와 공영 모델은 전통적인 지역협력 모델을 초월하는 개념으로 전 세계가 발전을 추구해나가는 데 새로운 발상전환의 계기가 될 것으로 확신한다. 새로운 개척정신을 담은 일대일로 구상은 프로젝트에 참여하는 모든 연선 국가에 활력과 생기를 불어넣고 있다. 이는 고대 실크로드에서는 찾아볼 수 없었던 모습이다.

《후한서(後漢書)》의 〈서역전(西域傳)〉을 보면 '편지를 보내며 소식을 전하는 사람들의 발길이 매월 끊이지 않았네(馳命走驛, 不絶於時月). 타국의 상인 또는 행상인 할 것 없이 누구나 훈훈한 대접을 받고 하룻밤을 묵어간다네(胡商販客, 日款塞下)!'라는 글귀가 나온다. 그때 당시 고대 실크로드의 번영과 찬란한 영광을 미뤄 짐작할 수 있는 대목이다. 오늘날 중국은 실크로드의 옛 영광을 되살리려 하고 있다. 실크로드 정신을 계승하고 이를 토대로 하여 국내외 현실을 충분히 반영할 것이다. 유럽과 아시아를 하나의 벨트로 묶어 고대 실크로드가 새롭게 살아 숨 쉬게 함으로써 이 지역을 활력이 넘치는 곳으로 재탄생시키려 한다. 전통의 계승과 발전을 기반으로 하여 출범한 일대일로는 분명 주변국가 간의 우호협력을 촉진하며 호혜와 공영을 실현함으로써 새로운 실크로드 역사의 장을 펼칠 것이다.

돌이켜보면 고대 실크로드는 결코 탄탄대로가 아니었다. 이는 주변국가의 정치와 경제 상황과도 밀접한 관련이 있었다. 실크로드의 흥망성쇠는 중앙왕조의 통일과 통제에 따라 그 운명이 좌우되었다. 일례로 당나라 안사의 난 이후 실크로드는 오랜 세월 방치되거나 유명무실해졌다. 같은 시기에 항해술을 장악한 아랍은 바다를 통해 광저우, 취안저우, 닝보 등의 지역으로 진입했다. 이로써 실질적으로 육상 실크로드는 무용지물로 전락했던 것이다.

일대일로는 고대 실크로드의 불안정성을 극복하고 글로벌화 질서의 재편을 반드시 실현해야 하는 역사적 책임을 안고 있다. 일대일로를 통해 형성될 유럽과 아시아 지역의 교통망은 세계경제의 성장엔진이라 할 수 있는 아태지역과 세계 최대 경제체인 유럽연합을 하나의 벨트로 묶어 유라시아 대륙에 새로운 기회와 공간을 제공할 것이다.

이외에도 동아시아, 서아시아, 남아시아 경제복사구도 조성할 수 있다. 경제무역의 활성화, 경제기술의 협력 강화, 자유무역구 건설 등의 세부계획을 추진함으로써 최종적으로 유라시아 거대 시장을 구축하는 것은 바로 육·해상 양대 실크로드 건설의 기본 방향이며 목표라고 할 수 있다. 또한 일대일로는 역내 무역과 생산요소의 최적화와 재배치를 통해 지역경제 단일화를 추진하고 지역경제와 사회를 공동 발전시킬 수 있는 플랫폼이라 할 수 있다. 유라시아 대륙 자유무역구 또는 유라시아 거대 시장의 구축은 오늘날 글로벌 경제판도를 뒤흔들 수 있는 엄청난 파급효과를 가져올 뿐 아니라 새로운 글로벌 정치경제 질서의 재편을 가속화할 것이다.

4 마셜플랜을 능가하는
'일대일로'

고대 실크로드를 초월한 일대일로 구상은 타 국가에서 발의된 유사한 전략도 초월하고 있다. 2009년 1월 5일에 〈뉴욕타임즈〉는 중국의 해외진출 전략인 주출거 전략을 '베이징의 마셜플랜'이라고 보도했다. 일대일로 구상을 제안하자 이러한 여론은 더욱 붐을 타고 유행하기 시작했다. 사실 일대일로는 단순히 중국판 마셜플랜에 그치지 않으며 이미 이를 뛰어넘는 계획이다.

제2차 세계대전이 종식된 지 얼마 되지 않아 미국은 전쟁으로 피폐해진 서유럽국가에 대한 경제원조 및 재건계획을 가동했다. 당시 미 국무장관이었던 마셜의 이름으로 시행했기에 역사적으로 '마셜플랜Marshall Plan'이라 하며 유럽부흥계획이라고도 한다. 마셜플랜은 미국과 유럽이 윈윈할 수 있는 계획이라는 인식이 있었지만 결국에는 유럽의 분열을 초래했다. 미국 입장에서는 미국이 주도한 브레튼우즈 체제Bretton Woods system(국제적 통화제도 협정으로 제2차 세계대전이 종식되기 직전인 1944년 미국 뉴햄프셔 주의 브레튼우즈에서 각국의 대표들의 협의 하에 탄생함. 브레튼우즈 협정으로 국제통화기금IMF과 국제부흥개발은행IBRD이 설립됨. – 역주)를 공고히 하는 계기가 되었으며 북대서양조약기구NATO, North Atlantic Treaty Organization를 출범시키기도 했다. 미국이 마셜플랜의 최대 수혜자가 된 것이다.

해외투자라는 돌파구를 통해 충족한 자금과 양질의 풍부한 잉여생산력을 소화시킴으로써 자국통화의 국제화를 촉진시킨다는 점에서 일대일로 전략과 마셜플랜은 확실히 유사점이 많다. 후자는 전자에 역사적 교훈을 남겨준다. 그러나 양자의 시대적 배경, 실행 주체, 함의, 방식 등은 분명 다를 수밖에 없다.

간추려 종합해보면 일대일로 전략과 마셜플랜은 아래 몇 가지 분야에서 비교적 큰 차이가 있다.

1 · 시대적 배경 차이

미국이 마셜플랜을 추진한 이유는 유럽자본주의 국가가 하루빨리 전후 재건사업을 마무리 짓기를 원했기 때문이다. 또한 그리스, 이탈리아 등 유럽국가의 공산당이 전후의 경제부흥과 정치혼란을 틈타 정권을 탈취하려는 움직임을 보이자 이를 미연에 방지하려던 의도도 있었다. 이를 통해 서쪽으로 확장을 꾀하려는 소련 및 공산주의 국가를 견제하려 했는데 경제적인 '트루먼주의(1947년에 미국의 트루먼 대통령이 의회에서 그리스·터키에 대한 군사 원조를 요청할 때 선언한 외교정책의 새로운 원칙 - 역주)'라 할 수 있다. 이는 냉전이 야기된 중요한 원인 가운데 하나라 할 수 있으며 이를 계기로 미국은 마침내 전 세계 헤게모니를 장악했다. 마셜플랜은 훗날 생겨난 지역적 군사동맹인 북대서양조약기구NATO에 경제적 뒷받침이 되었다. 마셜플랜은 냉전의 시작을 알리는 신호탄으로 강한 이데올로기 색채를 띠고 있었다.

반면 일대일로는 냉전이라는 시대적 배경과 이데올로기 색채가 없으며 오랜 역사와 젊음을 동시에 보여주고 있다. 고대 실크로드의 영광을 현대적으로 재현함으로써 평화협력, 개방포용, 호학호감, 호혜공영의 실크로드 정신을 계승하고 발전시킨 구상이다. 국제협력 모델로서의 일대일로 구상은 포스트 금융위기시대에 세계 경제성장의 견인차 역할을 하는 중국이 자국의 우수한 생산력과 기술·자본 강점, 경험·비즈니스 모델 강점을 시장과 협력의 시너지로 전환하여 탄생시킨 결과물이라 할 수 있다. 중국이 전방위 개방을 추진하여 얻은 성과물이기도 하다.

2 · 실행 의도의 차이

—

마셜플랜의 본래 취지는 미국이 유럽의 경제부흥을 원조하여 소련을 견제하는 중요한 파워와 수단으로 활용하는 데 있었다. 동시에 미국이 유럽시장을 좀 더 손쉽게 통제하여 차지하고자 하는 의도였다. 미국이 마셜플랜을 제안했을 당시에 가혹한 정치적 조건을 내걸었다. 바로 유럽의 친소련 국가는 모두 배제했던 것이다. 설사 동맹국일지라도 해당 계획에 참여하고자 하는 국가라면 예외 없이 표준과 규칙이 적용되었다. 원조를 받는 서유럽국가는 무조건 조건을 수용할 수밖에 없었으며 기간이 정해졌을 뿐 아니라 부담해야 할 이자도 높았다. 결국 마셜플랜으로 인해 유럽은 분열의 길로 들어서게 된다. 이로써 유럽을 통제하고자 했던 미국의 전략적 의도가 여실히 드러났으며 '유럽을 탄탄히 하여 소련을 견제한다'

는 전략적 사명을 띤 채 북대서양조약기구가 탄생하게 되었다.

3 · 참여국가 구성 차이

마셜플랜 참여국은 미국, 영국, 프랑스 등 유럽선진국을 중심으로 한 20세기 자본주의 강대국이며 사회주의 및 제3세계 국가는 배제되었다. 제2세계인 신흥 공업국에 대한 제1세계인 선진국의 원조 프로젝트였다.

반면 일대일로 프로젝트는 고대 육상 실크로드와 해상 실크로드 연선 국가를 중심으로 하여 기타 국가로 그 대상을 확대할 계획이다. 대부분 개발도상국이며 신흥국가와 선진국도 포함된다. 이는 개발도상국 간의 상호 경제협력과 문화교류 촉진에 기여할 뿐 아니라 국가별 강점을 보완하여 시너지를 창출하며 경쟁우위 활용 및 경제통합을 촉진할 것으로 기대된다. 또한 남남협력(南南協力, 개발도상국 사이에서 이루어지는 경제·기술협력 – 역주), 지역협력 및 초대륙 협력이라는 새로운 모델을 창출하고 있다.

4 · 내용 차이

마셜플랜의 주요 골자는 미국이 서유럽국가를 대상으로 물자와 화폐, 노동력 및 정치적 지원을 제공하는 것인데, 이 가운데 미국이 원조한 자금은 미국 제품을 구입하는 데 사용토록 했으며 관세장벽 조기철폐와 외환규제의 취소 또는 완화를 요구했다. 피원조국은 미국의 관리감독을 받으며 자국과 식민지에서 생산한 전략적 물자를 미국에 공급했다. 또한 미국 주도로 '대충자금counterpart fund(對充資金, 제2차 세계대전 후 대외원조에 대해 피원조국 정부가 원조의 증여분에 상당하는 달러액과 같은 액수의 자국통화를 특별계정에 적립한 것을 말함. - 역주)'이 설립되었는데 이는 마셜플랜의 원조자금을 현지화폐의 자금으로 전환하는 기능을 했다. 미국의 개인투자와 개발 권리를 보장하는 내용도 담고 있었다. 그 결과 미국은 방대한 대유럽 수출을 확보했고, 이는 달러화가 서유럽 무역에서 주요 결제통화로 자리 잡는 계기가 되었다. 이는 미국의 전후 금융패권을 공고히 하는 데 기여했으며 유럽에서 미국의 정치경제 영향력을 확대·강화했다. 이외에도 마셜플랜은 사회주의 국가와의 무역 축소 또는 국유화 계획 포기 등의 내용을 담고 있었으며 강한 냉전 이데올로기 색채를 띠고 있었다.

일대일로는 중국과 실크로드 주변국가 간의 우수한 생산력을 공유하는 계획으로서 마셜플랜처럼 일방적인 수출만을 강요하지 않는다. 프로젝트 투자를 함께 논의하며 인프라를 공동 구축하고 협력으로 일궈낸 성과를 함께 누리는 모델을 추구한다. 정책소통, 인프라연통, 무역창통, 자금융통, 민심상통의 '5통'을 강조하는 일대일로는 마셜플랜에 비해 더욱 알차고 다양한 내용을 담고 있다.

5 · 실행방식의 차이

마셜플랜은 1947년 7월 정식 가동되어 4개년의 회계연도 동안 지속되었다. 이 기간에 서유럽국가는 경제협력개발기구 OECD에 참여하여 130억 달러 규모의, 금융·기술·설비 등을 포함한 다양한 원조를 미국으로부터 받았다. 당시 마셜 미 국무장관의 연설을 빌리면, 마셜플랜을 실행한 첫해 연도에는 미국 GDP의 5.4%에 상당하는 규모였고 전체 마셜플랜 실행기간에는 미국 GDP의 1.1%를 차지했다. 인플레이션 요소를 감안하면 마셜플랜 실행기간의 전체 지원규모는 2006년도 기준으로 환산하여 1천300억 달러에 상당하는 수준이라고 할 수 있다. 마셜플랜의 핵심부분은 미국이 주도했었다. 제2차 세계대전 이후 미국은 강력한 경제력을 무기로 서유럽국가의 재건사업을 돕고, 경제적 원조와 기술 제공을 통해 피원조국의 경제적 부흥을 도모했다. 이는 미국-서유럽 제국으로 구성된 '일대다(一對多)'의 원조방식이었다.

중국이 제안한 일대일로 구상은 실크로드 연선 국가가 공동 참여하고 협력하여 프로젝트를 완성하는 비전을 제시한다. 연선 국가는 국경항구를 적극 개방하여 교통시설을 함께 구축하며 경제협력과 문화교류를 위해 완벽한 인프라 시설을 구축해나갈 계획이다. 이처럼 일대일로는 실크로드 연선 국가 간의 다자간 협력방식을 표방하고 있다. 특히 일대일로는 연선 국가의 발전전략, 계획, 표준, 기술의 접목을 강조하고 있다. 중국의 발전 기회가 곧 연선 국가의 동반 성장을 가져올 것이다. 민족과 종교, 문화배경이 서로 다른 국가 간의 공동발전을 추구하는 게 프로젝트의 주요 취지라 할 수 있다. 이를 위해 실크로드기금과 아시아인프라투자은행[AIIB]을 설립함으로써 주변국가 및 지역협력을 위한 더욱 다양한 공공재를 제공하고자 한다. 일대일로의 실행기간 역시 마셜플랜보다 장기적이다. 기본적으로 중국은 '삼보주(三步走, '세 발자국을 걷다'라는 뜻으로 덩샤오핑이 최초로 제시한 현대화 발전전략 개념 - 역주) 전략'의 확장 개념을 그 근간으로 한다. 이를 기반으로 중앙아시아, 중동, 동남아시아, 남아시아 등의 루트를 통해 경제회랑과 공업단지, 항구 건설 등의 프로젝트를 육·해상으로 동시에 전개하여 유럽·아시아·아프리카의 호연호통 네트워크를 단계별로 구축할 계획이다.

따라서 일대일로는 중국판 마셜플랜이 아니며 마셜플랜을 초월하는 프로젝트라 할 수 있다. 물론 마셜플랜이 성공했던 이유는 초창기의 홍보수단과 시스템화된 실행방식과 뗄 수 없는 밀접한 관련이 있기 때문에 일정 부분 참고할 만한 가치가 있다. 예를 들면 미국정부는 국내에 마셜플랜지원위원회를 조직하여 노동조합과 이익단체를 통해 홍보하는 한편, 피원조 유럽국가의 주도권 확보를 중점 강조했다. 또한 유럽의 자발적인 연합과 요구사항 제안 등을 독려함으로써 미국이 유럽통합을 적극 지지한다는 제스처를 보이기도 했다. 이뿐만이 아니다. 실행과정에서 마셜플랜은 국내 입법화를 통해 합법성을 부여받았으며 국제협력을 시스템화시키고 사회적 역량을 충분히 집결했다. 이러한 경험은 일대일로 협력발전 전략이 주변국가로부터 호응을 얻고 세계 강대국의 인정을 받는 데 분명 도움이 되므로 참고할 가치가 충분하다.

5 타 실크로드 부흥계획을 능가하는 '일대일로'

고대 실크로드의 부흥계획은 사실 중국이 처음 제안한 개념은 아니다. 오히려 중국은 후발주자다. 그렇다면 뒤늦게 출발한 일대일로가 어떻게 선도적 위치를 점할 수 있었을까?

그동안 여러 국가에서 제안한 실크로드 계획과 최근 중국이 제안한 실크로드 경제벨트에는 큰 차이가 있다. 실크로드 경제벨트는 고대 실크로드와 일맥상통하는 초국경 경제벨트다. 규모 면에서도 일반적인 경제벨트를 초월하며 지역협력 신모델 구축을 통해 주변국가와 이익 공동체, 운명 공동체를 형성하자는 것을 미래 청사진으로 제시한다. 실크로드 경제벨트는 현재까지 아직 추상적인 단계라 할 수 있으며 해당 경제벨트의 지역범위, 협력분야, 협력 메커니즘 마련, 구체적 실행방법, 실행 단계 및 목표 등을 빠른 시일 내에 구체화할 필요가 있다.[2]

유네스코^{UNESCO}·유엔개발계획^{UNDP}의 실크로드 부흥계획

유네스코는 일찍이 1988년, 동서양 문화교류 촉진과 유라시아 대륙 각국 국민의 관계 개선을 취지로 하는 '실크로드-대화의 길 종합연구 10개년

---

2) **참고문헌** | 이젠민의 저서인《실크로드 정신》의 지역협력 혁신모델 가운데 '전략적 구상, 국제비교 및 구체적 실행방안', '인민논단·학술전연(人民論壇·學術前沿), 2013년 12월 상(上)'

프로젝트' 가동을 선언한 바 있다. 이후 유네스코는 실크로드에 대한 국제사회의 이목을 끌기 위해 관련 과학시찰 프로그램 운영, 국제 학술포럼, 유물전람회, 실크로드 여행상품설명회 등 다양한 이벤트를 개최했다.

2008년 유엔개발계획은 실크로드 부흥계획을 공식 제안했다. 230개 프로젝트로 구성되며 2008년에서 2014년까지 총 430억 달러를 투자하는 계획을 제시했는데 최종 목표는 고대 실크로드를 비롯한 유라시아 대륙을 연결하는 도로, 철도, 항만 및 통관 등 관련 소프트·하드웨어 개선사업을 추진함으로써 2천 년 전 고대 실크로드의 찬란한 영광을 재현하는 것이다. 계획에 따르면 러시아, 이란, 터키, 중국 등 19개 국가가 참여하여 6대 국제운송회랑을 구축하고 중국에서 유럽, 러시아에서 남아시아, 중동까지 아우르는 철도·도로 등을 건설하게 된다.

일본의 실크로드 외교 전략

2004년 일본은 중앙아시아 5개국 및 카프카스 3국(그루지야, 아르메니아, 아제르바이잔 – 역주)을 실크로드 지역으로 지정하고 일본의 신외교 전략의 핵심지역으로 선언했다. 실크로드 외교 전략에서, 일본은 지정학적 판단 하에 중앙아시아와 카프카스라는 글로벌 전략 요충지에 거점을 마련함과 동시에 경제적 이익을 고려하여 중동지역에 버금가는 에너지 보고(寶庫)를 조기에 선점한다는 비전을 제시했다. 결국 정치적 영향력을 강화하면서 경제적 침투를 통해 해당 지역의 에너지 개발과 무역 주도권을 확보하겠다는 노림수다.

미국의 신실크로드 구상

미국의 신실크로드 구상은 싱크탱크와 정부부처로 나뉜다. 먼저 싱크탱크 분야를 살펴보면 존 홉킨스대 중아(中亞)·카프카스연구원 프레더릭 스탈 원장이 2005년에 제시한 신실크로드 구상은 이러하다. 남아시아, 중·서아시아를 하나로 연결하는 교통운송 및 경제발전 네트워크를 구축하여 아프가니스탄을 중심축으로 오일·가스자원이 풍부한 중·서아시아 국가와 경제성장 주역으로 부상하고 있는 인도, 나아가 동남아시아까지 연계한다는 계획이다. 이를 통해 각 국가 및 여러 지역 간 상호 장점을 극대화하고 보완하면서 아프가니스탄을 포함한 해당지역의 경제사회 발전을 촉진하는 게 목표다.

다음으로 2011년 미국정부가 제안한 신실크로드 구상을 살펴보자. 이 구상에 따르면 미군이 철수한 아프가니스탄의 전후 복건사업을 미국이 주도하여 아프가니스탄 인접국의 투자를 유도하고 세력을 규합함으로써 유라시아 대륙에서 확고한 미국의 위상을 마련하고자 한다. 이는 실질적으로 미국이 막후조정자로서 아프가니스탄을 중심축으로 중·남아시아를 연결한 지역적·지정학적·경제적 체계를 구축하는 계획이다. 가장 중요한 점은 해당지역 국가에 미군기지를 설립함으로써 중국, 러시아 및 이란을 포위·견제함을 염두에 두었다는 것이다.

미국이 구상하는 신실크로드는 단일 로드 구축에 그치는 것이 아니라 광범위한 지역을 망라하여 교통·경제를 연결하는 네트워크를 형성함을 의미한다. 미국정부의 설명을 빌리면 신실크로드는 소프트웨어와 하드웨어 구축을 포함한다. 소프트웨어 구축이란 무역자유화, 무역장벽 해소, 관리경영제도 완비, 출입국절차 간소화, 통관 속도 개선, 관료주의 타파, 부정부패 일소 및 투자환경 개선 등을 의미한다. 하드웨어 구축은 중앙아시아와 아프가니스탄, 남아시아의 철도, 도로, 통신망 및 오일가스 송유관 등을 연결하는 인프라 시설 구축을 말한다. 소프트웨어와 하드웨어라는 양대 분야의 구축을 통한 상품, 서비스 및 인력의 범지역적인 자유로운 이동을 청사진으로 제시했다.

러시아의 신실크로드

러시아는 현재 건설 중인, 중국에서 중앙아시아·러시아를 경유하여 독일 뒤스부르크에 이르는 직통루트와 중국과 유럽의 철도망·항구를 연결하는 중(中)·유럽 운송회랑을 신실크로드라고 누차 밝힌 바 있다. 또한 러시아는 신실크로드에서 결정적인 역할을 발휘할 것이라 선언했다.

이란의 철도 실크로드

2011년 이란은 이란 철도망을 아프가니스탄, 타지키스탄, 키르기스스탄 등 3개국을 통과하도록 하여 중국 철도노선과 연결하는 프로젝트를 정식 가동한다고 선언했다. 이러한 철도노선을 외신에서는 철도 실크로드 또는 실크로드 철도라고 부르고 있다.

카자흐스탄^{Kazakhstan}의 신실크로드 프로젝트

2012년 누르술탄 나자르바예프^{Nursultan Abishuly Nazarbayev} 카자흐스탄 대통령은 '외국투자자이사회 제25차 전체회의'에서 신실크로드 프로젝트 실행을 공식 발표했다. 그는 카자흐스탄이 역사적 지위를 되찾고 중앙아시아 지역의 최대 국경지대 허브로 발돋움하여 유럽과 아시아를 잇는 특수한 가교가 될 것이라고 밝혔다. 카자흐스탄의 주요 운송회랑에 세계적 수준의 무역물류와 금융 비즈니스, 경영방식혁신과 여행업을 통합한 단일 허브 구축계획을 제시했다.

그렇다면 일대일로 구상이 어떻게 기타 실크로드 계획을 능가할 수 있을까? 이는 향후 일대일로가 짊어져야 할 책임 및 역할과도 관련이 있다.

6 '일대일로' 전략의 미래에 대한 책임

세계지도를 보면 일대일로의 동쪽으로는 아태지역 경제권과 연결되며 서쪽으로는 유럽경제권이 펼쳐져 있다. 이렇게 누구나 일대일로는 세계적으로 가장 길며 가장 큰 발전 잠재력을 보유한 대경제회랑이라고 말한다. 국가 전략정책의 순풍을 타고 기회를 선점하기 위해 중국 내 여러 성, 구, 시도 잇달아 일대일로의 기획과 구상에 참여 의사를 밝히고 있다.

두 가지 실크로드는 국내의 전면적 개방전략을 토대로 하여 서부지역의 경제발전을 촉진시키는 계획이라 할 수 있다. 서북지역 5개 성(또는 구) : 산시, 간쑤, 칭하이, 닝샤, 신장과 서남지역 4개 성(또는 구, 시) : 충칭, 쓰촨, 윈난, 광시, 그리고 동부 5개 성 : 장쑤, 저장, 푸젠, 광둥, 하이난. 이들 지역이 일대일로의 국내 지역거점이라 할 수 있다.

일대일로는 기존의 점과 조각 형태로 추진 중인 지역발전 모델의 고정 틀을 깨뜨렸다. 초창기의 경제무역 특구 개념 또는 지난해 설립된 자유무역구는 모두 단일지역을 대상으로 발전의 돌파구를 마련하는 계획이다. 일대일로는 이러한 점과 조각 형태의 발전모델을 철저히 바꾸고자 한다. 횡(橫)으로는 중국 동부와 중부 그리고 서부를 관통하며, 종(縱)으로는 주요 연해 항구도시를 연결하고 중앙아시아와 아세안으로 지속적으로 확장할 계획이다. 이는 중국의 지역발전 판도를 바꾸는 중요한 계기가 될 것이며 각 지역 및 성의 호연호통, 산업 연계 및 산업 이전 분야에서 특히 강력한 드라이브를 걸고 있다. 이러한 구축과정은, 중국 경제의 구조전환을 위한 강력한 촉매제 역할을 하며 경제의 한 단계 격상에도 분명 크게 기여할 것으로 확신한다.

▶ 표1 · '일대(一帶)'를 구성하는 9개 성의 거점의 기능

성·구	거점의 기능	노드Node 도시
신장	일대의 핵심지역	우루무치, 카슈가르
간쑤	일대의 황금지대	란저우, 바이인, 지유촨
닝샤	일대의 전략 거점	
윈난	전략 거점, 연결루트의 허브	
광시	주요 관문, 전략 노드	
산시	주요 거점·시안	
칭하이	서쪽 지역으로의 개방을 위한 주진지	시닝, 하이둥, 거얼무
쓰촨	일대일로의 교통 요충지, 경제 배후지	
충칭	창장 상류지역의 통합 교통관제integrated transportation hub(철도, 도로, 항공, 항만, 운송 등의 채널을 하나로 통합한 육·해·공협력시스템-역주)의 허브, 내륙 개방을 위한 전략적 요지	

▶ 표2 · '일로(一路)'를 구성하는 5개 성의 거점의 기능

성	거점의 기능	노드Node 도시
푸젠	일로의 핵심지역	푸저우, 샤먼, 취안저우, 핑탄
광둥	일로의 교두보	광저우, 선전, 후이저우
장쑤	일대일로의 교차 및 합류 노드	쉬저우, 롄윈강
저장	일대일로 전략의 경제무역협력 선행구, 온라인 실크로드 시험구, 무역물류 허브지역	항저우, 닝보, 원저우
하이난	일로의 게이트 전략 거점	하이커우, 산야

일대일로는 중국의 2차 개혁개방이라 해도 과언이 아니다. 일대일로는 중국 지방이 세계를 향해 한 걸음 더 나아갈 수 있는 중요한 매개체 역할을 하며 중국 사회가 외부 세계로 발돋움하여 융합할 수 있는 계기를 마련할 것이다. 중국주재 폴란드 대사인 타데우쉬 호미츠키$^{Tadeusz\ Chomicki}$가 강조한 바와 같이 일대일로 전략은 폴란드와 중국의 각 성·시의 협력을 강화할 것이다. 이러한 협력은 양국 간 전략적 협력 동반자 관계를 구성하는 관건이 될 것이다.[3]

1 · 주요 강점의 발휘

성	주요 내용
신장	'5대 중심' 건설(교통 요충지, 무역물류, 금융, 문화과학기술, 의료서비스)
칭하이	일대의 전략적 루트, 주요 거점, 인문교류 중심
닝샤	아랍과 무슬림 지역을 중심으로 한 개방형 신경제체제 구축 가속화
광시	국제적 대통로 건설, 일로의 주요 노드이자 핵심플랫폼
장쑤	동부 룽하이 산업벨트와 도시의 허브 건설
저장	육상과 해상 통합관리 및 기획, 동서 간 상호 연결, 남북관통을 통한 개방 신체제
하이난	일대일로 전략의 맞춤 정책 시행, 경제 개방의 강도 심화

2 · 호연호통의 추진

성	호연호통의 역점사항
간쑤	종합 교통관제 및 에너지 수송루트 중점 건설
칭하이	일횡삼종(一橫三縱)의 통합 운송 채널
윈난	'칠출성 사출경(七出省四出境, 7개의 중국 내 성과 4개 국가를 연결하는 고속도로–역주)' 연결 노선 구축
산시	서쪽 지역으로의 개방을 위한 요충지
저장	상하이 국제항운센터와 호연호통 강화

3 · 매개체와 플랫폼 제공(일로)

성	매개체·플랫폼 건설
윈난	중국 남아시아 박람회, 쿤밍 교역박람회, 방글라데시·중국·인도·미얀마 경제협력 포럼 등을 통한 협력플랫폼
장쑤	중국−카자흐스탄·롄윈강 물류협력기지
저장	일대일로 연선 국가 간 물류채널과 협력플랫폼을 연동

4 · 매개체와 플랫폼 제공(일대)

성	매개체·플랫폼 건설
산시	'중국−중앙아시아 경제협력단지', 특산품 수출기지, 중앙아시아 5개국 에너지 교역플랫폼
간쑤	란저우 신구, 둔황 국제문화 여행 명승지, 중국 실크로드 박람회 3대 전략 플랫폼
닝샤	내륙 개방형 경제 시험구 플랫폼, 중국·아랍 박람회 '골드브랜드'
광시	중국·아세안 박람회, 중국·아세안 비즈니스·투자 CEO 서밋Summit, 중−아세안 자유무역구CAFTA 포럼 등 핵심적인 플랫폼

5 · 노드 도시 구축

도시	주요 기능
잔장	광동과 아세안을 연결하는 선행구, 21세기 해상 실크로드의 주요 노드이자 주요 플랫폼
후이저우	21세기 해상 실크로드의 교두보, 경쟁우위산업 발전 집약구, 빈하이 여행연동발전시범구, 민간교류·문화교류 활력구
저우산군도	21세기 해상 실크로드의 주요 지역, 항구 노드

---

3) 《폴란드 : '일대일로' 프로젝트의 중요한 참여자》, 《대외투자 2015년 3월》

지역	협의 내용
장쑤, 산시, 닝샤, 신장 등	실크로드 경제벨트의 물류연동 발전협력연맹
서북5성구	〈실크로드 경제벨트 서북5성구 문화발전전략연맹 기본협정〉
광둥	연선 국가와의 협력 강화, 육·해상 통합관제 추진
윈난	방글라데시·중국·인도·미얀마 경제회랑 기획 및 구축
취안저우, 닝보, 광저우, 난징 등	9개 도시를 '해상 실크로드' 문화유산으로 동시 등재 신청

앞선 여러 내용을 살펴보면 일대일로는 중국 기업의 주출거 전략을 단순히 독려하는 차원을 넘어서서 중국 지방이 직접 해외로 진출하여 세계와 더욱 긴밀한 상호교류를 추진하는 새로운 방안을 제시하고 있다. 즉 미래의 역할과 책임을 더욱 확대한 것이다.

일대일로를 제안한 배경은 중국과 세계와의 관계 변화에 있다. 중국은 글로벌화에 단순히 편입되는 것이 아니며 이제 새로운 글로벌 표준을 제정하고자 한다. 지금 전 세계 국가는 나름대로 다양한 지역협력을 추진하고 있다. 미국의 경우는 TPP(환태평양경제동반자협정), TTIP(범대서양무역투자동반자협정)를 적극 추진하고 있다. 글로벌 차원의 투자 협정 및 협상, 국제질서 및 국제규범 자체가 지금 엄청난 변화를 겪고 있으며 기존의 국제체제는 더 이상 지속하기 힘든 상황이다. 중국은 이제 더 이상 단순한 이해 당사자라고 보기 어렵다. 특히 금융위기 이후 국제사회는 중국이 글로벌화의 최대 수혜자라고 인식하고 있기 때문에 현재 많은 규범과 제약사항을 만들어 중국의 무임승차를 더 이상 용납하지 않겠다는 의도를 나타내고 있다.

중국이 더욱 비싼 대가를 치러야 한다는 뜻이다. 이러한 상황에서 중국은 새로운 무역 질서와 투자의 룰을 적극적으로 수립하여 대처하고자 한다.

과거 중국의 비교경쟁우위는 값싼 노동력에 있었다. 세계 각지의 원자재와 자원을 중국에 들여와 가공한 뒤 다시 세계 각지로 내다 팔았다. 하지만 이러한 모델은 지속될 수 없다. 원래 중국은 시장 개방을 통해 선진국의 기술을 도입하고자 했으나 시장 개방을 통해 핵심기술을 얻을 수 없었다. 중국은 기술적으로 아주 낙후된 상태는 아니며 이미 선두에 있는 분야도 있다. 외환보유고가 4조 달러에 이를 정도로 자본 또한 비교적 여유가 있다. 자본과 기술에서 어느 정도 강점을 확보한 상태라면 더욱 큰 시장을 발굴하여 자본과 기술의 강점을 '표준'의 강점으로 승화시켜야 한다. 예를 들어, 고속전철과 전력망의 경우를 살펴보자. 이 경우 '중국 표준'을 널리 보급하는 성과를 거두어 새로운 글로벌 경쟁에서 산업사슬을 다운스트림·미드스트림에서 업스트림으로 격상시킬 수 있었다. 부가가치 창출로 산업을 발전시키는 계기를 만든 것이다.

중국은 개혁개방정책을 실시한 이래 오랜 세월 투자와 수출을 통해 경제성장을 이끌어 왔다. 2008년부터 글로벌 금융위기의 여파로 수출 선진국 시장이 위축되다 보니 투자의 견인차 역할이 더욱 두드러졌다. 2013년 경제성장에 대한 투자의 기여도가 무려 54.4%에 달했다. 다른 국가의 경우 유사 이래 가장 높은 수치가 40%라는 점에 주목할 필요가 있다. 그렇다면 이렇게 기형적으로 높은 투자의 기여도를 어떻게 한 단계 낮출 수 있을까? 바로 해외시장에 대량 투자하는 방법이다. 그간 'Made in China'는 전 세계를 무대로 세계공장의 역할을 해 왔다. 그러나 지금 세계시장은 그

많은 물량을 소화하기 어려운 실정이며 더구나 중국 경제 또한 이른바 '뉴노멀'이라 불리는 신창타이(新常態, 새로운 패러다임을 의미, 시진핑 주석이 2014년 5월 중국 경제가 개혁개방 이후 30여 년간의 고도성장기를 끝내고 새로운 상태로 이행하고 있다고 말하면서 처음 사용했다. – 역주)에 진입했다. 이러한 상황에서 중국의 넘쳐나는 생산력을 소화하려면 해외로 눈을 돌릴 수밖에 없다. 외교는 내정(內政)의 연장선상에 있다. 내정이란 사실 국내 생산방식 그리고 중국과 세계와의 관계 변화에 따라 달라질 수 있다. 외교적으로는 이러한 내정 변화와 시대적 흐름에 따라 탄력적으로 움직여야 한다. 지금 중국은 국제적 규범을 직접 제정하고 주도할 수 있는 파워를 점차 갖춰가고 있다. 물론 자본과 투자 영역에서 중국이 어느 정도 강점을 확보한 것도 사실이지만 또 다른 요인은 미국의 파워가 상대적으로 약해졌다는 점도 간과할 수 없다. 게임의 룰을 만드는 미국의 파워와 의지가 다소 약화된 것이다.

따라서 중국은 이제 단순한 글로벌화의 참여자가 아니라 글로벌화의 주축으로 견인차 역할을 할 것으로 기대된다. 글로벌 분업체계에서 중국 생산방식의 위상이 달라지면서 중국과 세계의 관계에도 변화가 생기기 시작했다. 물론 외교정책의 대응방식도 변할 수밖에 없다. 중국과 세계의 관계는 거래·투자관계에서 발전관계로 격상되었으며 이익 공동체·책임 공동체에서 운명 공동체로 그 모습이 달라지고 있다.

특히 일대일로 구상을 제안한 지 1년여 기간 동안 실크로드 주변 60여 개 국가가 긍정적인 메시지를 보냈으며 확고한 지지 의사를 밝혔다. 또한 자국의 발전계획과 접목시킬 의사를 표명한 국가도 있었다. 일대일로는 중국 외교정책의 향후 방향성을 제시하는 프로젝트이며 경제건설 중심의 외교정책인 '도광양회(韜光養晦, 자신의 재능이나 명성을 드러내지 않고 참고 기다린다는 뜻으로, 1980년대 중국의 대외정책을 일컫는 용어 - 역주)' 전략 단계를 뛰어넘고 있다. 중국 외교는 이제 주도적으로 제안하는 단계, 그리고 누구나 참여하고 이용이 가능한 글로벌 공공재를 스스로 적극 제공하는 단계에 접어들었다고 할 수 있다.

과거에 중국과 세계는 '공영' 관계인 이른바 윈윈을 추구하면 그만이었다. 그런데 상대방이 99%를 가져가고 나머지가 1%만 소유하게 되자 사람들은 상대방이 폭리를 취한다고 생각한 것이다. 이러한 상황이 발생하자 중국을 견제하고 포위하며 심지어 비난하기 시작했다. 우리는 선진국에 대해서 여전히 '윈윈'을 강조해야 한다. 하지만 개발도상국가에까지 윈윈 전략만 강조할 수는 없다. 중국은 이미 평범한 개발도상국가가 아니기 때문이나. 따라서 다른 개발도상국에 더욱 많은 원조를 제공하며 초기투자와 기술이전을 적극 진행해야 한다. 이러한 이유로 지금 중국은 제3세계 국가를 대상으로 정확한 '의리관(義利观, 도덕관념과 물질적 이익관계에 대한 가치관을 의미, 본문에서는 의(義)를 리(利)보다 중시하고 우선시하는 뜻, 출처 : 논어 - 역주)'과 책임 공동체를 강조하고 있다. 또한 선진국을 대상으로는 이익 공동체를, 주변국가에는 운명 공동체 개념을 역설하고자 한다.

아시아 '신안보관'을 제기한 것도 바로 이러한 운명 공동체를 구현하기 위해서다. 주변에서 일어나는 골칫거리를 해결하려면 중국이 주변국가와 장기적으로 공존할 수 있는 길을 찾아야 한다. 따라서 중국 외교는 경제건설의 중심에서 선회하여 발전과 안보라는 두개의 톱니바퀴에 의해 앞으로 나아가야 한다. 여기에서 발전은 지속가능한 발전과 기후변화와 에너지,

안보 등 다양한 분야를 포함하며 경제발전보다 더욱 넓은 의미를 내포하고 있다.

한마디로 정의하면 세계의 울타리 안에서 자라난 중국이 어느새 성장하여 세계에 보답하는 날이 다가온 것이다. 일대일로 전략이 출범하게 된 시대적 배경을 우리는 여기서 찾을 수 있다. 중국의 꿈과 세계의 꿈을 하나로 이어주는 가교가 되는 것, 이것이 곧 일대일로의 미래비전이자 일대일로가 앞으로 짊어져야 할 책임인 것이다.

2부

'일대일로'의 기회

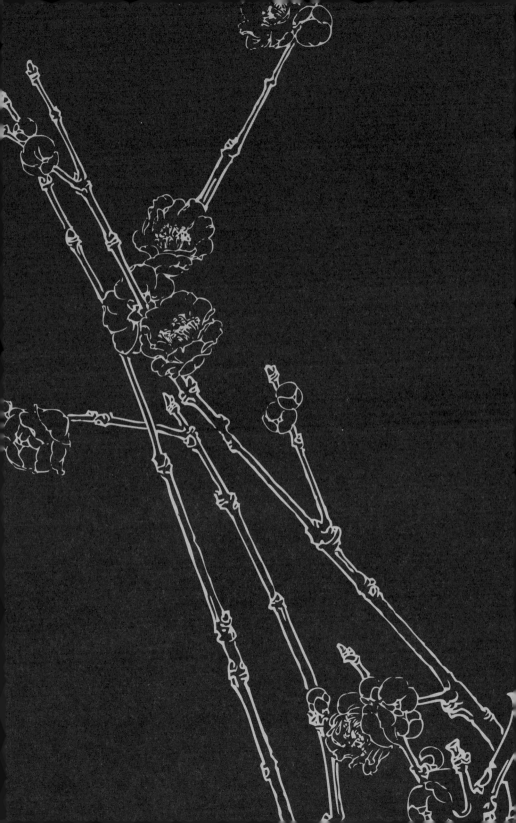

일 대일로 전략은 중국이 제안한 위업이며 국제협력의 공공재
다. 일대일로 전략의 출범을 앞두고 우리는 전방위적 개방의
기회, 주변국가와 외교를 추진할 기회, 지역협력의 기회 그리
고 전 세계 발전의 기회를 맞이하고 있다.

먼저 일대일로 전략은 중국에 전방위적 개방의 기회를 가져왔다. 또한
일대일로로 인해 중국의 대외개방 정책은 더욱 풍부한 의미를 내포하게
되었다. 대외개방 정책의 전면적 추진을 위한 정책 방향성을 제시했으며
전방위적 개방을 통해 폭넓은 가능성을 펼치게 되었다. 일대일로 전략은
개혁개방 이후 30여 년간 표방한 대외개방의 개념과 실천을 이어받아 발
전된 개념이다. 대외개방 정책을 실행하는 동안 정치적 요인에 의해 경제

와 문화 등 제반 분야가 영향을 받지 않도록 최선을 다하며 평등과 호혜, 독립과 자주를 계속 견지할 것이다. 또한 대외개방 정책에 있어 경제위주의 전략을 버리고 문화의 선도적 역할을 발휘함으로써 대외개방 정책의 내용 면에서 새로운 돌파구를 마련하고자 한다. 일대일로 전략은 중국 대외개방 정책의 전략적 구상에 또 다른 옵션을 제공해주었다. 특히 지역적으로 중국 서부와 남부 지역의 대외개방 정책을 추진하는 데 최상의 기회를 제공하고 있다. 중국의 대외개방 정책기조를 총체적으로 평가하면 동쪽이 강하고 서쪽은 약하며 해양은 강하고 변방은 약한, 이른바 '동강서약(東强西弱), 해강변약(海强邊弱)' 형세를 보이고 있다.

따라서 이러한 기형적인 모습을 시의적절하게 개선하며 지역적 불균형을 해소하여 전반적인 조화를 추구할 수 있는 새로운 대외개방 노선을 확립해야 한다. 바로 일대일로 전략을 통해 가능하다. 동부 연해지역은 산업구조전환 및 산업고도화의 계기를 마련하며 중·서부 내륙지역 또한 대외개방에 박차를 가할 수 있는 원동력을 얻을 수 있다. 그런데 경제발전을 지탱해주는 인프라 산업과 인프라 건설, 그리고 관련 제반 정책 등의 분야에서 상대적으로 미흡한 부분이 두드러지게 나타나고 있다. 따라서 이러한 돌출 문제를 해소하여 조화로운 발전을 이룰 수 있도록 대외개방체제를 수립할 필요가 있다. 중국은 현재 경제무역 협력 및 관련 인프라 산업 협력에 주력함과 동시에 일대일로 전략으로 대외개방의 범위를 확대하여 문화, 교육, 여행, 의료보건 등 여러 분야에서 대외개방을 추진할 수 있는 새로운 기회를 제공하고 있다. 중국정부는 관련 기반산업의 발전과 무역 활성화 정책, 교통 및 인프라 건설 등의 분야에 착수하여 건전하고 지속가능한 경제협력기반을 조성하기 위해 노력하고 있다.[1] 한편으로 일대일로는 역사적 계승을 강조하고 있다. 또한 문화적 교류를 최우선적으로 실시하여 일대일로에 대한 외부의 편견을 해소함으로써 관련국의 공감대를 이끌어내고자 최선을 다하고 있다. 이를 통해 기타 분야에서의 효율적 협력을 유도할 수 있다. 이러한 다양한 노력을 통해 일대일로 전략이 대외개방정책의 문화교류 브랜드로 굳건히 자리매김한다면 중화문명의 주출거, 즉 해외진출 전략은 성공하게 될 것이다. 또한 중국이 국제적 영향력을 확대하는 데도 전략적으로 절호의 시기를 맞이할 것으로 확신한다.

다음으로 일대일로 전략은 주변외교, 즉 주변국가와의 외교에도 새로운 기회를 제공하고 있다. 현대 중국의 외교적 행보를 돌이켜보면 '주변이 가장 중요'하다고 강조해 왔다. 이러한 논조에서 알 수 있듯이 중국은 외교전략에서 주변외교를 최우선적으로 고려하고 있다. 지금 중국정부는 주변의 형세와 환경 변화에 민감하게 대응하고 있다. 주변국가와의 경제무역관계도 더욱 긴밀해지면서 상호 시너지를 형성하고 있으며 보기 드문 밀월관계가 조성되고 있다. 이제 주변외교 정책도 시대적 흐름에 발맞춰 변화하여 운영할 필요가 있다. 주변외교에서는 선린우호, 신의성실, 호혜공영, 개방포용 정신을 강조하고 있다. 이러한 정신은 일대일로 전략 전반에 시종일관 그 기조가 반영되어 있다. 동아시아지역에서 한·중관계의 발전과 한·중 자유무역구 건설은 일대일로 연선 국가에 자유무역구를 건설하

---

1) **참고** | 리유징송(劉勁松)의《'일대일로'가 산업계에 가져올 8대 기회(一帶一路將給工商界帶來八大機遇)》, 다궁왕(大公網), 2015년 5월 19일

는 모범적 사례로 귀감이 되고 있다. 반면 정치와 경제 양쪽 분야에서 중·일 관계는 현재 냉각상태라 할 수 있다. 그러나 양국은 일대일로 전략을 통해 대세 전환의 계기를 마련할 수 있다. 또한 일대일로는 아세안에도 새로운 기회라 할 수 있다. '중-아세안 자유무역구'라는 쌍방의 교류플랫폼의 활용과 이를 기반으로 중국과 아세안 간 상호관계를 재정립함으로써 상호 신뢰를 강화할 수 있을 것이다. 복잡다단하고 갈등이 끊이지 않는 남아시아 지역도 예외는 아니다. 또한 스리랑카는 21세기 해상 실크로드 프로젝트의 인도양 거점이 될 것이다. 파키스탄은 중국에 안정적으로 에너지를 공급해 주는 전략적 요충지이며, 인도는 중국과의 경쟁구도 속에서 공동이익 창출 분야와 협력을 한 단계 강화할 수 있는 영역을 모색 중이다.

중앙아시아지역은 유라시아 대륙의 심장부에 깊숙이 위치해 있다. 따라서 항구로 접근이 어려운 지정학적 특징이 경제발전의 걸림돌이 되어 왔다. 일대일로 전략을 통해 이러한 고질적 문제에 효과적으로 대처하여 중앙아시아지역을 유라시아 대륙과 연결하는 전략적 루트로 구축함으로써 외부 세계와의 연결고리를 제공할 수 있다. 또한 테러리즘의 위협에 공동 대처하며 중앙아시아 경제의 고속 성장을 유도할 수 있을 것으로 기대된다.

셋째, 일대일로 전략은 중국의 지역협력에도 새로운 기회를 가져올 것이다. 그 내용을 자세히 살펴보자. 일대일로는 유라시아 대륙을 관통하여 아시아태평양경제권과 유럽경제권을 하나의 벨트로 묶는 계획이다. 현재 연선 국가들은 경제와 투자 구조에 있어 강한 상호 보완성을 갖추고 있다. 따라서 인프라 건설, 도로교통, 물류, 상품·산업 구조사슬 등의 분야에서 이를 더욱 완벽하게 구축한다면 이를 기반으로 한 일대일로 전략은 경제무역 관계를 보다 발전시킴으로써 지역단일화 건설을 가속화할 수 있다. 다음으로 현재 아시아태평양지역의 안보문제는 실타래처럼 복잡하게 얽혀 있다는 사실에 주목할 필요가 있다. 장기적으로 안정적인 주변 환경을 확보하지 못해서 경제 등 여러 분야의 발전에 제약을 받고 있으며, 특히 테러리즘은 해당 지역의 안보를 위협하는 부정적 요인이라 할 수 있다. 일대일로는 상하이협력기구SCO, Shanghai Cooperation Organization의 협력플랫폼을 준용함으로써 더욱 많은 역내·외 협력파트너를 확보하여 테러리즘에 연합 대응하는 효과를 기대할 수 있다. 또 다른 하나는 비록 일대일로 전략을 옹호하는 목소리가 주류를 이룬다고는 하지만 편파적인 시각으로 의심하며 반대하는 목소리도 결코 만만치 않다는 점이다. 이러한 경계심을 해소하려면 민심이 서로 통하는 민심상통으로 일대일로의 돌파구를 마련할 수 있을 것이다. 중국정부는 일대일로 전략을 수립하고 발전시키는 과정에서 단순히 경제적 이익만을 고려하던 구태의연한 사고방식을 타파했다. 바로 민심상통을 통해 협력의 기틀을 만들며 문화와 인문 교류에 역점을 두어 여론기반을 다지는 게 중요하다는 점을 강조해 왔다. 마지막으로 아태경제권과 유럽경제권은 교통과 물류 등 여러 요인으로 인해 상호교류에 적지 않은 제약을 받아 왔었다는 점이다. 그런데 일대일로 구축을 통해 유라시아 대륙이 하나로 관통된다면 해당시장의 통합 가속화와 협력 강화에 좋은 기회가 될 것이다.

넷째, 일대일로 전략은 전 세계 발전에도 크게 기여할 것이다. 중국이 일대일로를 제안한 본래 취지는 폐쇄적이며 자기중심적인 협력체제가 아니라 개방형 협력플랫폼을 구축하는 데 있다. 동시에 다양하게 수용할 수 있는 포용성을 갖추고 있기 때문에 세계 각국은 이러한 전략적 틀 안에서 발전의 기회를 얻을 수 있을 것이다. 또한 일대일로는 중국이 국제사안에 더욱 적극 참여하고 국제적 책임을 다하고자 하는 긍정적 염원을 담고 있다. 충분한 능력과 책임을 갖춘 나라라는 국가 이미지를 전 세계에 보여주어 중국에 대한 인식을 새롭게 하며 위상을 드높이는 결과를 가져올 것으로 기대된다. 결과적으로 일대일로를 통해 중국과 세계는 상호 협력과 교류를 더욱 효과적으로 강화할 수 있다. 오늘날 세계경제는 여전히 위기에서 벗어나지 못한 상태다. 경제 회복의 조짐도 아직은 더디다고 할 수 있다. 일대일로는 중국과 세계를 잇는 새로운 가교로서 중국 모델과 중국 홍리를 통해 세계를 이롭게 하는 장기 비전을 제시하고 있다. 또한 세계를 하나의 벨트로 물샐틈없이 촘촘히 연결할 계획이다. 궁극적으로 세계 모든 국가의 경제발전이 하나의 동일 플랫폼으로 편입되는 것이다. 국가의 크기나 중국과의 인접성과 상관없이 모두 하나의 전략적 궤도에 함께 진입하여 자국의 비교우위를 발휘함으로써 호혜와 공영의 국제협력 신모델을 만들어갈 것이다. 아세안이 주도하는 역내 포괄적경제동반자협정[RECP], 미국이 주도하는 TPP와 국가 간 자유무역협정[FTA] 등 여러 구상들은 지역 및 글로벌 경제협력을 추진함에 있어 서로 다른 특징을 보이고 있다. 일대일로 전략이 제안하는 것은 비경쟁적인 동반자 관계이며 해당국가는 각 지역 간 여러 경제통합 모델에서 공통점과 이익의 공통분모를 발굴할 필요가 있다. 그리고 이를 기반으로 각각 모델을 상호 조화시키고 보완하면서 협력을 통해 글로벌 경제통합 및 발전을 위한 신성장동력을 제공해야 한다.

1   전방위적
개방 기회

　　개혁개방 이후 30여 년 동안 대외개방 정책은 중국의 기본 국책 방향으로서 국민경제 발전에 매우 중요한 원동력이 되었다. 중국정부는 대외 경제 및 기술 교류를 끊임없이 강화하며 국제교역과 국제경쟁에 적극 참여하는 데 줄곧 힘을 기울여 왔다. 이를 통해 중국 경제구조는 폐쇄형 경제에서 개방형 경제로 전환하여 국민경제는 건전하고 빠른 성장을 이룰 수 있었다. 그러나 글로벌 정치·경제가 전환기에 접어들고 중국의 대외경제 국면에도 중대한 변화가 생기기 시작하면서 중국 경제는 '신창타이'에 진입하게 되었다. 이러한 상황에서 대외개방 정책은 새로운 도전에 직면함과 동시에 예전에는 부각되지 않았던 문제가 수면 위로 드러나기 시작했다. 새로운 시대를 맞이한 중국은 '대외개방의 새로운 틀을 만들어 중국 경제가 한 걸음 더 가까이 세계 속에 융합하기 위한 강력한 엔진'[2]으로서 일대일로 전략을 제기했다. 이로써 중국의 대외개방 정책은 더욱 완벽하게 다양한 모습을 갖추게 되었다. 또한 기존의 대외개방의 문제도 효과적으로 해결할 수 있는 돌파구를 마련하게 되었다. 중국은 이제 새로운 전방위 개방의 기회를 맞이하고 있다. 이러한 전방위 개방의 기회는 대외개방

---

2) **왕여우링**(王優玲) ｜ "일대일로 전략, 중국 대외개방의 신체제 조성(一帶一路'戰略構建我國對外開放新格局)", http://news.xinhuanet.com/fortune/2015-01/04/c_1113870302.htm

정책이념의 확장, 대외개방의 지역적 균형 모색, 개방 산업분야의 확대 등에서 찾아볼 수 있다.

첫째, 일대일로 구상으로 인해 중국의 대외개방 정책은 더욱 풍부한 함의를 가지게 되었다. 대외개방 정책의 전면적 추진을 위한 정책 방향성을 제시했으며 전방위적 개방을 통해 폭넓은 가능성을 펼치게 된 것이다. 대외개방 정책은 중국의 기본 국책으로서 이미 그 자체가 강한 포용성을 갖추고 있다. 또한 그 대외개방 정책이 발전과정을 거치면서 이념적으로 확장된 개념을 담게 되었다. 1980년 6월에 덩샤오핑은 외빈을 접견하면서 최초로 대외개방을 중국의 대외경제 정책으로 전 세계에 공식 발표했다. 1981년 11월 제5기 전인대(全國人民代表大會, 전국인민대표대회-역주) 제3차 회의 정부업무보고에서는 "대외개방 정책을 실시하며 국제적인 경제 기술 교류를 강화하는 것은 중국의 확고부동한 방침이다."라고 명확히 시사했다. 1982년 12월에 대외개방 정책은 정식으로 중국 헌법에 실리게 되었다. 1980년대에서 1990년대 초기까지 경제특구와 연해개방도시, 연해경제개방구 등이 점차 건설되기 시작했다. 그러나 이때만 해도 대외개방의 개념은 여전히 모호한 상태였다. 정부 주도 하에 진행된 대외개방은 기껏해야 중국이 세계를 이해하고 세계가 중국을 이해할 수 있는 창구를 제공하는 수준에 불과했다. 대외개방은 필드 테스트 수준에 머물렀으며 개방 분야와 범위도 극히 제한적이었다. 그 역할에도 한계가 있어서 대부분 중국 경제의 폐쇄적 국면을 타개하는 데 주력했다. 대외개방이라는 창구를 통해 중국의 시장경제 요소를 육성한 것이다.

1992년 덩샤오핑의 남방담화(南方談話) 이후 제한적이었던 대외개방

정책은 확대되기 시작했다. 강변·내륙·국경 지역의 도시가 점차 대외개방을 실시하여 남에서 북으로, 동에서 서로 그 범위를 확대해나갔다. 또한 경제특구, 연해개방도시, 연해경제개방구 등이 다양하게 형성되기 시작했다. 이 시기에 새로운 대외개방체제의 골격과 특징이 드러났다. 바로 다양한 분야를 아우르며 점·선·면으로 그 범위를 확장하면서 구심점이 형성되었던 것이다. 대외개방 정책은 이미 단순한 창구역할과 전시목적을 탈피하기 시작했다. 공업 위주·외자유치 위주·수출확대 위주의 '3위주' 방침을 견지하며 첨단기술 발전에 역점을 두었다. 중국 경제는 세계 속으로 융합되기 시작했다. 또한 중국의 경제발전을 위해서는 세계시장의 역할이 중요하다는 점을 인식하여 세계시장 확보에 총력을 기울였다. 독립자주, 자력갱생, 평등호혜의 원칙 하에 국내와 해외 양대 시장 및 자원을 충분히 활용하여 세계 각 국가와의 경제무역 교류를 적극 강화한 것이다.

21세기에 들어선 이후에 중국은 2001년 세계무역기구^{WTO}에 가입한다. 이때부터 대외개방의 함의는 더욱 획기적으로 확대된다. 중국 체제와 규칙은 전 세계 통용규칙으로 편입되고 통합되었다. 이때 정부의 '거시경제 조정방식'에도 중대한 변화가 필요했다. 2002년의 중국 공산당 제16차 전국대표대회 보고서에서는 처음으로 주출거 전략을 제기했다. 그리고 주출거 전략의 실행은 중국의 대외개방 국면이 새로운 단계로 진입하기 위한 중요한 조치라고 밝혔다. 2007년 제17차 전국대표대회 보고서에서는 다음과 같이 선언했다.

"대외개방의 폭과 깊이를 넓히고 확대하여 개방형 경제수준을 제고한다. 대외개방이란 기본 국가정책을 견지해나가며 인진래와 주출거 전략을 더욱 유기적으로 결합함으로써 대외개방 영역을 확대한다. 개방구조를 고도화하여 개방의 질적 수준을 높인다. 또한 국내외 연동을 실시하며 호혜와 공영을 실현할 수 있는 안보·고효율의 개방형 경제체제 구축에 만전을 기한다. 이를 통해 경제 글로벌화 시대를 맞이한 중국은 국제경제협력 및 경쟁분야에서 새로운 경쟁우위를 확보할 수 있다."

2012년 제18차 전국대표대회 보고서의 내용을 살펴보자.

"개방형 경제수준을 전면적으로 제고하여 경제 글로벌화라는 새로운 흐름에 보조를 맞추는 게 중요하다. 이를 위해서는 개방전략을 적극적이며 수도적으로 실시하는 게 절대적으로 필요하다. 호혜와 공영을 실현하며 다양성과 균형을 갖춘 안보·고효율의 개방형 경제체제를 완비해나간다."

우리는 여기에서 일부 분야에 국한되었던 중국의 대외개방 정책이 전방위적 개방으로 전환되었다는 사실을 알 수 있다. 또한 정부 주도 하에 시범적인 수준에 머물렀던 개방정책이 법률 테두리 안에서 공식화되어 예측이 가능해졌다. 일방통행식의 자기중심 개방에서 WTO 회원국가 간 상호 개방으로 탈바꿈한 것이다. 이 시기에 대외개방 정책을 추진한 산업분야는 더욱 확대되어 생산과 자본의 국제화 수준도 한층 제고되었으며 그동안 언급되지 않았던 금융분야도 글로벌 금융체계에 편입되었다. 대외개방은 여러 단계의 발전과정을 거듭하면서 폭넓은 내용을 담게 된 것이다.

일대일로 전략은 앞서 언급한 3단계의 시기를 거치면서 대외개방의 개념과 실천을 그대로 이어받아 발전된 개념이며, 동시에 새로운 도약의 플랫폼이라 할 수 있다. 일대일로는 대외개방 정책의 기본 함의를 그대로 담고 있다. 즉 대외개방 정책을 추진할 때 제약조건을 최소화한다는 점에서 그러하다. 일대일로는 평등과 호혜 정신을 줄곧 강조하고 있으며, 개방과 포용의 경제협력 구상으로서 참여국에 제한을 두지 않는다. 하나의 독립된 기구가 아니며 폐쇄적인 체제는 더욱 아니다. 참여를 원하는 국가와 경제주체라면 누구나 참여하여 일대일로의 지지자이자 건설가인 동시에 수혜자가 될 수 있다. 비록 일대일로 전략 구상과 실천방식은 중국이 제안했지만 중국은 이 전략을 통해 타국의 내정에 간섭하거나 주도권을 장악하지 않으며 세력 확장을 모색하지도 않을 것이다. 대외개방 정책에서의 독립자주와 타국에 대한 내정불간섭 원칙을 변함없이 고수할 것이다.

일대일로는 중국 위주로 진행되어서는 안 되며 반드시 관련 국가가 공동 참여하는 모델로 구축되어야 한다. 이 전략을 추진함에 있어 중국은 관련국을 고려대상에 포함하여 통합적으로 기획하며 관련 프로젝트가 해당 국가의 발전전략 내에 반영될 수 있도록 전체적으로 보조를 맞출 계획이다. 동시에 양자 협상 또는 다자간 포럼 등을 통해 관련 당사국의 의견을 수렴하여 일대일로 플랫폼이 이익 공동체, 운명 공동체로 격상될 수 있도록 최대한의 노력을 경주할 것이다.

평등호혜·개방자주 등의 기본 함의를 근간으로 하는 대외개방 정책은 일대일로를 통해 더욱 다양한 의미를 담게 되었다. 개혁개방 이후 중국의 대외개방 전략은 주로 경제와 무역 그리고 금융 영역 위주로 진행되었으며 다른 분야는 거의 찾아볼 수 없었다. 이에 반해 일대일로는 단순한 경제협력의 길에 만족하지 않으며 문화교류와 민심상통의 길로 나아가고자 한다. 먼저 일대일로는 경제중심의 대외개방 전략의 틀을 깨고 인문분야부터 시작할 계획이다. 즉 민간교류와 인적교류, 언론홍보 등 인문교류 분야에서의 선도적 역할에 역점을 둔다는 의미다. 경제, 문화, 과학기술, 교통 등 다양한 분야에서 대외개방을 추진한다면 수출주도형 경제가 한 단계 도약하는 데 든든한 뒷받침을 제공하게 된다. 대외개방 정책은 더 이상 고립된 경제 전략이 아니다. 일대일로는 경제이익의 원원을 초월하여 연선 국가와 여러 영역에서 전방위적 호혜·공영을 추진하는 데 치중해야 한다. 이는 궁극적으로 함께 발전하고 번영을 누리는 운명 공동체로 나아가기 위해서다.

일대일로는 대외개방을 추진하는 데 있어 중국의 역할과 위상이 새롭게 도약하기 위한 결정적 동력을 제공하고 있다. 과거 30여 년간 개혁개방을 추진하면서 중국은 개발도상국으로서의 위상을 확고히 다져 왔다. 또한 글로벌 경제의 참여자이자 국제 규범의 팔로워로서 그 규범을 계속 수용하며 글로벌 경제가 발전하는 데 원동력이 되어 왔다. 중국의 종합 국력이 하루가 다르게 강화되면서 이제 중국은 국제사회를 위해 책임과 의무를 다할 수 있는 공공재를 제공해야 할 필요성을 느끼게 되었다. 이에 중국은 일대일로 전략을 제안함으로써 피동적인 팔로워에서 벗어나 대세를 주도하는 리더로 변모했음을 선언하고자 한다. 또한 세계 발전에 공헌하는 책임 있는 주체로서 세계 각국에 선택 가능한 새로운 게임의 룰을 제시하고 있다. 이 룰을 통해 중국은 자체발전을 통해 거둔 홍리를 모두 함께 나누며 주변국가, 나아가 전 세계에 혜택을 제공할 것이다.

　뿐만 아니라 일대일로 전략은 개방개혁 이후 30여 년간 누적된 고질적 병폐를 해소하며 미흡한 점도 보완했다. 다시 말해 중국의 전방위 개방정책을 위한 웅대한 미래 청사진을 제시했다는 점에서 그 의미가 남다르다. 오랜 기간 중국의 대외개방 정책은 정부 주도 하에 추진되어 왔으며 국가가 이러한 전략에서 절대적이며 결정적인 역할을 발휘해 왔다. 기업의 주출거 전략 또한 기업의 배후에 정부의 드라이브가 있었다는 사실을 부인하기 어렵다. 이러한 특징은 '중국위협론'을 지속적으로 확대·재생산하는 온상을 제공한 셈이다. 외부에서 얼핏 보면 중국 기업의 활동이 정부의 주도로 진행된다고 느낄 수 있기 때문에 쌍방 협력에 있어 불신 요소가 되어 왔다. 특히 경제이익을 고려하여 진행된 개방정책이 정부 주도 하에 진행된 기업 활동과 얽히면서 평범한 비즈니스 활동조차 모두 정치적으로 비쳐지기도 했다. 일부 비즈니스 분쟁도 정부라는 배후 영향력을 벗어날 수 없었다. 이러한 상황에서 국가 배경 때문에 중국 기업인의 투자에 어려움이 가중된 경우도 많다. 예를 들면 2011년에 황누보 중쿤투자그룹 CEO는 아이슬란드 동북부의 토지 일부를 구매하고자 했다. 그런데 아이슬란드 정부는 여러 차례 협상을 미루거나 조건을 구매에서 임대로 전환하는 등 입장을 바꾸었다. 결국 여러 가지 우여곡절을 겪으면서 구매계획은 수포로 돌아갔다. 2014년이 되어 황누보 사장이 이번에는 노르웨이 북극권 내의 일부 토지를 구매하려 했는데 똑같은 상황이 발생했다. 노르웨이 현지 신문인 〈오로라 뉴스(北極光報)〉는 논평을 통해 "이 사안은 누가 보나 의도가 뚜렷하다. 억만장자인 황누보는 단지 중국 공산당과 정부의 방패막

이일 뿐이다."[3]라고 주장했다. 윌리암 오아스트롬 노르웨이 극지방 과학 연구원 원장은 중국이 에너지 확보에 대한 갈망으로 이제는 아예 "공개적으로 북극에 대한 야심을 드러냈다."고 밝히기도 했다.[4] 그렇지만 일대일로 전략은 중국정부가 제기한 '신의리관'을 계승한 프로젝트로서 경제와 문화 등 여러 분야에서 정치적 요소를 배제하기 위해 최선을 다하고 있다. 또한 기업이 자주성을 발휘하여 개방적인 교류를 통해 주체적인 역할을 할 수 있도록 힘을 실어주고자 한다. 중국이 자본 순수출국이 되면서 투자 분야의 대외개방 구조도 종래의 '외연(外延) 확장형(첨단기술이 아니라 투자 규모와 노동력 투입의 확대, 공장규모 확장 등을 통해 생산량을 늘리는 방식 – 역주)'에서 벗어날 필요가 있다. 관련 국가와의 호연호통을 통해 연결고리를 든든히 하여 자본의 글로벌화 운영을 더욱 효과적으로 추진할 필요가 있다.

둘째, 일대일로 전략은 중국의 대외개방 정책 및 구상에 있어 또 다른 전략적 포석을 가능하게 한다. 특히 지역적으로 중국 서·남부지역의 대외개방 정책을 추진하는 데 최상의 기회를 제공할 것이다. 대외개방 전략을 실시한 이래 중국은 잇달아 연해, 강변, 국경 지역으로 개방정책을 실시해 왔다. 이제는 '육·해상 통합관리, 동서 양방향 개방'이라는 전면적인 개방체제를 향해 발전하고자 한다. 또한 중국은 대외개방 정책을 추진하면서 전국적인 동시 개방방침을 채택하지 않고 다층적·연속적·점진적으로

---

3) **외신보도** | '황누보 노르웨이 북부지역에서의 토지구매건이 파란을 일으키다(黃怒波在挪威北部地區購地引起軒然大波)', 찬카오샤오시왕(參考消息網), 2014년 9월
4) **외신보도** | '황누보 노르웨이 북부지역에서의 토지구매건이 파란을 일으키다(黃怒波在挪威北部地區購地引起軒然大波)', 찬카오샤오시왕(參考消息網), 2014년 9월

그 깊이와 넓이를 확장하는 발전모델을 채택했다. 중국은 지역 간 경제발전 수준이 불균형을 이루며 지리여건도 지역별로 상이하다. 특히 장기간 폐쇄적인 고도의 계획경제체제 및 가격체제를 유지했으며, 게다가 산업구조 또한 세계 경제와 괴리된 상태였다. 따라서 점진적으로 대외개방의 수위를 높이는 방안을 선택했었다. 이는 중국 실정에 부합하는 전략이자 동시에 빠른 경제성장을 이룰 수 있는 길이었다. 그런데 지역별 개방 정도를 살펴보면 각각 그 출발점 자체가 다르다 보니 연해, 강변, 국경 3개 지역에서 실질적 효과도 차이를 보였다. 대외개방 정책 추진과정에서 지역적 특징 등 여러 요인의 영향을 받은 탓이었다. 불균형한 개방전략으로 인해 지역별 외자유치 과정에서도 지역별로 불균형한 발전양상을 초래했다. 특히 국경지역은 경제발전 수준이 낙후되고 산업기반이 취약하며 주변 국제정치 환경의 복잡한 요인 등에 영향을 받는 등 여러 제약이 있었다. 따라서 동부 연해지역과 비교할 때 국경지역의 전반적인 개방수준은 상당히 미흡하다고 볼 수 있다. 한마디로 중국의 전반적인 대외개방은 동쪽이 강하고 서쪽은 약하며 해양은 강하고 변방은 약한 형세라고 평가할 수 있다. 2012년에 국가발전 및 계획위원회가 처음 발표한 '중국지역의 대외개방 지수에 관한 연구보고'를 보면 중국의 대외개방 발전구조를 충분히 직관적으로 판단할 수 있다. 또한 이 보고서는 중국의 지역별 대외개방의 차이와 불균형 현상을 여실히 반영하고 있다. 중국지역의 대외개방 지수는 경제와 기술, 사회를 세 가지 지표로 삼아 지역별 대외개방 수준을 전반적으로 평가한 것이다. 보고서에 따르면 상하이, 베이징, 광동이 각각 선두를 차지하며 구이저우, 칭하이, 시짱(西藏. 서장자치구 또는 티베트 - 역주)은 최저수준에 있다. 특히 대외개방의 최전선에 위치한 상하이는 중국의 경제, 금융, 항만의 중심으로서 수출주도형 경제의 우수한 면모를 보여주고 있다. 대외개방 정책을 실시한 지 30여 년간 동부 연해지역은 개방의 선봉장으로서 중국의 경제발전과 내륙의 산업구조전환 및 고도화를 위한 긍정적인 견인차 역할을 해 왔다. 중국을 아시아 제1의, 세계 제2의 경제주체로 성장시키는 원동력이 되었던 것이다. 그러나 최근 중국의 경제발전이 주춤하면서 성장 속도가 완만해지는 등 중국 경제는 신창타이에 진입하게 되었다. 중·서부 지역, 특히 서부 변방지역의 발전을 이끌어내지 않는다면 동·서부지역 경제발전의 불균형은 더욱 심화되어 결국 중국의 전체 발전을 가로막는 걸림돌이 될 수 있다. 이러한 불균형 현상은 동서지역의 경제사회 발전에 더욱 심각한 불균형을 초래하여 심지어 이미 발전의 길로 접어든 동부지역마저도 위협을 받을 수 있다는 점에 주목해야 한다. 최악의 경우 국가경제가 총체적으로 비정상적인 고도의 불균형 상태에 빠질 수 있다. 따라서 대외개방 정책을 실시할 때 일대일로 전략을 통해 지역불균형 문제를 해소할 수 있도록 정책적 조정이 필요하다. 동·서부지역과 연해·내륙지역에서 경제사회의 균형적 발전을 추진하며 중국 경제사회의 총체적 발전을 위한 전략적 정책을 실행해야 한다. 일대일로는 중국의 동부와 중서부지역이 대외개방 정책을 추진함에 있어 새로운 기회를 제공할 것이며 지역적으로도 전방위적 협력과 조화를 통해 대외개방의 새로운 지평을 열 것으로 확신한다.

일대일로 전략은 동부 연해지역에는 산업의 구조전환 및 고도화의 계기를 제공할 것으로 기대된다. 대외개방 정책을 추진한 이래 동부지역은 출발점이나 발전 속도 면에서나 국내의 어느 지역보다 선도적 위치에 있었다. 비록 대외개방의 수준과 경제발전 속도는 앞서 있지만 그렇다고 해서 동부 연해지역의 개방모델이 완전무결하다고는 볼 수 없다. 국내외 경제발전의 형세와 흐름이 달라지면서 대외개방의 강도도 수위가 높아져야 할 시점에 있다. 그런데 동부 연해지역도 대외개방 과정에서 일부 문제가 돌출되기 시작했다. 비록 첨단기술 제품의 무역대국으로 부상한 중국이지만 무역흑자를 이뤘다고 해서 국제 분업에서 높은 위상을 보장받는 것은 아니다. 국제 분업체계에서 중국의 위상은 아직 낮은 수준에 머물러 있다. 이는 동부 연해지역의 산업 분포와 구조에서 비교적 극명하게 나타난다. 동부 연해지역의 산업 분포를 보면 1차와 2차 산업에 주로 편중되어 있으며 3차 산업이 확대되는 추세다. 그러나 3차 산업의 비중은 여전히 낮은 편이다. 또한 첨단 기술제품의 수출분야의 경우 특히 노동력과 토지, 자원 등 원가비중이 낮은 영역에서만 비교우위를 발휘하고 있다는 점에 주목할 필요가 있다. 이는 동부 연해지역이 국제 수직적 분업에서 여전히 다운스트림에 위치해 있다는 의미다. 또한 핵심경쟁력을 확보하지 못한 채 다른 국가와의 경쟁에서 밀리는 이유이기도 하다. 구체적으로 말하면 동부 연해지역의 각 성 정부는 수익주기를 고려하여 대부분 노동집약적 산업에 치중한 채 기술집약적 산업의 발전을 간과했었다. 결국 첨단기술의 도입 수준도 미흡한 상황이 초래된 것이다.

일대일로 전략은 중국의 모든 지역과 중앙아시아, 동남아시아, 남아시아, 서아시아 그리고 유럽 등 여러 지역을 포괄한다. 이 전략에는 일본, 한국과 싱가포르 등 선진국도 포함되어 있으며 베트남, 필리핀과 카자흐스탄 등 개발도상국도 그 대상이다. 심지어 방글라데시, 몰디브와 미얀마 등 후진국도 포함되어 있는 등 분포 면에서 다양한 수준의 국가를 망라하고 있다. 이는 동부 연해지역의 산업 구조전환과 기술 도입에 매우 유리한 여건을 조성해줄 것으로 기대된다. 산업의 구조전환 측면에서 일대일로 전략은 산업 이전을 위한 발전 가능성을 확대 및 제공하고 있다. 동부 연해지역은 일부 노동집약적, 자원소모형 산업을 국내와 국제라는 두 가지 방향으로 이전을 진행할 수 있다. 즉 상대적인 낙후지역의 경제발전을 견인하는 효과를 발휘할 수 있으며 제한적이지만 동부 연해지역이 산업 고도화를 추진하는 데 어느 정도 장애물을 걷어낼 수도 있다. 기술의 도입 측면을 살펴보면 일대일로에서는 대부분 산업교류의 플랫폼에 주안점을 두고 있다. 호연호통을 기반으로 일대일로를 구축하게 되면 국가 간 기술교류의 수준도 최고치를 새롭게 경신할 것으로 예상된다. 특히 중국 경제가 신창타이로 진입하면서 요소와 기술 드라이브에서 혁신 드라이브로 구조전환이 필요하다. 일대일로를 계기로 동부 연해지역은 산업기술의 교류 강도를 높이면서 분야도 확대할 수 있는 기회를 얻을 수 있다. 또한 첨단기술의 도입에도 좀 더 박차를 가해 산업 이전의 가능성을 염두에 두면서 기술집약적 산업의 발전을 촉진시킬 수 있다.

일대일로 전략은 중·서부 내륙지역의 대외개방을 가속화하는 데도 커다란 기회를 제공할 것으로 기대된다. 출발시점을 돌이켜보면 1992년까지 중국의 대외개방은 연해에서 시작하여 강변과 내륙 도시로 점차 확대되었다. 이들 지역의 대외개방은 동부지역보다 10여 년 늦게 출발했다. 또한 발전 속도에서도 차이를 나타내고 있다. 중·서부 내륙지방의 경우 경제발전 수준이 낙후되었으며 산업기반도 취약했다. 게다가 주변 국제정치 환경의 복잡한 요인 등 여러 제약조건에 직면해 있었다. 따라서 경제발전 속도가 상대적으로 더딜 수밖에 없었으며 특히 국경지역의 개발수준은 상당히 미흡한 상태에 머물 수밖에 없었다. 대외개방에 있어서도 중·서부지역은 개방 정도가 상대적으로 낮은 수준에 머물러 있었다.

실크로드 경제벨트 전략은 이러한 문제 해소에 역점을 두고 있다. 중국 중·서부지역은 여러 국가와 국경을 인접하고 있다. 만약 중국이 자국의 발전만을 고려한 채 내륙지역의 대외개방을 단편적으로 추진한다면 중·서부지역과 인접국가와의 경제사회발전 수준은 더욱 큰 격차를 보일 것이다. 이는 역내 경제협력 및 무역교류에 하등 이익이 될 리 없다. 따라서 실크로드 경제벨트 전략은 중국의 발전에 국한하지 않고 주변국가의 동반상승 발전을 이끌어내는 데 주력하고자 한다. 이는 중국의 중·서부지역과 중앙아시아, 남아시아 등의 지역을 하나의 이익 공동체로 탄생시키는 데 기여할 것이다. 또한 중·서부지역의 발전을 통해 역내 지역경제발전을 촉진하며 나아가 중국 주변국가 발전을 유도하는 시너지 효과를 발휘할 수 있다. 역내 경제가 조화로운 발전을 실현하면 이는 결국 중국의 중·서부지역 경제를 안정적으로 발전시킬 수 있는 기반을 다지게 한다. 중·서부지역, 특히 주변국가와 국경을 접한 지역의 안보환경은 대외개방에 부정적 영향을 줄 수 있는 제약요인이라 할 수 있다. 일대일로 전략이 본질적으로 비군사 안보전략을 표방하는 것은 아니다. 그러나 경제발전에 도움이 되는 안보환경을 조성하는 것도 중요한 목표 가운데 하나다. 일대일로 전략은 상하이협력기구SCO의 중앙아시아지역에서의 테러리즘 연합대응이라는 기능을 방패로 사용할 수 있다. 이를 통해 서부 국경지역의 안보환경에서 불안정성을 해소하여 중국과 주변국가와의 경제협력을 위한 안정적인 전략 안보환경을 조성할 수 있다.

중·서부지역의 대외개방을 저해하는 중요한 요인을 살펴보면 경제발전에 걸맞은 제반 인프라 산업이 취약한 점과 인프라 건설의 미흡, 그리고 관련 정책의 조율 부족을 들 수 있다. 일대일로 전략을 추진하면서 선행되어야 할 부분은 인프라의 호연호통이다. 즉 고속도로와 철도, 항공운송 등의 상호연동 프로젝트가 우선적으로 추진되어야 한다. 이는 중·서부지역과 연선 국가의 인프라 산업에 엄청난 시장 기회라 할 수 있다. 가오후청 중국 상무부 부장은 〈런민일보〉에 실린 기고문에서 다음과 같이 밝혔다.

"육상, 해상, 항공 인프라 시설의 호연호통을 통합적으로 기획하여 유라시아대륙교, 신유라시아대륙교, 방글라데시·중국·인도·미얀마 경제회랑, 중국·파키스탄 경제회랑 등 핵심통로의 구축을 적극 추진할 것이다. 또한 노선이 부족한 지역은 개통을 추진하며 병목구간은 소통이 될 수 있도록 노력할 것이다. 해상항구 건설 및 운영관리를 강화하며 해상노선의 구간과 편수를 늘리는 한편, 육로·수로 연결운송 통로를 개통함으로써 민힝(民航)의 전면적인 협력플랫폼과 메커니즘을 확장·구축할 계획이다."[5]

---

5) **참고** | 가오후청의 '경제무역 강화를 통해 새로운 영광을 함께 만들자(深化經貿合作, 共創新的輝煌)', 〈런민일보〉, 2014년 7월 2일

2013년 10월에 중국은 아시아인프라투자은행의 설립을 제안했다. 아세안 국가를 포함한 해당지역 개발도상국의 인프라 건설의 자금을 지원하는 데 기본 취지가 있다. 이는 인프라 구축을 위한 중요한 경제적 뒷받침이 될 것으로 확신한다. 이외에 통관절차 간소화 조치는 국경지역의 개방 강도를 높이는 핵심수단이라 할 수 있다. 물론 간소화까지는 여전히 개선할 부분이 많으며 아직 미흡한 수준에 머물러 있다. 일대일로가 담고 있는 대화와 협력의 메커니즘은 이 문제해결에 돌파구를 마련할 수 있다. 각국 정부는 대외개방 과정에서 나타나는 항구 개방의 불평등 문제와 통관 능력의 한계, 복잡한 출입국 절차 등의 문제를 둘러싸고 대화와 협상을 전개할 것이다. 또한 양자 또는 다자간 협력방식으로 관련 정책의 조율 부족 문제를 해결하고 대응함으로써 중·서부지역에서 대외개방을 추진하는 데 방해가 되는 걸림돌을 제거할 계획이다. 이외에도 중·서부지역은 산업 이전 분야에서 산업을 받아들여야 하는 쪽에 해당한다. 그렇다고 해서 중·서부지역이 수동적인 위치에 있다는 의미는 아니다. 일대일로 전략은 각 지역의 특성에 따라 맞춤형 발전전략을 수립할 것이다. 중·서부지역은 지역정부가 정책 방향을 수용함과 동시에 지역별 비교우위를 충분히 발휘하여 대외개방의 자주성을 확보해야 한다. 일대일로 전략을 살펴보면 대외개방을 주도하는 주체의 범위가 확대되었다는 사실을 알 수 있다. 과거에 대외개방 정책은 대부분 중앙정부의 주도로 진행되었지만 이제는 각 지방정부와 기업, 심지어 개인까지 대외개방의 틀 안에서 자주성을 발휘할 수 있다. 중·서부지역은 동부의 산업 이전을 받아들이는 과정에서 선택적이며 조건에 맞게 산업 이전을 진행해야 한다. 그리고 산업기술의 혁신분야에서 동부지역 및 주변국가와의 범지역적 연합을 대대적으로 확대함으로써 산업기술 혁신시스템을 완비해나가야 한다. 동시에 토지자원의 보호에 각별히 관심을 기울임으로써 환경자원의 파괴를 미연에 방지할 필요가 있다. 지속가능한 발전에 저애가 되는 산업은 과감히 도태시켜야 마땅하다. 또한 산업 이전 과정에서 동부지역 및 관련 국가와의 전략적인 조화를 유지하는 일도 매우 중요하다.

셋째, 일대일로 전략은 대외개방의 산업 및 분야 확대에도 좋은 기회를 제공할 것으로 예상된다. 경제무역의 협력은 일대일로 건설의 근간이자 견인차라는 사실에 변함이 없다. 일대일로 구축과정에서 경제무역 협력의 선도적 역할에 역점을 두어 연선 국가와 심층적이며 수준 높고 넓은 영역을 망라하는 전방위 협력체계를 구축하는 데 총력을 기울일 것이다.[6] 이러한 측면에서 볼 때 경제무역 분야의 협력은 일대일로 전략과 신대외개방체제의 구심점이라 할 수 있다. 경제무역의 협력으로 효율적인 자원배치가 가능해지며 연선 국가의 잠재력을 최대한 발굴할 수 있다. 연선 국가의 국민에게 실질적이며 구체적인 혜택을 가져다줄 뿐 아니라 다른 지역의 협력 기반도 조성할 것으로 기대된다. 그러나 무엇보다 중요한 점은 실제 일대일로 전략의 세부 추진계획에 대해서 언급할 때 중국 당과 정부는 정책소통, 인프라연통, 무역창통, 자금융통, 민심상통을 강조하고 있다는 사실이다. 이는 곧 일대일로 산업분야의 범위가 확대될 수 있는 좋은 여건

---

6) **참고** | 가오후청의 '경제무역 강화를 통해 새로운 영광을 함께 만들자(深化經貿合作, 共創新的輝煌)', 〈런민일보〉, 2014년 7월 2일

이 조성될 거라는 뜻이다. 그렇다면 정책소통, 인프라연통, 무역창통, 자금융통을 강조한 이유는 무엇인가? 이는 경제무역 협력의 바통을 이어받아 기존의 이익중심의 경제협력에서 조화와 지속가능한 발전을 표방하는 경제무역의 교류로 협력의 커다란 흐름이 바뀌었다는 사실을 보여준다. 그리고 민심상통을 언급했다는 것은 일대일로 전략이 단순히 경제무역의 협력에만 국한되지 않으며 향후 문화와 교육, 여행 및 의료보건 등 여러 분야까지 망라할 것이라는 의미다. 개방전략의 범위가 전방위로 확대되었음을 공식 선언하는 것이다.

대외개방 정책을 장기간 추진하면서 경제무역 협력 분야에서 일부 문제가 나타나기 시작했다. 그중 하나가 대내외 여러 요인으로 인한 무역 분쟁과 마찰이다. 중국과 유럽 간 방직물·태양광발전 등의 무역마찰이 일례라 할 수 있다. 물론 무역마찰은 쌍방에게서 그 원인을 찾아볼 수 있다. 그런데 경제협력을 추진하는 과정에서 중국은 몇 가지 고질적 문제를 안고 있었다. 중국의 대외무역 전략은 중국과 유럽 간 무역마찰을 초래한 가장 근본적인 원인이라 할 수 있다. 오랜 기간 중국의 대외무역 전략에서는 수출지상주의가 팽배했으며 이는 무역조건을 악화시켰을 뿐 아니라 국제적인 무역마찰을 심화시키는 데 일조한 셈이다.[7] 국제적인 통용규범에 맞춰가는 과정에서 종종 정책적 부조화 현상이 야기되었다. 정부나 기업이 모두 때로는 이익만을 고려하여 제도와 규범의 틀에 갇혀버리는 부작용이 생겼다. 이러한 부작용을 간과하면서 업계의 자율성을 미처 염두에 두지 못한 것이다. 때로는 경협을 추진하면서 정부의 역할을 지나치게 강조하는 우(愚)를 범하기도 했다. 거시조정의 수단을 시장화의 흐름에 따라 변형해서 사용할 필요가 있었는데 이를 실기한 것이다. 이에 반해 일대일로 전략은 바로 이러한 고질적 문제의 해결을 염두에 두며 출범했다는 데 주목할 필요가 있다. 자국의 경제발전을 강조함과 동시에 평등호혜와 공동번영에 초점을 맞추어 경제협력에서의 올바른 의리관의 역할을 강조한 것이다. 또한 정부의 거시조정 수단을 최적화시키며 시장의 자율조정 기능을 강조했다. 경제무역의 협력을 추진하면서 기업의 자주성 확보에도 노력을 기울였다. 신창타이에 진입했어도 경제무역 분야의 협력은 여전히 중국의 경제발전을 촉진시키는 윤활유 작용을 하기 때문이다. 뿐만 아니라 일대일로 전략에서 이익 공동체와 운명 공동체 개념이 확고히 정착될 수 있도록 최선을 다해야 한다. 연선 국가가 직면한 여러 문제, 예를 들면 발전 모델의 전환과 성장동력의 강화 등의 공통사안에 대해 상대방 입장을 이해하는 공동 책임의식을 키우는 데 주력할 필요가 있다. 경제무역 관계를 더욱 긴밀히 강화하여 경제무역 협력을 확대하려는 공통 염원도 간과하지 않아야 한다.

"단결·상호신뢰, 평등·호혜, 포용·상호귀감, 협력·상생의 실크로드 정신을 계승·발전하며 각국의 실질적 발전상황과 유기적으로 접목해야 한다."[8]

---

7) 참고 | 당(黨)·군(軍) '중국과 유럽 무역마찰 분석 및 대응에 관한 건의(中歐貿易摩擦分析及對策建議)', 〈시안재정경제학원학보(西安財經學員學報)〉, 2006년 제4기

8) 참고 | 가오후청의 '경제무역 강화를 통해 새로운 영광을 함께 만들자(深化經貿合作, 共創新的輝煌)', 〈런민일보〉, 2014년 7월 2일

이는 경제무역 분야의 협력에 있어서 전략적 상호신뢰의 증진과 무역 마찰의 최소화를 강조하는 내용이다.

뿐만 아니라 이 전략을 추진하는 과정에서 중국의 각급 정부는 이익 지상주의 태도를 버리며 경제무역 협력을 고립된 산업으로 분리해서 생각해서는 안 된다. 관련 기반산업의 발전과 무역활성화 정책, 그리고 교통 및 인프라 건설 등에 우선적으로 착수하여 건전하고 지속가능한 경제무역 협력을 추진하기 위해 노력해야 한다. 프로젝트 참여국에 진정한 의미의 발전과 번영을 가져다주는 데 역량을 집중할 필요가 있다. 이러한 경제협력을 기반으로 기타 분야에서도 국제협력 및 대외개방을 추진할 수 있는 돌파구를 마련할 수 있을 것이다.

첫째, 중국과 관련 국가 간 양방향 투자를 촉진한다. 종래의 단순한 상품무역의 틀을 깨어 연선 국가와의 협력 방향을 상호 투자로 전환한다면 무역과 투자 두 분야 모두가 대외개방 경제의 중요한 일환이 되며 이를 병행하여 공동의 발전을 도모할 수 있다.

둘째, 지역 인프라 시설의 호연호통을 추진한다. 앞서 이미 언급한 바와 같이 유라시아대륙교, 신유라시아대륙교, 방글라데시·중국·인도·미얀마 경제회랑, 중국·파키스탄 경제회랑의 핵심통로를 구축하는 사업은 인프라 건설의 중점 분야라 할 수 있다. 인프라의 호연호통은 사실 이미 어느 정도 성과를 거두었다고 할 수 있다. 주목할 만한 점은 인프라 건설이 고립된 산업이 아니며 중국 자력으로 완성할 수 없는 프로젝트라는 사실이다. 인프라 건설 프로젝트는 공동협력을 통해서만 가능하다. 이는 에너지개발, 금융협력, 항만, 물류 교통 분야에서 상호 전략적 신뢰를 강화할 수 있는 프로젝트다. 교통 인프라 건설을 통해 새로운 도약을 추진하여 아시아 호연호통의 조기 성과 실현이라는 미래비전을 현실화할 수 있다.

셋째, 자본조달, 즉 융자플랫폼을 구축함으로써 대국으로서의 책임과 역할을 다하고자 한다. 2014년 11월에 시진핑 주석은 400억 달러를 출자하여 실크로드기금을 설립한다고 발표했다. 아울러 실크로드기금은 개방적으로 운용될 예정으로 아시아지역과 역외 투자가가 적극 참여하기를 바란다고 밝혔다. 실크로드기금은 일대일로 연선 국가의 인프라 건설과 자원개발, 산업협력 등의 관련 프로젝트에 자금을 지원하게 된다. 세계 제2의 경제대국으로서 중국이 솔선수범하여 자금 면에 우선적으로 기여하겠다고 선언한 점에서 그 의미가 크다 할 수 있다. 실크로드기금은 향후 아시아인프라투자은행과 함께 일대일로의 호연호통을 구축하는 데 재정적 지원을 할 것이다.

넷째, 의사소통 메커니즘을 조성하는 데 주력하며 무역활성화 정책에 치중한다. 경제무역 분야의 협력 가운데 양자 및 다자간 정책의 부조화나 복잡한 무역절차 등은 협력의 추진을 가로막는 결정적 요인이 되어 왔다. 게다가 무역 분쟁과 마찰을 일으키는 주범이기도 하다. 종래의 외연 확장형 대외개방을 추진하는 과정에서 중국은 때로 자국의 상황과 특수성만을 강조하다가 국제적인 통용규범을 간과하거나 무역 상대국과의 정책적인 조율을 소홀히 했었다. 일대일로는 개방형 플랫폼으로서 출범 자체부터 양자 및 다자간 협상체제를 그 기반으로 한다. 프로젝트 수행과정에서 초래될 수 있는 문제와 쟁점에 대해선 적시에 협상을 통해 해결해나갈 수 있다. 또한 통관과 품질검역, 전자상거래, 국제화물운송 등의 분야에서 무역활성화에 영향을 주는 핵심사항에 대해 상호 의견을 교환하는 정책적인 조율이 가능하다.

경제무역 협력과 관련한 기반산업에서 상호협력을 공고히 하는 것도 중요하다. 그런데 이와 동시에 일대일로는 대외개방의 추진 분야와 대상을 확대하는 비전을 가지고 있다. 즉 문화와 교육을 비롯하여 여행과 의료보건 등의 기타 여러 분야에서 개방과 개혁의 새로운 기회를 맞이할 것이라는 점이다. 실크로드 경제벨트와 21세기 해상 실크로드의 양대 전략의 제안도 본질적으로 깊은 역사와 문화를 배경으로 하고 있다. 또한 일대일로 전략도 문화교류를 우선적으로 추진할 것을 비전으로 제시하고 있다. 2014년 6월에 중국과 카자흐스탄, 키르기스스탄 3국이 공동으로 고대 실크로드의 동부 실크로드인 창안-텐산랑도를 세계문화유산으로 신청하여 성공적으로 등록하게 되었다. 이는 국가를 초월하여 공동으로 등재에 성공한 첫 번째 사례다. 실크로드 경제벨트의 전반적인 기조는 예로부터 존재했던 고대 실크로드의 맥을 잇는 것이다. 21세기 해상 실크로드 역시 해상 실크로드의 맥을 이어받아 추진될 것이다. 이를 기반으로 하여 연선 국가의 풍부한 문화적 저력을 공동으로 발굴하며 실크로드라는 강한 친화력과 감화력을 지닌 문화적 코드[9]를 계승하고 발전시켜야 한다. 일대일로는 역사적인 계승을 강조하며 문화적 교류를 우선적으로 실시할 것이다. 이를 통해 일대일로에 대한 외부의 편견을 해소하는 데 주력하고자 한

---

9) 차이우 │ '문화의 선행발전을 견지하여 일대일로를 건설한다(堅持文化先行, 建設 一帶一路)', 신화왕(新華網), 2014년 5월 5일

다. 나아가 관련 국가의 공감대를 이끌어내어 기타 분야에서도 효율적인 협력을 유도할 계획이다. 일대일로 구상이 구체적인 프로젝트 기획단계에 접어들자, 특히 중국의 출자로 실크로드기금이 설립되면서부터 일대일로에 대한 각종 오해와 편견이 끊이지 않고 있다. 서방언론 등 일각에서는 일대일로 구상을 중국판 마셜플랜이라고까지 부르고 있다. 일대일로 전략의 추진에 대해서도 중국이 아태지역에서의 주도권, 심지어 패권을 잡기 위한 포석이라고 해석하는 사람도 있다. 이렇게 국가별로 입장차이가 다르며 편견을 가지고 있는 상황에서 단순히 경제분야의 호혜전략에만 의존해서 상대방을 이해시키려는 것은 역부족인 게 사실이다. 이는 문화적인 교류가 반드시 선행되어야만 풀 수 있는 부분이다. 중국이 제안한 일대일로는 발전을 그 목표로 하고 있다. 또한 평화협력, 개방포용, 호학호감, 호혜공영의 신실크로드 정신을 계승하고 발전시킬 것을 강조하고 있다. 즉 일대일로는 협력을 전제로 해서 추진되는 프로젝트로서 어떠한 정치적 조건도 내걸지 않을 것이다. 이 말은 결국 중국이 역사와 현실을 접목하여 고대 실크로드를 근간으로 평화우호·평등호혜의 경제무역 교류와 인문교류를 변함없이 추진해 왔음을 보여준다. 중국은 일대일로에 대한 공감대를 형성하여 패권을 노린다는 의구심을 말끔히 해소하기 위해 총력을 기울일 것이다.

일대일로는 문화와 교육 그리고 여행 및 의료보건 등의 여러 분야에서 개혁개방의 새로운 지평을 열 것으로 기대된다. 문화는 대외관계에서 가교의 역할을 하며 한 국가의 핵심경쟁력을 구성하는 중요한 요소다. 일대일로에서 문화적인 교류에 만전을 기한다면 중국의 국제경쟁력을 강화할 수 있을 것이다. 국가 상호 간에 분야별로, 계층별로 교류를 추진하며 종교와 신앙 분야에서도 서로 왕래를 활성화한다면 관련 국가와 다각적인 협력을 추진하는 데 든든한 기반을 조성할 수 있다. 실제로 문화분야에서는 이미 연선 국가와의 교류플랫폼이 형성되어 있다. 중국은 대부분의 연선 국가와 정부 간 문화교류 협력 및 이행계획과 관련하여 협정 및 협약 등을 체결한 상태다. 상하이협력기구나 아세안과 아랍국가연맹 등 다양한 기구의 회원국과 채널이 마련되어 있다. 또한 중동 및 유럽 지역과는 인문협력위원회와 문화교류공동위원회 등의 채널도 준비되어 있다. 이는 일대일로 전략에서 문화적인 교류를 촉진하는 플랫폼이자 기반이 될 것으로 기대된다. 예를 들어, 문화의 해 및 예술의 날 행사를 추진하거나 영화 주간 및 여행상품 설명회 등의 다양한 이벤트를 추진하여 문화교류와 협력에 충분한 활력을 불어넣을 수 있다. 이와 관련한 중국정부의 발표 내용을 살펴보자.

"향후 5년 동안 주변국가를 대상으로 호연호통 사업분야의 인재 2만 명의 양성계획을 진행하며 해당국가의 자체적인 인재양성도 지원할 계획이다. 이외에도 더욱 많은 유학생과 전문가 및 학자를 주변국가로 파견하여 학습과 교류의 길을 열 것이다." [10]

중국정부는 전반적인 문화교류 관련 전략을 다음과 같이 밝혔다.

"중국정부는 향후 정부의 문화교류 관련 중장기 전략계획을 수립하여 일대일로 연선 국가의 정부 간 문화협력협정 및 연도별 실행계획을 성실히 이행할 것이다. 실제 상황을 고려하여 관련 계획을 실크로드 공동 건설의 내용에 포함시킴으로써 중국과 연선 국가 간 문화교류 및 협력을 전개하기 위한 법률적 보장을 제공할 계획이다. 일대일로 전략을 대외개방의 문화교류 브랜드로 정착시킨다면 중화문화의 주출거 전략을 성공리에 완수하여 국가경쟁력을 높이는 새로운 전략적 기회가 될 것이다." [11]

10) **시진핑** ㅣ '루트연결을 통해 발전을 견인하며 파트너의 집결을 통해 협력을 추진한다(聯通引領發展, 伙伴聚焦合作)' - '호연호통의 동반자 관계 강화 주최국과 참가국 대담회에서의 연설(加强互聯互通同 伙伴關係, 東道主伙伴對話會对上的講話)', 〈런민일보〉, 2014년 11월 9일

11) **차이우** ㅣ '문화의 선행발전을 견지하여 일대일로를 건설한다(堅持文化先行, 建設一帶一路)', 신화왕(新華網), 2014년 5월 5일

2 주변외교의 기회

다년간 외교적인 경험과 실천과정을 거치면서 중국의 외교는 단단해졌다. '대국이라 함은 관건이 되는 국가를 말한다. 주변은 가장 중요하며 개발도상국은 기반이 된다. 다자간 관계는 중요한 무대가 된다'는 이른바 전방위의 외교적 포석을 다져 온 것이다. 여기서 '주변이 가장 중요'하다는 표현을 사용했는데 이는 중국이 외교전략에서 주변국가와의 외교를 최우선적으로 고려한다는 의미다. 특히 2013년 이후부터 주변외교는 국가의 전략정책에서 그 어느 때보다도 중요한 비중을 차지하고 있다. 2013년 10월 24~25일에 주변외교 실무좌담회가 북경에서 열렸다. 이는 신중국이 설립된 지 64년 만에 처음 열리는 외교실무회의였으며 당 중앙의 주도로 개최한 최초의 중대한 외사업무회의였다. 이는 주변외교에 대해 시진핑 주석을 중심으로 한 새로운 중앙지도층의 일치된 관심을 표명하는 것이다. 얼마만큼의 무게중심이 실렸는지 충분히 가늠할 수 있는 부분이다. 실제로도 중국과 주변국가 간 고위층의 상호 방문이 점차 빈번해지고 있다. 중국은 투르크메니스탄, 타지키스탄, 키르기스스탄 등 여러 국가와 전략적 동반자 관계를 수립했거나 관계가 격상되었다. 2014년 8월에 시진핑 중국 국가주석이 몽골을 방문했을 당시에 중국은 주변국가에 공동발전의 기회와 가능성을 제공할 뜻이 있다고 밝혔다. 또한 시 주석은 누구나 중국의 발전 열차에 탑승하기를 희망하며 무임승차라도 상관없이 누구든지 환영한다고 덧붙였다. 이는 주변국가와의 더욱 긴밀한 외교관계 형성을 희망하는 중국의 긍정적 메시지라 할 수 있다.

특히 주목할 만한 사실은 중국 경제가 신창타이에 진입한 시점에 중국의 주변외교도 과거와는 판이하게 다른 양상을 보이면서 새로운 국면을 맞이하고 있다는 점이다. 먼저 당 중앙은 주변 형세와 환경이 급변했다는 사실을 분명히 인지하고 있다. 주변국가와의 통상관계가 더욱 밀착되어 전대미문의 밀월시기가 도래했다는 점이 그것이다. 이러한 상황에서 중국의 주변외교 전략도 그 흐름에 보조를 맞추면서 조정이 불가피해졌다. 주변 정세의 흐름을 읽어 새로운 외교 개념과 방안을 제시해야 할 필요성이 대두된 것이다. 일대일로는 바로 이러한 시대적 변화에 부응한 혁신적 사고에서 출발한 구상이라 할 수 있다.

다음으로 당 중앙은 주변외교의 기본방침을 다음과 같이 더욱 명확히 했다는 점이다.

"주변국가와 우호·동반자 관계를 계속 유지하고 주변국가와의 선린우호·안정·번영을 견지하며 '친성혜용(親誠惠容, 친밀·성실·혜택·포용 – 역주)'의 이념으로 주변국가와의 선린우호 관계를 발전시킨다."

여기에서 볼 수 있듯이 중국은 주변외교에서 친밀과 성실뿐만 아니라 호혜와 개방·포용을 강조하고 있다. 이러한 기조와 정신은 전반적인 일대일로 전략에 시종일관 녹아들어 있다. 중국은 주변국가와의 인프라 호연호통을 통해 국경지역의 개방 시기를 앞당기려 공동으로 노력하며, 해당

지역의 성·구와 주변국가와의 호혜·협력을 강화하고자 한다. 그리고 주변외교에서 상호신뢰, 호혜, 평등, 협력을 강조하는 신안보관이 제기되면서 공동안보의 중요성이 점차 대두되었다는 점이다. 또한 지역안보 분야의 협력 및 전략적 신뢰 구축에도 무게중심이 실리기 시작했다.

마지막으로 공공외교와 민간외교, 인문교류 등 정치성이 거의 배제된 대외교류 분야에 유독 시선이 집중되었다는 점이다. 이는 일대일로 전략의 민심상통의 개념과도 일맥상통한다. 주변국과의 관계를 장기적으로 발전시킬 수 있는 사회적 여론기반을 형성하며, 특히 공동체 의식을 정립하는 데도 크게 기여할 것이다.

중국은 향후 5년간 10조 달러의 상품을 수입하며 5천억 달러를 상회하는 대외투자를 진행하고 출국여행객 수는 약 5만 명에 이를 것으로 예상된다. 중국의 주변국가와 실크로드 연선 국가가 가장 먼저 수혜를 받는 국가가 될 것이다.

일대일로 전략의 발전방향에 대해 다음에서 구체적으로 다루고자 한다. 동아시아, 중앙아시아와 동남아시아 그리고 남아시아 등 각 지역별 외교는 새로운 발전기회를 모색할 것으로 기대된다.

1 · 동아시아에서 주변외교의 기회

1) 한·중관계의 발전과 한·중 자유무역구 건설

일대일로 주변의 자유무역구 건설에 있어 모범적인 사례로서 귀감이 되고 있다. 2013년부터 동북아 정세에는 변화가 생기기 시작했다. 일본 정계의 우경화 추세가 갈수록 심화되며 미·일동맹은 더욱 공고해지고 있다. 한반도의 정세는 여전히 안개 속 정국이며 일본과 북한 관계는 점차 가까워지고 있다. 이러한 새로운 변화의 물결 속에서 한·중관계는 새롭게 정립되기 시작했다. 물론 이와 동시에 한·중관계에도 한반도비핵화 문제가 현안으로 남아 있다. 또한 한·미관계도 다소 개선되는 등 불리한 여건이 조성되었다. 마찬가지로 한·중 양국의 국내 외교정책에도 선회의 움직임이 포착되었다. 중국정부의 친밀, 성실, 혜택, 포용의 주변외교 이념과 한국정부가 제기한 '신뢰외교'는 공통점을 가지고 있다. 전략적인 상호신뢰를 기반으로 하여 양국관계는 한 걸음 더 가까워졌다. 한국은 중국의 일대일로와 박근혜 정부의 '유라시아 이니셔티브Euraisa Initiatve'가 궤를 같이하고 있다고 강조하며 일대일로가 해상에서 북쪽으로 연장하여 '유라시아 이니셔티브'와 함께 연결되기를 희망한다고 밝혔다. 2013년 6월과 2014년 7월에 한·중 양국의 총리가 상호 방문하여 '대한민국과 중화인민공화국 공동성명'에 서명했다. 공동성명에서는 한·중 양국의 전략적 동반자 관계의 미래비전을 확정했다. 즉 공동 발전하는 동반자, 지역 평화에 노력하는 동반자, 아시아 발전에 함께 협력하는 동반자, 세계번영을 촉진하는 동반자 관계를 수립한다는 내용이다. 여기에는 한·중 양국 간 전략적 협력 동반자 관계의 내실화도 담겨 있다. 구체적으로 살펴보면 한·중 전략적 협력 동반자 관계의 발전은 다음 네 가지 영역에 초점을 맞추고 있다.

1. 상호 신뢰를 기반으로 한반도 및 동북아 평화안정을 위해 협력을 강

화한다.

2. 통상 및 산업 협력 강화를 통해 동아시아의 지역통합과 글로벌 경제 회복의 견인차 역할을 한다.

3. 인문교류 관련 유대 강화 및 분야를 확대한다. 그 일환으로 2015년과 2016년을 각각 '중국 방문의 해'와 '한국 방문의 해'로 선정하며 양국의 미래청년엘리트로 구성된 한중청소년지도자포럼을 정기적으로 개최한다.

4. 한반도 핵문제와 한반도 통일에 상호 폭넓은 공감대를 형성하여 한반도 비핵화 실현에 대한 확고한 입장을 재확인한다.

한·중관계에서 가장 돋보이는 행보는 한·중 자유무역구의 설립이다. 2015년 2월 25일에 한·중 양국은 한·중 자유무역협정FTA 초안에 서명함으로써 FTA 체결에 대한 의지를 재확인했다. 이로써 한·중 자유무역구의 모든 협상이 마무리된 것이다. 한·중 자유무역구 협상은 2012년 5월에 시작되었으며 중국이 지금까지 진행한 대외협정 가운데 그 포괄범위가 가장 넓다. 관련 국가 간 무역규모도 가장 방대한 자유무역구라 할 수 있다. 협상 내용의 개방수준을 살펴보면 양국의 화물무역자유화 비율이 관세목록의 90%, 무역액의 80%를 초과한다. 한·중 자유무역구의 정식 출범은 일대일로 전략을 제안한 이래 자유무역구 건설 분야에서 거둔 첫 번째 성과다. 이는 한·중 기업 간 상호교류를 주도할 뿐 아니라 중-아세안 자유무역구와 함께 시너지 효과를 창출할 것으로 기대된다. 또한 이는 일대일로 주변국가 간 자유무역구 설립에 모범적인 사례이자 돌파구가 될 것으로 확신한다.

2) 일대일로 전략과 전환기를 맞고 있는 중·일관계 :
중·일관계 완화의 모멘트

밀월관계에 있는 한·중관계와는 달리 중·일관계는 2013년부터 냉각기에 접어들었다고 평가하는 게 맞을 것이다. 정치와 경제 분야 모두 냉각상태라는 점이 두드러진 특징이다. 일본 정계의 우경화가 심화되고 있으며 아베정부는 가치관 외교를 구사하고 있다. 일본은 중국의 압박·봉쇄를 염두에 둔 이른바 '자유와 번영의 호(弧, 둥근 활 모양) 전략(이 전략은 한마디로 시장경제 국가들로 중국을 남쪽에서 넓게 포위한다는 개념으로서 미국 – 일본 – 호주 – 필리핀 – 인도를 잇는 큰 선으로 중국을 견제한다는 내용 – 역주)'을 채택했다. 또한 '보통국가론(정상국가론이라고도 함. 집단자위권행사를 금지하는 평화헌법 9조 때문에 국제사회에서 책임과 의무를 다하지 못하는 소극적 외교에서 탈피하여 다른 국가처럼 마음대로 외국에 군대를 파병하는 보통국가가 되어야 한다는 주장 – 역주)'을 펼치면서 패전 이후 수십 년 동안 유지되었던 집단자위권행사와 관련한 정부의 해석을 폐기하기 위해 총력을 기울이고 있다. 이런 상황에서 일본정부의 대외정책과 중국은 합일점을 찾기 어려운 실정이다. 특히 심각한 것은 양국 관계의 불안정 요인이 더욱 가중되고 있다는 사실이다. 역사인식이나 대만 문제, 그리고 영토주권 및 해양권익 등의 문제에서 잇달아 마찰을 빚으며 갈등이 증폭되고 있다. 특히 댜오위다오[釣魚島, 센카쿠 열도(일본명) – 역주]의 영토분쟁, 야스쿠니 신사참배, 동해 방공식별구역 등의 핵심사안에서 첨예하게 대립하고 있다. 양국 간 정치관계가 악화되자 통상분야에서도 부정적인 영향을 받고 있다. 현재 양국은 정치와 경제 분야 모두가 냉랭한 관계를 유지하고 있다. 2013년에 중·일 무역액은 전년

대비 6.5% 하락하여 2년 연속 내림세를 보였다. 중국 세관통계에 따르면 2013년의 중·일 무역총액은 3천125억 5천만 달러이며, 그중 중국의 대일본 수출은 1천502억 8천만 달러를 기록하여 전년 동기대비 0.9% 하락했다. 일본으로부터의 수입은 1천622억 7천만 달러를 기록하여 전년 동기대비 8.7% 하락했다.[12] 정치와 경제 두 분야 모두 지속적으로 악화일로를 걷게 되자 양국 간 인적교류도 침체기에 접어들었다. 정치는 냉각된 데 반해 경제교류는 활발한 것을 일컫는 '정냉경열(政冷經熱)'의 상황에서 두 분야 모두 냉각상태인 '정냉경냉(政冷經冷)'으로 정세가 급속히 악화된 것이다. 이처럼 중·일관계는 현재 전환기를 맞이하고 있다. 이러한 때 일대일로 전략이 양국 관계에 해빙무드를 조성하여 한 걸음 발전할 수 있는 계기를 마련해야 한다. 먼저 민간교류 분야에서 물꼬를 터야 돌파구를 만들 수 있다. 국내적인 민의는 때로는 한 국가의 대외정책의 기반이 됨과 동시에 대외정책을 반영하는 통로이기도 하다. 중·일 양국은 민간분야의 상호신뢰 기반이 매우 취약한 상황임을 부인할 수 없다. 양국의 국민이 서로 이해가 부족하며 언론매체는 여기에 불을 지펴 갈등을 조장함으로써 부정적 효과가 증폭되고 있기 때문이다. 사실 중·일 양국 간 민간교류는 제법 긴 역사를 가지고 있다. 양국 관계의 정상화도 폭넓은 민간교류에 의해 추진되었다. 현재 상황에서 중·일의 민간교류는 문화교류만의 특별한 역할에 초점을 맞춰야 한다. 중국과 일본 문화의 상호이해를 증진시키며 청소년 문

---

12) **참고** | 리샹양(李向陽) 편저 : 《아태청서 : 아태지역발전보고(亞太藍皮書 : 亞太地區 發展報告)》, 사회과 학문헌출판사(社會科學文獻出版社), 2015년도 172페이지.

화교류와 민간교류를 유효적절하게 추진함으로써 전략적 상호신뢰의 기반을 공고히 할 수 있을 것이다. 이와 더불어 양국은 환경보호, 에너지 절약 및 배출량 감소, 신에너지개발, 지역경제통합, 해양개발 등의 여러 분야에서 공통된 이익을 가지고 있다는 점에 주목할 필요가 있다. 현 상황에서 한·중 자유무역구의 건설이 교착상태에 빠진 한·중·일 자유무역구 발전에 새로운 동기를 부여함은 물론, 일대일로 전략에서 중·일 경제무역 관계에 새로운 돌파구를 제공하기를 기대해본다.

2 · 아세안에서 주변외교의 기회

중국과 아세안과의 대화는 1991년에 처음 시작되었다. 1996년에 중국은 아세안과 전면적 대화관계를 수립했다. 1999년에 중국정부는 아세안 자유무역구와의 연결 강화를 희망한다고 밝혔다. 2001년 11월이 되어 중국은 아세안 각 국가와 '남중국해 분쟁 당사국 행동선언DOC, Declaration on the Conduct of Parties in South China Sea'을 채택하고 같은 해 '아세안 10+1(아세안 10개국+중국 - 역주)' 지도자 회의에서 양측은 자유무역구 건설에 합의했다. 그리고 2002년 11월 4일에 '중국·아세안 전면적인 경제협력 포괄협의'를 체결하면서 자유무역구의 정식 가동을 알렸다. 거의 8년이라는 지리한 협상을 거쳐 2010년 1월 1일에 19억 인구를 보유하고 GDP가 6조 달러에 이르는 세계 최대의 자유무역구인 중국·아세안 자유무역구가 정식 출범되었다. 이제 중국·아세안 자유무역구가 설립된 지 5년째 접어든다. 발전 속도도 상승세를 보이고 있으며 2014년 쌍방의 무역액은 4천804억 달러를 기록하여 전년대비 8.3% 증가했다. 이는 중국 대외무역 평균성장률인 3.4%의 거의 2배가 넘는 수치다. 중국·아세안 자유무역구는 이미 안정화된 경제·무역 발전 및 인문유대의 플랫폼으로 성장했으며 21세기 해상실크로드 건설에서 활용 가능한 플랫폼 기반이 되었다. 그러나 중국과 아세안 사이에도 갈등 요소를 완전히 배제하기 어렵기 때문에 쌍방 관계 발전에 어느 정도 걸림돌이 되고 있다. 먼저 중국과 아세안 내부 국가 간 무역불균형 현상이 관계 발전을 저해하는 부정적 요인이다. 싱가포르, 말레이시아, 태국, 인도네시아, 필리핀, 베트남 국가의 경우 중국과의 무역액이 중국·아세안 무역총액의 95% 이상을 차지한다. 이러한 무역구조의 불균형은 쌍방의 경제무역 관계를 강화하는 데 있어 내부적인 부조화 현상을 야기했다.

다음으로는 아시아지역의 경제통합이 가속화되면서 역내 포괄적경제동반자협정과 TPP 등 신지역경제체제 구축을 취지로 출범한 무역체제 등이 아태지역에 물밀듯이 들어오고 있다. 이러한 흐름도 중국·아세안 자유무역구에 일정 부분 타격을 줄 수 있다. 특히 미국이 주도하는 TPP는 싱가포르, 브루나이, 베트남, 말레이시아 4개 아세안 회원국을 흡수하여 이들 국가를 협정에 가입시켰다. 2012년에 '미국-아세안 경제협력확대' 구상이 제기되자 아세안 내에서 TPP의 영향력이 끊임없이 확대되었다. 이런 상황이 지속되면 중국과 아세안이 미·일 수출시장을 두고 더욱 치열히 경쟁하는 구도가 될 가능성이 높다. 이외에 남중국해 문제도 양측의 관계 발전을 가로막는 요소로서 간과할 수 없는 쟁점사안이라 할 수 있다. 베트남과 필리핀 등 아세안 내부 국가와 미국 등 일부 역외 국가가 공동으로 여론을 조성하면서 남중국해 문제와 관련한 아세안의 입장이 과거의 중립에서 적극 개입으로 선회한 것이다. 아세안 협의 의제에서 가시권 밖에 머물던 남중국해 문제가 핵심적인 쟁점으로 부각되었다.[13] 남중국해 문제가 아세안화, 즉 아세안 전체 문제로 변화하는 추세가 나타난 것이다. 애초에 아세안은 남중국해 문제를 국제적인 쟁점사안으로 확대할 의도는 없었을 것이다. 그런데 현재 중국정부와 여전히 입장차이를 보이고 있다. 중국은 분쟁 당사국과의 우호적인 협상과 담판을 통해 분쟁을 해결하고자 줄곧 노력해왔다. 남중국해 문제는 중국과 아세안의 문제가 아니라 중국과 특정 분쟁국 사이의 쟁점사안이라고 판단하고 있다. 또한 관련 국가와 영토, 경제구역, 오일·가스 자원 등의 분야에서 상호 쟁탈전을 벌이게 되면 이는 향후 양측의 통상관계에까지 직접 영향을 미칠 수 있다. 따라서 이러한 문제가 향후 중국과 아세안의 통상관계에 부정적 영향을 초래할 수 있어서 매우 우려되는 상황이다.

일대일로 프로젝트는 중국·아세안 자유무역구라는 양자 간 교역플랫폼을 기반으로 할 것이다. 이러한 기반 위에 상호관계를 재정립하여 전략적 신뢰를 쌓는 계기를 마련할 수 있다. 과거에 경제이익 가치에 지나치게 치우쳤던 흐름도 바꿀 수 있을 것으로 기대된다. 그리고 무역파트너와 인프라 건설과 물류, 교통, 인문교류 등의 분야에서 더욱 폭넓게 협력을 추진할 수

---

13) **참고** ┃ 짜오궈쥔 '남중국해 문제의 '아세안화' 전개 – 아세안 정책 변화와 중국의 대응(論南海問題東盟化的發展 – 東盟政策演變與中國應對)', 〈국제전망(國際展望)〉, 2013년 제2기

있다. 인프라의 호연호통이 실현되고 인프라 관련 제반 산업이 자리를 잡게 되면 중국은 싱가포르, 말레이시아, 태국, 인도네시아, 필리핀, 베트남 등의 국가와 더욱 활발한 교류와 무역을 추진할 수 있을 것이다. 또한 이를 계기로 미얀마, 캄보디아, 브루나이, 라오스의 무역투자환경도 대대적으로 개선될 것으로 기대된다. 중국의 투자구조가 효율적으로 개선되면 아세안과의 교류도 더욱 균형적으로 발전할 수 있다. 남중국해 문제를 둘러싸고 대립각을 세우며 제로섬의 해결방식을 취한다면 이는 관련 당사국 모두에 부정적인 영향을 가져올 수밖에 없다.

따라서 경제무역의 왕래와 인문교류 분야를 활성화하여 쌍방관계를 더욱 매끄럽게 운영해야 한다. 이제까지는 일부 국가가 아세안을 자국의 권익보호 수단으로 이용하고 있었다. 그러나 이번 기회에 아세안도 분쟁당사국에 대화와 협상의 플랫폼을 제공할 수 있다. TPP의 경우, 객관적으로 일대일로 및 중국·아세안 자유무역구와 경쟁적 구도를 나타내고 있다. 그러나 글로벌 경제통합이 점차 가속화되면서 중국과 아세안의 양자관계도 역외국가의 영향력을 완전히 배제할 수는 없다. 다만 중국은 미국이 아태지역의 질서를 완전히 주도하는 것에 반대하는 것뿐이다. 이에 반해 일대일로는 아태지역의 경제정치 질서를 재편하는 신모델로서 분명 역내 국가 간 전략적 신뢰를 강화하는 플랫폼이 될 것으로 확신한다. 또한 이러한 신뢰를 토대로 일대일로 플랫폼을 통해 역외 국가 및 기타 경제협의체와의 대화를 주도하고 경쟁관계에서 동반자 관계로 전환함으로써 아태지역 경제통합 과정을 함께 앞당길 것이다.

3 · 남아시아에서 주변외교의 기회

1) 스리랑카 : 21세기 해상 실크로드의 명주(明珠)

스리랑카는 방글라데시만과 아랍 해 사이의 요충지에 위치해 있다. 이곳은 인도양 주 항로의 중심선 부근으로 전략적으로 매우 중요한 지역이다. 동서양 십자로 입구라 불릴 만큼 일대일로 전략에서 핵심적 위치를 차지한다. 인도양에서 스리랑카와 중국 모두 인도와 경쟁관계에 직면해 있다 보니 전략적으로 서로 가깝다 할 수 있다. 2013년 5월에 마힌다 라자팍세Mahinda Rajapaksa 스리랑카 대통령은 중국을 방문하여 양국 관계를 전략적 협력 동반자 관계로 격상시키는 데 합의했다. 2014년 9월에 시진핑 중국 국가주석은 스리랑카를 초청 방문하여 전략적 협력 동반자 관계를 강화하는 데 합의하고 여러 협력 프로젝트에 조인했다. 여기에는 경제, 과학기술과 인문 등 다양한 분야가 포함되어 있다. 스리랑카는 중국의 일대일로 전략 제안에 정부의 공식성명을 통해 지지를 표명한 첫 번째 국가가 되었다. 2015년 2월 27일, 왕이 중국 외교부장은 북경에서 사마라위라 스리랑카 외무장관과 회담을 가지고 다음과 같이 밝혔다.

"중국과 스리랑카 양국은 해안벨트·해양협력 공동위원회 설립에 이미 합의했으며 항구·해양자원관리, 생태환경보호, 해상구조 등의 분야에서 협력을 전개할 것이다. 중국과 스리랑카의 협력은 새로운 시대 해상 협력의 모범이 될 것으로 확신하는 바이며 스리랑카는 21세기 해상 실크로드에서 눈부신 명주가 될 것으로 기대한다." [14]

중국과 스리랑카의 관계는 더욱 긴밀해지고 있으며 스리랑카는 중국 일대일로 전략에서 인도양의 거점으로 이미 자리매김했다. 구체적으로 살펴보면 현재 일대일로 분야에서 양국의 협력은 주로 함반토타 항과 콜롬보 항 건설에 집중되어 있다. 2012년에 중국이 투자·건설한 함반토타 항이 정식 개항되어 중국은 중동·아프리카 항로에서의 안보를 보장받을 수 있게 되었다. 그리고 2014년 10월에 중국과 스리랑카는 항만고속도로 프로젝트 관련 건설의향서에 합의함으로써 항만 인프라 건설에 더욱 만전을 기할 수 있었다. 2015년 2월, 스리랑카 정권교체로 인한 우여곡절을 겪고 있으나 중국이 수주건설 예정인 콜롬보 항 도시개발 프로젝트도 여전히 진행 중이다. 항만, 도로 등 인프라 건설은 양국 관계와 일대일로 전략에 버팀목이 될 것이다. 스리랑카는 중국의 인도양 전략에서 중요한 협력 파트너이자 21세기 해상 실크로드 계획의 인도양 파트에서 중요한 주축이 되었다.

2) 파키스탄 : 더욱 긴밀한 전략적 협력 동반자 관계 발전

파키스탄과 중국의 관계는 한마디로 어떠한 상황에서도 함께하는 전천후 친구라 할 수 있다. 파키스탄은 일대일로 전략 해상노선의 교차점에 위치해 있다. 중국·파키스탄 경제회랑이 관통되면 남아시아와 중앙아시아, 북아프리카, 걸프만 국가 등과 경제 및 에너지 분야 협력을 통해 더욱

---

14) 왕이 | '스리랑카는 '21세기 해상 실크로드'의 명주가 되기를 기대한다(期待斯里蘭卡成爲 '21世紀海上絲紬之路'的明珠)', 신화왕, 2015년 2월 28일

긴밀히 하나로 연결될 것이다. 파키스탄은 여기에서 교량의 역할을 담당하게 된다. 2002년에 중국정부는 페르베즈 무샤라프 Pervez Musharraf 파키스탄 대통령의 요청으로 파키스탄 과다르 항 건설에 자금과 기술지원을 제공했다. 2015년 2월에 과다르 항은 기본 준공을 마치고 2015년 4월 중순에 정식으로 운영에 들어갔다. 과다르 항이 정식 가동됨에 따라 중국의 에너지안보와 국제 영향력은 더욱 강화될 것으로 기대된다. 또한 인도양 지역에서 중국의 전략적 위상도 유지될 수 있다. 남중국해 정세가 아직 불안정한 외부환경에서 과다르 항은 아랍 해의 중요 항구로서 에너지수송의 핵심통로인 호르무즈 해협에 근접해 있어 전략적인 요충지라 할 수 있다. 향후 중국 서북부 에너지 수송의 안전한 통로로서 파키스탄의 경제발전을 선도할 것으로 예상된다. 중국과 파키스탄의 협력은 앞으로 과다르 항과 중국·파키스탄 경제회랑 구축을 중심으로 전개되며 전력공급, 철도건설, 테러리즘 대응 등 중점사안에 대해서도 상호협력을 강화할 계획이다.

3) 인도 : 경쟁과 협력

21세기 해상 실크로드 구상을 제안함에 따라 중국의 커버리지는 서태평양 해역을 넘어 남쪽으로는 남태평양에 깊숙이 진입하고 서쪽으로는 인도양 통로의 개척까지 이르게 되었다. 인도 입장에서 보면 자국의 세력범위를 침범하는 것이니 중국에 대한 경계심을 늦출 수 없었을 것이다. 2014년 시진핑 주석이 인도를 방문하여 인도 지도자와 일대일로 전략에 대해 의견을 교환하기도 했으나, 인도 측은 여전히 일대일로 전략에 대해 명확한 지지를 표명하지 않고 있다. 자국의 지역적 전략이익을 위협하는 행위라고 판단하여 거부반응을 보이는 것이다. 특히 중국은 인도 주변국가인 파키스탄, 스리랑카, 미얀마, 몰디브 등과 밀접한 협력을 진행하고 있다. 이러한 상황에서 인도는 중국의 행보에 대해 인도를 육·해상으로 포위하려는 전략이라고 판단하고 있다. 2015년 2월에 제17차 아세안 안보공동체ASC, ASEAN Security Community회의에서 인도는 계절풍 항로 프로젝트, 즉 모삼 프로젝트Mausam Project(몬순Monsoon의 힌두식 발음으로 몬순 계절풍에 기댄 고전적 교역망을 재건함으로써 인도양 세계의 복원을 추진하겠다는 계획 – 역주)를 제안했다. 인도가 주도하는 해양세계 구축을 청사진으로 제시함으로써 고대 인도 문명권을 복원하겠다는 뜻이다. 이는 중국의 일대일로 전략에 맞서겠다는 의지의 표명이다. 인도양 지역에서의 안보·무역 분야에서 인도는 해당지역 질서의 설계자로서 그 지위와 역할은 가히 독보적이라 할 수 있다. 인도가 불참하는 일대일로 전략은 두말할 나위 없이 불완전한 프로젝트가 된다. 인도가 중국에 대해 전략적 의구심을 품는 것은 어찌 보면 자국의 이익을 고려한 행동이므로 충분히 이해할 수 있다. 따라서 양국 간 확고부동한 전략적 신뢰를 쌓는 것만이 양국 관계의 돌파구가 된다. 인도의 경계심에 대해 방글라데시·중국·인도·미얀마 경제회랑이 답안이 될 수 있다. 중국 경제가 신창타이에 진입하자 인도 경제는 오히려 고속 성장세를 구가하기 시작했다. 바로 이 시점에 양국은 방글라데시·중국·인도·미얀마 경제회랑의 구축을 계기로 삼아 상호 강점을 극대화하고 보완하여 동·남아시아 양대 지역에서 호연호통을 추진해야 한다. 방글라데시·중국·인도·미얀마 경제회랑 건설은 원래 양국 학술계에서 추진한 프로젝트로서 양국의 학술계 교류는 그리 흔치 않은 일이다. 나중에 최종적으로 양국 정부의 승인을 얻어 주도권을 넘겨받은 외교적 사안이다. 정치적으로 양국 관계가 교착상태에 빠진 시점에 민간과 지방의 교류가 그 빈자리를 채울 수 있다. 뿐만 아니라 인도가 제안한 모삼 프로젝트의 경우 그 출발점 역시 인도 고대문명으로 거슬러 올라간다. 이 부분은 중국의 일대일로 구상과 분명 일맥상통하는 부분이다. 중국과 인도 양국은 상호 역사의 교류를 계기로 문명의 공통점을 찾아내며 역사적 근원을 거슬러 올라가 의구심을 해소해야 한다. 경제무역과 정치 분야에서 전략적 신뢰를 확립하기 위한 기반을 다져 나가는 게 그 무엇보다 중요하다.

4 · 중동에서 주변외교의 기회

마흐디 사파리 Mahdi Safari 주중국 이란 대사의 견해는 이렇다. 이란은 일대일로에서의 역할과 위치가 상대적으로 핵심지대에 있으므로 실크로드 경제벨트의 건설은 중국의 서부에서 시작하여 중앙아시아 국가를 관통하여 이란에 이를 수 있다는 것이다. 또한 이란에서 시작하여 3개 방향으로 계속 연장할 수 있다. 첫째, 남쪽 방향으로 페르시아만 국가를 망라하고 공해(公海)를 통과하여 유럽과 라틴아메리카와 북아메리카 지역에 이르는 노선. 둘째, 서쪽 방향으로 이라크와 시리아를 통해 지중해에 이르고 다시 지중해 주변과 유럽영토까지 연결하는 노선. 셋째, 동쪽으로 아프가니스탄, 파키스탄, 인도 등 남아시아 아대륙(亞大陸, 대륙보다는 작지만 섬보다는 큰 땅덩이 - 역주)에 이르는 노선이 있다. 이란은 중국과의 전방위 전략적

협력에 매우 기대를 걸고 있다.[15]

중국은 이미 중동지역의 최대 석유수입국이 되었다. 향후 중동지역은 중동산 석유거래의 위안화화 업무 및 아시아·유럽·아프리카의 교통 요충지로서 그 위상이 더욱 두드러질 것이다. 궁샤오성 중국 중동문제 특사는 중동지역은 일대일로 구상을 추진하는 거점지역이 될 것이며 이 구상이 가장 잘 실현되고 가장 먼저 시작되는 지역 중 하나가 될 것이라고 강조했다. 중동 각국과 중국은 우호적인 관계를 유지하고 있으며 외교적으로 갈등이나 이견이 없다. 궁(宮) 특사는 성년이 되어 외교업무에 종사하고 아랍 관료들과 접촉하면서 느낀 점이 있다고 했다. 그의 말을 빌리면, 중국과 아랍국가의 유일한 갈등을 꼽으라면 기껏해야 '중국어와 아랍어 가운데 어느 언어가 세계에서 가장 어려운가?'였다고 한다. 이외에도 중국과 아랍은 경제 상호보완성이 매우 강하다. 현시점에서 아랍국가가 경제발전에서 가장 주안점을 두는 분야 가운데 하나가 철도, 공항, 항만 등 인프라 건설 사업이다. 이 역시 쌍방의 경제무역 협력에 좋은 기회가 될 것이다. 중동지역, 특히 걸프만 국가는 현재 막강한 경제력을 보유하고 있으며 시장도 비교적 잘 갖추어져 이미 성숙단계에 있다. 게다가 중국·걸프협력기구이사회GCC의 자유무역구FTA가 형성되면 이를 기반으로 이 지역은 의심할 여지없이 일대일로 구상의 실현·정착 가능성이 가장 큰 지역 중 하나가 될 것이다. 중동지역은 중국 기업에 고속전철, 통신, 인프라 건설 등의 분야에

---

15) 참고 ｜ 중국런민대학 충양금융연구원(中國人民大學 重陽金融硏究院) 편저 :《유라시아시대-실크로드 경제벨트 연구청서(歐亞時代-絲綢之路經濟帶硏究藍皮書 2014-2015》, 중국경제출판사(中國經濟出版社), 2014년도

서 가장 큰 기회의 땅이 될 것으로 예상된다. 과거 이 시장은 주로 미국, 일본 등 선진국이 독차지하고 있었다. 중국 기업은 후발주자로서 그 기술력을 인정받아 시장의 선택을 받기까지 일정 시간이 필요하다. 물론 그에 따른 정책적 준비도 뒤따라야 할 것이다.

5 · 중앙아시아에서 주변외교의 기회

중앙아시아지역은 아시아태평양지역과 유럽지역을 연결해주는 실크로드 경제벨트의 중심부에 위치해 있다. 중앙아시아 5개국 – 카자흐스탄, 우즈베키스탄, 키르기스스탄, 타지키스탄, 투르크메니스탄 – 은 석유와 천연가스, 광산 등 풍부한 자원을 보유하고 있다. 그러나 내륙의 지정학적 환경과 불편한 교통 때문에 지역경제 발전수준은 아태지역 및 유럽지역의 많은 국가에 비해 상당히 뒤처진 편이다. 유라시아 대륙 내지에 깊숙이 위치해 있어 해양으로의 출항로가 부족한 지역적 특징 등은 경제발전에 걸림돌이 되어 왔다. 그러나 일대일로 전략의 제안에 따라 중앙아시아지역은 유라시아에 연결되는 전략 통로로서 외부세계와 연계를 강화하여 해당지역 경제의 빠른 성장을 기대할 수 있게 되었다. 자원 및 산업구조에서의 상호보완성은 중앙아시아지역이 일대일로 전략에 참여해야 하는 이유다. 중국과 중앙아시아는 자원구성, 산업구조, 농공업 상품 등의 분야에서 상호보완성이 강한 편이다. 또한 비즈니스 무역과 서비스 무역도 양호한 협력기반을 갖추고 있다. 중국은 중앙아시아 국가에 광활한 시장을 제공함으로써 오일·가스 자원과 광산 및 관련 부대산업의 발전을 견인하는 원동력을 제공할 것이라 확신한다.

　한편, 중앙아시아지역의 호연호통은 이미 일대일로 건설의 선봉이 되고 있다. 현재 중앙아시아지역 국가의 불편한 교통현황에 초점을 맞추어 신유라시아대륙교의 핵심구성 부분인 룽하이철도(장쑤 성의 롄윈에서 간쑤 성의 란저우에 이르는 철도 - 역주), 란신철도(간쑤 성의 란저우에서 신장웨이우얼 자치구의 우루무치에 이르는 철도 - 역주)가 중앙아시아 깊숙이 진입해 있다. 이들은 현재 자원운송 철도간선이 되었다. 2015년 2월, 중국-중앙아시아 열차(롄윈강 - 알마티^Almaty)가 정식 개통되어 중앙아시아지역 국제화물운송업의 빠른 발전을 기대할 수 있게 되었다. 중국은 실크로드기금과 아시아인프라투자은행 등 실질적인 투자기구를 설립하여 중앙아시아의 인프라 건설 자금지원을 위한 기반을 마련했다. 이 밖에 중앙아시아지역은 테러리즘 세력이 끊임없이 창궐하는 곳이다. 이는 이 지역의 투자환경과 운송노선의 안보를 확보하는 데 영향을 미칠 뿐 아니라 중국과 중앙아시아지역, 심지어 전 세계 안보에도 커다란 위협이 되고 있다. 이에 대해 상하이협력기구는 테러리즘에 공동으로 협력·대응할 수 있는 전략적 플랫폼을 제공하고 있다. '상하이협력기구 반테러리즘 협약'이 정식 발효됨에 따라 일대일로의 반테러리즘 활동을 추진하는 데 외부 규정 등 선례를 제공하며 선도적 역할을 기대할 수 있게 되었다.

3   지역협력의 기회

일대일로 전략은 중국정부가 제안한 프로젝트이지만 중국과 아시아태평양지역은 물론, 전 세계를 망라하는 발전모델이다. 일대일로 전략에서는 호연호통의 개념과 이익 공동체, 운명 공동체 의식을 강조하고 있다. 이는 지역협력의 새로운 도약을 주도하는 발판이자 최고수준의 지역협력을 실현하는 플랫폼으로 자리 잡을 것이다. 또한 다자협력기구로서의 역할도 강화하여 상하이협력기구, 중국·아세안 10+1, 아시아태평양경제협력기구, 아시아·유럽 정상회의^{ASEM}, 아시아협력대화^{ACD}, 아시아 교류 및 신뢰구축회의^{CICA}, 중국아랍국가협력포럼, 중국·걸프협력기구이사회전략회의, 메콩강유역개발사업$^{GMS,\ The\ Greater\ Mekong\ Subregion}$ 경제협력, 중앙아시아 지역경제협력체^{CAREC} 등 종래의 다자협력기구에서 중국의 역할을 최대한 발휘할 것이다.

1 · 경제·무역관계의 발전 촉진을 통한 지역 경제통합 가속화

일대일로는 유라시아 대륙을 관통하여 아시아태평양 경제권과 유럽경제권을 하나의 벨트로 묶는 프로젝트다. 총 인구는 약 44억 명, 경제규모는 약 21조 달러에 달하며 각각 전 세계의 63%, 29%를 차지한다. 유럽과 아태지역의 선진국뿐만 아니라 중국을 포함한 방대한 개발도상국을 포함하며 심지어 소수 후진국도 그 대상이 된다. 이들은 국가별 경제규모와 자원축적, 무역구조의 비교우위 등에서 차이가 뚜렷하며 비교적 강한 상호보완성을 나타내고 있다.

일대일로 구상 전반에 걸쳐 일관되게 강조하는 호연호통 이념은 자국의 이익추구를 목적으로 추진하는 프로젝트에 반대한다. 따라서 일대일로는 지역협력의 통합이익 추구를 모토로 삼아 모든 의사결정의 출발점으로 여기고, 이를 기준으로 전략적 판단을 할 것이다. 연선 국가도 호혜·공영의 이념적 기초 위에 광범위한 협력을 추진해야 한다는 의미이기도 하다. 또한 일대일로의 주변지역은 대부분 신흥 경제국 또는 개발도상국으로서 경제발전의 상승기에 접어들었으며 이들 국가는 역내 경제·무역 거래 및 대외투자에 대해서 긍정적인 반응을 보이며 협력 희망을 시사하고 있다. 일대일로 전략의 주요 추진방향도 인프라 건설, 도로교통, 물류, 상품 분야의 보다 완벽한 구축에 초점을 맞추고 있다. 무역투자의 자유화와 활성화에도 주력할 필요가 있다. 경제·무역관계의 발전을 촉진한다면 일대일로의 기반을 다지며 선도하는 역할을 할 것이다. 또한 이는 연선 국가와 심층적이며 수준 높고 넓은 영역을 망라하는 전방위 협력체계를 구축하는 데 기폭제가 될 것이다.

현재 경제 글로벌화는 가속화되고 있으며 무역·투자구조에도 큰 폭의 조정이 이뤄지고 있다. 이러한 대세 변화에 따라 연선 국가는 경제의 구조조정 및 고도화라는 공통 과제에 직면해 있으며 지역 경제통합은 각국의 공통 염원이 되었다. 시진핑 주석도 APEC 비공식 회의 1단계 회의에서 이렇게 밝혔다.

"중국은 지역협력의 수혜자이자 적극적인 제안자이며 추진자다. 우리는 이 지역에서 무역 및 투자 자유화, 활성화가 추진되기를 희망하며 지역 경제통합을 가속화하여 아태지역의 발전과 번영을 함께 추진하고자 한다."

이는 다시 말해 중국이 지역 경제통합을 주도하겠다는 결심을 표명한 것이기도 하다. 유럽지역에서 유럽연합은 해를 거듭할수록 완숙한 모습을 갖추고 있는 경제정치 단일화 기구다. 경제통합 및 융합과정에서 유럽연합은 모범적 사례로 귀감이 되고 있다. 그러면 거대한 아시아태평양지역을 살펴보자. 지역 경제통합을 바라는 공통 염원에서 출발하여 한중 자유무역구, 중국·아세안 자유무역구, TPP를 포함한 다수의 경제무역협의체가 아태지역에 공존하고 있다. 이는 지역통합의 원동력이기도 하지만 또 다른 한편으로 무역규범 간의 경쟁과 갈등을 초래하기도 했다. 그런데 이에 반해 중국이 추진하는 일대일로 전략의 취지는 바로 경제·무역왕래와 문화적 연대를 통해 아시아태평양 전 지역의 경제·무역관계를 더욱 완전하게 통합함으로써 지역 경제통합에 새로운 발전모델을 제공하는 데 있다.

2 · 지역 안보협력 추진을 통해 테러리즘에 공동대응

아태지역은 복잡다단한 안보문제에 직면해 있다. 장기적 안정을 유지하기 어려운 주변환경은 아태지역의 경제 및 기타 분야의 발전에 제약요소가 되고 있다. 먼저 아태지역의 중요한 대외무역 및 에너지 수송통로라 할 수 있는 말라카 해협은 해적과 해상 테러리즘의 공격 위험에 노출되어 있다. 이는 주변국가뿐만 아니라 전 세계 에너지안보에도 위협이 되고 있다. 남아시아지역의 일부 국가는 국내적으로 반정부무장세력 및 테러리즘의 위협에 노출되어 있으며 국내 정국의 안정도 위협받고 있는 상황이다. 이외에도 중앙아시아 및 중국 서부지역의 경우 폭력테러 세력, 민족분열 세력, 종교극단주의 세력의 위협을 계속 받고 있다. 이는 투자환경에 엄청난 부정적 효과를 초래할 뿐 아니라 국가안보와 지역안정에도 불안요소로 작용한다.

이러한 지역 불안정 요인에 대응하기에는 각국의 정책공조 및 상호보완성이 비교적 취약하다고 할 수 있다. 때문에 반테러리즘에 대항할 만한 국제협력 플랫폼을 형성하기 어려우며 지역안보를 공동 구축할 수 있는 구심점도 턱없이 부족한 게 현실이다. 이러한 점에 착안하여 중국정부는 이미 상하이협력기구라는 플랫폼을 조성하여 반테러리즘 연합대응 훈련, 대형국제행사 안보, 정보교류회의, 온라인테러리즘 소탕 관련 연합작업소조 등의 협력체제를 구축했다. 일대일로 전략도 상하이협력기구의 협력플랫폼을 준용할 것이며 이 플랫폼을 위해 역내·역외 협력파트너를 추가로 확보할 계획이다. 이를 통해 테러리즘에 공동 대응하는 시너지효과를 발휘할 수 있을 것으로 기대된다. 일대일로 전략을 추진하면서 중국은 반테러리즘 협력 분야에서 실질적으로 핵심적인 역할을 하고 있다. 각 국가가 서로 책임을 미루는 상황이 최대한 발생하지 않도록 노력하고 있다. 말라카 해협이라는 전통 수송라인 외에도 인도양의 과다르 항, 콜롬보 항 등 전략적 항구를 잇달아 건설하여 중국 및 전 아태지역의 자원수송을 위한 새로운 선택 루트를 제공할 계획이다. 이는 말라카 해협의 운송부담을 격감시키고 역내 국가의 자원수송 루트의 선택 폭을 넓힘으로써 에너지 보안을 효율적으로 보장할 수 있을 것이다.

3 · 위안화의 국제화 추진

일대일로 구상은 자금의 융통을 통해 위안화의 국제화에 힘을 보탤 계획이다. 위안화의 국제화를 추진하고 위안화의 역외거래 허브를 구축·발전시키는 일은 일대일로 프로젝트에서 국가 간 무역 및 자금융통의 중요한 루트를 만든다는 점에서 매우 중요하다. 이는 분명 국제 투자와 지역협력을 촉진시키는 작용을 할 것이다. 국제금융시장은 상호연동 추세를 보이고 있으며 전 세계 각국의 통화 및 재정 정책은 정세에 따라 선별적으로 채택되고 있다. 이러한 상황에서 통화스와프정책currency swap agreement의 기능은 이제는 단순한 위기대응 기능이 아니라 양자 무역투자의 지원기능을 수행함으로써 환율 리스크를 낮추게 된다. 결국 금융기관의 해외분점이나 해외진출 중국 기업에 유동성 확보를 위한 지원플랫폼을 제공하는 셈이다. 위안화의 국제화는 국제경제와 무역·투자협력을 촉진하는 기폭제 역할을 할 것이다. 이외에도 중국은 여러 국가와 본위화폐 통화스와프 관련 양자협정을 체결했다. 이는 위안화 중심의 '일대다' 교환·자금조달·결산시스템을 구축하는 것과 다름없다. 또한 위안화가 전 세계 무역과 금융, 저축의 기축통화로 거듭나는 데 기여할 것으로 기대된다. 브릭스개발은행이나 아시아인프라투자은행, 실크로드기금 등 모든 금융체제의 공동목표는 해당지역, 특히 일대일로 프로젝트 주변의 도로와 통신망, 항만물류 등의 인프라 건설을 지원하여 궁극적으로 자본수출(물품의 수출과 대비되는 것으로 차관·투자의 형태로 행하는 자본의 국제적 이동을 말한다.-역주)을 확대하는 데 있다.

4 · 민심상통을 통한 여론기반 조성

중국이 제안한 일대일로 구상에 대해 역내 관련 국가들은 긍정적 메시지를 보내며 지지를 표명하고 있다. 그러나 여전히 반대와 경계의 목소리도 배제할 수는 없는 상황이다. 일부 국가는 일대일로 전략의 취지에 대해 역내 주도권을 확보하고 세력범위를 확대하려는 중국의 의도라고 해석하고 있다. 협력사업을 추진하는 것에 대해서도 역내 주도권 기반을 유지하기 위한 중국의 노림수라고 왜곡하고 있는 것이다. 심지어 중국이 투자·설립한 실크로드기금에 대해서는 중국판 마셜플랜이라고 악의적으로 해석하는 한편, '중국위협론'으로까지 확대 해석하려는 움직임을 보이고 있다. 이러한 잘못된 인식이 일대일로 전략이념을 겨냥한 비판이나 반박이라면 이해할 수도 있다. 그러나 중요한 사실은 이러한 편파적 해석이 나오기까지는 어느 정도 사회적 여론기반이 형성되었다는 점이다. 이들 여론을 살펴보면 중국을 대부분 협력파트너가 아닌 경쟁자로 인식하고 있으며 언론매체에서도 중국 관련 보도를 거의 부정적으로 쓰고 있다. 중국의 굴기에 대한 각국 언론의 편파적인 보도는 결국 아태지역에서의 자국의 위상이 하락했다는 반증이기도 하다. 중국의 굴기를 기회가 아닌 도전과 위협으로 간주한다는 뜻이다. 언론이 만들어낸 여론은 일반대중에게 깊은 영향을 미칠 수밖에 없다. 일반대중은 진정한 중국의 모습을 파악할 수 없기 때문에 언론의 부정적 보도를 그대로 믿고 일대일로 전략과 중국의 이미지를 편협한 시각으로 판단할 수 있다. 일대일로 전략을 수립하고 추진하면서 중국정부는 이러한 문제점을 인식하게 되었다. 따라서 단순하게 경제이익만 고려하는 구태의연한 사고방식에서 벗어나 민심이 서로 통하는 민심상통을 실현해야만 협력의 기초를 형성할 수 있다. 문화교류와 인문유대의 강화는 일대일로 전략에서 중요한 비중을 차지하며 전략의 실행 초기에 구체적으로 이를 실천하는 기회를 마련하고자 한다. 중국정부와 기업은 다른 국가의 국민들과 직접 대면하고 전략 수행과정에서 책임감 있는 대국의 면모를 보여줌으로써 중국 위협이라는 우려를 불식시켜야 한다. 물론 민심상통은 민간교류를 통해 진행하는 것이 무엇보다 중요하다. 그러나 중국정부와 각 기업이 앞장서서 전략적 협력 동반자인 유라시아 지역의 많은 국가에 전면적이며 입체적인 중국을 보여주는 게 절대적으로 필요하다. 각 지방정부의 관련 부처도 도시외교 측면에서 국가 이미지를 형성하고 전파하는 데 주체적이고 자발적으로 나서야 한다. 이를 통해 일대일로 전략의 여론기반을 공고히 할 수 있을 것이다.

5 · 유라시아 시장통합을 통한 협력추진

–

현재 아시아태평양경제권과 유럽경제권은 교통 및 물류 등의 장애요소로 인해 상호왕래가 비교적 부족한 편이다. 따라서 유라시아 대륙을 관통하는 일대일로는 유라시아 시장의 통합과 유라시아 국가 간 협력강화에 좋은 계기를 제공할 것으로 기대하고 있다.

유럽연합과의 진행경과를 살펴보면 2014년 3월 31일에 중국과 유럽 쌍방은 '호혜·공영의 중국·유럽 간 전면적인 전략적 협력 동반자 관계에 관한 공동성명'을 발표했다. 공동성명에서 쌍방은 교통운송관계 강화의 잠재력이 막강하다고 평가하며 실크로드 경제벨트와 유럽연합 정책의 균형점을 공동 발굴하고 '실크로드 경제벨트 관련 협력전개 모색에 관한 공동제안'에 합의했다. 이로써 중국과 유럽은 일대일로 전략 관련 중장기 협력을 진행하는 데 초석을 마련한 셈이다. 2015년은 중국과 유럽이 국교를 수립한 지 40주년 되는 해다. 쌍방의 대화 및 협력에 절호의 시기라 할 수 있다. 3천억 유로의 투자계획이 궤도에 오르면 향후 유럽경제에 활기를 불어넣을 것이며 다양한 분야에서 협력기회를 제공하리라 예상된다. 중·유럽, 중·영 양대 인문교류체제가 마련된다면 이 또한 유럽이 일대일로 전략에 더욱 적극 참여할 수 있는 기틀을 조성하여 유럽연합도 유라시아 시장·경제통합을 공동 추진하기 위한 강력한 원동력을 제공할 것으로 기대된다.

현재 아시아와 유럽의 교류추진에서 문제로 대두된 도로교통과 물류 등 인프라 건설문제에 대해서도 일대일로 전략은 만반의 대응책을 마련하고 있다. 독일은 세계 4대 경제대국이며 유럽의 최대 경제주체다. 따라서 독일은 유럽연합과 중·유럽 협력전략에서 그 일거수일투족이 초미의 관심을 끌 만큼 중요한 위상을 차지한다. 일대일로 전략의 실질적 이행과정에서도 독일과의 협력 내용을 살펴볼 수 있다. 시진핑 주석의 독일 방문을 계기로 양국 관계는 전방위 전략적 동반자 관계로 격상되었다. 방독 기간에 양국은 에너지, 생태, 환경정비 등의 분야에서 협력가능성을 모색하는 한편, 시 주석은 위신어우(渝新歐, 충칭 - 러시아 - 폴란드 - 독일열차 - 역주) 철도의 국제복합운송 요충지인 종착역, 독일의 뒤스부르크 항을 직접 시찰했다. 시 주석은,

"중국과 독일은 실크로드 경제벨트의 양쪽 끝단에 위치해 있으며 유럽과 아시아의 양대 경제대국으로서 성장의 견인차 역할을 할 것이다."

라고 밝혔다. 또한 그는 연설에서 이렇게 덧붙였다.

"양국은 위신어우 철도의 출발역과 종착역으로서 실크로드 경제벨트 건설을 위해 협력을 추진해야 한다. 뒤스부르크 항은 세계 최대 내륙 항구이며 유럽의 주요 교통물류의 허브로서 중·독, 중·유럽 협력발전을 위해 더욱 중요한 역할을 발휘하리라 기대한다."[16]

현재 정식 가동·운영 중인 신유라시아대륙교와 룽하이와 란신 철도, 그리고 카자흐스탄 철도의 레일을 연결하여 러시아·벨라루스·폴란드·독일을 거쳐 네덜란드 로테르담 항구에 이르는 루트는 현재 유라시아 대륙을 동서로 횡단할 때 가장 빠르고 편리한 노선이다. 2013년에 운영이 시작된 중국 청두에서 폴란드 우치에 이르는 정기 화물열차 외에 우한에서 체코 파르도비체까지의 노선, 중국 충칭에서 출발하여 독일 뒤스부르크로 운행하는 노선, 정저우에서 독일 함부르크까지의 노선, 후허하오터(呼和浩特, 중국 내몽골 자치구의 주도-역주)에서 독일 프랑크푸르트에 이르는 여러 화물열차들은 중국과 유럽의 호연호통을 위한 선구적 역할을 하고 있다. 2009년 10월에 중국 중위안양그룹^{COSCO}(中遠洋運送集團)은 그리스와 피레아스 항 부두 관할권 이양 협상을 진행하여 피레아스 항 2, 3부두에 대한 35년의 특별운영권을 확보했다. 또한 향후 일정 기간 동안 피레아스 항의 항만사무국 사유화 프로젝트에 참여하기로 결정했다. 중국과 유럽 지도자의 세 번째 만남에서 쌍방은 헝가리·세르비아 철도(슝싸이 철도)와 그리스 피레아스 항의 임차운영 등 새로운 유라시아 육·해상 복합운송로의 구축 필요성에 인식을 같이했다. 또한 회담을 통해 일대일로 프로젝트에서 유럽이 차지하는 중요한 비중을 재확인했다. 중유럽·동유럽지역과 중앙아시아지역은 교통시설을 보다 완벽하게 갖춘다면 일대일로 프로젝트의 주축이 될 수 있다. 유라시아를 관통하는 일대일로 프로젝트의 추진은 유라

---

16) '실크로드가 가져온 중국과 유럽의 새로운 협력기회(絲綢之路賦與中歐合作新契機)', 신화왕, 2014년 9월 5일

시아 시장의 통합과 발전을 한층 심도 있게 전개할 수 있는 최상의 기회가 될 것으로 기대된다.

요약하면 중국의 일대일로 구상은 유럽에 8대 기회를 제공할 계획이다.

첫째, 유럽경제 부흥의 기회를 제공한다. 유럽경제는 유럽 채무위기의 영향에서 아직 완전히 벗어나지 못한 채 우크라이나 사태로 인한 충격에서 허우적거리고 있다. 유럽 중앙은행은 불가피하게 유럽판 양적완화정책을 실시함으로써 유로화는 끝없이 추락하고 있다. 유럽 경기를 부양하여 경쟁력을 높이기 위해서, 유럽위원회는 3천510억 유로의 인프라투자 계획, 즉 융커플랜^{Juncker Plan}(장 클로드 융커 EU 집행위원장이 2015년 3월 처음 제안한 것으로 유로존 19개국의 경기 부양을 위해 유럽연합 각국이 투자하기로 한 계획-역주)을 내놓았다. 이는 일대일로 전략에 완벽하게 접목시킬 수 있는 플랜이다. 유럽과 아시아의 호연호통 건설을 추진하여 유럽경제의 회복, 나아가 유럽 시장의 확대까지 기대할 수 있다. 영국, 프랑스, 독일, 이탈리아, 룩셈부르크, 스위스 등 유럽국가는 아시아인프라투자은행에 큰 기대를 걸고 있다. 미국의 반대에도 잇달아 가입하여 아시아인프라투자은행의 창립회원국이 되었다. 유럽은 일대일로 전략의 절호의 기회를 포착하여 파운드화, 유로화, 스위스 프랑의 영향력을 확대할 수 있는 실질적인 행보를 보이고 있는 것이다. 블룸버그통신의 분석에 의하면 2050년에 일대일로는 30억 명의 중산계급을 탄생시킬 것이라고 한다. 향후 10년, 중국과 60여 개 연선 국가와의 무역액이 2조 5천 달러를 돌파할 것으로 예측되며 여기에는 중유럽, 동유럽까지 포함된다. 게다가 상호협력을 통한 스필오버 효과 ^{spillover effect}(특정 지역에 나타나는 현상이나 혜택이 흘러넘쳐 다른 지역에까지 퍼지거나 영향을 미치는 것, 시너지효과와 비슷함.-역주)까지 더해져 유럽은 막대한 이익을 챙길 수 있을 것이다.

둘째, 유라시아 시장 건설과 문명부흥의 기회를 들 수 있다. 역사적으로 유라시아 대륙은 줄곧 세계문명의 중심지였다. 최소한 이집트 문명이 쇠락한 뒤부터 그러했다. 유럽이 글로벌화의 새로운 지평을 열면서 바다는 국제사회를 주도하는 핵심역량이었으며 육지문명은 쇠퇴의 길을 걷기 시작했다. 유럽의 해양문명은 제2차 세계대전 종전까지 그 확장세가 유지되었으며 미국은 해양의 맹주로 등극했다. 하지만 유럽의 해외식민지가 속속 독립을 선언하면서 유럽은 다시 육지로 밀려나게 되었다. 이에 유럽은 단일화를 통해 통합과 자강(自强)의 목표를 달성하고자 했다. 그러나 유럽 채무위기와 우크라이나 사태 등의 여파로 시련을 겪으면서 러시아를 포함한 유라시아 대륙의 건설만이 안보와 발전의 균형을 유지할 수 있는 유일한 길이라는 사실을 점차 깨달았다. 유라시아 문명의 부활을 통해 유럽부흥을 꾀하는 것은 역사의 필연적 선택이라 할 수 있다.

셋째, 유럽지역 융합의 기회다. 오랜 기간 유럽연합은 동부파트너십 계획, 지중해 파트너십계획에서 어디에 비중을 둬야 할지 고심해 왔다. 이러한 계획의 실행 효과가 제각각이라는 문제점도 있었다. 현재 우크라이나 위기가 유럽을 사분오열시키고 있다. 이러한 상황에서 유럽지역의 융합을 유럽에만 국한시켜서는 효과를 기대하기 어려울 것으로 보인다. 설사 유럽 내부에서 발상의 전환과 혁신적 아이디어가 나온다고 해도 말이다. 일대일로 프로젝트를 진행할 때 중·동유럽지역은 중국이 유럽으로 향하는 새로운 문호가 될 것이다. 특히 폴란드·그리스·발칸지역에서 헝가리-세르비아 철도와 피레아스 항은 '16+1' 협력의 주력상품으로서 육상과 해상 실크로드를 잇는 교두보가 될 것으로 기대하고 있다. 일대일로 전략이 담고 있는 포용성은 유럽지역이 융합을 향해 나아가는 데 좋은 발판을 제공할 것이다. 또한 중국 국경지역의 10여 개 성, 특히 내륙 변방 지역은 유럽 각 지역과 긴밀한 경제·무역 및 투자 관계를 형성할 수 있다.

넷째, 유럽과 러시아는 화합의 기회를 모색할 수 있다. 제2차 세계대전 이후 북대서양조약기구가 설립되면서 'Keep Russia out(러시아를 배제시키는 전략)'은 전략적 목표였다. 오늘날 우크라이나 사태도 이러한 전략으로 인한 후유증이라 할 수 있다. 사실 유럽과 러시아의 화합은 유럽 안정을 위한 초석이다. 그런 측면에서 일대일로는 고대 실크로드를 초월하여 러시아의 극동 대개발 프로젝트 등을 수용하는 데 특히 주력할 계획이다. 또한 모스크바를 경유하여 유라시아경제연합EEU, Eurasian Economic Union, 독립국가연합CIS, Commonwealth of Independent States 집단안보조약기구CSTO, 상하이협력기구 등의 지역협력체제를 동시에 수용하는 방안도 염두에 두고 있다. 근본 취지는 'Keep Russia in(러시아를 포용하는)'에 있다. 메르켈 독일 총리는 '이웃은 선택할 수 없다'는 사실에 공감하며 유럽아시아경제연합과 유럽연합을 연계해야 한다고 밝혔다. 이는 우크라이나 위기를 해소하여 유럽이 장기적이고 안정적인 안보를 확보하는 데 있어 현명한 선택이라 할 수 있다. 일대일로 전략은 바로 유럽과 러시아가 화합의 길로 나아갈 수 있는 새로운 장을 열어줄 것이다.

다섯째, 유럽연합은 아시아태평양지역의 국제적인 사안에 손쉽게 참여할 수 있는 기회를 얻을 수 있다. 미국이 'Pivot to Asia(아시아 회귀)전략'을 제기하자 유럽연합은 전략적 위기의식을 느끼며 초조함을 드러내고 있다. 유럽이 '변방지역'으로 내몰리고 있다는 우려를 내비치면서 아시아 국가와의 자유무역구 건립에 박차를 가하기 시작했다. 그러나 생각과 달리 진척은 더딘 편이다. 일대일로를 통해 유럽은 육·해상 동시에 아시아와 하나의 벨트로 묶여 아시아태평양지역의 쟁점사안에 더욱 쉽게 접근할 수 있다. 유럽연합은 아태지역에서 발전기회를 포착하기 위한 내부 역량을 비축하여 이 지역에서의 영향력 확대도 기대해볼 수 있을 것이다.

여섯째, 유럽연합은 글로벌 영향력을 확대할 수 있는 기회를 맞이하고 있다. 일대일로의 많은 연선 국가는 유럽의 구식민지였다. 유럽연합이 추구하는 대주변 전략과의 조율을 강조하면서 동시에 글로벌 및 지역 거버넌스 분야에서 유럽의 경험과 노하우를 배우는 게 절대적으로 필요하다. 유럽과 중국이 제3국 시장, 예를 들어 서아시아, 아프리카, 인도양, 중앙아시아 등의 지역을 개발하고 운영하는 데 공동으로 협력을 진행할 수 있을 것이다. 일대일로라는 틀 안에서 더욱 많은 성공의 기회가 생겨날 것이다. 유럽의 경험과 표준, 역사·문화적 영향력에 대해 중국은 매우 높이 평가하고 있다. 일대일로는 단결·상호신뢰, 평등·호혜, 포용·상호귀감, 협력·상생의 실크로드 정신을 계승하고 발전시킬 것이며 이는 유럽연합의 이념과도 일맥상통하는 부분이다. 유럽의 강한 규범적 권력normative power(권위·위신·존경 등의 규범적 상징이나 애정·관용 등의 사회적 상징을 원천으로 하여 이루어지는 권력을 말함.-역주)은 사회적 공감대를 형성하여 분명 중국과 유럽의 글로벌 영향력을 함께 제고시킬 것으로 확신한다.

일곱째, 중국과 유럽연합의 전면적인 전략적 동반자 관계는 전환기를 맞이하여 새롭게 비약적으로 발전할 것이다. 쌍방이 수교한 지 40주년이 되었다. 특히 전략적 동반자 관계를 수립한 이후 10년 만에 쌍방은 전방위적이며 광범위한 협력의 기회를 맞이하고 있다. '중-EU 2020년 전략계획'이 바로 그 대표적인 성과물이라 할 수 있다. 현재 중국과 유럽연합은 양자 간 투자협정 BIT, Bilateral Investment Treaty 과 관련하여 협상을 진행 중이며 이를 기반으로 FTA의 가능성까지 검토하고 있다. 일대일로 전략은 이를 실현하기 위한 더욱 강한 동력을 제공할 것으로 예상된다. 위신어우, 정신어우, 이신어우 등 13개 유라시아 익스프레스 철도망 등은 두 지역을 더욱 긴밀히 연결하여 공동발전을 촉진할 것이다. 이처럼 두 지역은 협력·상생의 신형 동반자 관계를 수립할 수 있는 여건을 조성 중이다.

여덟째, 범대서양지역 관계의 균형적 발전을 위한 기회가 될 것이다. 종전 이후 유럽연합은 범대서양 동맹관계에 의지하고 신뢰를 보내왔다. 그러나 미국과는 경쟁과 협력이라는 비대칭적 위치에서 벗어나기 어려웠다. 한목소리를 내고 싶은 마음은 변함없이 간절했으나 현실이 뒤따르지 못하는 안타까운 상황에 처해 있었다. 일대일로는 개방과 포용을 강조하며 역외 국가를 배척하지 않는 것을 모토로 삼고 있다. 또한 세력범위의 확장이나 군사의 확장을 꾀하지 않으며 미국을 함께 수용하겠다는 점도 강조하고 있다. 일대일로는 이런 의미에서 TTIP의 배타성을 초월한다. 중국과 유럽은 실크로드의 안보를 유지하며 북대서양조약기구의 유럽화를 추진하는 데 함께 협력할 계획이다. 일대일로 전략을 추진하는 과정에서 미국에 비해 상대적으로 수동적인 유럽의 위상이 재정립되어 범대서양 관계의 균형적 발전을 주도할 것이다.

유럽은 고대 실크로드의 종착점이자 동시에 13개 유라시아 익스프레스의 종착점이기도 하다. 따라서 어찌 보면 유럽은 일대일로 전략에 가장 적극적이어야 한다. 그런데 유럽연합은 항상 반 박자 느린 행보를 보이고 있다. 중국의 일대일로 전략에 대한 유럽인의 인식은 아직 부족하지만 조만간 더욱 많은 국가에 빠른 영향력을 발휘할 것으로 기대한다. 그러면 유럽 국가가 가장 관심을 두는 네 가지 문제를 살펴보자.

첫째, 이 전략의 본질은 무엇인가? 유럽국가에 유리한가?

둘째, 얼마나 많은 유럽국가가 중국이 제안한 신전략의 영향을 받게 될 것인가? 영향을 받는다면 어느 정도일까? 또 어떤 방식으로 영향을 받게 될 것인가?

셋째, 중국의 신전략에서 유럽의 역할은 무엇인가? 유럽 회원국이 해당 전략의 영향을 받아서 유럽연합과 중국이 경제·무역협력을 어느 정도 긴밀하게 진행할 수 있을까?

넷째, 중국의 신전략이 국제규범을 제정하는 데 얼마나 큰 영향력을 행사할 것인가? 또한 글로벌 경제협력에서 중국이 규범을 제정한다면 어느 정도 도움이 될 것인가?

일대일로는 철도, 도로 등 인프라를 포함하며, 이외에도 오일·가스 송유관, 전력망, 인터넷, 항로 등을 망라한 다원화된 네트워크를 구성할 계획이다. 한마디로 중국이 유럽과 만나 광범위한 유라시아 시장으로 연결되는 중대한 프로젝트라 할 수 있다.

육상의 철도 물류 외에도 중국과 유럽의 해상분야 협력이 향후 키포인트가 될 전망이다. 유럽연합은 전 세계 41%의 해양수송력을 보유한, 명실

상부한 해상분야 세계 1위이자 해운업의 선두주자라 할 수 있다. 또한 해운업은 유럽경제를 구성하는 매우 중요한 산업으로 화물무역운송의 40%를 책임지며 18만 개 일자리를 제공하고 있다. 해운업의 이산화탄소 배출량은 도로화물운송의 18분의 1에서 15분의 1에 불과하다. 해운업의 발전을 위해 2003년 유럽연합은 '마르크 폴로 플랜'을 제안했지만 선박회사에 대한 지원 부족으로 해당계획은 기대에 미치지 못했었다. 유럽연합은 단거리 해양수송의 발전과 해상고속도로 건설을 위해 항만 인프라 건설사업에 주력했다. 항만 간 교통망과 항만과 수운(水運, 하천운수 - 역주)·도로·철도와의 교통망을 정비하여 해운산업을 집중적으로 육성하는 정책을 펼쳤다. 동시에 유럽연합의 안보표준을 제고하는 등의 정책도 시행해 왔다.

유럽연합이 보유한 해상파워, 그리고 해상발전에 대한 기대감은 때마침 중국의 해양진출 움직임과 절묘하게 맞아떨어지고 있다. 두 지역은 해양에 대한 기본이념, 즉 해양관과 해양정책 등의 분야에서 많은 공통점을 가지고 있다. 따라서 해양분야에서의 협력은 향후 중국과 유럽 협력의 가장 주목할 만한 분야로 떠오를 것으로 기대하고 있다. 평화적인 동반자, 성장하는 동반자, 개혁의 동반자, 문명의 동반자 등 4대 동반자 관계를 구축하는 데 해양협력이 돌파구가 될 것이다. 해양경제의 발전을 목표로 진행하는 양자 협력에서 일대일로 구축은 중요한 의미를 지닌다. 일대일로는 유럽연합의 해양전략과 유럽 각국의 해양전략을 효율적으로 연계하는 비전을 제시하고 있다. 특히 그리스는 중국에서 유럽으로 향하는 중요한 관문이자 중국과 중유럽·동유럽 협력의 교두보로 자리 잡을 것이다.

이상의 분석을 통해 우리는 일대일로가 중국의 독주가 아니라 연선 국가와의 교향곡이라는 사실을 충분히 알 수 있다. 특히 중국과 유럽이 손을 맞잡고 거대한 유라시아 시장을 경영하는 합주곡이라 부를 만하다.

"유럽을 얻는 자는 천하를 얻고 중국을 얻는 자는 천하를 얻는다."

이는 쌍방의 협력과 '윈윈'의 모습을 생생하게 서술해본 것이다. 두 지역의 협력은 해당지역 모든 국민에게 행복을 가져오며 자국의 부흥·발전에도 크게 기여할 것이다. 뿐만 아니라 제3국 시장에 대한 공동 개발·운영을 통해 쌍방 협력의 잠재력을 극대화하여 글로벌 영향력도 크게 확대될 것으로 기대하고 있다. 지역통합과 글로벌화의 포용적 발전을 실현하는 일은 중국과 유럽의 공동 염원이다. 유럽은 일대일로에 의해 펼쳐진 두 번째의 '중국 기회'를 반드시 움켜쥐기를 바란다. 그리고 서로 협력하고 보완하여 강점을 발휘한다면 유럽의 꿈과 중국의 꿈은 분명 현실로 다가올 것이라 확신한다.

4   전 세계 발전의
     기회

일대일로는 전 세계와 중국 경제가 중대한 구조조정의 전환기를 맞이한 시점에 중국정부가 제안한 전략적 구상이다. 중국 경제가 신창타이에 진입하게 됨으로써 일대일로는 새로운 내용을 담게 되었다. 일대일로 전략의 추진은 연선 국가와 세계 발전에 새로운 기회가 될 것이다. 중국이 일대일로 전략을 제안한 근본 취지는 폐쇄적이며 배타적인 협력체제가 아니라 하나의 개방적인 협력플랫폼을 구축하는 데 있다. 이는 연선 국가의 공동 희망이며 본 프로젝트에 어떤 형태로든 공감하여 참여하기를 원하는 모든 국가가 가입할 수 있다. 이처럼 일대일로는 충분한 호환성을 갖추고 문호를 열어둘 것이다.

먼저 일대일로 전략은 중국의 참신한 이미지를 부각시킬 수 있다. 중국에 대한 인식과 고정관념을 재정립하는 기회가 될 수 있다. 개혁개방을 추진한 지 30여 년간 중국에는 경제, 정치, 사회, 문화 등의 분야에서 획기적인 변화가 일어났다. 국민의 생활수준은 눈에 띄게 개선되었으며 중국은 이미 세계 제2의 경제대국으로 급부상했다. 그런데 오랜 기간 중국은 대외홍보를 진행하면서 줄곧 '장기간 발전 중인 단계에 있다'고 강조해 왔다. 스스로를 세계 최대의 개발도상국가로 자리매김한 것이다. 한마디로 막중한 국제적 책임을 회피해 온 셈이다. 이렇게 표면적으로 비쳐진 중국의 무책임과 회피로 인해 중국의 국가이미지는 더욱 고착될 수밖에 없었다. 오늘날 다원화된 세계에서 천편일률적인 홍보 대신에 국제사안에 적극 참여하여 더욱 많은 국제적 책임을 다해야 하는 이유다. 그렇게 된다면 중국이 능력과 책임감을 갖춘 나라라는 점을 세계에 널리 알림으로써 국제적 이미지 형성에도 도움이 될 것이다. 일대일로 전략에서 강조하는 것도 바로 이러한 중국의 책임이다. 일대일로 전략의 제안국가로서 중국은 실크로드기금의 자금조성에 적극 참여했다. 한편, "전략에서의 주도적 지위를 도모하지 않는다."고 오히려 먼저 나서서 강조하며 친밀, 성실, 혜택, 포용의 주변외교 신이념을 제안했다. 일대일로 전략의 출발점을 역사적으로 거슬러 올라가보면 고대 실크로드의 개념을 현대의 화합발전의 기회로 재조명한 데서 시작한다. 이는 '중국위협론'에 대한 의혹을 일시에 해소하는 한편, 중국과 세계가 더욱 효과적으로 상호 협력과 교류를 진행하는 계기를 마련할 것이다.

다음으로 일대일로 전략은 중국과 세계를 잇는 새로운 가교 역할을 하며 중국 모델과 중국 홍리를 통해 세계를 이롭게 할 것이다. 오늘날 글로벌 경제는 여전히 불황에서 탈피하지 못하고 있다. 경제의 구조적 모순과 국가별 불균형 발전으로 인해 발목을 잡힌 상태여서 글로벌 경제가 완전히 회복하는 것은 아직 역부족이다. 가장 심각한 점은 모든 국가가 경제적으로 허덕이다 보니 인프라 건설과 공공사업 분야에 대한 투자가 현저하게 감소했다는 사실이다. 이는 결국 악순환을 초래하여 향후 전 세계 경제발전에 커다란 걸림돌로 작용할 것이다. 반면 경제구조 전환기와 신창타이 시대에 들어선 중국은 인프라 건설과 물류사슬 구축, 고속철도 등의 분야에서 비약적으로 성장하면서 대외투자의 새로운 성장동력을 만들었다. 중국은 인프라 건설을 2014년 아시아태평양경제협력기구 제22기 정상회의의 3대 의제 중의 하나로 상정했다. 또한 인프라의 상호연동을 '5통' 이념에 포함시켰다. 일대일로 전략 하에 중국은 글로벌 경제의 회복세가 더딘 점에 착안하여 예리한 판단으로 대세를 파악한 것이다. 그리고 글로벌 경제발전을 위한 새로운 모델과 새로운 선택을 제시했다. 아울러 유라시아 지역경제의 호연호통 구현을 위한 인프라 분야에서의 편리한 조건도 준비하고 있다. 이는 글로벌 경제의 미래 발전 동력이 부족한 현시점에서 새로운 모멘텀을 제공하며 활기를 불어넣을 것으로 기대된다.

세 번째로 일대일로 전략은 세계의 상호연동을 강화하는 데 역점을 두고 있다. 세계 각국의 경제발전을 동일한 하나의 플랫폼에 담는 것이다. 금융위기가 발생하고 글로벌 경제가 전환조정기에 들어서자 차츰 각국의 국내 무역보호주의가 고개를 들기 시작했다. 자국의 경제와 이익에만 집착하면서 글로벌 경제발전의 책임에 대해서는 의식적으로 회피하고 있다. 그러나 세계경제의 글로벌화는 여전히 거스를 수 없는 대세다. 일대일로 전략은 근린궁핍화정책(近隣窮乏化政策, 다른 국가의 경제를 궁핍하게 만들면서 자국의 경기회복을 꾀하고자 하는 정책-역주)의 고정관념을 깨는 글로벌 경제협력의 새로운 플랫폼이다. 일대일로 전략으로 유럽과 아시아 경제는 통합을 실현하여 상호 보완하며 강점도 살릴 수 있다. 아프리카와 남아메리카 등 지리적으로 다소 요원한 지역의 국가도 전략 궤도에 편입되어 자국의 비교우위를 발휘함으로써 호혜와 공영의 글로벌 경제협력의 신모델을 만들 수 있다.

마지막으로, 글로벌 경제통합과정에서 국가별 또는 국제기구별로 각자 나름의 방안과 아이디어를 제안했다. 아세안 주도의 역내 포괄적경제동반자협정^{RECP}, 환태평양경제동반자협정^{TPP}, 각 국가 간 진행하는 자유무역협정^{FTA} 등이 있으며, 또한 중국이 제안한 일대일로 전략 등이 있다. 이들 전략은 모두 지역경제통합을 염두에 두고 있으며 글로벌 경제의 통합과 구조적 개혁을 선도하는 데 그 목적이 있다. 출발점에서 보면 각국의 목표는 일치한다. 그런데 자세히 들여다보면 일부 국가의 참여를 명확히 배제하는 협정과 비교할 때 일대일로 전략은 개방성과 포용성 측면에서 확실한 강점을 보인다. 일대일로 전략은 경쟁구도보다는 파트너십을 강조하고 있다. 일대일로 전략을 제안한 중국의 의도는 역내 주도권 쟁탈이 아니라 운명 공동체 개념을 기반으로 글로벌 경제통합의 실현에 기여하는 데 있다.

미국 주도의 TPP에 대해서는, 아태지역 경제통합 과정을 주도하려는 미국의 의도를 감안해볼 때 중국정부는 보다 신중한 태도를 유지할 필요가 있다. 그러나 TPP가 전통적 FTA 방식을 탈피한 점, 무역협정의 새로운 표준에 중점을 두고 노동자·환경문제 등의 의제에 탁월한 강점을 보인다는 점은 눈여겨봐야 한다. TPP 역시 아태지역 및 세계의 경제통합에 기회를 제공할 것이다. 따라서 어느 쪽이든 상대방이 제안한 다른 모델에 대해서 적극 검토하여 협력 포인트를 모색하는 게 바람직한 방향이다. 다른 국가에 대해 패권주의를 내세워 일률적으로 정의를 내려서는 안 된다. 서로 상대방의 지역경제통합 모델의 공통점과 공동이익을 찾아내어 여러 모델 및 플랫폼을 상호 보완하며 조화로운 협력을 유도한다면 글로벌 경제통합과 전 세계 발전에 새로운 성장동력이 될 것이다.

글로벌 동반자 네트워크의 구축을 통해 일대일로의 정치적 지지기반도 확보할 수 있을 것이다. 중국은 현재 일대일로 연선의 거의 모든 국가와 여러 형태의 동반자 관계를 맺고 있다. 강조하고 싶은 점은 일대일로의 문호는 열려 있으며 〈표3〉에서 명기한 국가에 국한되지 않는다는 사실이다. 예를 들어, 독일의 뒤스부르크와 스페인의 마드리드는 위신어우··이신어우 철도의 종착역으로 일대일로 전략의 주요 참여지역이다. 또한 영국이 아시아인프라투자은행에 가입함으로써 일대일로가 중국이 전 세계에 제공하는 기회라는 사실이 입증되었다고 할 수 있다.

▶ 표3 · 일대일로가 포괄하는 64개 국가분류(중국 미포함)

러시아·몽골 중앙아시아 7개국	동남아시아 11개국	남아시아 8개국	중유럽, 동유럽 16개국	서아시아· 북아프리카 16개국	독립국가연합 기타국가 및 그루지야
몽골	인도네시아	네팔	폴란드	이란	벨라루스
러시아	캄보디아	부탄	몬테네그로	시리아	우크라이나
카자흐스탄	동티모르	몰디브	마케도니아	요르단	아제르바이잔
타지키스탄	말레이시아	아프가니스탄	보스니아- 헤르체고비나	이스라엘	몰도바
키르기스스탄	필리핀	파키스탄	알바니아	이라크	아르메니아
우즈베키스탄	싱가포르	인도	리투아니아	레바논	그루지야
투르크메니스탄	태국	방글라데시	라트비아	파키스탄	
	브루나이	스리랑카	에스토니아	이집트	
	베트남		체코공화국	터키	
	라오스		슬로바키아- 공화국	사우디아라비아	
	미얀마		헝가리	아랍에미리트연방	
			슬로베니아	오만	
			크로아티아- 공화국	쿠웨이트	
			루마니아	카타르	
			불가리아	바레인	
			세르비아	예멘공화국	

3부

'일대일로'가
직면한
도전

프랑스의 역사학자 토크빌^{Tocqueville}은 대국과 소국의 차이를 날카롭게 분석했다.

"소국의 목표는 국민의 자유, 풍족함과 행복한 삶이며, 대국은 위대하고 영원한 것을 창조할 운명을 가지면서 동시에 책임과 고통을 짊어진다."

이는 상당히 통찰력 있는 분석이라고 할 수 있다.[1]

---

1) 알렉시 드 토크빌 | 《미국의 민주를 말한다(論美國的民主)》 제1권, 상우인수관(商務印書官), 1996년도, 181페이지

위대한 사업에는 항상 위험이 따르는 법이다. 일대일로 전략이 극복해 나가야 할 위험은 이제까지 누구도 경험한 적 없는 최초도 아니며, 훗날 누군가가 겪을 수 있는 일이다. 그러나 부인할 수 없는 사실은 현재로서는 분명 가장 험난하고 거친 시련이 될 것이다. 그렇다면 왜 이러한 위험에 직면

▶ 표4 · 공식 발표된 일부 인프라 건설 프로젝트 개황

분야	계획 및 시공 중인 프로젝트
범국경 국제 고속철도	• 유라시아 고속철도(歐亞高鐵, 런던에서 출발, 파리·베를린·바르샤바·키예프를 경유하여 모스크바에 도착한 뒤 두 갈래가 된다. 하나는 카자흐스탄으로 진입하고 다른 하나는 러시아 극동으로 향한 뒤 중국 국경 내의 만저우에 이른다.) • 중앙아시아 고속철도(中亞高鐵, 우루무치에서 출발하여 우즈베키스탄·투르크메니스탄·이란·터키를 경유하여 독일에 도착하는 노선) • 범아시아 고속철도(泛亞高鐵, 윈난 쿤밍에서 출발하여 주요 간선은 라오스·베트남·캄보디아·말레이시아를 경유하여 싱가포르에 도착하며 다른 지선은 태국으로 향한다.)

분야	계획 및 시공 중인 프로젝트
인프라	• 중국-중야 천연가스 송유관(中亞天然氣管道) D라인 건설 • 개조 및 업그레이드 작업 중인 인도 철로 • 스리랑카 항만 건설·운영, 린강 공업단지 건설 추진
육로 범 국경	• 서치동수(西氣東輸 : 중국 서쪽의 천연가스 자원을 동쪽으로 운반하는 프로젝트-역주) 3선, 4선, 5선을 망라하는 프로젝트 • 중야 천연가스 송유관 D라인 • 중국·러시아의 동선·서선 천연가스 송유관
통신 및 전력 오일·가스 송유관	• 중국·미얀마, 중국·타지키스탄, 중국·파키스탄 등 미개통된 범국경 통신 간선 • 동남아 방향으로, 아직 미개통된 해저광케이블 프로젝트 • 시난뎬리 채널, 중·러시아 전력망 기획건설 및 설비의 업그레이드 및 개선작업

해 있는가? 그리고 어떠한 시련과 리스크가 기다리고 있을까?

먼저 일대일로는 대부분 인프라 건설 프로젝트에 집중되어 있다. 투자 기간이 길며 자금규모도 상당히 방대하다. 또한 유지 및 보수도 만만치 않은 프로젝트다.

표에서 볼 수 있듯이 일대일로 사업의 영역과 지역은 매우 방대하다. 따라서 유럽인이 해상 실크로드 당시 해양으로 진격했을 때와 마찬가지로 위험에 대한 평가와 회피전략이 필요하다.

외부에서 보면 일대일로 전략 자체는 한계가 있다고 느낄 수 있다. 그러나 그 영향력은 무궁무진하다. 바로 일대일로가 강조하는 '5통'은 중국인과 세계인을 긴밀히 연결하여 중화문명과 세계문명이 하나가 됨으로써 전대미문의 대발전, 대통합, 대변혁을 실현할 것이기 때문이다.

일대일로 전략은 참여자이든 옹호하는 사람이든 비록 고의는 아니지만 누구나 오해하기 쉬운 프로젝트다. 그렇다 보니 전략에 반대하거나 파괴 의도를 가진 사람이 고의적으로 일대일로 구상을 왜곡하기 쉽다.

중국 내부적으로 보면 일대일로는 중국 내 개혁심화의 연장선상에서 이루어지는 프로젝트는 아니다. 그러나 국내의 개혁심화를 기반으로 해야만 성공할 수 있다. 중국 내부에도 여전히 일대일로 구상의 파괴세력과 위협요소가 존재한다. 사실 중국도 아직 경험이 부족하다. 또한 일대일로 사업은 제로에서 시작하는 완전히 새로운 사업으로서 신정책, 신책략, 신인재를 필요로 한다. 이 가운데 일부는 지금 당장 구할 수 있지만 어떤 부분은 일대일로의 추진과정에서 실천을 통해 모색하고 육성·배양할 필요가 있다.

대자연도 우리에게 도전장을 내밀고 있다. 일대일로는 교통망 구축을 선도적으로 추진하면서 '5통'을 실현하는 과정이라 할 수 있다. 중국은 국내건설과 해외건설의 지원·수주·프로젝트 등을 통해 상당히 많은 경험을 축적해 왔다. 하지만 일대일로 주변에서는 예상치 못한 수많은 돌발상황과 문제가 발생할 수밖에 없다. 따라서 우리는 현지지역과 상황에 맞게 탄력적으로 대응하여 사전에 만전을 기하며 만약의 사태에 대비해야 한다.

이 가운데 우선적으로 고려할 부분은 정치적 위험의 발생 가능성이다.

정치적 위험이란 정치적 충돌 및 대국 간 정치적 각축전을 의미한다. 여기에는 국내적인 정치상황 급변도 포함된다. 이는 안보 측면에서 위험에 직면하게 할 수 있는데 국내와 국제 안보가 위기에 처할 수 있다. 국내와 국제 안보위기는 일반적으로 복잡하게 얽혀서 동시에 발생한다. 그런데 일대일로의 포함 국가와 지역이 방대하기 때문에 국내와 국제 안보를 구분해서 대응하는 게 매우 중요하다. 물론 구분이 아주 모호한 경우도 있다. 예를 들면 우크라이나 사태의 경우 정치적 위험이라고 볼 수 있지만 안보 측면에서도 위기를 초래할 수 있다.

일대일로 '5통' 전략을 추진할 때 분명 경제적 위험에 직면할 수 있다. 사실 일대일로 구상에 정치적 위험을 가할 정도의 세력이라면 분명 경제적 파워와 대응력도 만만치 않을 것이다. 따라서 이 경우 경제적 수단으로 일대일로의 발목을 잡을 가능성이 있다. 일대일로 주변국가와 중국이 직면한 경제문제는 일대일로 프로젝트의 테두리 안에서 해결해야 마땅하다. 여기서 해결하지 못하면 오히려 문제가 복잡해질 가능성이 있다.

일대일로 구상은 현재 세계인의 환영을 받고 있다. 국민의 이익과 수요에 부합되는 프로젝트이기 때문이다. 일대일로 구상을 반대하는 세력은 일반대중과 일대일로를 격리시키기 위해 온갖 수단과 방법을 가리지 않을 것이다. 만약 일대일로 구축과정에서 우리 스스로 국내외 대중과 밀접한 연대감을 형성하지 못한다면 일대일로 이미지에 마이너스가 될 수도 있다는 점을 명심해야 한다.

네 가지 위험요소는 일대일로의 '5통'에서 모두 직면할 수 있는 문제다. 정치적 위험은 정책소통에 위협이 된다. 인프라연통은 안보위협에 노출되어 있으며 무역창통과 자금융통은 경제적 위험의 영향을 받을 수 있다. 또한 민심이 서로 통하지 않으면 일대일로는 도덕적 위험에 빠진다는 사실도 간과해서는 안 된다. 일대일로 연선 국가 및 지역을 지리적 위치에 따라 중앙아시아, 중동, 동남아시아, 아프리카 등 몇 개 지역으로 나누고 국가별, 지역별로 분석하여 대응책을 마련해야 한다.

이제 중국과 세계는 50년, 500년, 5천 년 동안 겪어보지 못했던 초유의 대변혁시대를 맞이하고 있다. 이는 일대일로 구상의 위대한 여정이 태생적으로 순탄치 않을 것임을 예고하고 있다. 수많은 좌절과 우여곡절, 저항과 훼손, 그리고 비방이 난무할 것이다. 이러한 가시밭길을 피해 갈 수는 없다. 오로지 일대일로 전략 자체의 성공을 통해서만 걸림돌을 제거할 수 있으며 우려를 불식할 수 있다. 지금부터 바로 준비해야 한다. 먼저 정치적 위험부터 시작해서 일대일로가 직면한 도전에 대해 다음과 같이 설명하고자 한다.

1   정치적
위험

    2015년 3월 28일에 중국 국가발전개혁위원회, 외교부, 상무부는 '실크로드 경제벨트와 21세기 해상 실크로드의 공동 건설 추진에 대한 미래비전과 행동'이라는 정부의 공식 문서를 발표했다. 이 문서는 일대일로의 지역적 범위에 대해 명확히 밝히고 있다. 즉 실크로드 경제벨트는 중국에서 중앙아시아와 러시아를 관통하여 유럽(발트 해)에 이르는 루트. 중국에서 중앙아시아와 서아시아를 경유하여 페르시아만과 지중해에 이르는 루트. 그리고 중국에서 동남아와 남아시아, 인도양에 이르는 루트. 이러한 루트를 중점적으로 연결할 계획이라고 공식 선언한 것이다. 21세기 해상 실크로드의 주요 추진방향은 중국의 연해항구에서 남중국해를 지나 인도양에 이르러 유럽까지 연장되는 루트와 중국의 연해항구에서 남중국해를 지나 남태평양에 이르는 루트를 구축하는 것이다. 이를 통해 우리는 일대일로 구상이 광범위한 지역을 포괄하며 유라시아 대륙을 관통하여 연선국가까지 그 영향권으로 흡수하는 프로젝트라는 점을 알 수 있다. 한마디로 유럽과 아시아 대륙을 하나의 거대한 벨트로 연결하는 대역사(大役事)다. 다만 이렇게 광활한 지역을 망라하는 대형 프로젝트인 만큼 분명 여러 정치적 위험에 직면할 수밖에 없다는 사실을 직시해야 한다.

1 · 정치적 위험의 총괄개요

－

　일대일로 구상이 직면한 정치적 요인을 종합하면, 연선 국가의 의구심도 있지만 역외 국가의 방해공작도 빼놓을 수 없다.

　해상 실크로드를 예로 들어보자. 2015년 2월 12일~13일에 필자는 푸젠 취안저우에서 참가국이 새롭게 주최한 '21세기 해상 실크로드 세미나'에 참석했었다. 세미나에서 아랍국가를 위시한 참가국은 적극적으로 호응하며 환영하는 분위기였다. 그러나 베트남과 인도 등의 학자는 프로젝트의 리스크와 의도를 경계하며 의구심을 표명했다. 주로 다음과 같은 네 가지의 심리상태를 보였다.

　첫째, 약국의 심리상태를 살펴보자. 베트남 학자는 아세안 국가로서의 자부심을 가지고 있었다. 그는 해상 실크로드의 구축은 남중국해에서의 주권 분쟁 문제를 피하기 어렵기 때문에 그 전망이 불확실하다고 여기고 있었다. 필리핀 학자는 해상 실크로드가 필리핀을 비켜 간다는 부분에 불만을 표출했다. 또한 중국은 대국으로서의 대범한 기질을 발휘하여 아키노정권의 정책적 성향을 뛰어넘어 관련 국가를 모두 포용해야 한다고 강조했다.

　둘째, 소국이 보여주는 심리상태는 어떠한가? 아랍국가는 해상 실크로드에 대해 적극적인 지지의사를 표명했다. 취안저우 해상교통 역사박물관을 참관한 뒤, 중국과 아랍국가 간 우호관계의 역사에 대해 그 유래가 깊은 점에 감개무량해했다. 그러나 거의 대부분 21세기 해상 실크로드의 순풍을 등에 업고 무임승차하고 싶은 속내를 드러냈다.

셋째, 대국의 심리를 들여다보자. 분임토의에서 인도 학자는 '정화의 남해원정(鄭和下西洋, 명나라 환관 정화의 7차례 해양 대원정을 말함. - 역주)'은 결코 평화적이지 않았으며 당시 스리랑카 국왕을 약탈하여 극렬한 충돌을 초래했다는 망언을 서슴지 않았다. 필자의 대답은 이러했다.

"인도분이라면《서유기》의 고사를 모두 알고 계실 겁니다. 삼장법사가 그의 제자인 손오공을 데리고 서천에 가서 불경을 구해 오기 위해 81차례의 고초를 겪었지요. 그 과정에서 손오공은 귀신 및 요괴들과 치열한 격투를 벌였습니다. 그렇다고 해서 삼장법사가 서천에 가서 불경을 구하려던 행동이 평화적이지 않았다고 단언할 수 있습니까?"

정화가 남해원정을 통해 친선을 널리 알리고 무역을 확대한 것은 이미 역사적으로 공인된 사실이다. 비록 그 과정에서 상인들의 공격에 맞서기 위한 방어적 행동으로 분쟁이 발생했지만 '정화의 남해원정'이 평화적 목적이었다는 사실만큼은 그 누구도 부인할 수 없을 것이다. 그런데도 인도 학자는 21세기 해상 실크로드 계획이 인도양에서 인도를 C형으로 포위하는 전략이라며 여전히 부정적 입장을 굽히지 않았다. 지역 대국으로서의 인도 위상을 무시하는 행위로서 인도가 세계대국이 되는 것을 견제하려는 노림수라고 덧붙였다.

넷째, 강국의 심리상태를 알아보자. 중국과 러시아의 전략적 협력관계와 현실을 감안하여 러시아는 비교적 신중한 태도를 보였다. 그런데 필자가 사석에서 러시아 학자와 기자들과 환담을 하며 느낀 점은 러시아는 일대일로가 자신들의 치즈를 옮기려 한다며 우려한다는 것이다. 실크로드 경제벨트의 중앙아시아지역이든지 아니면 21세기 해상 실크로드의 중동지역이든지 간에 모두가 러시아의 전통적인 세력범위이자 현실적 이익과 결부되는 곳이다. 따라서 어떻게 하면 기득권을 지킬지 고심하는 흔적이 엿보였다. 일대일로 구축은 중국에 강력한 힘을 실어주어 부흥의 길로 인도하는 프로젝트다. 이러한 강국과 부흥의 새 지평을 여는 프로젝트에서 러시아는 중국과의 동반 부흥을 확보할 수 있는 방안은 과연 무엇일지에 대해 저울질하고 있었다.

공식적인 정부 대표를 파견하지 않은 미국의 심리상태는 아마 더욱 복잡할 것으로 예상된다. 세미나 참석자들은 입을 모아 미국이 'Elephant in the room(방 안의 코끼리, 공공연한 골칫거리를 이르는 말-역주)'이라고 말했다. 입 밖으로 꺼내지는 못해도 내심 누구나 분명히 알고 있는 사실이다. 일대일로 연선 국가 중에는 미국의 동맹국 또는 관성적으로 미국에 기대며 의지하는 국가들이 적지 않다. 이들 국가가 끊임없이 의문을 제기하고 애매한 태도를 취하는 데는 미국이 회의에 불참하고 일대일로에 대한 공식입장을 표명하지 않은 점도 무관하지 않을 것이다. 예를 들어, 한 참석 대표는 중국이 비동맹정책을 채택하고 해외군사기지도 없는 상황에서 일대일로 주변지역의 안보를 어떻게 보장할 것인지에 대해 질문을 던졌다. 일대일로 플랫폼과 현행의 국제협력체제와의 관계에 대해서도 의구심을 제기했다. 한마디로 단언하면 미국이 수긍하지 않았는데 어떻게 프로젝트를 완성할 수 있겠냐는 것이다. 한 유럽 학자는 세미나에 미국 언론인을 초청해서 기조연설을 부탁하자고 제안했다. 그러면서 말끝에 이렇게 덧붙였다.

"다만 국제적 평판이 좋지 않아 중국인을 속이고 상업적 이익을 갈취한다."

그는 계속해서 "중국이 대범하게 미국 대사관이나 영사관 관료와 언론사를 세미나에 초청하여 함께 의견을 나눈다면 다른 국가도 많이 안심할 것"이라고 직언했다.

앞서 언급한 여러 심리상태는 일대일로가 직면한 지정학적 갈등과 복잡한 일면을 반영하고 있다. 이러한 지정학적 갈등은 세계적인 핫이슈를 둘러싸고 자주 발생한다. 세계 곳곳에서 유혈 또는 무혈의 정치적 충돌이 발생하면서 일대일로 구축에 다양한 위험을 가져올 것으로 예상된다.

2 · 정치적 위험의 표출양상

—

일대일로는 광활한 유라시아 대륙을 망라한다. 여기에는 중앙아시아와 중동, 동남아 및 아프리카와 같이 국제적으로 핫이슈가 많은 지역도 포함된다. 이 지역은 종교, 자원, 역사 또는 외부간섭 등의 각종 원인으로 인해 일대일로 구축에 상당한 영향을 끼칠 것으로 보인다. 뿐만 아니라 지역마다 다양하게 받고 있는 역외세력의 영향은 일대일로 구축과정에서 수많은 정치적 시련을 예고하고 있다. 필자는 지역별 각종 정치적 위험의 표출 형태를 아래와 같이 서술하고자 한다.

1) 중앙아시아

중앙아시아라는 개념은 독일의 지리학자 알렉산더 폰 훔볼트 Alexander von Humboldt가 1843년에 최초로 제기했다. 좁은 의미의 중앙아시아 국가는 투르크메니스탄, 타지키스탄, 키르기스스탄, 우즈베키스탄, 카자흐스탄 그리고 아프가니스탄 6개국이다. 중앙아시아는 지리적으로 유라시아 대륙의 심장부에 위치해 있다. 따라서 그 전략적 의미가 남다르다. 많은 국가가 이곳에서 각축전을 벌여 왔다. 게다가 구성된 민족이 다양하고 각 민족 간 역사적인 잔재가 남아 있어서 일정 부분 지역안정에 부정적 영향을 주고 있다. 현재 중앙아시아 국가의 경제회복 속도는 더딘 편이다. 인프라 시설도 노후화되었으며 범지역적 행동반경도 제한적이다. 여기에 주변 안보환경은 더욱 악화일로를 걷고 있다. 이러한 불리한 환경으로 인해 중앙아시아 국가 간 경제협력이 삐거덕거리고 있으며 역내 교통시설 분야의 협력도 어려움에 봉착해 있다.[2] 구체적으로 살펴보면 일대일로가 중앙아시아에서 직면한 정치적 위험은 주로 세 가지다. 즉 중앙아시아 색깔혁명Color revolution의 영향, 삼고세력(三股勢力, 테러리즘·분리주의·극단주의 - 역주)의 영향, 그리고 중앙아시아 지역의 균형외교(또는 평행외교라고도 함. - 역주)로 인한 강대국 간 힘겨루기 등을 들 수 있다.

첫째, 일대일로는 색깔혁명의 영향을 받을 가능성이 있다. 21세기 초기에 중앙아시아 국가는 다른 독립국가연합과 마찬가지로 색깔혁명을 통해

---

2) **쑨장즈** : 《실크로드 경제벨트 구상의 배경, 잠재적 전략과 미래추세(絲綢之路經濟帶構想的背景, 潛在戰略和未來趨勢)》, 〈유럽경제(歐亞經濟)〉, 2014년 제4기

정권교체를 실현했다. 현재 상황을 보면 중앙아시아지역은 사상이념 면에서 여전히 당시 색깔혁명의 영향권에 있다. 물론 일대일로 구축은 중앙아시아지역의 번영과 국민 생활수준을 향상하는 데 기여할 것으로 기대된다. 그러나 이 지역의 현대화 수준은 매우 미비하여 언제든지 극단주의가 파고들 여지가 많다. 현지사회를 보면 일반대중이 색깔혁명에 쉽게 젖어들 수 있는 환경이라 할 수 있다. 이는 일대일로 구축에 예측 불가한 변수가 될 수 있다.

좀 더 자세히 살펴보면 일대일로 구축은 주로 다음 두 가지 측면에서 색깔혁명의 영향을 받을 것으로 예상된다. 먼저 색깔혁명으로 야기된 사회적 불안정이 복잡한 정치적 상황을 초래하여 일대일로의 변수로 작용할 수 있다는 점이다. 색깔혁명의 목적은 정권교체이며 거리유세나 폭력충돌이 대부분 이들 색깔혁명의 조직적 특징이다. 이는 정치와 경제, 사회질서를 훼손함으로써 일대일로 프로젝트를 실행하는 데 제약요소가 될 가능성이 크다. 다음으로 색깔혁명이 발생하면 정부의 주의력이 분산되어 극단주의 세력은 정부의 손발을 묶게 된다. 결국 해당정부가 중국과 일대일로 프로젝트를 실무적으로 추진하는 데 걸림돌로 작용하는 것이다. 이외에도 중앙아시아지역의 반대세력은 색깔혁명과 민족주의를 결합할 수도 있다. 스스로 지역질서의 수호자라고 자처하고 있기 때문에 일대일로 플랫폼의 도입이 민족의 독립성을 약화시켜 중국의 발전모델에 의해 좌우될 거라고 확신하고 있다. 중국의 조정에 따라 쉽게 흔들리며 결국에는 자기 민족의 발전에 치명적인 타격을 줄 것이라는 게 그들의 논리다. 이러한 결합형태의 색깔혁명이 발생할 가능성은 더욱 높아지고 있다. 이 과정에서 중국은

'침략자'로 묘사될 것이며 중국은 평화발전과 호혜공영이라는 초심과 동떨어진 이미지로 대중에게 각인될 수 있는 것이다. 앞서 밝힌 개괄적 요약분석을 통해 색깔혁명의 잠재적 위협과 파급효과를 충분히 알 수 있다. 만약 색깔혁명이 성공한다면 장기간 혼란과 후퇴는 불을 보듯 뻔하다. 이렇게 되면 일대일로 사업의 번영과 발전은 더욱 요원해질 것이다. 따라서 중국과 중앙아시아 각 국가는 이에 대해 추호도 경계를 늦춰서는 안 된다.

둘째, 중앙아시아는 민족과 종교가 다양하며 각 국가는 자국 특색에 맞는 정치제도를 실시하고 있다. 또한 국가 간 역사문제도 원만히 해결되지 않은 상태라서 역내 상황은 매우 복잡하게 얽혀 있다. 이는 폭력테러리즘, 종교적 극단세력, 민족분열세력, 즉 삼고세력이 활개 치기에 좋은 환경을 조성해주고 있다. 삼고세력은 2001년에 처음 제기된 용어다. 상하이협력기구가 '테러리즘·분리주의·극단주의 타파에 관한 상하이협정'을 체결하여 그 의미를 명확히 규정했다. 주로 다음 두 가지 분야에서 위협이 될 것으로 보인다. 먼저 일대일로가 구축되면 자신들의 존재 당위성에 치명타를 입기 때문에 이의 저지를 위해 각종 수단과 방법도 불사할 수 있다. 테러활동, 독극물 투입, 방화와 소요 등 모든 수단을 동원하여 일대일로를 저지하려 할 것이다. 또 다른 한편, 중국은 중앙아시아 국가와 상하이협력기구 및 국제협력을 통해 삼고세력 문제를 해결하고자 총력을 기울여 왔다. 이번 일대일로 프로젝트가 중앙아시아지역에 진입함으로써 양측은 이 분야에서의 전략적 협력 필요성이 더욱 강화되었다. 따라서 협력플랫폼을 더욱 공고히 하여 삼고세력에 대한 공동대응의 수위를 높여나가야 한다. 물론 삼고세력도 생존위기와 도전의 위협을 느껴 여기에 맞설 것이며 그대로 고사당할 리가 없다. 끊임없이 도발을 시도하여 일대일로의 순항을 저지할 가능성이 있다.

셋째, 구소련이 해체되면서 중앙아시아지역에는 권력의 공백현상이 나타났다. 게다가 이 지역은 원래 자원이 풍부하다는 강점과 전략적 요충지라는 위상 때문에 많은 역외 국가가 호시탐탐 기회를 노리는 지역이다. 이러한 상황에서 중앙아시아 국가들은 자구책의 일환으로 균형외교라는 전략을 채택했다. 여러 국가와의 협력을 통해 최대한 자국이익을 극대화하는 전략을 추진해 온 것이다. 중앙아시아 국가는 국제적인 사회활동에 적극 참여하는 동시에 외부세력이 해당지역에 진입하는 데 적극적인 태도를 보였다. 또한 강대국의 힘을 빌려 대량살상무기의 확산 방지와 종교적 극단주의의 만연을 저지하며 중앙아시아에 전략적 완충지대를 구축하는 등 주요 쟁점을 해결하고자 노력했다. 이외에도 성향이 다른 여러 세력을 조율하여 역내 균형을 이루는 데 최대한 역점을 두었다. 이를 통해 발전의 기회와 가능성을 찾기도 하고 직접적으로 안보를 보장받으며 경제적 지원을 받기도 했다.[3] 중앙아시아가 균형외교 노선을 실시하기 때문에 일대일로 전략은 역외 국가와의 경쟁과정에서 그 실용성이 크게 떨어질 가능성이 있다. 강대국이 이 지역에서 각축전을 벌이고 있어 중앙아시아 국가는 다른 국가가 제공하는 이익과 일대일로를 저울질하다가 일대일로에서 관심이 멀어질 수 있다. 이는 일대일로 구축에 부정적 영향을 초래할 수 있다.

---

3) **쉬타오**(許濤) │ 《중앙아시아 지정학적 정치변화 및 지역안보추세(中亞地緣政治變化與地球安全趨勢)》, 〈현대국제관계(現代國際關係)〉, 2012년 제1기

위에서 언급한 세 가지 외에 특수한 정치적 위험으로 인해 중앙아시아와 중동이 서로 연계될 가능성이 있다. 바로 시리아와 이란 정권의 불안정이다. 이로 인해 중동의 극단주의가 중앙아시아로 침투한다면 중국과 러시아는 방비태세를 취하게 되고 미국은 개입하게 된다. 현 상황에서 아프가니스탄과 중동의 극단세력은 이미 중앙아시아의 삼고세력의 주축이 되었다. 설상가상으로 현재 미군 철수와 시리아 내전, IS세력 창궐 등 여러 가지 역내 문제가 산재되어 지역 불안을 가중시키고 있다. 많은 극단조직들은 이 틈을 타 공세를 늦추지 않으면서 동시에 힘을 비축하고 있다. 이는 분명 일대일로 프로젝트에 막대한 도전이 될 것이다. 오늘날 세계 최강대국인 미국은 자신의 지역이익을 보장하기 위해 중앙아시아지역에 개입할 가능성이 있다. 미국이 개입하면 중국의 일대일로 구축과정에서 어느 정도 마찰이 불가피할 것으로 보인다. 이 경우 미국은 중앙아시아로의 회귀정책을 채택할 가능성이 높다. 이는 시기적으로나 지역적으로, 중국의 전략적 포석과 중첩되는 결과를 초래한다. 미국이 극단주의 세력을 처단한다는 미명 하에 이 지역에 진입할 경우 일대일로는 전략의 연속성 측면에서 영향을 받을 수밖에 없다. 역사적으로 시리아와 아프가니스탄 문제에 대해 미국은 중앙아시아 국가의 주권을 공공연히 무시한 채 공군, 심지어 육군까지 중앙아시아에 파견한 사례가 있다. 일대일로가 가시화되면 미국은 기회를 틈타 중앙아시아의 마나스 공군기지의 군사시설을 다시 사용할 수도 있다. 중국이 이 지역에서 뿌리내리지 못하도록 견제하려는 의도일 것이다. 중국은 이러한 가능성을 분명히 염두에 두고 경각심을 유지해야 한다.

또 다른 중요한 요인이 있다. 바로 중앙아시아 각국 정부의 정권교체 시기의 불안정 요인이 일대일로 구축에 변수가 될 수 있다. 정권이 교체되면 정책의 연속성에 회의적인 시각이 팽배할 것이다. 또한 일부 지역은 정권 교체로 인해 기존정책도 규제를 받을 수 있다. 새롭게 들어선 정권은 초기에 권력기반이 미약해서 안정화되기까지 많은 시간이 소요된다. 그리고 권력기반이 미약한 시기가 바로 색깔혁명이나 삼고세력의 주요 표적이 된다. 이러한 미묘한 시기에 일대일로 프로젝트가 최대한 목표대로 전개되려면 중앙아시아 국가와 정책공조를 강화할 필요가 있다. '실크로드 경제 벨트와 21세기 해상 실크로드의 공동 건설 추진에 대한 미래비전과 행동'의 정부 문서에서는 정책소통, 즉 정책 교류와 조율을 통한 공조체제를 확립해야만 프로젝트의 성공을 보장받을 수 있다고 밝히고 있다. 정부 간 협력을 강화하여 다각적으로 거시정책을 교류하는 체제를 정착시키면 상호 이익을 극대화하며 정치적 신뢰를 굳건히 할 수 있다. 나아가 협력에 대한 새로운 공감대 형성에도 기여할 것이다. 양 지역 간 정책소통을 원활히 추진한다면 지역안정의 유지 측면에서 색깔혁명과 삼고세력의 대응에 반드시 긍정적 작용을 하리라고 확신한다. 중앙아시아지역의 균형외교 전략에도 지속적으로 관심을 가진다면 중국에 대한 정치적 신뢰도를 높이는 계기가 되며 아울러 일대일로의 순조로운 진행도 기대해볼 수 있다.

2) 중동

중동은 지리적으로 보면 지중해 동부에서 페르시아만까지의 대부분 지역을 말한다. 이 지역은 역내 천연자원이 풍부하고 세계의 중요한 산유지역이다. 정부 문서에서는 에너지 인프라 시설의 호연호통 분야 협력을 강화함으로써 원유수송, 오일·가스 송유관 등 수송통로의 안보를 공동으로 수호할 것을 강조하고 있다. 또한 범국경 전력 및 송전망 통로 건설은 중대한 과업으로서 반드시 추진할 것을 주문했다. 중동은 지정학적 특수성을 감안할 때 중국의 목표 실현과 불가분의 관계에 있는 만큼 중요하게 다뤄져야 한다. 다만 역내 민족이 다양하고 종교도 즐비하며 수자원이 부족한 특징이 있다. 지역 간 많은 역사적 잔재가 미해결 상태로 남아 있으며 역내의 불안요소가 끊이지 않는 등 일대일로 구축에 적지 않은 변수가 있다. 일대일로는 중동지역에서 기회와 동시에 도전에 직면해 있다.

중동지역의 불안정은 폭력충돌로 나타날 수도 있지만 다른 한편으로 사회의 무질서로 표출되기도 한다. 원인을 살펴보면 다음 두 가지로 요약할 수 있다.

첫째, 국가별 종교분쟁으로 사회혼란을 야기할 수 있다는 점이다. 아랍 국가와 서방·이스라엘 간의 기존 갈등은 이미 역사가 오래되어 그 골이 매우 깊다. 또한 이슬람교 내부 교파끼리의 충돌도 끊이지 않는다. 시아파와 수니파의 분쟁은 여기저기서 잇달아 일어나고 있다. 이외에도 아랍세계 내부의 극단주의 사상과 극단주의 단체는 그 유래 또한 매우 깊다. 또한 그 가운데 일부는 서방의 지원 아래 아프가니스탄에서 성전을 벌이기도 한다. 이는 파별 간 기존 갈등을 더욱 부추기는 데 일조하고 있다. 중동지역에서 이념적 통일은 요원한 일이 되었으며 조직 및 기구는 혼란에 직면해 있다.

둘째, 중동지역의 불안을 가중시키는 직접적 원인은 1991년의 걸프전 이후 몇 차례 치러진 전쟁이라고 할 수 있다. 예를 들어, 이라크 전쟁, 아프가니스탄 전쟁 및 시리아 전쟁 등이다. 이들 전쟁은 아프가니스탄의 할거 상태를 초래했다. 이로 인해 이라크와 시리아의 세속정권이 무너졌으며 극단주의 세력은 전쟁의 혼란을 틈타 부활하여 자신들의 무장정권을 수립했다. 이러한 전쟁은 기존의 정치체제를 파괴했다. 그렇다고 새롭고 참신하며 힘 있는 새로운 정권이 출범한 것도 아니다. 여러 세력이 통치권을 둘러싼 쟁탈전에 나서는 등, 배척과 알력이 난무하는 불안정한 정세를 초래했다. 자세히 살펴보자. 먼저 시리아 국내의 바샤르 정권과 국내 반정부 무장세력과의 분쟁이 장기간 교착상태에 놓여 있다. 이집트 대선도 근본적으로 문제를 해결하지 못한 상황으로 과연 정부가 안정 국면을 되찾을지 좀 더 지켜봐야 한다. 이라크에서도 국경 내 테러리즘의 습격과 종교 교파의 정치투쟁이 잇달아 발생하고 있다. 이란의 핵문제 해결도 언제 마무리될지 장담할 수 없는 상황이다. 게다가 현재 IS세력의 급속한 확산으로 역내 불안이 더욱 증폭되고 있다. 상황이 이렇다 보니 중동지역에서 중국의 투자는 심각한 정치적 위험에 직면해 있다.

지금 이미 일부 문제가 수면 위로 떠오르기 시작했다. 예를 들어, 중국 기업의 직원이 해외에서 여러 차례 납치되는 사건이 발생했다. 다만 인질범의 주요 목적은 몸값 요구에 있었다. 수용불가한 정치적 조건을 내걸지는 않아서 그나마 다행이라 할 수 있다. 또한 실질적인 구조작업에서 중국은 현지 정부와 군인, 경찰의 적극적인 협조와 지원을 받았으며 대규모의 충돌사태로 확대되지는 않았다. 그러나 미국과 일본 등의 국가는 이미 자국 국민이 테러리스트에게 피랍되어 참혹한 죽음에 이르는 사건이 발생하기도 했다. 우리는 이에 대한 경계심을 늦춰서는 안 된다.

뿐만 아니라 중동지역은 지정학적으로나 전략적으로 중요한 지역이기 때문에 강대국은 역내의 많은 문제에 대해 시시각각 촉각을 곤두세우며 주목하고 있다. 이란 핵문제만 봐도 중동지역은 지정학적으로 이미 반미와 친미의 이원화 구도가 정착되어 있다. 즉 이집트와 사우디아라비아를 중심으로 이라크, 요르단 및 기타 걸프만 아랍국가가 친미 진영에 속한다. 이에 첨예하게 대립하는 세력은 이란을 주축으로 하여 시리아, 헤즈볼라, 하마스 등이 있으며 반미 진영에 속한다. 이들은 서로 한 치의 양보 없이 팽팽하게 대립하고 있다.[4] 아랍과 이스라엘 분쟁도 이와 유사하다. 유대인의 국가 재건운동에 따라 아랍국가(파키스탄 포함)는 이스라엘과 극명하게 대립하고 있다. 반목과 갈등이 끊이지 않으며 영토분쟁도 현안으로 남아 미해결 상태다. 역사적으로 아랍과 이스라엘의 분쟁이 발생할 때마다 예외 없이 강대국이 개입했다. 그 배후는 바로 강대국의 힘겨루기라고 단언할 수 있다. 중국의 일대일로 구축 프로젝트가 중동지역에서 정책적 연속성을 확보하려면 국가 간 각축전에 직면할 수밖에 없다. 이때 국익과 역내의 현실적 상황을 종합적으로 판단하여 신중히 대처해야 한다. 모든 의사결정에는 일대일로 구축이 최우선적 고려대상이 되어야 한다. 중동지역의 불완전한 정세에 대응하기 위해서는 역내·외 강대국과의 관계를 동시에 원만히 처리해야 한다. 일대일로 구축을 순조롭게 추진하기 위해 역내·외 정부와의 실질적 협력방안을 모색할 수 있다. 그러나 역내 정세가 점

---

4) **천진화** | 《중동 지정학정치의 신체제와 이란 핵위기(中東地緣政治新格局與伊朗核危機)》, 〈세계지리연구(世界地理研究)〉, 2013년 제3기

차 복잡해지면 이 또한 안심할 만한 대책이라고 볼 수 없다. 정부 간 협상과 중재만으로 일대일로의 안보를 보장할 수 없기 때문이다. 현재 중동지역의 극단주의 조직은 사상이나 행동 면에서 모두 전통적인 부족·부락단위의 무장조직에서 진화하여 더욱 극단주의적인 성향을 보이고 있다. 이들은 처음에는 종교적인 극단세력으로 출발했다. 그런 다음 세속적으로 지역을 분할 차지하게 되었다. 현 상황을 보면 미국이 아프가니스탄과 이라크에서 철수하면 많은 무장조직이 새로운 표적을 찾을 것이다. 중국은 극단적 사상에 반대해 왔으며 일대일로 사업은 해당지역에서 보호장치가 미비한 상황이어서 이들의 표적이 될 확률이 매우 높다. 따라서 정부 간 공동 대응 및 협력 외에도 국내 관련 법규 제정을 통해 역외 중국 국민의 안전을 보장해야 한다. 또한 여러 비정부기구NGO와 중동지역의 평화안정을 정착시키기 위해 함께 협력해나가야 할 것이다. 이외에도 중동지역은 풍부한 천연자원을 보유하고 있어 역외 세력들이 쟁탈전을 벌이는 전략적 요충지다. 따라서 이 지역에서 프로젝트를 진행할 때 역외 세력의 간섭과 방해를 피하기 어려울 것으로 예상된다. 따라서 중국은 국가 간 협력을 확대하며 각기 다른 정책에서의 합일점을 모색하여 상생할 수 있도록 총력을 기울여야 한다.

중동지역은 일대일로 구축의 또 하나의 핵심지역으로서 에너지 분야 프로젝트에서 막중한 역할을 담당할 것이다. 다만 이 지역의 정세가 불안하기 때문에 일대일로가 순항하기를 기대하는 것은 어려울 것으로 전망된다.

3) 동남아시아

동남아시아는 아시아의 동남부에 위치하며 국가가 많고 아시아와 오세아니아, 태평양과 인도양의 십자로에 놓여 있다. 역내 말라카 해협은 전략적 길목으로 지정학적으로 뚜렷한 우위를 점하고 있다. 중국의 21세기 해상 실크로드 구축은 동남아를 반드시 경유해야 하며 또한 중국 주변에 위치해 있다. 따라서 일대일로 구축에서 매우 중요한 비중을 차지한다. 역사적으로 역내 많은 국가들은 장기간 식민지로 전락하여 서방세계의 깊은 영향과 지배를 받아 왔다. 정치적으로 서방의 의존에서 벗어나기 어려운 처지였으며, 게다가 최근에는 미국의 아시아 회귀전략의 움직임이 빨라지고 있다. 이로 인해 동남아 국가 가운데 상당수가 중국과 미국 사이에서 갈팡질팡하고 있다. 경제적으로는 중국에 기대고 있지만 안보 면에서는 미국의 힘이 필요한 국가가 많다. 중국의 '굴기 효과'로 인해 새로운 대국 정책의 전략과 재조정이 불가피하게 되었다. 여기에 미국의 움직임이 더해져서 일부 강대국은 새로운 시대의 남중국해 문제와 미얀마 민주화 등 지정학적 환경변화를 계기로 동남아에 대한 전략 구도를 재정립하기 시작했다. 이는 동남아지역에서의 강대국의 복잡한 이해관계와 더불어 이 지역에서의 강대국 간 힘겨루기에 불을 지피는 결과를 초래하고 있다. 중국의 일대일로 전략도 그 영향권에서 벗어나기 어려울 것으로 예상된다.[5] 동남아시아지역에서 중국과 미국의 관계를 다음과 같이 분석하고

---

5) **참고** | 팡텐젠, 허위에 : '냉전 후 동남아 지정학적 변화 속에서 대국 전략조정에 관한 논평(冷戰後東南亞地緣政治變化中的大國戰略調整述評)', 〈세계지리연구(世界地理研究)〉, 2013년 제9기

이 지역에서 중국이 직면한 지정학적 도전에 대해 언급하고자 한다.

미국이 아시아 회귀전략으로 아태지역의 헤게모니를 다시 장악하려는 데는 미국의 전략적 판단도 한몫했지만 동남아 국가들에도 원인이 있다. 이 지역의 일부 국가는 유럽의 식민지였으며 필리핀은 미국의 식민지였다. 냉전시기에 일부 국가와 지역 정부는 미국의 통제를 받으며 미국의 반공기지 역할을 했다. 지금까지도 미국은 이들 국가와 정치·경제·군사적으로 매우 긴밀한 관계를 유지해 오고 있다. 또한 소재국에 군사기지를 주둔시켜 이들 국가의 정부 고위층에 강한 영향력을 행사함으로써 친미세력을 구축·조정할 수 있었다. 많은 동남아 국가가 미국을 과거나 현재나 여전히 세계를 호령하는 제왕으로 받아들이며 향후 일정 기간 제왕자리는 변함이 없을 것이라고 판단하고 있다. 중국은 비록 역사적으로 동아시아와 조공관계를 장기간 유지해 왔지만 근대에 들어 서방 열강에 굴복하여 반식민지·반봉건사회로 전락하고 말았다. 게다가 현재 서방사회는 '중국위협론'을 대대적으로 퍼뜨리고 있다. 동남아 국가들이 중국과 진정한 전략적 상호신뢰를 쌓아가기 힘든 환경이 조성되고 있는 것이다. 중국이 급부상한 이후의 행보에 대해 경계하고 '투키디데스 함정 Thucydides trap (패권국과 급부상한 신흥국의 무력충돌을 의미함. - 역주)'에 빠질 수 있다고 두려워하고 있다. 이러한 분위기 때문에 대부분의 동남아 국가는 미국으로 선회하여 자국의 안보를 보호받으면서 미국의 세력에 힘입어 자신의 정치력과 국제적 발언권을 강화하고자 한다. 결국 중국의 급부상이 가져올 파급효과에 최대한 대비하려는 의도라 할 수 있다.

중국의 일대일로 구상을 견제하기 위해 미국은 동남아지역에서 다음 몇 가지 분야에서 중국에 대한 압박전략을 구사할 것으로 예상된다.

첫째, 동남아 국가를 끌어들여 해당지역에 대한 통제를 강화한다. 이는 전통적 우방관계를 강화하면서 동시에 새로운 동맹관계로 발전하려는 의도라 할 수 있다. 이외에도 미국은 동남아 일부 국가의 남중국해에서의 행위를 적극 지지하면서 상대국의 선심을 사려 하고 있다. 현재 남중국해 분쟁을 둘러싼 의견이 분분하며 세인의 이목을 끌고 있는데 이는 일대일로 프로젝트 시행에 불가피한 변수가 될 수 있다. 먼저 남중국해에서 경제적 이익을 얻기 위해 일부 동남아 국가들은 관할 경계를 넘어서서 도발하며 중국의 주권을 침해하고 있다. 그런데 이 문제의 확대는 미국의 적극적인 지원과 밀접한 관련이 있다. 미국은 자유항행권 보장이라는 논리를 잇달아 내놓으며 초점을 흐리려는 시도를 하고 있다. 동시에 동남아에서의 병력증강을 추진하면서 남중국해 정국은 한 치 앞을 내다보기 어려울 정도로 복잡한 양상을 띠고 있다. 이에 중국은 평등한 협상의 자세로 독립적이고 자주적으로 남중국해 문제를 해결하고자 한다. 중국은 역외 세력의 간섭을 환영하지 않으며 실질적인 해결책을 모색하기 위해 총력을 기울이고 있다.

둘째, 경제적으로 미국은 TPP 협상을 주도하기 위해 안간힘을 쓰고 있다. 이는 가입장벽을 높여 중국의 가입에 제한을 둠으로써 '중국 굴기' 이후에 해당지역에서 자신의 주도권이 흔들리지 않도록 방비하려는 의도라 할 수 있다.

셋째, 미국은 호주를 중요한 전략적 동맹국으로 삼아 이 지역에서 호주와 함께 최대한 패권을 잡으려는 계획이다. 최근 호주는 정치적으로 점차 미국에 가까워지고 있다. 호주에 주둔하는 미군의 증병을 받아들여 호주의 군사기지화에 호응하고 있다. 전략적으로 보면 미국은 이른바 제1열도선(第一列島線, 중국의 군사전략상 개념으로 전략 전개의 목표선이며 대미방위선-역주) 및 제2열도선(第二列島線)을 통해 중국의 출항구를 봉쇄하는 일관된 정책을 강조해 왔다. 호주는 미국 열도선 전략의 중요한 일환이어서 호주의 태도는 일대일로 구축에 매우 중요한 의미가 있다.

미국의 아시아 회귀는 동남아 국가뿐만 아니라 일대일로 구축에도 정치적 위험요소로 작용할 가능성이 높다.

동남아 국가는 미국 전략의 영향을 받을 수밖에 없으며 일부 국가는 정책방향이 흔들리게 되어 일대일로 사업에 참여하려는 열정도 사라질 수 있다. 물론 현재까지는 중국과 활발한 무역을 전개하고 있다. 그러나 정치적 신뢰도는 그다지 높은 편이 아니다. 정치적 신뢰를 전제로 하지 않고 정책소동도 부족하면 일대일로의 나머지 '4통' 추진도 한계에 부닥치게 마련이다. 또한 한편으로 미국의 개입에 의해 여러 동남아 국가는 세계관과 의리관에 영향을 받게 된다. 동남아 국가의 통합과정이 가속화되는 오늘날, 이는 역내 국가의 화합과 협력, 평등한 교류를 가로막아 진정한 통합의 길을 구현하기 어려울 것으로 예상된다.

다음으로 미국의 전략이 중국의 일대일로 구축에 미치는 정치적 위험을 살펴보자. 미국의 군대주둔 전략은 남중국해의 군사화를 초래했다. 동남아 국가는 남중국해에서 불법으로 침범한 열도에 대규모 군사시설을 구축했다. 중국도 불가피하게 열도의 점유를 확대하며 주둔군대를 증강했다. 정상적인 자원개발 활동도 전개하기 어려웠는데 '해양석유 981 구축 플랫폼' 사건이 전형적인 예다. 중국은 논쟁을 접어두고 공동 개발하자는 정책을 일관되게 주장해 왔으나 이 지역에서는 실질적으로 이행하기 어려운 상황이었다. 이는 미국의 배후에 있는 군함 순찰과 무관하지 않다. 이외에도 많은 동남아 국가들은 중국에 비해서 자신들이 약소국이라 여기며 국제여론에서 발언권을 확보하여 유리한 여건을 조성하려는 의도를 가지고 있다. 게다가 서방 언론까지 여기에 가세하여 박자를 맞춰주는 형국이다. 이처럼 중국의 능동성이 제약을 받으면서 해당지역에서 역내·역외의 이중압박을 받고 있다. 종합해보면 동남아지역이 중국과 인접하여 지리적으로는 매우 가깝다고는 하지만 중국에 대한 정치적 신뢰와 안보에 대한 믿음은 아직 부족하다고 평가할 수 있다. 더구나 남중국해 열도의 주권 갈등 문제까지 겹쳐져서 일대일로 구축은 난항이 예상된다. 뿐만 아니라 미국은 동남아에 군함을 주둔시켜 언제든지 일대일로의 해상교통라인을 단절할 수 있는 파워와 탁월한 정보시스템을 갖추고 있다. 이 또한 일대일로를 지속적으로 추진하는 데 불리한 여건이 될 수 있다.

앞서 언급했듯이 동남아 국가는 한마디로 미국의 영향권 하에서 미국의 통제가 가장 쉬운 지역이자, 식민지시기에 서방 가치관의 영향력이 가장 막강했던 지역이라 할 수 있다. 따라서 작금의 '중국위협론'에 현혹될 확률도 그만큼 높으며 안보와 정치에서 친미성향이 강한 지역이다. 우리가 추측 가능한 상황은 이러하다. 아태지역으로 무게중심을 옮기고 있는 상황에서 미국은 일대일로 구상을 자신의 지역패권에 대한 도전으로 간주하고 있다. 따라서 일대일로의 영향력을 희석시키기 위해 총력을 기울일 것이며, 동남아 국가들은 미국의 입김에 따라 일대일로 구축에 압력을 행사할 가능성이 있다.

이에 대해 중국은 이미 다음과 같이 명확히 입장을 밝힌 바 있다.

"일대일로 구상은 기존의 협력 체제와 틀을 존중하고 있으며 기존체제와 연계하여 조율하기를 희망하고 있다. 일대일로를 통해 주도권을 차지하려는 의도도 없으며 다만 프로젝트의 제안자로서 발전의 이익을 함께 나누며 역내 공동의 번영을 추구하는 게 최종 목표다. 중국과 아세안 국가는 흥망성쇠와 안위를 함께하는, 한 배를 탄 이웃이자 좋은 친구이며 파트너다."[6]

따라서 현재 동남아지역의 많은 갈등과 분쟁에 대해 중국은 정세를 신중히 예측하고 판단해야 한다. 진정성을 가지고 여러 국가와 의견을 나누고 소통하면서 기존의 정치체제에서 공감대를 점차 형성하여 문제해결을 위해 한 걸음씩 차분히 전진할 필요가 있다. 구체적으로 말하면 중국은 평화적 굴기를 표방한다는 점을 널리 알리며 중국의 꿈과 세계의 꿈을 하나로 연결하여 정치적 신뢰를 점차 쌓아나가면서 '중국위협론'에 맞서야 한다. 또 다른 한편으로 지금의 뜨거운 경협 열기를 계속 유지함으로써 경제를 문제해결의 돌파구로 삼아 무역창통, 즉 무역활성화를 추진할 필요가 있다. 자유무역구를 건설하여 무역장벽을 해소하며 기존의 중국·아세안 협력체제를 더욱 공고히 해야 한다. 또한 협력과정에서 중국의 진정성과

---

6) **위안신타오** | 《일대일로 건설의 국가전략분석(一帶一路建設的國家戰略分析)》〈이론월간(理論月刊)〉, 2014년 11회

신뢰를 보여줌으로써 역내에 고착되었던 선입견을 점차 개선해나가야 할 것이다. '5통' 가운데 무역 '통'과 자금 '통'을 추진하며 이 기반 위에 민심 상통으로 일대일로 구축을 추진할 계획이다.

4) 아프리카

일대일로의 정부 문서에서는 이렇게 언급하고 있다.

"일대일로 구상은 개방적 협력을 견지해야 한다. 관련 국가가 주축이지만 고대 실크로드의 범위에 국한하지 않으며 각 국가나 지역조직 모두 참여할 수 있다. 함께 이룬 성과를 통해 더욱 넓은 지역을 이롭게 할 것이다."

또한 문서에서는,

"일대일로를 통해 아시아 주변지역과 유럽·아시아·아프리카를 연계하는 인프라망을 점차 형성할 것이다."

라고 밝히고 있다. 문서를 통해 알 수 있듯이 아프리카가 비록 일대일로의 주요 연선 지역은 아니지만 중국의 중요한 협력대상이며 전략의 시너지효과로 인해 발전기회를 얻게 될 것으로 예상된다. 물론 중국도 아프리카의 참여를 적극 환영하고 있다. 지리적으로 아프리카는 광활한 토지와 풍부한 자원, 그리고 많은 인구를 보유하고 있다. 글로벌화가 심화되는 오늘날 아프리카는 중요한 전략적 발전의 전기를 맞이하고 있다. 그러나 아프리카의 지역별 발전수준은 천차만별이다. 전란이 빈번히 발생하고 있으며 정부의 통솔력은 약화되었다. 과거 세습적인 전란으로 인해 사실 무정부상태에 놓여 있는 국가도 있다. 중앙정부는 지방의 부족 및 토착세력을 통제하지 못하는 상황이다. 세속정치로 야기된 전쟁은 아직도 종식되지 않았으며 종교의 이름으로 또 다른 전쟁이 발발하고 있다. 그런데 아프리카의 지리적 강점을 차지하기 위해 서방의 각 세력은 이곳에서 각축전을 벌이고 있다. 게다가 중동의 극단세력까지 합세하여 힘을 비축하며 재기를 노리고 있으며, 활동 기반을 나눠서 차지하고 있다. 여기까지가 중국의 일대일로가 직면한 불리한 여건에 대한 설명이다. 구체적으로 아프리카의 문제는 다음의 몇 가지 측면에서 나타난다.

먼저 역외 세력에 대해 알아보자. 미국과 유럽, 일본 등의 국가는 정치적으로 아프리카에 관심을 표명하고 있다. 또한 항상 중국을 염두에 두면서 대아프리카 전략을 조정하고 있다. 따라서 강대국의 시장 쟁탈전을 피하기 어려울 것으로 전망된다. 예를 들면 2008년에 미국은 아프리카 사령부를 신설했는데 아프리카에서의 중국 영향력을 견제하는 게 주된 역할이라 할 수 있다. 현재 서방 국가와 여러 비정부기구는 원조와 협력 등을 내세워 아프리카를 관리하며 운영하고자 노력하고 있다. 그러나 근본적으로 아프리카 문제를 해결하지는 못하고 있다. 중국은 대아프리카 무역을 적극 추진하면서 아프리카에 무상원조를 제공하여 서방 국가와는 다른 새로운 발전기회를 제공했다. 결국 서방 국가는 이를 경계하기 시작했고 심지어 신식민주의론을 제기하면서 중국 정책을 편파적으로 해석하기 시작했다. 일대일로 구축이 전개될수록 서방 국가는 중국을 염두에 두고 아프리카 정책을 대폭 수정하여 압박할 가능성이 높다. 예를 들면 경제적으로 모든 자원을 통합하며 역량을 집중하여 노동집약적 산업에서 중국과 경쟁을 전개할 가능성이 있다. 한편으로 비정부기구를 통해 시장진입 기준을 높게 설정하여 중국 기업의 진입과 발전을 저지하기 위해 총력전을 벌일 수도 있다. 중국의 산업 구조조정 및 고도화에 따라 서방 국가도 여기에 맞춰 조정전략을 구사할 것으로 예상된다. 아마도 환경과 인권, 경영관리의 중요성을 더욱 강조하면서 우회적으로 이미지 제고에 주력할 것이다. 이에 대해 중국은 정부 문서에서 밝힌 바와 같이 생태계 문명의 이념을 강조하며 녹색 실크로드를 공동 건설하고자 한다. 이는 서방세계에 보내는 중국의 강한 메시지이며 대국으로서의 책임감과 모범을 보여주는 일이라고 생각한다. 한마디로 아프리카에서 중국이 일대일로를 구축하여 시너지를 얻기까지 서방 국가, 특히 유럽국가의 경쟁적 압력에 직면해 있다고 결론지을 수 있다. 그렇다고 해서 중국과 유럽이 이 지역에서 경쟁에만 몰두한다는 의미는 결코 아니다. 현재 중국의 일부 기업은 아프리카 현지에서 직원을 모집하고 노동집약적 산업을 경영하고 있으며 좋은 성과를 거두고 있다. 서방 국가도 제조업 분야에서 축적된 노하우와 강한 브랜드파워 그리고 선진적인 기술력을 보유하고 있다. 동남아 및 멕시코 등 지역의 기업의 아프리카 이전·확대를 진행하면 상당한 경쟁력을 발휘할 수 있다. 한마디로 중국과 서방 국가 모두가 아프리카에서 절호의 발전기회를 맞이하고 있는 것이다. 이러한 상황에서 중국과 유럽이 상호 협력과 발전을 모색한다면 삼자 모두가 함께 상생할 수 있는 바람직한 방향이 될 것으로 기대된다.

다음으로 아프리카 내부로 눈을 돌려보자. 최근 떠도는 말이 있다. 바로 서방 기업이 유럽에서 집단적으로 비상탈출을 시도한다는 설이다. 비록 아프리카에서 탈출하는 정도까지 극한상황으로 치닫지는 않을지 모른다. 그러나 그 원인을 분석해보면 첫째는 정치적 불안정과 최근에 발생한 에볼라 바이러스 사태 때문이다. 둘째는 아프리카 지역에서의 경영이 불편하다는 점이다. 이 두 문제는 일대일로 구축에도 똑같이 적용된다. 좀 더 살펴보면 첫 번째 문제는 단기적이지만 두 번째 요인은 전략적 조정을 예고하고 있다. 이는 기업과 비정부기구 간에 더욱 협력하고 조율이 필요하다는 의미이기도 하다.

또 다른 한편, 중국은 아프리카에서 비정부기구의 영향력을 중시하고 그 위협을 사전에 대비해야 한다. 서방의 비정부기구는 아프리카 당사국의 국내 정치와 경제전략에 적극 호응하면서 일대일로의 전개에 영향력을 행사할 가능성이 있다. 이들 조직은 아프리카에서 다년간 운영되어 왔다. 정치조직으로서 강한 동원력을 행사하고 있을 뿐 아니라 조직적 시위 및 항의 등의 활동에 매우 능하며 최적화되어 있다. 또한 대중매체를 활용하고 동원하는 수단으로 역내 여론동향을 주도할 수도 있다. 만약 이들이 '중국위협론'을 끊임없이 들먹이고 선동한다면 일대일로 구축에 커다란 걸림돌이 될 것으로 보인다. 서방 국가의 비정부기구가 개발도상국에서 중국의 프로젝트 착수를 방해한 사례는 적지 않게 찾아볼 수 있다. 미얀마에서 미트소네 수력발전소 사업을 중단시킨 게 가장 대표적인 사례. 여러 사례를 통해 이미 잘 알려져 있듯이 비정부기구는 비록 정부는 아니지만 그렇다고 절대 아마추어도 아니다. 특히 현지 반대세력과 연합하면 부정적 영향력을 행사할 수 있다. 다시 말해 일대일로 구축에 압력을 가하면서 방패막이를 만드는 데도 탁월한 힘을 발휘할 수 있다. 비정부기구는 이른바 보편적 가치를 가지고 있을 뿐 아니라 유일한 소스 제공자이기 때문이다. 이미 이들 자체가 언론이며 또는 언론매체를 소유하고 있다 해도 과언이 아니다. 마치 한 사람이 법정에서 판사와 변호사, 배심원 역할까지 1인 3역을 하는 것과 다름없다. 일대일로 프로젝트를 아프리카에서 추진할 때 비정부기구는 주로 중국 기업을 겨냥해서 '노동시간이 길고, 노동조건이 열악하며 아프리카 자원을 약탈하여 생태환경을 파괴한다'는 등의 여론홍보에 치중할 가능성이 높다. 이런 형태로 서방 산업의 장점을 돋보이게 하는 데 충분히 언론을 이용할 것이다. 실질적인 행동도 무시할 수 없다. 가령, 도로나 공장·광산 프로젝트 부근의 주민을 선동하여 중국 기업과 현지정부를 타깃으로 시위를 주도할 가능성도 있다. 더욱 많은 보상을 요구하기 위해서다. 이외에도 이들 조직은 일대일로가 유례없는 대규모 프로젝트라는 점에 착안하여 일대일로 정책과 '중국위협론'을 결부시킬 가능성도 있다. 중국의 신식민주의론을 조장하면서 중국과의 쟁탈전에서 협상카드를 확보하려 할 것이다.

마지막으로 현재 아프리카의 극단주의 세력이 점차 고개를 들고 있다는 점이다. 이는 일대일로 구축에 위협요소가 될 수 있다. 장기간 빈곤과 전란으로 피폐해진 아프리카 주민들은 종교를 통해 고통 받은 심신을 위로받으려 한다. 과거 부족의 전통이 해체되고 국가의 통제력이 미흡한 상황에서 각종 정치세력은 종교를 앞세워 자신의 세력기반을 확대하고 있다. 아프리카에는 과거 기독교 극단주의가 있었는데 지금은 이슬람교 극단주의도 등장했다. 게다가 중동지역의 종교 극단주의자까지 그 목표를 아프리카로 삼고 있다. 이런 측면에서 보면 아프리카도 중앙아시아와 중동과 마찬가지로 매우 중요한 전환점에 놓여 있다. 바로 오랜 체제와 규제가 붕괴되고 새로운 요소들이 등장하면서 순식간에 극단주의 세력이 운신의 폭을 넓힐 수 있게 된 것이다. 이처럼 일대일로 전략 추진에 있어 불확실성은 더욱 증폭되고 있다. 극단주의 세력의 도발에 맞서기 위해서 서방국가는 다각도로 대응책 마련에 부심하며 지역안정을 유지하기 위해 노력해 왔다. 그러나 실질적 효과는 미지수다. 과거 서방의 원조정책이나 아프리카의 비정부기구, 그리고 아프리카 국가를 대상으로 한 이른바 '정층설계Top-level design(頂層設計, 일종의 '그랜드전략'으로 톱 레벨의 마스터 디자인 또는 최고위층 방안을 말함.-역주)' 등의 전략은 극단주의 사상을 일소시키지 못했다. 전란의 후유증도 근본적으로 해결하지 못했다. 따라서 중국은 일대일로 전략을 추진하는 과정에서 서방의 교훈을 거울삼아 절대적으로 혁신적인 시도를 펼쳐야 한다. 설비의 상호연동 및 인프라 구축을 근간으로 하여 '물질역량(物質力量, 유물변증법의 기본원리로서 사물의 원래상태를 변화시킬 수 있는 힘-역주)'으로 아프리카 국가와 국민을 변화시킴으로써 극단세력의 위협에 대응해야 한다.

3 · 정치적 위험에 대한 대응

―

일대일로 주변과 연선의 많은 국가 가운데 현재 50여 개 국가가 일대일로 지지를 표명했다. 그러나 무조건적인 지지는 사실은 많지 않다. 대부분의 국가는 일대일로가 자국에게 이익이 되기를 희망하면서도 정작 투자할 준비는 되어 있지 않다. 일부 국가의 세력은 심지어 공개적인 협박성 발언도 서슴지 않는다. 지지는 고사하고 판을 깨는 행위는 아마도 외부 세력의 개입이 있었기에 가능할 것이다. 정국이 불안하거나 대중국 관계가 교착상태인 경우 오히려 쉽게 태도를 바꾼다. 인프라 건설 투자는 전략적이며 장기적으로 진행되는 사안이어서 관련 국가의 정치적 안정과 대중국 관계에 따라 좌우될 수 있다. 색깔혁명의 방해나 중국과의 불화를 조장하는 행위에 대해 미리 대비할 필요가 있다.

일대일로의 안보는 어떻게 보호해야 할 것인가? 바꿔 말해 이익 공동체에서 이익+안보 공동체로 변화시킬 수 있을까? 중국은 안보의 공공재를 제공하기 위해 관련 국가와 어떤 협력을 진행할 것인가? 일대일로의 정책, 인프라(도로), 무역, 자금, 민심의 '5통'이 직면하고 있는 정치적 위험에 대해 우리는 우선 다음과 같은 도전에 적극 대처해야 한다.

1) 미국의 전략적 포위

일대일로는 몇 세대에 걸쳐 각고의 피나는 노력을 지속해야만이 완성할 수 있는 위대한 과업이다. 그렇다면 미국이 주도하는 현행 국제체제 및 글로벌화 관계에 대해 어떻게 현명하게 대처할 것인가? 일대일로에 대해 미국이 채택할 가능성이 높은 방해전략은 다음과 같다.

1. 미국 동맹체제가 일대일로 구축을 방해한다. 일례로 미국과 사우디

아라비아와의 특수한 관계 덕분에 삼고세력이 활개 치는 결과를 초래할 수 있다.

2. 해상 패권을 유지하기 위해 인도·아태전략에 치중하여 두 지역의 군사력을 증강하며 동남아 해양의 영토분쟁을 이용한다. 영유권을 주장하는 국가를 선동하여 이웃나라를 통해 중국을 견제하는 전략을 구사할 수 있다. 이는 '곤용천탄(困龍淺灘)', 즉 용(중국을 비유 – 역주)을 얕은 여울[천탄(淺灘)]에 묶어두고 중국의 해양 굴기를 막으려는 노림수다.

3. 주변국가(특히 미얀마, 베트남, 중앙아시아 국가)의 색깔혁명을 책동한다.

4. 이익집단의 대변인을 통해 중국에 영향력을 행사하며 5대 분리독립 세력인 '5독(五獨)'세력의 합류를 획책한다. 또한 대만의 TPP가입을 추진한다.

5. 일본과 함께 인프라 건설에서의 환경보호와 근로기준 등을 쟁점으로 부각시키고 아시아은행을 통해 아시아인프라투자은행을 저지함으로써 일대일로 명성을 훼손한다.

물론 전략적 분석이란 항상 최악의 경우를 염두에 두고 최상을 지향해야 한다. 실제로 보면 미국은 일방적으로 반대만 하거나, 일대일로 전략에 직접적 압박을 가하지는 않는다. 하지만 미리 대비책을 강구하는 게 최선일 것이다. 중·미 간 신형대국관계(新型大國關係, 시진핑이 제안한 것으로 G2로 부상한 중국과 미국이 동등한 입장에서 관계를 재정립하자는 내용 – 역주)를 구축하여 미국의 전략적 의구심을 해소함으로써 미국의 전략적 방해 및 포위 가능성을 제거할 수 있다. 미국은 실용주의 국가다. 미국의 회사와 개인은 일대일로 전략의 기획과 실행 등에 앞장서서 참여할 가능성도 있다. 이는 미국정부가 발상을 전환하여 기존입장을 바꾸는 계기를 마련해줄 수 있다. 중국도 미국의 이익을 함께 고려해야 한다. 그렇게 해야만 미국이 일대일로를 견인하고 그 개념을 이해할 수 있을 것이다. 또한 중국이 미국의 동맹국과 같은 태도를 취한다면 오히려 미국의 입장 변화를 유도할 수 있다. 이를 통해 일대일로 사업의 발전방향에 유리한 환경, 또는 최소한 방해하지 않는 여건을 조성할 수 있을 것이다.

2) 러시아의 전략적 의구심

역사적으로 실크로드의 흥망성쇠는 러시아, 오스만제국의 흥망성쇠와 밀접한 관련이 있다. 일대일로 구축에 치명적인 위협이 될 수 있는 국가가 해상에서 미국이라면, 육상에서는 러시아라 할 수 있다. 유라시아경제연합은 2015년 1월 1일 정식 가동되었다. 회원국에는 러시아, 벨라루스, 카자흐스탄이 포함된다. 그리고 알바니아, 키르기스스탄이 추가로 신입회원국이 될 전망이며 타지키스탄과 우즈베키스탄도 향후 가입할 가능성을 배제할 수 없다. 키르기스스탄까지 포함하면 3개의 유라시아경제연합의 회원국은 중국과 국경을 접하게 된다. 이중 카자흐스탄과 키르기스스탄은 모두 실크로드 경제벨트의 중요한 국가다. 푸틴 러시아 대통령은 유라시아경제연합은 독립국가연합 지역의 경제성장을 견인하는 엔진으로서 세계 경제의 새로운 중심이 될 것이라고 밝힌 바 있다.

러시아는 실크로드 경제벨트에 대해 한동안 경계심을 드러내고 긴장하는 기색이 역력했다. 러시아를 우회하여 구축되지 않을까 하는 게 그 첫 번째 이유였고, 두 번째는 유라시아경제연합과의 대립을 우려하기 때문이다. 그리고 세 번째는 상하이협력기구를 대체할 수 있다는 노파심 때문이었다. 그러나 끊임없는 접촉을 통해 중국은 마침내 러시아 정부의 지지를 얻어냈다. 그리고 러시아의 극동 개발과 극동 철도 개량작업을 실크로드 경제벨트 프로젝트에 편입시키는 한편, 중국·몽골·러시아 경제회랑의 구축을 통해 러시아의 경제발전을 견인하기로 합의했다. 나아가 유라시아경제연합과 일대일로를 하나로 연결하는 데 동의하게 되었다. 실제로 구체적 방안을 수립하고 이행하면서 러시아의 이익을 항상 우선적으로 고려하며 실크로드 경제벨트와 유라시아경제연합과의 공통분모를 찾기 위해 고민해야 할 것이다. 실크로드 경제벨트는 지역협력을 주도하는 메커니즘으로서 관련 국가와의 분열이 관건은 아니다. 오히려 유라시아경제연합과의 접합 고리를 매끄럽게 연결할 수 있도록 역량을 집중해야 한다. 사실 러시아와의 협력을 추진하는 데 잠재적 걸림돌은 바로 여기에 있다. 유라시아경제연합과 상호연계를 추진함에 있어서 시장규범에 따라 업무를 처리하지 않으며 일대일로의 이념·체제와 서로 융합되지 못하면 이는 기술적인 호환문제보다 더욱 심각한 일이 될 수 있다. 이념적인 합의점을 찾지 못하면 후유증은 더욱 커질 수 있다는 점을 명심해야 한다.

3) 인도의 전략적 비협조

2014년 말에 중국 런민대학 연설에서 인도의 저명한 중국문제 전문가인 셰강은 인도가 일대일로에 아직 지지표명을 하지 않은 이유는 세 가지라고 밝힌 바 있다.

하나는 막대한 비용(8조 달러 규모의 자금 투입)이 소요되기 때문이다. 인도는 실리가 없다고 판단해서 투자를 꺼리고 있다는 것이다.

둘째는 경유지역의 분쟁과 불안 때문이다. 예를 들면 카슈미르 지역을 경유한다든지, 방글라데시·중국·인도·미얀마 경제회랑이 미얀마의 불안정한 지역을 경유하는 부분을 우려하는 것이다. 또한 중국·파키스탄 경제회랑이 불안정한 호형지대를 경유한다는 게 이유다.

세 번째는 중국의 포위망에 둘러싸이게 된다고 염려하고 있다. 특히 육·해상으로 인도의 안보환경을 악화시키며 미국의 개입으로 자국의 독립성에 영향을 받을까 우려하는 것이다. 그러나 인도는 일대일로에 공개적으로 반대를 표명하지는 않았다. 심지어 동북지역을 개방하여 방글라데시·중국·인도·미얀마 경제회랑에 포함시키는 결정까지 내놓았다. 산업단지 및 경제특구 건설에 대한 중국의 축적된 노하우를 높이 평가하여 이 부분은 받아들이기로 결정한 것이다. 인도의 대국으로서의 불안 심리와 안보에 대한 우려를 불식시키려면 중국과 인도는 '중·일 21세기우호위원회'의 형태를 고려해볼 수 있다. 예를 들어, '중·인도 21세기우호위원회'를 설립하여 전략적 협상과 지방교류를 강화하며 민간 싱크탱크 간 교류를 활성화함으로써 양국의 인도양·남중국해에서의 협력개발과 운영의 가능성을 타진해볼 수 있을 것이다.

4) 일본의 전략적 교란

미국의 오랜 우방이자 중국의 전략적 경쟁자인 일본은 일대일로의 성공을 절대 좌시하지는 않을 것이다. 미국과 공동노선을 구축하여 전략적 딴죽걸기에 앞장서는 인솔병이 될 가능성이 높다. 일본은 일대일로의 주변국가를 다년간 관리하고 조정해 왔다. 일대일로가 자신의 치즈를 옮기는 상황에서 다음과 같은 무산전략을 취할 가능성이 있다. 먼저 인도차이나 반도와 벵골만에서의 호연호통 구축에 대해 상반된 주장을 펼칠 수 있다. 또 다른 가능성은 자국의 대외직접투자[FDI]의 강점을 활용하여 일대일로를 무력화할 수 있다는 점이다. 세 번째는 비정부기구를 통해 일대일로 프로젝트를 훼손할 가능성이며, 네 번째는 아시아은행 인프라기금을 통해 중국과 경쟁할 수 있다는 점이다.

물론 일본의 프로젝트 참가 가능성을 완전히 배제할 수는 없다. 한·중··일 자유무역구, 외무장관 회담 및 중·미 신형대국관계의 구축 등 일본의 전략적 교란을 해소할 수 있는 방안이 전혀 없는 것은 아니다. 21세기 해상 실크로드를 북쪽으로 연장해서 한일과 연결되면 이는 동북아의 평화안정을 위해 바람직한 방향이 될 것이다.

그렇다면 이와 관련하여 위협에 대처하는 방안으로는 무엇이 있을까? 바로 양용(兩容), 양분(兩分), 양궤(兩軌)의 개념을 수립하는 게 그 정답이 될 수 있다.

'양용'이란, 우선 현존하는 협력체제에 함께 녹아들어서 겸용이 가능하다는 의미다. 가능하면 별도의 플랫폼을 만들지 않는 방향으로 추진한다. 그리고 또 하나는 러시아, 미국, 유럽, 일본 등 역외 세력을 배척하지 않고 포용하는 방안이다. 미국의 비교우위는 군사동맹체제이며 중국의 비교우위는 인력, 기술, 경험과 지리적 여건이므로 북대서양조약기구와 유럽연합의 협력모델을 참고할 수 있다. 북대서양조약기구는 유럽의 하드 안보를 보장하며 유럽연합은 북대서양조약기구의 소프트 안보를 책임짐으로써 중복과 경쟁을 피했다. 이와 같이 중·미 신형대국관계를 형성하여 일대일로와 함께 융합하는 것이 가능하다.

'양분'이라는 의미는 단독으로 전부를 처리하지 않고 분업하고 책임을 양분한다는 의미다. 이는 마치 중앙은행이 금융투자 전부를 담당할 수 없으며 인민해방군이 국가안보를 전적으로 책임질 수 없는 것과 같은 이치다. 반드시 현지의 이해당사자와 사회적 역량을 한데 집결하여 '나 홀로' 안보를 지키는 것이 아닌, '그들'과 함께 안보를 보장할 수 있도록 해야 한다. 그리고 나 홀로 맞서는 위험이 아니라 그들과 함께 위험을 감당해야 한다.

'양궤'는 바로 연선 및 역외 국가의 다양한 태도와 입장에 대해 아래와 같이 동시에 추진해야 한다는 뜻이다.

첫째, 안보와 경제 두 개의 수레바퀴를 동시에 움직여야 한다. 관련 당사국과의 영토 및 해양주권 갈등에 대해 반드시 양자회담의 형식을 빌려 해결에 나서 해상 실크로드 진척에 영향을 주어서는 안 된다. 미국이 제안한 TPP를 예로 들어보자. 미국이 관련 국가와 쌍방관계에서 이익이 상충되는 것은 없는지 질문하는 사람은 아무도 없을 것이다. 여기에서 우리는 시사점을 찾아야 한다. 해상 실크로드는 지역협력을 추진하는 구상으로서 국제적인 공공재 가치가 있다는 점을 반드시 강조할 필요가 있다. 역사 또는 현실적 이해관계가 상충되었다는 이유로 방해를 받거나 주저해서는 안 된다. 일대일로 프로젝트는 중국이 단독으로 추진하는 전략이 아니라는 점을 각인시킬 필요가 있다.

둘째, 양자와 다자, 두 개의 수레바퀴가 같이 굴러가야 한다. 자유무역구와 투자협정과 같은 연선 국가와의 양자협력은 매우 중요한다. 그리고 다자간 진행되는 경제회랑, 예를 들어 방글라데시·중국·인도·미얀마 경제회랑도 마찬가지로 중요한 전략이다. 이들은 해상과 육상을 하나로 묶는 연결고리의 역할을 한다. 두 전략을 상호 보완해서 장점을 극대화하여 경제협력·호혜공영의 신모델을 공동으로 확대해나가야 한다.

셋째, 남중국해와 인도양에 동시에 집중해야 한다. 남중국해는 해상 실크로드의 중요한 거점이며 인도양은 고대 해상 실크로드의 종착역으로서 아시아, 아프리카와 유럽대륙을 잇는 매우 중요한 지역이다. 두 곳 모두가 유럽 종착역으로 가려면 반드시 거쳐야 하는 길목이다. 과다르 항과 크라 운하를 통해 말라카 해협을 우회하는 방안이 남중국해와 인도양이라는 두 바퀴 수레를 동시에 움직일 수 있는 방안이 될 수 있다.

물론 양궤는 형식이지 목적은 아니다. 최종적으로 양궤는 통합되어 한 몸처럼 움직여야 한다. 외부환경을 살펴보면, 미국이 여전히 실마리를 쥐고 있기 때문에 운 좋게 미국을 피해 가겠다는 요행심리를 버려야 한다. 러시아, 걸프협력기구이사회, 인도, 이란, 터키 등은 주요 노드라 할 수 있으며 유럽연합은 구심점이다. 육상 실크로드 정신을 기반으로 한 해상 실크로드는 개방성, 포용성, 투명성 원칙을 그 무엇보다 강조하고 있다. 해상 실크로드의 협력에서는 관련 당사자의 이익과 입장을 세심히 고려해야 한다. 이를 통해야만 중국의 대외관계가 비로소 새로운 돌파구를 마련할 수 있을 것이다.

마지막으로 유럽을 공략해야 한다. 일대일로는 중국이 일방적으로 추진할 수는 없다. 종착역은 유럽에 있기 때문에 '서쪽'에서 적극적으로 나서야 한다. 특히 유럽의 힘을 빌려 미·중·러 삼각관계를 조화롭게 운영하며 우크라이나 위기를 중재해야 한다. 중국과 유럽의 새로운 전면적 전략 동반자 관계를 통해 양 지역 간 해양협력과 제3자 협력 그리고 네크워크 협력을 추진해야 한다. 또한 정책, 인프라, 무역, 자금, 민심 등 '5통'에 총력을 기울임으로써 일대일로의 리스크를 최소화해야 한다. 유럽연합의 '해상협력기구MCO'의 가입을 유도하며 유럽국가와 함께 중앙아시아와 중동, 서아시아·북아프리카 시장을 관리·운영할 수 있도록 힘을 기울여야 할 것이다. 글로벌 시대의 인터넷 거버넌스의 발언권을 강화하며 미국이 국제인터넷주소관리권IANA을 포기한 절호의 기회에 글로벌 인터넷 거버넌스의 민주화 추진을 위해 공동 협력할 필요가 있다.

2 안보의 위험

　　일대일로 프로젝트는 광활한 지역을 망라하며 많은 지역과 다양한 이해관계가 얽혀 있어서 여러 형태의 정치적 위험에 직면해 있다. 또한 이러한 정치적 위험은 안보 위험과도 밀접한 관련이 있다. 일대일로 전략은 정책입안자뿐만 아니라 실제 프로젝트 수행자가 책임지고 진행하는 사업이다. 그러나 더욱 중요한 점은 일대일로는 중국 국민을 포함한 주변 모든 국가의 국민의 삶과 직결되는, 전 세계인이 공동 추진하는 사업이라는 것이다. 이 위대한 과업 수행은 유라시아 대륙의 모든 국민이 실천을 통해서 현실로 만들 수 있다. 프로젝트를 실제 진행하면서 여러 안보 위협에 직면할 것으로 예상된다. 일대일로 구축과정에서 안보문제를 예의 주시하면서 미리 대비해야만이 프로젝트의 순조로운 이행을 기대할 수 있을 것이다. 구체적으로 예상 가능한 안보 위험은 아래와 같다.

1 · 전통적 안보와 비전통적 안보

　　전통적 안보란 주로 군사, 정치, 외교 등의 분야에서의 안보를 말한다. 국가 간의 군사적 충돌과 주로 관련이 있다. 평화적 굴기를 표방하는 중국은 연선 국가의 무력행위에 대해 무모한 대응과 충돌은 자제하고자 한다. 그러나 중동 등 일부 쟁점지역에서는 역내 국가에서 무장충돌로 인한 위험상황이 발생할 수 있다. 이는 일대일로 구축에 걸림돌로 작용할 가능성이 높다.

그런데 실제로는 비전통적인 안보의 위협에 노출될 가능성이 더 클 것으로 예상된다. 다시 말해 전쟁 이외의 위협을 말하는 것으로 그 범위가 상당히 넓다. 일례로 테러리즘의 위협, 생태계 오염, 정보의 안보, 자원의 안보 등을 들 수 있다. 평화와 발전은 시대적 주류가 되고 있어서 세계적으로 대규모 전쟁의 발발 가능성은 매우 희박해졌다. 따라서 중국은 비전통적 안보분야에 더욱 역점을 두어야 한다. 일대일로 구축과정에서 직면할 안보 위험에 대해 구체적으로 살펴보면 다음과 같다.

1) 자연 위험

일대일로 구축과정은 우선 대자연과의 투쟁과정이라고 할 수 있다. 유라시아 대륙을 횡단하는 프로젝트인 만큼, 자연환경도 다양하며 지형적 다양성으로 인해 각종 자연재해의 위험을 피하기 어렵다. 또한 대다수 재해는 기후조건과 밀접한 관련이 있다. 토사류가 흘러내려 산사태가 일어나는 등 예측 불가능하며 돌발적인 상황에 직면할 수 있다. 일단 자연재해가 발생하면 일대일로 프로젝트의 진척과 품질, 그리고 공사자의 안전까지 영향을 받게 된다. 준공 이후의 유지보수 및 관리에도 차질이 생길 수 있다. 또한 일대일로 프로젝트를 제대로 관리하지 못하면 환경파괴를 가져오기도 한다. 이런 문제는 재정적 손실은 물론이거니와 일대일로 전략의 위상이 추락하는 결과를 초래할 것이다. 객관적인 자연 위험은 지리적 요인과 밀접한 관련이 있으며 대부분 불가항력적인 것으로 안보에 위협이 된다. 이러한 위험요소를 철저히 감시하여 분석·예측할 수 있도록 경보체제를 완비할 필요가 있다.

2) 환경 위험

중국정부는 녹색 실크로드 개념을 창의적으로 도입해서 공식 문서를 통해 발표한 바 있다. 이는 일대일로 구축과정에서 환경보호에 역점을 두어 책임 있는 태도로 합리적으로 개발을 추진한다는 의미다. 또한 무분별한 개발은 억제하는 한편, 과학기술을 도입하여 환경 위험에 대응한다는 의미이기도 하다. 즉 경제발전을 추진함과 동시에, 맑고 푸른 아름다운 강산을 만든다는 뜻이다. 현재 상황을 보면 일대일로의 많은 연선 국가의 경우 생태환경이 취약하며 환경정비에 대한 경험과 기술도 부족한 실정이다. 일단 환경파괴가 일어나면 강력한 파괴력을 발휘하게 마련이다. 이 경우 그 여파가 상당할 것이다. 예를 들어, 초원의 사막화가 발생하면 급속도로 확산되어 대규모의 인적·물적 비용이 정비작업에 투입된다. 도로와 철도를 건설할 때 인적이 드문 깊숙한 지역으로 진입하게 되면 야생동물의 터전을 뺏는 결과를 초래하기도 한다. 이외에도 기사나 승객이 투기한 쓰레기가 도로에 장기간 방치되어 쌓이게 되면 환경오염으로 몸살을 앓게 될 것이다. 따라서 연선 국가와 정책 소통 및 공조를 통해 일대일로 구축의 환경표준을 제정하며 엄격히 시행할 필요가 있다. 일대일로의 기타 농공업 건설 프로젝트도 환경 위험에 직면할 수 있다. 대규모의 광산 채굴로 인해 토지는 훼손되며 분진과 폐수, 폐기물 오염 등이 발생할 수 있다.

다른 공업분야도 예외는 아니다. 전해 알루미늄의 대기오염과 방직염료의 하수오염 등도 간과할 수 없다. 또한 농업 생산 중에서 과도한 방목과 무분별한 산림개간, 초대형 농업프로젝트의 맹목적 전개 등이 모두 생태환경의 파괴를 유발하는 요인이 되므로 각별히 주의를 기울여야 한다.

특히 유의해야 할 점은 자연 위험이 정치적 위험으로 확산될 수 있다는 사실이다. 예를 들어, 동남아 일부 하천에서 오수가 방출되어 다른 여러 국가에 오염이 전이되면 다국적 쟁점사안으로 변질될 수 있다. 가령 일부 중앙아시아지역에서 과도한 용수와 어획활동을 진행하여 가뜩이나 수자원이 부족한 중앙아시아지역이 큰 타격을 입을 수도 있다. 앞서 언급한 여러 사례가 발생하면 비단 환경파괴에 그치는 것이 아니라 일대일로 연선 국가의 내부단결을 와해시키게 된다. 따라서 실제 개발과정에서 공동체 의식을 정착시키는 게 무엇보다 중요하다. 즉 하나가 무너지면 전체가 타격을 입어 와해된다. 따라서 비록 보잘것없는 성공일지라도 전체의 성공으로 이어진다는 공감대가 형성되어야 한다.

3) 극단세력의 위협

일대일로 주변에는 많은 극단세력이 있다. 이 가운데 일부 세력은 상당한 파괴력과 작전 경험을 보유하고 있다. 현재 중동지역에서 활약하는 이슬람극단주의세력[ISIS]이 그 일례라 할 수 있다. 이슬람국가의 경우 시리아와 이라크 전쟁의 조직적 이용을 통해 급속도로 성장하여 국제테러리즘의 주축이 되었다. 이는 시리아와 이라크 양국 정권을 위협할 뿐 아니라 파급효과가 막강하여 지역 및 전 세계 안전에 심각한 도전이 되고 있다.[7] 중동지역에서의 일대일로 프로젝트는 이슬람국가[IS]의 영향을 받아 지연될 가능성을 배제할 수 없다.

현재 중앙아시아와 아프리카, 동남아시아지역은 중동화될 위험에 노출되어 있으며 그 가능성은 더욱 커졌다. 일대일로 연선 국가의 극단주의 세력은 프로젝트를 출범시키기 전부터 이미 존재하고 있었다. 극단주의 조직은 내부적으로 이데올로기나 파워 면에서 각기 성향이 다르다. 분류를 보면 중앙아시아와 중동지역에는 광신도로 이루어진 종교조직이 비교적 많은 편이며, 동남아시아와 아프리카지역에는 세속화된 극단조직어 대부분이다.

광적인 종교 극단주의는 구성원 상하 모두 종교적인 극단사상을 신봉한다. 때문에 현실적인 정치적 이해관계는 거의 고려하지 않으며 게릴라 형태로 이곳저곳을 들쑤셔 돌발공격을 진행하기도 한다. 마찬가지로 도처에서 공격도 받는다. 새로운 구성원을 쉽게 수용하지 못할뿐더러 빈번한 이동으로 인해 규모가 크지는 않다. 그러나 전투력과 의지만큼은 매우 강력한 조직이다.

세속화된 극단조직은 비록 종교라는 탈을 쓰고 있지만 상층 지도부는 실제로는 극단주의 사상을 이용하여 병력을 모을 뿐이다. 따라서 이런 조직은 더욱 많은 구성원을 수용하고 정책적으로도 융통성이 있으며 생존력도 강한 편이다. 실익이 없다고 판단한 공격은 포기하기도 한다. 방대하고

---

7) **둥만위안** | 《'이슬람국' 굴기의 영향 및 전망('伊斯蘭國'崛起的影響及前景)》,〈국제문제연구(國際問題研究)〉, 2014년 제5기

느슨한 조직적 특성상 공격력은 다소 떨어지며 구성원의 충성도나 전투력도 미약한 편이다.

군사적 성향을 보면 극단주의 세력은 거의 대부분 기본 전투력을 갖추고 있기 때문에 일대일로 구축에 위협요소가 된다. 중앙아시아와 중동 등 지역의 극단조직의 조직원들은 소련, 미국, 영국 등의 군대와 전투한 경험이 상당히 풍부하며 정규군대에 참가했던 조직원도 있다. 특히 미국이 중동과 아프가니스탄에 출병한 이후, 첨단기술이 갖춰진 환경에서 정규부대에 맞서 전투한 경험이 있다. 게다가 차량행렬과 거점을 공격한 경험도 있어서 비교적 강력한 전투력을 보유하고 있다고 평가된다. 동남아시아의 무장조직의 경우는 장기간 각국 정부군과 전투를 해 왔다. 현지 지형과 기후특성을 이용한 매복전에 능하며 습격 이후 신속히 몸을 숨기는 등 강한 생존력을 보인다. 이에 비해 아프리카의 많은 무장조직은 인원은 많은 편이지만 훈련이 부족하여 거친 전쟁에 익숙하지 않고 공방전에 약하다. 대신 기동성은 뛰어나며 현지의 정치와 사회 여건을 활용하여 자신을 보호하는 데 능한 편이다.

일대일로 구상의 이데올로기 성향과 역할을 감안할 때 극단주의 세력이 일대일로 구축을 방해할 가능성이 있다.

먼저 이데올로기 측면에서 일대일로는 각종 극단세력과 상충된다. 일대일로는 지역의 부를 창출하고 창출한 부를 공유하는 데 근본 취지가 있다. 반면 극단조직은 현 정권을 타파하여 국가권력을 장악하는 것을 목표로 삼고 있다. 따라서 양자 간 갈등은 불을 보듯 뻔하다. 세속화된 극단조직의 경우는 처음부터 일대일로 구축사업에 무턱대고 맞서지는 않을 것이다. 그러나 조직 내부의 구성원이 복잡하여 수하에 일부 광신도가 포함된 경우에는 제멋대로 독단적 행동을 할 가능성이 있다. 또한 내부에 다양한 극단조직이 혼재한 지역은 내분이나 알력으로 인한 갈등을 피할 수 없으며 내부 경쟁이 야기될 수도 있다. 일대일로 구축 프로젝트를 진행하면서 프로젝트를 보호한다는 명목으로 꼼수를 부리는 극단조직이 나타날 수도 있다. 즉 자신들의 경쟁자를 공격하기 위한 수단으로 일대일로를 악용할 수 있다는 것이다. 이외에도 현지정부와 협력강화를 통해 사업을 진행할 때, 해당정부와 갈등을 빚고 있는 극단조직이 그 표적을 일대일로로 전환해서 공격할 수 있다는 점을 명심해야 한다.

다음으로 일대일로의 역할이 극단조직의 생존과 발전에 불리하기 때문에 반격을 받을 수도 있다. 일대일로 구상을 추진하기 위해서는 상호 정책소통 외에도 도로건설 등 인프라 건설 프로젝트를 진행하게 된다. 이러한 포용적인 발전모델은 각국의 공동번영을 촉진하여 국가 간 교류 및 이해증진에 크게 기여할 것이다. 또한 역내 민족·역사·정치적인 분쟁 해소에도 긍정적 역할을 하며 전 지역의 전반적인 환경개선에도 큰 도움이 된다. 한마디로 지역경제 번영에 대한 일대일로의 영향력은 막강할 것으로 예상된다. 그런데 극단세력 입장에서 보면 자신의 조직 구성 및 강화 측면에서 이는 오히려 매우 불리한 환경으로 비쳐질 것이다. 국가관계가 점차 개선되면 극단조직이 이용 가능한 각종 갈등 요소가 줄어든다는 의미다. 조직을 끊임없이 확장하여 뿌리내리는 데 한계에 봉착하며 다국적 활동을 전개할 수 있는 여지도 줄어들 것이다. 또한 중국정부가 현지정부와 협력활동을 강화하면 극단조직을 와해시킬 수 있는 강력한 힘을 행사할 수 있다.

이외에도 극단조직의 중요한 잠재적 구성원은 일반대중인데 포섭 가능한 대중의 절대적 숫자도 대폭 감소할 것이다. 왜냐하면 일대일로를 통해 경제가 활기를 되찾고 삶이 윤택해지면 극단조직은 더 이상 환심과 회유를 통해 조직원을 확보하기 어려워져서 결국에는 존재기반 자체가 흔들리는 위험에 직면할 것이기 때문이다. 다시 말해 이들의 사회적 영향력이 점차 사라진다는 의미다. 이러한 이유 때문에 극단세력이 일대일로 구상에 공감하여 함께 융합되는 것은 거의 불가능한 일이라 할 수 있다. 따라서 실제 현장에서 프로젝트를 수행하면서 이에 대해 더욱 경계하고 대비해야 한다.

4) 비정부기구의 위협

일대일로 구상을 추진하면서 서방 국가를 주축으로 설립된 비정부기구의 군중동원, 항의시위 등 여러 리스크에 직면할 가능성이 있다. 일대일로 구상이 제기되기 전에 중국은 해외 프로젝트를 추진하는 과정에서 항의시위 등 강력한 저항에 부닥친 적이 있다. 따라서 이에 대해 특히 예의주시할 필요가 있다.

통상 이런 종류의 항의시위를 살펴보면 군중동원은 대부분 비정부기구가 주축이 되어 진행한다. 현지에서 열성적인 활동가를 모집해서 대중운동을 전개하는 형태다. 비정부기구의 홍보전략은 상당히 치밀하고 탁월하다. 학생과 청년층을 주요 표적으로 삼으며 도덕과 인권 등의 쟁점사안을 공략 포인트로 정한다. 그리고 현지민의 사상이념이 미처 정립되지 않은 상황을 이용해서 소기의 목적을 달성한다. 예를 들어, 일대일로의 구축을 위해서는 많은 자원 관련 기업을 설립해야 한다. 이에 따른 교통운수업과 중·경공업의 발전은 자연스러운 추세라 할 수 있다. 바로 이때 비정부기구가 등장한다. 그리고 일대일로는 소재국의 자원을 약탈하며 생태환경의 파괴를 조장한다고 비난하고 군중을 동원하여 프로젝트를 보이콧할 가능성이 있다. 사업 초기에 대규모의 항의시위가 벌어지는 것이다. 정치가 불안정한 국가에서는 심지어 여러 세력이 여기에 편승·합류하면서 대규모 소요나 색깔혁명으로 격화될 수도 있다.

실제 프로젝트를 수행하다 보면 비정부기구가 근본적인 솔루션을 제시하는 경우는 거의 없다. 때문에 대부분 비난의 화살은 정부에 돌아갈 가능성이 높다. 중국의 선의적인 정책이나 시도에 대해서조차 비정부기구는 '중국위협론'을 들먹이면서 역내 주도권 확보를 위한 행위라고 폄훼할 것이다. 바로 이러한 형태로 서방 국가의 대중국 방해활동을 마치 현지주민과 현지정부·중국과의 이분법적 갈등인 것처럼 교묘하게 포장한다. 또 다른 한편으로 문제의 핵심을 생태와 인권으로 그 레벨을 격상시킨 뒤에 서방세계의 보편적 가치를 주입시키는 활동을 전개한다. 결국 이러한 문제를 정치와 국제적인 쟁점으로 부각시켜 일대일로의 역할을 평가절하 하려는 게 궁극적 목적이다. 일대일로의 사업 자체만 놓고 보면 군중집회나 항의시위 활동으로 인해 주로 두 가지 측면에서 영향을 받을 것으로 예상된다.

먼저 하나는, 프로젝트의 조업정지 사태가 발생할 수 있다. 일대일로 프로젝트의 경우 인프라 시설의 개통 및 상호연동을 통해 능동적으로 사업을 추진해야 한다. 그런데 비정부기구의 선동으로 주요 교통간선에서 군중이 집결하여 연좌시위라도 벌이게 되면 차량소통 자체가 아예 불가능해진다. 구소련이 해체되기 직전에 일찍이 소련으로부터 분리·독립을 요구하던 리투아니아 등 민족주의자들은 바로 이런 형태의 집단 항의시위를 벌였었다. 만약 일대일로 연선 국가의 수도 부근에서 이런 사태가 발생하면 도시에 식량 공급이 중단되는 등 정치적 불안으로 확산될 가능성이 있다. 우리는 이런 상황에 대처해본 경험도 부족하며 실행 가능한 대비책을 마련하지 못한 상황이다.

다음으로 이러한 활동을 극단세력이 악용할 가능성이 있다. 극단세력이 혼란한 분위기를 틈타 집회나 항의시위에 적극 가담하여 시위자들을 엄호하다 보면 이러한 집회활동은 폭력적으로 변질된다. 만약 극단세력이 시위군중의 집결지를 습격이라도 하게 되면 대규모 사상자가 발생하여 사태는 걷잡을 수 없이 최악으로 흐를 것이다.

이러한 군중집회와 항의시위의 문제 역시 극단주의 문제와 마찬가지로 일대일로의 틀 안에서 해결하도록 노력해야 한다. 일대일로의 구축을 통해 해당지역의 전반적인 경제성장을 유도함으로써 현존하는 역내의 사회적 갈등을 해소해나가야 한다. 건설 시행사 측에서도 현지주민을 외면만 할 게 아니라 그들과 적극 소통하며 그들의 애로사항과 요구에 귀 기울이고 이해하는 게 중요하다. 일대일로 구축에 동참할 수 있도록 포용의 자세로 현지인을 받아들여야 한다. 무엇보다 중요한 것은 현지의 실제상황에 입각하여 현지주민의 이익을 위해 진지하게 고민해야 한다는 점이다. 중국이 진행하는 프로젝트의 취지가 과연 무엇이며 또한 왜 현지에서 프로젝트를 진행하는지에 대해서 현지주민, 특히 청년층이 공감할 수 있도록 해야 한다. 궁극적으로 일대일로 프로젝트가 자신들의 사업이라는 주체의식을 심어주는 게 중요하다.

5) 해상안보의 위험

21세기 해상 실크로드 프로젝트는 세계 여러 국가의 유명한 해협을 경유하기 때문에 해상안보에도 위험요소가 존재하고 있다. 해적 문제만 해도 최근 몇 년간 각국이 연대하여 해적 소탕을 위해 공동 대처하고 있지만 뚜렷한 성과를 거두지 못하고 있으며 아직도 도처에서 해적이 출몰하고 있다. 일대일로 프로젝트를 진행하면서 반드시 효율적인 관리감독 기구를 마련하여 선상 안전요원 배치 등의 문제를 해결해야 한다. 뿐만 아니라 해적이 창궐한 수역에 진입할 때는 지역국가와의 협력을 강화하여 해적 대응프로그램을 전개함으로써 위험에 공동 대응하는 게 중요하다. 중국과 유럽은 소말리아 지역에서 반해적 활동에 연대함으로써 유사한 위협에 성공사례를 제공해야 한다.

2 · 국내 안보와 국제 안보

－

1) 국내 정책 설계와 실행

일대일로는 지속성을 가지고 끈기 있게 추진해야 하는 장기 프로젝트다. 실제 틀을 만들고 체제를 구축할 때 현실적으로 모든 것을 완벽하게 진행하기는 어렵다. 필자는 프로젝트 수립과 관련하여 다음과 같이 몇 가지 짧은 견해를 피력하고자 한다. 실제 프로젝트 수행 시 구체적인 효과를 검토, 검증할 필요가 있을 것이다.

먼저 일대일로의 프로젝트 설계를 살펴보면 프로젝트의 항목은 많은 반면, 이와 관련된 제반 보호조치는 미흡하다. 만약 누군가가 체제의 약점을 집중 공략하려고 마음만 먹으면 힘들이지 않고 쉽게 최상의 효과를 거둘지도 모른다. 일대일로는 많은 프로젝트를 동시에 전개해야 한다. 하지만 실제 건설현장에 있는 건설업자들은 무장한 상태도 아니며 군사훈련이나 전투경험도 없다. 따라서 진행되는 수많은 프로젝트 전체를 보호하는 데는 한계가 있게 마련이다. 예를 들면 일대일로의 현지 공장이나 광산은 거의 대부분 거주민이 없는 외지일 가능성이 높아서 지원을 받기까지 상당한 시간이 소요될 수 있다. 만약 극단세력의 기습공격을 받게 된다면 순식간에 점령당할 가능성이 높다. 도로와 철도 등 교통망은 한번 구축에 들어가면 그 커버리지가 수백 수천 킬로미터에 달한다. 지역도 광범위해서 곳곳에 인력을 분산해서 보초를 세울 수도 없는 상황인데 한 곳이라도 통신라인이 절단되면 전체 네트워크가 마비상태에 빠지게 될 것이다.

다음으로 일대일로는 막대한 노동력이 투입되는 프로젝트이다 보니 문제가 발생할 확률도 그만큼 높다. 중국은 현지의 인프라 건설에 협조하고 지원하기 위해서 인력을 수출하는 경우가 많다. 이때 인력 양성에 문제가 생길 수 있다. 전문가와 엔지니어를 양성할 때는 뛰어난 기술력을 보유하면서도 현지 사정에 밝은 인력이 절실히 필요하다. 현지에 신속하고 효율적으로 적응하여 역량을 집중해서 프로젝트에 투입되어야 한다. 이외에도 수출인력의 현지 정착문제도 있다. 예를 들어, 직원의 신변과 재산을 국가 전략차원에서 보호할 필요가 있다. 또한 프로젝트를 수행할 때 현지에서도 많은 노동력을 수용해야 한다. 그런데 인력관리를 제대로 하지 못한 경우에도 적지 않은 문제점이 발생할 수 있다. 실제로 운영하다 보면 투입인력이 워낙 많다 보니 모든 직원들을 하나하나 세심하게 챙기기도 어려우며 총괄적 관리도 쉽지 않을 것이다. 이런 상황에서 극단조직의 조직원이 잠입할 가능성이 있다. 평상시에는 프로젝트에 참여하여 정보를 수집하다가 공격이 개시되면 내부적으로 지원하면서 도발을 조장하는 것이다. 이 외에도 극단세력은 인질을 납치하여 정부를 위협하고 협상을 요구할 가능성도 있는데 이 또한 프로젝트 건설 일정을 지연시키는 등 부정적 영향을 미칠 것이다. 따라서 우리는 이러한 비전통적 안보문제에 특히 심혈을 기울일 필요가 있다.

이러한 문제를 구체적으로 해결하려면 관건은 바로 장기위험을 단기위험으로 전환하는 것이다. 정부 문서에서도 이를 다음과 같이 언급한 바 있다.

"1년여 동안 중국정부는 일대일로를 적극 추진하기 위해 연선 국가와의 소통 및 협상을 강화하며 실무협력을 추진해 왔다. 또한 일련의 정책 및 대책을 시행하여 조속한 시일 내에 성과를 거두기 위해 총력을 기울일 것이다."

이러한 기본개념을 한층 강화하여 체제 및 구조·기능을 끊임없이 완비해나가야 한다. 또한 이와 동시에 여러 국가와 안보협력체제를 구축하는 게 절실히 필요하다. 지역별 실정에 맞는 정책설계를 진행하며 정치적 수단을 적극 활용하여 위협에 대응함으로써 극단세력을 단호히 근절해야 한다. 이외에도 일대일로의 강점을 충분히 발휘하며 실크로드의 개방·포용 정신을 계승하여 중국 발전의 '홍리'를 함께 누리도록 해야 한다. 해당지역의 일반대중이 실크로드의 장점을 직접 실감토록 한다면 진정한 의미의 민심상통이 이루어질 것이다.

일대일로 구상이 제기되자 국내외의 많은 이목이 집중되었다. 이 과정에서 일대일로 정책에 대한 해석도 제각각이어서 국내외적으로 통일된 의견을 기대하기 어려운 게 사실이다. 이는 일대일로 구축에 영향을 줄 수밖에 없다. 일대일로 구상을 제안한 이후 중국은 2015년 3월 28일 정부 문서를 통해 그 의미를 정식으로 밝힌 바 있다. 그런데 그전에 서방세계는 일대일로에 대한 해석을 이미 마친 상태였다. 서방의 해석 중에는 일대일로와 '중국위협론'을 연계한 경우도 있었으며 일대일로 정책을 둘러싸고 제국주의, 식민주의, 지역의 주도권을 위한 포석이라는 등 편파적이고 부적절한 해석이 난무하기 시작했다. 오늘날 서방사회는 막강한 발언권을 가지고 있다. 따라서 대다수 개도국은 서방 국가의 영향을 받게 마련이다. 중국 정책에 대한 오해도 당연히 깊어질 수밖에 없다. 이러한 왜곡에 대해 공식 문서를 통해 입장을 밝혔듯이 일대일로 구축과정에서 중국은 호혜와 공영을 견지해나갈 것이다. 다시 말해 관련국의 이익과 입장을 함께 고려하여 이익과 협력의 최대공통분모를 모색하며 다양한 지혜와 아이디어를 수렴할 계획이다. 상호 장점을 발휘하여 맡은 바 역할을 해낸다면 잠재력과 경쟁우위를 충분히 발휘할 수 있다. 중국은 실제 행동을 통해 전 세계에 믿음을 주고 노력하는 모습을 보여주면서 여러 국가와 협력을 진행하고자 한다. 나아가 여론환경을 개선함으로써 공동의 발전을 이룰 수 있을 것으로 확신한다.

국내의 경우 현재 지역별 각 성에서는 국가 국책사업에서 소외되지 않고 수혜를 받기 위해 일대일로 익스프레스에 탑승하고자 안간힘을 쓰고 있다. 신장, 산시(陝西), 간쑤, 닝샤, 산시(山西), 칭하이, 충칭, 쓰촨, 윈난, 장쑤, 저장, 산동, 후베이, 푸젠, 허난, 구이저우, 시짱 등 17개 성·구·시 등이 실크로드 경제벨트를 2014년 정부 업무보고에 포함시켰다. 이들의 경제 규모는 전체의 55.9%에 육박한다.[8] 하지만 17개 지역에서 일부 조항이 겹치거나 구조와 기능이 중복되는 현상이 나타나서 불필요한 인적·재정적 낭비를 초래하고 있다. 따라서 각 성에서는 실수요에 맞는 정책을 제정해야 한다. 정부 문서에서 언급한 지역별 목표와 위상을 토대로 지역 현실에 부합한 정책을 마련해야지 대세에 무조건 편승해서는 안 된다는 점을 명심해야 한다. 이는 일대일로 구축사업이 지역발전 견인, 동·서부 불균형 발전 해소의 역할을 제대로 수행하여 개혁개방을 심화하는 데 반드시 전제되어야 한다.

이상은 국내 정책 설계의 위험에 대한 설명이다. 이외에도 실제로 정책을 수행하다 보면 여러 문제와 사고가 발생하여 일대일로 구축에 걸림돌이 될 가능성이 있다. 여러 번 강조한 바와 같이 일대일로는 인프라연통, 즉 기초설비의 연동 및 개통을 추진해야 하는 사업이다. 그런데 국가별 자연환경이 천차만별이므로 진정한 의미의 호연호통을 구현하려면 수많은 난관을 헤쳐 나가야 한다. 국내 철도사업의 급속한 발전에 따라 중국은 사막, 아열대숲, 고원, 고랭지대 등에서 레일을 건설한 노하우를 가지고 있

---

8) **궈팡, 셰웨이** | 《'일대일로' : 신글로벌시대의 경제(一帶一路 : 新全球化時代的經濟)》, 〈중국경제주간(中國經濟週刊)〉, 2014년 8월

다. 그러나 이러한 노하우가 다른 국가에도 그대로 적용되기는 어렵다. 국가별 시공 장소가 모두 다르며 현지여건도 제각각이기 때문에 예상치 못한 문제에 직면할 수 있다. 고속철도, 도로, 광산 등 모든 건설 프로젝트는 시공품질에 엄격한 기준이 요구된다. 국민의 생명과 안전에 직결되는 문제이기 때문이다. 어떤 형태의 사고라도 언제든지 정치적 사안으로 변질되어 정책 시행의 발목을 잡을 수 있다는 점을 유의해야 한다.

해외에서 시공을 진행할 때도 많은 어려움에 직면할 수 있으므로 사전에 준비하여 대비할 필요가 있다.

이러한 문제 중에 첫째, 정보수집의 어려움을 들 수 있다. 국내 시공은 지질·수질자료 등 필요한 정보를 쉽게 수집할 수 있으며 관련 조직과의 협력도 빨라 신속하게 진행할 수 있다. 하지만 해외에서는 자료수집도 만만치 않고 현지에서의 개발 경험도 미흡한 경우가 대부분이다. 특히 일부 후진국에서는 현장 실사가 난항을 겪거나 대규모 프로젝트의 시행 경험 부족 등 수많은 잠재적 자연 위험에 노출될 가능성이 높다. 심지어 문제점 자체를 미처 파악하지 못한 채 지나쳐서 준공 후 사고로 이어질 수도 있다. 중국이 현장 실사와 건설계획에 동의했다면 위험요인을 발견하고 문제를 해결하는 것도 전적으로 중국이 책임져야 한다. 게다가 국내와 국제적인 통용표준이라 할지라도 현지의 특수상황에 반드시 적용되는 것은 아니다. 따라서 실제 시공을 진행할 때 지역별 특성에 맞게 조율이 필요하며 현실적인 실행정책을 수립하여 사고를 미연에 예방해야 한다. 현장 실사와 설계·시공 등의 분야에서 더욱 엄격하고 높은 기준을 요구하는 것도 바로 이 때문이다.

둘째, 선정한 부지의 특수성을 들 수 있다. 부지의 특성상, 실제 시공건축 과정에서 사고가 발생할 수 있다는 점이다. 광산과 석유 채굴 등의 프로젝트의 경우 이미 그 자체가 상당한 위험성이 따르는 사업이다. 그런데 일대일로의 프로젝트 부지는 대부분 인프라가 취약한 국가이거나 인적이 드문 외진 지역일 가능성이 높다. 사고가 발행했을 경우 응급구조대 및 의료진의 신속한 현장 파견 대책, 특히 다수 부상자의 병원이송 방안 등을 충분히 고려해야 한다. 또한 건설현장에 투입되는 현지인력의 안전교육도 사전에 준비할 필요가 있다.

돌발사고의 발생 가능성을 늘 염두에 두고 프로젝트를 수행해야 하며 그 가능성은 주로 다음 세 가지로 요약된다.

첫째, 도로와 철도, 특히 고속철도가 완공되면 넓은 지역에 걸쳐 노선이 구축되기 때문에 돌발적인 자연재해의 발생 가능성도 그만큼 클 수밖에 없다. 따라서 사고 상황을 즉시 발견하여 제때 문제를 해결해야만 원활한 도로소통을 보장할 수 있다. 이외에도 도로 인프라가 노후하여 파손될 가능성도 배제할 수 없다. 일례로 비나 홍수 등으로 전기시설이 합선되거나 도로 노반이 씻겨 나가며 산사태로 철도가 두절되는 등의 여러 문제가 발생할 수 있다. 초원·산림지대의 경우에는 야생동물이 수시로 출몰하여 도로를 가로막거나 철로에 부딪히면서 대형사고로 이어질 가능성도 있다. 고속철도의 경우 이른바 '가오톄(高鐵, 고속철도 - 역주) 외교'가 붐을 일으키면서 현재 중국의 가오톄 사업은 핵심적인 해외건설 프로젝트로 급성장했다. 일대일로 구상에서 고속철도는 매우 큰 비중을 차지하는 인프라다. 여러 지역을 연결하면서 부(富)·인력 이동의 매개체 역할을 하는 고속철도는 실제로 프로젝트를 수행하는 과정에서 인력양성·유지보수·응급조치 등 수많은 문제에 직면할 것이다. 인력양성도 중요하지만 이와 동시에 철로순시원·배차원·운전기사·유지보수 인력 등의 자질을 갖추도록 훈련하여 배치해야 한다. 또한 선진기술을 활용한 설비개선작업을 통해 안정성 제고에도 만전을 기할 필요가 있다. 교통노선 전반에 걸쳐 효율적인 관제시스템을 구축하며 철도의 정기적인 유지보수를 실시하여 잠재적 사고위험을 최소화해야 한다. 이외에도 현지국가의 철도 관련 부처와 소통을 강화하여 공조체제를 마련해야 한다. 이를 통해 정기검사 및 체계적인 상호교육을 실시하여 철도의 안전운행을 공동으로 보장해야 할 것이다.

둘째, 수상교통의 경우에 중국은 연선 국가의 항구 상황에 대해서는 이미 잘 숙지하고 있는 편이다. 그러나 사고의 가능성은 항상 존재하게 마련이다. 현재 선박마다 각종 전용·겸용의 조난설비를 갖추고 있지만 막상 사고가 발생했을 때 현장 구조능력이 취약한 일부 국가는 문제가 될 수 있다. 따라서 항만시설과 더불어 체계적이고 효율적인 구조체계를 수립하는 데 역점을 두어야 한다.

셋째, 부적절한 난개발로 인해 자연자원을 영구적으로 훼손할 수 있다는 점을 명심해야 한다. 일례로 탄광에 화재가 발생하면 지하 석탄층에 불이 붙어 석탄자원을 낭비할 뿐 아니라 채굴작업에 어려움을 겪게 된다. 또한 지표 식생(植生)을 파괴하여 심각한 대기오염을 유발할 수 있으며, 오일·천연가스 채굴에도 여러 환경적 위험이 뒤따른다. 중국, 미국, 인도, 인도네시아 등의 국가는 이 부분에서 교훈을 얻은 바 있다. 석탄층의 화재를 정비하기까지 막대한 자금과 기술, 인력과 물자가 소요되며 이런 작업은 장기간 진행되는 대공사라 할 수 있다. 한번 발생하면 일대일로의 구축 및 관련 국가에 막대한 후유증을 초래할 것이다.

2) 각 지역에 대한 공격 및 연합

일대일로는 전 세계를 대상으로 구축되는 대규모 프로젝트다. 연선 국가와 주변지역은 자연·사회 환경이 매우 복잡하며 다양한 세력이 혼재해 있다. 만약 극단세력이 연합하여 일대일로 주변에서 동시다발적인 행동을 불사한다면 이는 치명적 타격이 될 수 있다.

지역적으로 어디에서나 일대일로에 대한 공격 가능성을 배제할 수 없다.

중앙아시아와 중동지역은 광활한 평야가 끝없이 펼쳐져서 방어하기 어려운 곳이다. 또한 주요 교통노선이 지형이 험난하여 매복이 쉬운 산간지역을 통과하는 경우도 적지 않다. 특히 평야지역의 경우 기동성 강화에 유리하기 때문에 극단세력이 평상시에 분산해 있다가 습격 준비를 위해 신속히 집결하여 강력한 공격력을 발휘하기 좋은 곳이라 할 수 있다. 또한 고원지대에 비해 기동성을 크게 높일 수 있는 지역으로 극단세력이 위장하기에도 좋은 여건을 갖추고 있다. 평상시에는 유목민으로 위장하여 후방 보급을 손쉽게 할 수 있으며 신분 확인이 어렵기 때문에 은폐하기에 매우 유리한 것이다.

동남아는 높은 산과 울창한 산림지역이 많다. 따라서 지리적으로 교통노선의 양 끝단과 프로젝트 선정부지의 사면이 산림으로 둘러싸여 있는 경우가 많다. 완충지대가 부족하다 보니 차량과 열차가 습격당하기 쉬운 환경이다. 건축물이든 도로든 열대·아열대숲에서 파손되면 복구에 더욱 어려움이 있다는 점을 염두에 두어야 한다. 동남아지역에서 해상운수업도 비슷한 문제에 직면해 있다. 이 지역의 하천은 굽이져 있으며 물의 흐름이 완만하여 양쪽 해안 모두 밀림인 경우가 많다. 상선이나 순시선 모두 저속 운항해야 하기 때문에 습격을 피하기 어려운 것이다. 또한 하천지역의 해적들은 하천 연안 부근에 초목 등으로 대규모 병기를 은폐해 둔다. 사정거리와 병력이 열악한 사항을 보완하기 위해서다. 이 또한 해상운수업에 엄청난 위협이 될 수 있다. 만약 하천을 따라 동시에 수뢰나 장애물을 매설하거나 해적선, 심지어 폭파정을 민간 어선으로 위장하고 습격한다면 그 파괴력은 막강할 것이다.

아프리카에서는 그 지형과 기후특징 면에서 중동과 중앙아시아, 동남아시아의 특징이 종합적으로 나타난다. 문제점도 지역별 특징을 종합해서 출현될 가능성이 있다. 또한 지역도 매우 광범위하기 때문에 극단세력이 국경을 넘나들며 도피한다면 더욱 심각한 사태를 초래할 수 있다.

여러 지역의 극단세력이 역내 극단세력과 연합하여 방해한다면 일대일로 구축에 차질이 생길 수 있으므로 이에 대한 대응책도 준비해야 한다. 앞서 언급한 중동지역의 색깔혁명과 삼고세력을 일례로 좀 더 자세히 설명하자면 이러하다. 색깔혁명과 삼고세력은 지리적으로 역내 불안을 조성하는 세력이다. 그런데 일대일로 사업이 본격화되고 활발히 전개되면 이 두 세력에게는 타격이 될 수밖에 없으며 이들 세력이 연합하는 빌미가 될 수 있다는 점에 각별히 유의할 필요가 있다. 물론 색깔혁명과 삼고세력이 결탁한다 해도 공개적으로 단시일 내에 결탁을 시도하지는 않을 것으로 예상된다. 구체적으로 설명하자면 색깔혁명의 구호는 '민주 자유'와 '서방 문명'이다. 따라서 공개적으로 삼고세력과 합류하려면 비폭력의 감투를 벗어던져야 가능하다. 하지만 이 경우 추종자를 잃게 되어 직접적인 치명타를 입게 될 뿐 아니라 서방 국가의 심기를 건드리게 된다. 삼고세력과의 통합을 통해서 자신의 이익을 극대화하기 어렵다고 판단할 가능성이 높다.

삼고세력의 주축은 테러리즘, 분리주의, 극단주의 세력이다. 그런데 삼고세력의 입장에서도 현재 충분한 활동공간을 확보하고 있기 때문에 색깔혁명과 합류한다면 오히려 색깔혁명으로 인해 자유로운 활동에 제약을 받을 수 있다. 따라서 가까운 시일 내에 두 세력이 공개적인 연합을 추진할 가능성은 낮다고 판단된다. 그러나 일대일로 구축사업이 계속 진행되고 발전하면서 사회적 체제가 안정화되면 경제적으로도 윤택해질 것이며 이는 곧 색깔혁명과 삼고세력의 운신의 폭이 그만큼 축소된다는 뜻이기도 하다. 두 세력은 활동의 연속성을 확보하기 위해서 장기적으로 볼 때 특정 사안을 목표로 삼아 서로 연합할 가능성이 있다. 일례로 중앙아시아에서 대규모 프로젝트를 진행한다고 가정해보자. 현재 중국의 수많은 기업 투자가 일대일로 건설의 심장부라 불리는 중앙아시아의 핵심파트에 집중되어 있다. 이러한 핵심프로젝트는 무역창통과 자금융통을 실현하며 인프라 시설을 강화하는 데 중요한 역할을 한다. 이는 극단세력에 매우 불리한 상황이 될 수 있다. 색깔혁명과 삼고세력 모두 일대일로의 경제·무역 관련 핵심프로젝트를 예의 주시하며 대비할 것이며, 현실적으로 이 분야에서 두 세력의 연합 가능성을 예측할 수 있다. 정도의 차이는 있겠지만 이 두 세력과 실랑이를 벌이면서 분쟁이 발생한다면 각국 정부와 상하이협력기구의 자원이 분산될 뿐 아니라 단기적으로는 인력과 자원을 집중하지 못해 공정이 길어지고 진척이 늦어지는 부작용이 초래될 수 있다. 게다가 이로 인해 일대일로의 명성에 금이 가고 민심상통에도 불리한 여건이 형성되는 것이다.

전반적으로 본 챕터에서는 전통과 비전통, 국내와 국제, 두 가지 각도에서 일대일로의 안보 위험에 대해 서술했다. 사실 실제 프로젝트를 진행하다 보면 현장에서는 더욱 다양한 위험에 노출될 수 있다. 필자는 단지 전형적인 몇 가지 사례를 들어 이해를 돕고자 했다. 일대일로 구상을 구체화하는 과정에서 실제 현장에서는 경제와 정치, 문화 등 다양한 분야에서 복잡다단한 문제가 속출할 것으로 예상된다. 따라서 지역 실정을 고려하여 해당국가와 성실히 소통하며 냉철하고 신중한 태도로 문제해결을 위해 공동으로 노력해야 한다.

3   경제적
위험

'실크로드 경제벨트와 21세기 해상 실크로드의 공동 건설 추진에 대한 미래비전과 행동(이하 '일대일로의 미래비전과 행동')'은 혁신적인 경제발전 모델이다. 실크로드 경제벨트를 통해 유라시아 대륙을 통합하여 세계적으로 가장 생동감 넘치는 양대 경제권을 연결할 계획이다. 이를 통해 중국의 경제발전 이익을 함께 나누며, 전체의 번영과 발전을 위해 총력을 기울일 것이다. '일대일로 미래비전과 행동' 문서에서 밝힌 바와 같이 중국은 대외개방의 기본국책을 일관되게 견지하며 전방위적 대외개방 신체제를 구축하여 세계경제체제와 강도 높은 융합을 추진할 것이다.

1 · 경제적 위험 개황

글로벌 경제는 2014년에 다소 회복 기미를 보였으나 여전히 침체상태를 벗어나지 못한 채 2.6% 성장에 그쳤다.[9] 대부분 국가의 GDP 성장률은 글로벌 금융위기 전보다 뚜렷한 하락을 보이고 있다. 또한 선진국의 경제 양극화 현상은 심화되고 있으며 개발도상국의 성장률은 현저

---

9) 참고 | 국제연합 '2015년 세계경제형세 및 전망보고'

한 둔화세를 보이고 있다. 21세기는 평화, 발전, 협력, 공영을 키워드로 하는 새로운 시대다. 일대일로는 아시아와 아프리카, 유럽 대륙 및 주변 해양의 호연호통에 역점을 두어 전방위·다층적·복합형의 호연호통 네트워크를 구축할 것이다. 이를 통해 다양하고 민주적이며 균형적이고 지속가능한 연선 국가의 발전을 실현할 것이다. 현재 글로벌 경제는 침체에서 회복하지 못하고 있으며 국제 및 지역 정세는 매우 복잡하게 얽혀 있다. 이러한 상황에서 일대일로 구축의 경제적 위험에 대해 더욱 경계하고 대비할 필요가 있다. 글로벌 경제에 기여하여 성과를 거둘 수 있도록 일대일로 사업의 안정성을 보호해야 한다.

1) 단기적으로 글로벌 통화정책의 분화의 위험을 경계해야 한다

최근 몇 년간 글로벌 경제는 불균형한 성장을 보이면서 주요 국가의 통화정책도 차별적으로 분화되는 추세를 보이고 있다. 미국 중앙은행인 미연방준비제도Fed는 2014년 10월 말에 정식으로 양적완화QE 정책을 내놓았으며 2015년 하반기에 금리인상을 예고했다. 일본도 역사상 최대 규모의 양적완화정책인 QQE를 실시했다. 스위스, 덴마크, 캐나다, 터키 등의 국가가 잇달아 금리인하 조치를 단행한 이후 유럽 중앙은행은 2015년 3월 9일에 유럽판 양적완화 통화정책을 정식 가동했다. 유로존의 인플레이션이 2%로 회복할 때까지 매월 600억 유로의 자산을 구입하기로 결정한 것이다. 글로벌 저금리시대는 미연방준비제도가 QE정책을 종료한다 해도 이와 무관하게 지속될 전망이다.

2007년의 글로벌 금융위기 이후 선진국의 통화완화정책으로 인해 대량의 자금이 신흥시장에 유입되었다. 미연방준비제도가 일단 금리인상 조치를 시행하면 신흥경제국은 자본유출 및 자국통화의 평가절하 등 이중고에 시달리게 된다. 이는 신흥경제국에는 상당한 타격이 된다. 일대일로 주변은 대부분 개발도상국으로서 금융 인프라의 취약, 자본의 관리감독의 미흡 등 다양한 문제를 가지고 있다. 따라서 선진국의 통화정책에 민감하게 반응할 수밖에 없는 시장이다. 인도네시아와 러시아, 터키 등 일부 국가는 심각한 경상수지 적자와 과도한 부채 증가로 인해 고통을 겪고 있다. 또한 현지 채권시장의 경우만 해도 외국투자자의 참여비중이 높은 편이라서 외부 리스크에 대한 종합대응력은 매우 취약한 상황이라 할 수 있다. 선진국의 통화정책이 급변하면 이들 연선 국가의 자본시장은 엄청난 타격을 입게 되며 심지어 해외자본의 유동성에도 위협요소가 될 수 있다.

그리고 주요 경제국의 통화정책이 다극화 양상을 보이면 자본의 흐름도 마찬가지로 각기 다른 방향으로 흐르게 된다. 정규·비정규적인 대규모 통화정책으로 인해 과잉 유동성의 연회가 열리는 것이다. 비록 단기적으로 급한 불을 끌 수 있을지는 모르겠지만 이러한 자금은 신흥경제국의 경제와 금융에 불안정한 요소로 작용한다. 일대일로 정책의 제안국가이자 실행국가로서, 그리고 최대 신흥경제국으로서 중국은 유럽과 미국, 일본 등 선진국의 통화정책이 가져올 자본의 유·출입 위험을 반드시 경계해야 한다. 또한 일대일로 연선 국가들도 주요 선진국의 차별적 통화정책과 통화정책의 급변으로 인해 위험에 직면할 수 있으며 중국에까지 그 여파를 미칠 수 있으므로 특히 예의 주시할 필요가 있다.

이외에도 세계 주요 국가의 차별적인 통화정책의 영향으로 글로벌 외환시장의 정세는 각기 다른 모습을 나타내고 있다. 2014년 달러지수는 12.5% 상승했으며 유로화의 바스켓통화에 대한 무역가중환율^{Trade-weighted} ^{exchange rates}은 12% 하락했다. 러시아 루블화는 73% 이상 평가절하 되었다. 또한 일대일로 주요 연선 국가도 평가절하의 최대 재난지역이 되었다. 일대일로 연선 국가와 러시아에서 투자와 무역을 추진했던 기업에는 아마 거액의 외환차손이 발생했을 것이다. 이론적으로는 헤징수단을 이용하여 리스크를 관리하는 것이 가능하다. 그러나 러시아를 비롯한 일대일로 주변의 많은 국가는 자본통제 국가에 속한다. 금융수단이 부족하여 기업도 헤징수단을 찾기 어려운 환경에 있다. 따라서 특히 이 부분에 대한 리스크 대비가 절대적으로 필요하다. 향후 글로벌 통화정책에는 계속 엇갈리는 분화 현상이 나타날 것으로 예상되며 이로 인해 각 국가는 환율 등락이 반복되는 불안한 정세에 직면할 것으로 예측된다. 일대일로 사업에서 환리스크를 예의 주시하여 환율파동의 피해를 최소화할 수 있도록 대비해야 한다.

2) 중장기적으로 글로벌 경제 구조조정에 의한 위험을 경계해야 한다

현재 글로벌 통화정책과 자금에서 분화현상이 나타나는 배경을 살펴보면 국가별 경제금융구조가 각기 다르기 때문이라 할 수 있다. 다만 한 가지 사실은 예측 가능하다. 바로 선진국이든 신흥경제국이든 모두 그 경제체제가 심각한 구조조정기에 진입했다는 점이다. 이는 향후 글로벌 경제에 불확실성을 가중시킬 것이다. 특히 글로벌 금융위기 이후 선진국이든 개발도상국이든 대다수 국가의 경제구조가 이미 금융위기 이전과 같은 고속성장을 유지하기 어려우며 성장률 둔화의 위기에 직면해 있다. 일례로 유럽은 국가부채위기가 발생하자 막대한 채무압박에 시달려야 했다. 그리스는 삼두마차 [10]가 제시한, 긴축재정을 핵심으로 한 개혁안을 수용할 수밖에 없었으며, 긴축재정은 다시 경제위축을 가속화시키는 악순환이 지금까지 계속되고 있다. 지금은 스스로 발을 뺄 수 없는 사면초가 상황에 처해 있다. 그리스 내부적으로 긴축안에 대한 불만이 팽배해지면서 한때 그리스가 유로존에서 탈퇴하는 게 아니냐는 의구심이 일기도 했다.

　유럽 채무위기는 아직까지 먹구름이 가시지 않고 있다. 그리스 채무위기를 통해 유럽연합과 유럽중앙은행, 국제통화기금이 주도하는 재정긴축 일변도의 강력한 수단이 결코 최선의 선택은 아니라는 점이 드러났다. 단기적인 구제보다는 근본적인 경제구조조정이 필요하다는 반증이다. 그리스가 속해 있는 유로존 경제는 유럽중앙은행이 양적완화 통화정책을 실시하면서 어느 정도 개선되었다. 그러나 경제회복 전망은 여전히 불투명하다. 미국을 비롯한 많은 선진국은 단기적으로 재정지출을 통한 총 수요의 균형을 어떻게 하면 유지할지 고민하고 있다. 또한 장기적으로는 재정적 안정성을 어떻게 보장할지 고심하고 있다. 개발도상국의 경우는 지속되는 실물경제의 성장률 둔화라는 문제와 자본유입의 역전 현상으로 골머리를 앓고 있다. 경제성장 전망도 성장률이 더욱 둔화되거나 장기적으로 둔화세를 유지할 것으로 예상된다. 이는 결국 글로벌 경제가 총체적인 구조조정기에 이미 진입했다는 사실을 의미한다.

---

10) 본문에서는 유럽연맹위원회, 유럽중앙은행, 국제통화기금을 가리킨다.

일대일로 프로젝트는 복합적인 요소가 유기적으로 연결된 방대한 사업이다. 또한 발전수준과 경제구조가 상이한 여러 국가가 참여하는 프로젝트다. 여러 국가와 협력하는 과정에서 중국은 경제구조조정을 주도적이고 적극적으로 추진해야 하며 국가별 경제구조조정의 단계를 수시로 점검하고 평가할 필요가 있다. 역내 국가가 경제구조조정의 여파로 인해 일대일로 구축에 위협요소가 될 수 있기 때문에 이를 항상 경계하고 대비해야 한다.

3) 프로젝트 시행과정에서 투자 및 자금조달의 위험을 경계해야 한다

자금융통은 일대일로 건설의 중요한 기반이다. 일대일로 연선 국가에는 인프라 건설 분야에서 막대한 자금부족 현상이 존재한다. 아시아개발은행에 따르면 2020년 전까지 아시아지역은 매년 인프라 건설에 대한 투자수요가 7천300억 달러에 이를 전망이다. 그런데 현존하는 다자기구에 의존해서는 이처럼 막대한 자금을 충당하기 어렵다. 현재 일대일로 구축을 지원하는 주요 자금출처로는 아시아인프라투자은행, 실크로드기금, 브릭스개발은행, 상하이협력기구은행, 그리고 일대일로의 자금조달 플랫폼이 있다. 지난해 3월 28일 중국 국가발전개혁위원회, 외교부, 상무부가 공동 발표한 '실크로드 경제벨트와 21세기 해상 실크로드의 공동 건설 추진에 대한 미래비전과 행동' 문서의 내용을 살펴보자.

"연선 국가의 정부와 신용등급이 비교적 높은 기업 및 금융기구에 대해서는, 이들의 중국 내 위안화 채권발행을 지원할 계획이다. 또한 조건에 부합되는 중국 내 금융기구 및 기업은 역외에서 위안화 채권과 외화채권을 발행할 수 있으며 연선 국가에서 융통한 자금을 사용할 수 있도록 독려할 것이다."

자금조달을 위한 내용에는 금융관리감독의 협력 강화, 관리감독협력에 관한 쌍방 양해각서의 체결, 그리고 고효율의 관리감독협조체제의 점진적 구축 등의 업무도 포함된다. 리스크 대응 및 위기관리제도를 완비하며 역내 금융리스크 경보시스템을 구축함으로써 역외 리스크 대응 및 위기관리에 대한 교류협력체제를 조성할 것이다. 이외에도 신용조회 관리부서 및 조직을 강화하여 신용등급평가기구의 국제 교류 및 협력을 추진할 계획이다. 실크로드기금 및 국부펀드를 충분히 활용하며 상업용 주식형펀드와 사회자금이 일대일로 핵심프로젝트에 공동 참여할 수 있도록 유도해야 한다.

4) 국가부채와 지방채무 위험에 대비해야 한다

현재 유럽 일부 국가의 정부부채와 재정적자율은 각각 60%와 국제적 경계선인 3% 이상에 육박하기 때문에 연선 국가 및 지역의 부채에 각별히 주목할 필요가 있다. 또한 현재 국내 지방정부의 채무수준이 높은 편에 속하는데 일대일로의 인프라 구축 등에 투자·융자가 진행될 경우 기존 채무수준은 더욱 높아질 수 있다. 물론 경제성장과 금융개혁 추진에 따라 지방정부의 채무수준이 낮아지길 기대하고 있다.

현재 국내 대다수 지역은 일대일로 구축 및 국유기업 개혁에 심혈을 기울이고 있다. 일부 지역은 구체적인 세수지원정책을 마련하여 발 빠르게 움직이고 있으며 경제의 신성장동력으로 키우기 위해 노력하고 있다. PPP 모델(민관협력사업-역주)에 지방정부가 역점을 두면서 사회자본이 인프라 건설에 참여할 기회가 늘어날 전망이다. 그런데 국내 지방정부가 부채상환 최고조 시기를 아직 넘기지 않았다는 점과, 일대일로 건설에 새로운 자금이 계속 투입되어야 하는 상황 때문에 지방정부의 채무수준이 더욱 악화될 가능성도 있다. 이외에도 보아오 아시아포럼 저우원중 사무국장도 글로벌 채무규모의 증가율이 전 세계 GDP 성장률보다 높다고 밝힌 바 있다. 따라서 일대일로 프로젝트를 추진하면서 국내 채무수준이 지속적으로 높은 상황을 경계해야 함은 물론, 협력대상에 대한 구체적인 분석을 통해 글로벌 채무위기로 인해 프로젝트에 차질이 생기지 않도록 미리 대비해야 한다.

투자 측면에서도 투자자금이 부족할 수 있는 위험에 대비할 필요가 있다. 일대일로에는 인프라 프로젝트가 많이 포함되어서 투자규모도 방대하며 회수기간도 길다. 따라서 이익 회수 여부와 발생 가능한 리스크에 대해 투자 전에 철저히 평가해야 한다. 예를 들면 이신어우 철도의 경우 컨테이너가 만적된 상태에서 출발하면 통관시간이 길어질 수 있다. 따라서 통관시간을 단축해서 회전율을 높여 원가를 낮추는 방안도 검토될 수 있다. 연선 국가의 정권교체로 인해 자금회수가 불가능해지거나 협력프로젝트를 부당하게 취소하는 등의 위협요소도 고려해야 한다. 바로 중국-태국 고속철도, 중국-미얀마 수력발전소, 그리스 피레아스 항구의 수출금지 등의 사건이 그 예라 할 수 있다. 따라서 정책적 소통을 강화하며 현지 정부 및 국민과 다각도로 소통을 조율하는 게 매우 중요하다. 미얀마 미트소네 수력발전소 프로젝트의 방치사례나 키르기스스탄의 금광채굴 프로젝트를 둘러싼 현지주민과의 충돌 발생 등과 같은 유사한 사건이 발생되지 않도록 각별히 유의하여 대비할 필요가 있다.

이외에도 지정학적 요소에 의해 거시경제가 영향을 받지 않도록 해야한다. 현재 러시아와 우크라이나의 분쟁, 중동 정세 등 지정학적 정세가 악화일로를 걷고 있다. 이는 해당지역의 불안을 초래함은 물론, 투자심리를 급속히 냉각시켜 국제자본이 해당지역에서 빠져나감으로써 국내외의 자금 부족현상에 직면할 수 있다. 한편으로 해당지역에서 에너지와 광산 등 벌크상품의 교역 불안을 조성할 수 있다. 일대일로를 구축하면서 앞서 언급한 모든 상황을 철저히 대비하는 데 총력을 기울여야 할 것이다.

현재 글로벌 경제는 침체에서 좀처럼 벗어나지 못한 채 허덕이고 있다. 선진국과 신흥국의 경제성장 흐름세도 제각각이다. 국제무역이 위축되며 대외직접투자가 감소하고 있다. 또한 벌크상품의 가격 불안과 에너지 부족 및 통화 구매력의 하락 등의 문제도 간과할 수 없다. 이러한 일련의 문제는 일대일로 연선 국가의 경제성장에 직접적인 영향을 가져올 것으로 예상된다.

2 · 경제적 위험의 표출양상

중국은 아시아, 나아가 전 세계의 미래 경제성장 엔진으로서 협력과 상생을 통해 함께 발전하여 경제발전의 성과를 공유하고자 한다. 이를 위해서는 우선 연선 지역 및 국가의 거시경제 위험요소를 고려해야 한다. 정책을 수립하고 이행함에 있어 경제적 위험을 냉철히 분석하여 위험 요소를 회피함으로써 실크로드의 강점을 최대한 발휘해야 할 것이다.

먼저 자금 제공자로서 중국은 자금회수가 불가능할 수 있다. 자금을 제공한 국가에서 정변이 발생할 경우 어떻게 자금을 회수할 것인지에 대해서도 사전에 검토가 필요하다. 이는 지극히 현실적인 문제다. 따라서 선진국과의 정책공조가 절대적이다. 특히 수출신용보증의 기능을 최대한 활용하는 데 주력할 필요가 있다. '파리 클럽^{Paris Club}(국가 간 채무문제를 해결하기 위한 채권국들의 협의체다. - 역주)'과 '베른 유니언^{Berne Union}' 등의 관련 기구에 적극 참여하여 국제적 협력을 이끌어내야 한다. 정부 문서에서도 강조한 바와 같이 협력의 파이를 가능한 한 크고 좋게 만들 수 있도록 노력을 기울여야 한다.

다음으로 국가와 기업은 기술혁신의 원동력 부족으로 인한 위기에 직면할 수 있다. 중국은 국내산업의 해외이전을 추진하고 있다. 그렇다고 중국 산업의 메커니즘이 완벽하다는 의미는 아니다. 끊임없는 혁신을 통해 지역별 다양한 수요에 부응해야 하는 이유다. 또한 일대일로 구축이 진행될수록 중국의 상품시장은 지속적으로 확대되고 기업이윤은 증가할 것이다. 그러다 보면 과학기술 분야의 혁신은 가속도를 잃게 되어 결국 새로운 혁신을 추진할 동력도 부족해질 가능성이 있다.

이외에도 중국은 납세의식도 부족하며 관리감독 및 통제시스템이 미흡한 편이다. 혹여 맹목적인 '묻지 마' 투자열풍이 일어난다면 새로운 채무우환을 키우는 격이 된다. 15년 전에도 중국의 채무위기의 원흉은 국유기업이었다. 지금은 중국의 지방정부가 채무위기의 복병이라 할 수도 있다.

만약 지금부터 위험관리에 총력을 기울이지 않는다면 15년 후의 채무원흉은 아마도 외국 정부나 기업이 될 가능성도 있다. 그때 가서 채무위기를 과연 무슨 수로 극복할 것인가?[11]

이러한 경제적 위험은 구체적으로 다음 몇 가지로 살펴볼 수 있다.

1) 거시적 위험

글로벌 경제통합의 가속화는 21세기 들어 전 세계 경제의 가장 큰 흐름이자 특징이라 할 수 있다. 중국이 일대일로 프로젝트를 추진한다는 의미는 해외에서 자본과 기술을 도입하는 인진래 전략에서 벗어나 인진래와 주출거 전략을 병행하여 추진하는 중요한 구조전환 시기에 진입했다는 것을 뜻한다. 또한 일대일로 프로젝트의 구축은 연선 국가와의 협력을 강화하여 상호 영향력을 확대해가는 중요한 과정이다. 대외개방 전략을 추진하여 글로벌 경제에 편입되는 것은 대세이며 유일한 선택이다. 다만 부정적인 면은 자국경제가 외부 경제파동에 과도하게 노출되어 거세게 요동칠 수 있다는 점이다. 이러한 상황에서 여러 국가의 경제체제, 경제운영구조, 경제 기능 및 특성, 개방의 정도, 관리감독제도, 국제체제와의 경제통합의 정도와 안정도 등 다양한 거시경제요소를 반드시 고려해야 한다. 국가에 따라 경제체제와 운영 메커니즘 및 관리감독의 강도 등은 제각각이다. 따라서 협력을 진행할 때 국가별로 직면할 불확실성도 매번 다를

---

11) 웨이자닝(魏加寧) | 《'일대일로' 전략이 직면할 가능성이 있는 위험을 경계하라(警惕'一帶一路'戰略可能面臨的風險)》, 〈21세기경제보도(21世紀經濟報道)〉, 2015년 3월 11일

수밖에 없다.

그리고 다자협력이 필요한 프로젝트의 경우는 상황이 더욱 복잡하다. 특히 일대일로 연선 국가는 면적이 작은 편이다. 또한 인구와 경제규모 면에서도 차이가 있어서 경제 자주권을 우려하는 등, 여러 이유를 들어 중국처럼 방대한 규모의 경제주체와의 협력을 꺼릴 수 있다. 따라서 협력 초기에는 예상처럼 진척이 더딜 수 있다는 점을 염두에 두어야 한다.

거시적으로 보면 일대일로의 주요 자금원은 아시아인프라투자은행과 실크로드기금이다. 이 두 체제가 출범될 때 발생 가능했던 문제점에 대해 적극 대응해야 한다.

2013년에 시진핑 주석이 인도네시아를 방문했을 때 공식적으로 처음 아시아인프라투자은행의 설립을 제안했다. 1년 이후 중국과 인도, 싱가포르 등 21개 국가는 북경에서 '아시아인프라투자은행 설립에 관한 정부 간 기본양해각서'를 체결했다. 2015년 4월 15일 현재까지, 참여의사를 밝힌 창립회원국 수는 57개국으로 증가했다. 이들 국가는 오스트리아, 호주, 아제르바이잔, 방글라데시, 브라질, 브루나이, 캄보디아, 중국, 덴마크, 이집트, 프랑스, 네덜란드, 그루지야, 독일, 아이슬란드, 인도, 인도네시아, 이란, 이스라엘, 요르단, 카자흐스탄, 한국, 쿠웨이트, 키르기스스탄, 라오스, 룩셈부르크, 말레이시아, 몰디브, 몰타, 몽골, 미얀마, 네팔, 네덜란드, 뉴질랜드, 노르웨이, 오만, 파키스탄, 필리핀, 폴란드, 포르투갈, 카타르, 러시아, 사우디아라비아, 싱가포르, 남아프리카공화국, 스페인, 스리랑카, 스웨덴, 스위스, 타지키스탄, 태국, 터키, 아랍에미리트, 영국, 우즈베키스탄과 베트남 등이다. 아시아인프라투자은행은 아시아지역의 정부 간 다자 개발기구다. 다자간 개발은행 모델과 원칙에 따라 운영할 계획이며 아시아지역의 인프라 건설 지원이 주된 목적이다. 아시아인프라투자은행은 세계은행과 아시아은행 등 기타의 다자·양자 기구와 함께 긴밀히 협력하여 역내 협력 및 동반자 관계를 구축하고자 한다. 이러한 협력체제를 통해 발전과정에서 직면할 위기와 도전에 공동 대처하며 자금이용률을 높일 수 있다. 또한 인프라 건설 관련 자금조달을 확대함으로써 개발도상국의 호혜와 공영을 추진하는 데 주력할 것이다. 아시아인프라투자은행의 창립은 비록 중국이 제안했지만 실제 운영할 때 재정적인 도전에 직면할 수 있다. 예를 들어, 유럽국가가 참여의 대가로서 자국이익을 위한 더욱 많은 경영지분을 요구할 수 있다. 국가 및 지역의 지분 구성에 대해서도 어떻게 균형을 맞출 것인지, 중국의 지혜가 절실히 필요한 부분이다. 이외에도 아시아인프라투자은행 내 아시아 국가는 유럽에 비해 경제적으로 낙후한 편이며 인프라도 취약하다. 따라서 아시아인프라투자은행의 투자수익률도 핵심쟁점 중 하나다. 아시아인프라투자은행의 출범은 분명 미·일 양국의 이익에 어떤 형태로는 영향을 미칠 수 있다. 이는 달러화에 대한 도전이나 다름없기 때문에 미·일과의 경제적 갈등을 초래할 가능성이 있다. 따라서 일대일로 프로젝트를 진행하면서 중국은 각 국가와의 화합에 더욱 주력하며 능숙한 외교술을 동원하여 협력의 최대공통분모를 모색해야 한다. 아시아인프라투자은행의 설립이 순조롭게 마무리되어 일대일로 구축의 견고한 기틀이 마련되기를 기대한다.

2014년 11월 8일 시진핑 주석은 APEC 지도자 비공식회의에서 '상호연결을 통해 발전을 견인하고 동반자와의 협력을 강화한다'는 주제로 연설하면서 중국이 400억 달러를 출연하여 실크로드기금을 조성한다고 발표했다. 이는 일대일로 사업의 순조로운 전개를 보장하기 위한 것이다. 아시아인프라투자은행과 유사하게 실크로드기금은 자금원을 해결하는 데 큰 의미가 있다. 하지만 이 또한 마찬가지로 경제적 난제에 직면해 있다. 예를 들어, 중국은 실크로드기금의 경제적 수단과 일대일로의 정치적 전략 간의 관계를 균형 있게 다뤄야 한다. 정치와 경제를 동시에 고려해서 판단해야 하는 어려움이 있다. 또한 실크로드기금 관리경험 측면에서 볼 때, 비록 과거에 중국·아프리카기금 등 유사한 프로젝트를 운영한 적도 있지만 실질적인 경제운영을 지도해줄 디렉터 기능이 부족하다. 자금의 지출 및 이용, 예산수립, 재무심사 및 비준 등 전반적인 과정에서 경제문제가 나타날 확률이 높다. 따라서 이 부분에 각별히 유의할 필요가 있다.

이상에서 언급한 여러 가지 거시적 측면의 불확실성과 의구심은 결국에는 협력과정에서 걸림돌이 되어 갈등을 야기할 수 있다. 일대일로의 해외진출 과정에서 상대국가의 거시경제상황을 충분히 파악하여 어디에 위험요소가 있는지 고려해야 한다. 해외투자 기업이라면 마땅히 거시경제 및 국제관계에 대한 안목을 갖추어 강력한 위기관리체제를 수립해야 할 것이다.

2) 산업의 위험

일대일로는 중국의 국가전략이며 동시에 세계의 발전전략이라고 할 수 있다. 일대일로 구축은 중국의 과잉 생산력을 해소하여 산업의 해외 진출을 이루어내야 하는 막중한 책임을 짊어지고 있다. 또한 연선 국가의 산업구조 고도화와 경제의 공동발전이라는 책임도 지고 있다. 따라서 일대일로 구축은 중국 산업의 해외진출 절차를 충분히 고려하면서 연선 국가의 산업구조와 시장 크기, 산업고도화 추세 및 미래의 시장 변화 등을 면밀히 검토하고 고려해야 한다. 만약 단편적인 판단으로 무모한 투자를 진행하면 일대일로 연선 국가의 산업구조 기형화를 초래할 수 있으므로 특히 주의를 기울여야 한다.

경제발전을 이루려면 균형적인 경제구조가 뒷받침되어야 한다. 다시 말해 농공업의 병행발전을 추구해야 하며 특히 현지의 경쟁우위 산업과 전통산업에 활력을 제공하는 방향으로 사업이 추진되어야 한다. 중국은 현재 경제적으로 대국이며 정치적으로는 강국이다. 그런데 아직도 사상적으로 독립하지 못해 서방경제학 교과서의 범위에서 한 치도 벗어나지 못하는 사람이 있다. 이들은 과거 서방의 사고방식에 따라 중국을 너무나 당연하게 상품시장과 원자재 생산지로 생각했다. 그리고 이제는 또다시 연선 국가와 제3세계를 상품시장과 원자재 생산지로 간주하고 여기에서 최대한 토지와 노동, 자원 등의 생산요소를 얻으려 한다.

일대일로 연선 국가는 각자 전통적인 경쟁우위 산업을 보유하고 있다는 사실을 명심해야 한다. 중앙아시아의 경우만 해도 일부 공업은 상당히 발달했으며 현재는 산업의 구조전환과 고도화에 직면해 있다. 뿐만 아니라 농업 및 기타 산업에서도 막대한 잠재력을 가지고 있다. 중앙아시아, 중동, 아프리카, 동남아의 광활한 지역은 전란과 정세 혼란으로 농업은 피폐해지고 서민들은 궁핍해졌으며 국가는 혼란에 빠지는 악순환이 계속되어왔다. 한편, 경제발전의 모델을 살펴보자. 현지의 자원을 채굴하여 이를 가공한 뒤에 중국 또는 현지국가에 다시 판매한다고 가정해본다면, 경제 규모는 확대할 수 있지만 대부분의 서민은 이득을 얻을 수 없게 된다. 단지 제조업 종사 직원의 수입만 증가할 뿐이다. 만약 현지국민이 저임금에만 계속 의지한 채, 경제발전의 실익을 제대로 누리지 못한다면 해당국가의 경제는 피폐해지고 활력을 잃을 것이다. 제조업의 발전조차도 중국이 지속적으로 투자해야만 가능해진다. 이런 현상이 초래되면 해당국가의 정부에 비난의 화살이 쏠리게 된다. 그러면 일대일로 사업이 국내발전과 생활수준의 향상에 기여한다는 사실을 지역 국민에게 제대로 알릴 기회조차 없어진다. 결국에는 일대일로의 파급효과를 반감시키는 부정적 영향을 초래할 수밖에 없다.

그렇다면 제조업과 농공업의 균형적 발전을 어떻게 실현할 것인가? 이는 중국의 의리관을 시험대에 올려놓는 질문일 것이다. 농업은 나라의 근본이며 국민의 삶을 안정시키고 행복을 누리게 하는 가장 기본이 되는 분야다. 한 국가의 '밥 먹는' 문제를 우선 해결해야만 미래의 발전도 논할 수 있는 것이다. 이는 중국과 세계 발전의 역사를 통해 이미 알고 있는 결론이자 시대가 흘러도 변하지 않는 진리다. 일대일로가 연선 국가의 농공업을 전반적으로 발전시키며, 특히 이들의 전통 우위산업을 발전시키는 것은 중국이 일대일로 제안에 얼마나 진정성을 담고 있는지를 보여주는 시금석이 될 것이다. 이는 다른 국가 및 지역의 원조계획과 자금철수계획, 인수합병 계획, 그리고 마셜플랜 등과 비교해서 일대일로 전략이 얼마나 차별성이 있는지를 직접 확인시켜주는 부분이다. 또한 수많은 억측과 공격에 대한 해답이 될 수 있다.

'실크로드 경제벨트와 21세기 해상 실크로드의 공동 건설 추진에 대한 미래비전과 행동'에서 밝힌 바와 같이 중국의 산업협력은 심층적이며 광범위하게 추진될 것이다. 문서에서는 산업협력 분야에서 무역분야의 확대와 무역구조의 특화를 특히 강조하고 있다. 또한 무역의 새로운 성장엔진을 발굴하는 데 역량을 집중하며 균형적인 무역발전을 근간으로 무역의 안정화를 추구할 것을 주문하고 있다. 이러한 무역 안정화의 기반 위에 상호 투자영역을 확대하는 데 주안점을 두어야 한다. 농업과 목축업, 어업 분야 등 전통적 산업에서 신에너지와 신소재 등 신흥 산업분야로 확대하라는 의미다. 경쟁우위를 최대한 발휘하여 호혜와 공영을 실현한다면 산업혁신분야에서 밀도 있는 협력을 추진할 수 있다. 이 밖에도 정부 문서에서는 산업가치사슬에서의 분업구조를 개선함으로써 업스트림·다운스트림과 관련 산업의 조화로운 발전을 추진할 계획이라고 명확히 밝히고 있다. 또한 연구개발, 생산, 판매 시스템의 수립을 독려하여 지역산업 관련 토털 서비스의 제공 수준과 종합경쟁력을 강화할 계획이라고 언급했다. 뿐만 아니라 중국은 혁신적인 녹색 실크로드 계획을 제안한 바 있다. 계획에 따르면, 생태계 환경의 정비와 생물다양성 보호를 강조하고 있다. 또한 세계 각 국가와 기후변화의 공동대응에 관련한 협력을 추진할 것임을 밝히고 있다. 이는 국내에서 생태건설을 추진하겠다는 의지의 표명이며 동시에 중국이 국제적인 책임을 다하며 글로벌 거버넌스에 적극 참여하겠다는 뜻이기도 하다.

3) 위기대응체제 미흡

중국의 전면적인 개혁개방은 새로운 생산력을 필요로 한다. 또한 중국의 경제력이 해외시장에까지 그 파급효과를 발휘할 수 있어야 한다. 특히 자본분야의 경우 과거에는 중국이 외국의 자본을 도입했다면 이제는 중국의 자본을 수출해야 한다. 중국 기업이 해외진출을 추진할 때 국제적 안목, 국제법률 및 경영노하우, 국제 인력풀의 확보, 소재국에 대한 이해도 등이 부족한 상태에서 제대로 준비하고 대비하지 않는다면 상응하는 위기 대응체제도 구축할 수 없을 것이다. 특히 일대일로 사업에는 대규모의 인프라 건설 프로젝트 등 투자규모가 방대한 사업이 포함되어 있다. 투자기간은 길면서 당장의 투자효과를 기대하기 어려운 프로젝트가 대부분이다. 이러한 프로젝트의 잠재적 위험에 대해 어떻게 대응책을 마련하여 기업의 손실을 줄일 것인지에 대해 반드시 심사숙고해야 한다.

4) 현대 서비스업의 제반 기능 부족

현대 서비스업은 경제 글로벌화의 중요한 부분으로 경쟁우위가 특히 두드러지는 분야라 할 수 있다. 현대 서비스업에서 국제경영관리, 선진적 회계제도, 세무 관리 및 자문, 회계 및 회계감사 자문 등은 해외진출에서 반드시 필요한 분야다. 그런데 중국은 서비스업의 국제적 경쟁력이 취약한 편이다. 주로 나타나는 현상을 살펴보면 다음과 같다. 외자이용률이 저조한 편으로 대부분 전통적인 여행업과 노동 수출에 집중되어 있다. 지식집약형과 기술집약형 서비스업의 비중은 비교적 낮다. 또한 중국 서비스 기업의 경영관리와 마케팅 수준, 규모 등은 국제적인 서비스 기업에 비해 훨씬 뒤떨어져 있다. 중국 기업이 해외진출을 시도할 때 국제화 수준의 전문서비스를 제공하는 데 특히 역점을 두며 조속한 시일 내에 국제관례를 숙지하여 국제적인 비즈니스체제에 적용해야 한다.

4 　법률적
　위험

　　법률은 쌍방의 경영활동을 규제하는 중요한 역할을 한다. 일대일
로에서 법률의 틀은 경제주체의 행위를 규범한다는 측면에서 그 의미가
매우 깊다. 과거 1년 동안 중국은 일부 연선 국가와 일대일로 공동구축 협
력에 관한 양해각서를 체결했으며 인접국가와도 지역협력 및 변방협력에
관한 양해각서를 체결하여 통상협력 관련 중장기발전계획에 합의했다. 그
러나 이러한 문서를 실제 구체화하려면 양측이 법률을 준수하며 법률에
따라 업무를 진행해야 한다. 따라서 일대일로 구축사업을 반드시 법률로
보장해야 한다. 하지만 실제 운영과정에서 법률제도의 미비 등의 여러 가
지 위험에 직면할 것으로 예상된다.

1 · 법률적 위험의 발생 원인

　　일대일로는 중국과 여러 주변국가와의 전략적 협력사업, 교통연
결, 국제무역, 에너지협력, 금융협력 등 다방면에 걸쳐 이루어지는 프로젝
트다. 최근 중국의 해외투자 규모는 끊임없이 성장세를 보이고 있다. 발전
과정을 살펴보면 2013년 말까지 1만 5천300개의 국내 투자자가 해외(역
외)의 184개 국가 및 지역에서 2만 5천400개의 해외직접투자 기업을 설립

했다. 중국의 해외직접투자 누적금액은 6천604억 8천만 달러에 이르며 전 세계 11위를 차지했다. 2014년 말까지 중국의 해외투자 규모는 3조 위안에 달한다. 반면에 역외지역, 특히 일대일로 연선 국가 및 지역은 복잡한 정치상황 및 글로벌 금융위기와 채무위기 등에 막대한 영향을 받았다. 해외투자가 지속적인 성장세를 보이면서 법률적으로 각종 위험과 도전에 직면하게 된 것이다.

먼저 일대일로 전략은 60여 개 이상의 국가를 망라한다. 국가별 법률체계가 중국과 다를 뿐 아니라, 심지어 어떤 국가는 법률체계가 중국과 판이하게 달라서 '비대칭정보(특정한 사람들이 다른 사람들보다 더 많은 정보를 가지고 있는 상황 - 역주)'에 의한 위험을 겪을 수 있다.

다음으로 입법제도 자체가 미비한 국가도 있다는 점이다. 법률조례가 항상 바뀌거나 법률의 집행 강도가 외국 또는 외국기업에 차별적으로 적용되는 경우도 많다. 심지어 자국의 정치와 경제적 이익을 고려하여 일부 다국적 기업 또는 해외기업을 타깃팅해서 법률적 제한을 가하는 경우도 있을 수 있다.

최근 일부 국가 및 지역에서는 무역보호주의 세력이 고개를 들기 시작했으며 경제발전을 추진하기 위한 동력도 매우 부족한 상황이다. 이러한 국제정세를 감안하면 일대일로 전략의 앞날을 그리 낙관할 수만은 없다. 따라서 외국 법률에 대해 무지하거나 국제관례를 맹신하여 분야별 전문법조인을 확보하지 못하는 등 법률문제를 소홀히 한다면, 의도하지 않았더라도 무심코 현지 법률 및 법규제도에 저촉되거나 위반할 가능성도 있다. 이러한 문제들이 일대일로 구축과정에서 언제든 직면할 수 있는 법률적 위험이다.

2 · 일대일로 관련 각 국가의 법률체계 현황

일대일로 전략범위에 포함되는 국가의 경우 준용하는 법계(法系)가 각기 다르다. 주로 대륙법계와 영미법계로 나뉘는데 일부 국가와 지역은 이슬람법계에 속하는 경우도 있다.

대부분의 일대일로 연선 국가 및 지역은 대륙법계에 속한다. 일대일로의 포함범위에 따라 몽골·한국·일본 등 동아시아 국가, 아프가니스탄을 제외한 중앙아시아 국가, 미얀마·태국·라오스 등 동남아 국가, 러시아·이라크·영국과 아일랜드를 제외한 절대다수의 유럽국가 등이 대륙법계에 속한다.

대륙법계는 로마법을 그대로 답습하고 있으며 법전 편찬과 관련하여 유구한 전통을 가지고 있다. 또한 법전의 편찬을 중시하여 상세한 성문법을 가지고 있으며 법률의 완전무결성을 강조한다. 심지어 법률 테두리에 있는 모든 사항을 법전에 명문화해서 규정하고 있다. 대륙법계는 법리상의 논리와 추리를 숭상하고 이를 근거로 사법적인 판결을 내리며, 법관이 법률조례에 따라 엄격히 심의하고 판결할 것을 요구하고 있다. 그러나 대륙법계의 테두리에 있지만 국가별로 입법 내용은 여전히 차이가 있어서 일률적으로 논할 수 없다. 중국은 독특한 사회주의 법률체계를 따르고 있다. 비록 대륙법계에 가까우나 구체적인 법률규정은 다른 국가와 비교적 큰 차이가 있다.

일대일로 주변국가 중에는 영미법계를 따르는 국가와 지역도 적지 않다. 인도·파키스탄 등 아시아 국가와 탄자니아·케냐 등 아프리카 국가, 그리고 유럽의 영국과 아일랜드가 영미법계를 따른다. 영미법계는 그 근원 때문에 비성문법이라고도 불린다. 대륙법계가 법전을 중요시하는 반면, 영미법계는 사법심판에서 선례 준수 원칙에 비중을 두고 있다. 즉 법원 판례가 그 이후 사건에 대한 법적 구속력을 가지며 향후 법관 판결을 위한 기본원칙이 된다. 영미법은 제정법이 아닌 판례법으로서 법권은 지방의 관습법에 근거하여 결론을 내리고 종합적으로 판단함으로써 전 사회에 적용 가능한 통합적인 법률체계를 형성한다. 영미법은 탄력성과 개방성의 특징이 있으며 심리 및 판결 시에 당사자주의와 배심원제도의 채택에 중점을 두고 있다. 하급법정은 상급법정의 과거 판례를 반드시 준수해야 하며 동급의 법관 판례는 필연적 구속력이 없다. 다만 서로 참고만 할 뿐이다. 그런데 이러한 개별적 판례 형태로 법률적 규범을 나타내는 판례법은 일반적으로 대륙법계 국가에서는 인정하지 않고 있다. 기껏해야 참고 및 보조 자료로 활용된다.

대륙법계와 영미법계 외에도 일대일로 연선 국가와 지역에는 이슬람법계에 속하는 국가도 있다. 이슬람법계란 이슬람교법을 기본 법률제도로 삼는 국가에서 만들어진 법률체계를 말한다. 법률체계라기보다는 법률전통, 법률가족 또는 법률집단이라고 해야 할 것이다. 여기에는 주로 무슬림 의무, 토지소유권, 채권법, 가정법, 계승법, 형법 등이 포함된다. 아프가니스탄, 이라크와 이스라엘 등의 소수 국가를 제외한 절대다수의 중동국가가 이슬람법계를 따른다. 이란, 사우디아라비아, 요르단, 시리아, 터키 등의 국가가 모두 이슬람교법을 실행하고 있다.

위에서 언급한 바와 같이 일대일로 주변의 많은 국가 및 지역은 서로 다른 법계를 채택하고 있다. 따라서 법률분쟁이 발생하면 국가별로 처리방식이 다르며 법률 적용에도 어려움이 있는 등 법률적 위험에 직면할 수 있다.

3 · 법률적 위험의 분류

내용과 분야, 위험발생 형태에 따라 일대일로 전략과 관련된 법률적 위험을 분석하면 대략적으로 다음 여섯 가지로 나눌 수 있다.

1) 투자에 따른 법률적 위험

일대일로 구축에서 대외투자는 호연호통을 구현하기 위해서 매우 중요한 부분이다. 이 과정에서 법률적 위험에 봉착할 수 있다. 중국과 상대국의 이익이 반드시 일치하는 것은 아니기 때문에 중국 기업이 현지 투자를 진행할 때 시장진입의 제약을 받을 수 있다. 예를 들어보자. 일부 국가의 법률규정에는 합자투자기업 중의 외국투자자의 지분이 다수를 차지할 수 없다든지, 또는 합자투자기업의 경영에 소재국의 정부 및 정부 관련 기관이 참여하는 등의 규제가 있을 수 있다. 이외에도 승인리스트와 네거티브 리스트를 만들어 투자 범위와 비율에서 제약조건을 내거는 국가도 있다. 설령 법률규정이 없는 국가라 해도 때로는 합자투자기업의 중대한 의사결정에 대해서 정부가 거부권을 행사하는 경우도 있다. 이는 해외에서 합자기업을 운영할 때 자주권 행사에 걸림돌이 될 것이다. 이 밖에도 지적재산권 분쟁에 휘말릴 가능성도 있으며 중국이 참여한 합자기업에서 자국의 상업기밀과 특허기술 등을 보호하는 데 불리한 경우도 발생한다. 해외에서 중국이 단독 출자한 회사의 경우 소재국의 법인이면서도 투자 측이 중국이라는 이유로 실제 업무를 추진하면서 각종 규제를 받을 수 있다.

일부 국가는 법률을 통해 역외투자자의 다국적 인수합병투자에 대해서는 특별한 요구사항을 내걸기도 한다. 불투명한 다국적 인수합병 심사과정을 내세우는 경우도 있는데, 중국 기업의 인수합병에 커다란 복병으로 작용할 가능성이 있다. 예를 들어, 말레이시아의 경우 1974년에 제정한 '자산구입, 인수합병 및 인수관리규칙'에 따라 신청한 모든 자산 및 주식의 구입·인수합병·인수는 반드시 다음 조건에 부합해야 한다.

첫째, 직간접적으로 말레이시아인이 더욱 평등하게 소유권과 통제권을 행사할 수 있도록 해야 한다.

둘째, 다음 분야에서 직간접적으로 경제 순이익을 가져와야 한다. 특히 말레이시아인의 참여 정도, 소유권 및 관리, 수익배분, 성장, 취업, 수출, 상품 및 서비스의 품질, 품종과 경제의 다원화, 현지 원자재의 가공과 고급화, 교육훈련 및 연구개발 활동 등의 분야다.

셋째, 국방, 환경보호 또는 지역발전 등 분야의 국가정책에 부정적 영향을 초래해서는 안 되며 신경제정책에 저촉되면 안 된다.

뿐만 아니라 이데올로기, 국가 이익과 안보 등을 고려하여 소재국의 일부 중요한 업종에서 중국의 역외투자에 대해 규제하는 경우가 종종 발생한다. 일례로 석유화학, 국방과 인프라 건설 등의 업종에서 주식의 지분비율에 특별한 제한을 두기도 한다. 싱가포르도 일부 민감한 산업에서 외국자본에 대해 엄격한 규제를 두거나 심지어 금지하는 경우도 있다. 예를 들

면 교통과 통신, 전기 및 언론 등 공공산업 분야에서 외자 진입이 불가하
다. 또한 금융업과 보험업에 외자가 진입하려면 정부의 허가를 득해야 한
다. 싱가포르는 외국투자자의 상장기업 인수에 대해 특별히 엄격한 규정
을 적용하고 있다. 첨단기술의 수출주도형 기업에 대한 투자비율은 100%
까지 가능하지만 상업부문에서 외자비율은 49%를 초과할 수 없다. 다시
말해 외국자본의 경영권 지배를 용인하지 않는다는 의미다.

중국자본이 특정 프로젝트에 투자하면 중국의 의도에 의구심을 품거
나 견제하기 위해서 심지어 임시 입법절차를 통해 중국 기업의 다국적 인
수합병을 무산시키는 경우도 발생할 수 있다. 이러한 사례가 바로 치명적
인 법률적 위험이라 할 수 있다. 2005년 10월 5일 카자흐스탄 하원은 '중국
석유^{CNPC}(中國石油)의 PK회사 인수합병안'을 만장일치로 통과시켰다. 안
건은 자국의 석유기업이 외국기업에 지분을 매도할 때 정부의 간섭을 윤
허한다는 내용이었다. 나자르바예프 카자흐스탄 대통령은 10월 15일 새
로운 법령에 서명함으로써 국가의 전략자원 소유권을 정부가 우선 구매할
수 있도록 권한을 부여했다. 또한 해당법령에 위배되는 모든 거래를 취소
할 수 있는 권리도 정부에 부여했다. 결국 중국석유는 자사가 구입한 14억
달러의 33%의 지분을 카자흐스탄 석유회사인 카즈무나이가스^{KazMunaiGaz}
에 매도한다는 협약서에 서명할 수밖에 없었다. 이 협약서에 조인하자 비
로소 정부는 해당 인수합병 안을 통과시켰다. 카자흐스탄의 긴급 법안상
정으로 인해 중국석유의 인수합병 안은 지연되었으며, PK회사도 온전하
게 100%의 지분을 확보하는 것이 불가능해진 것이다.

해당국 정부의 심사를 통과하여 비준을 얻은 뒤에도 문제는 발생한다.

다국적인 인수합병으로 인해 시장에 독점현상이 초래되는 경우가 있다. 이는 소재국과 주변지역의 시장질서를 교란하며 심지어 관련 산업을 탄압하는 현상으로 간주될 수 있다. 이 경우 합병기업은 소재국 및 관련 기관으로부터 반독점 조사를 받아야 한다. 2006년 중지그룹(中集集團)의 네덜란드 BERG사 인수 당시 최대 걸림돌은 유럽연합위원회 반독점기구의 반독점 조사였다. 유럽연합위원회는 한때 인수합병 안에 거부권을 행사했는데 그 이유는 중지그룹의 전 세계 탱크컨테이너의 시장점유율이 이미 50%를 초과했기 때문이었다. 유럽연합의 인수합병 기준에 따르면, 이 인수합병으로 인해 시장에 반독점 상황이 형성되어 효율적 경쟁을 가로막으며 후유증을 초래할 수 있다는 것이었다. 이에 중지그룹은 인수합병 전략을 수정했다. 스위스에 우선 100% 완전출자 자회사를 설립한 뒤, BERG의 주주 가운데 한 사람인 피터와 함께 다시 네덜란드에 새로운 회사인 뉴코 Newco(중지그룹의 지분 80%, 피터의 지분 20%)를 설립했다. 그런 다음에 뉴코가 BERG를 인수하는 방안을 진행했다. 독점혐의를 받고 있던 탱크컨테이너 사업을 분리시키고 유럽연합의 반독점 심사를 우회함으로써 최종적으로 인수합병에 성공하게 되었다.

반독점법은 투자산업과 무관한 제3자에게도 영향을 미칠 수 있다. 바로 역외 적용효과다. 반독점법은 현재 미국과 호주, 일본 등의 국가에서 이미 승인되었으며 중국 기업의 해외투자에 더욱 큰 위험요소가 될 전망이다.

중국 기업의 다국적 인수합병은 목표기업의 역인수합병 Reverse Merger 위험과 인수합병 절차의 합법성 위험에 직면해 있다. 많은 국가에서는 피인수기업이 자신의 기업규정에 따라 역인수합병 조치를 취할 것을 독려하고 있다. 일례로 관련 금융법을 통해 주주권을 회수하거나 관계사가 상호 지분을 보유하는 것 등을 들 수 있다. 또는 기업인수합병에 회사법과 증권법의 관한 규정에 근거하여 기업 인수합병 과정의 불법조항을 꼬투리 잡아서 법률소송으로 인수합병을 저지할 수 있다. 이는 계약서나 절차상의 합법성 여부를 둘러싼 리스크라고 볼 수 있다. 그중 한 가지 사례가 있다. 콩고의 회사법 규정위반 혐의를 적용하여 콩고정부는 중국 쯔진 광업그룹의 플래티넘 콩고^{Platinum Congo} 인수합병 협약서가 무효라고 발표했었다.

마지막으로 피인수 예정인 목표기업이 자신과 관련한 담보와 소송분쟁 상황을 은폐할 수 있다는 점이다. 이러한 정보비대칭 위험이 발생하면 다국적 인수합병 이후에 법률소송 등의 함정에 빠질 수 있다.

2) 노동문제로 인한 법률적 위험

일대일로 프로젝트 가운데 역외사업을 진행할 때 노동고용관계와 관련된 법적인 위험을 특히 눈여겨봐야 한다. 먼저 직원모집을 진행할 때 불평등한 조항이나 현지국가의 특수한 민족문제와 성별문제 등에 소홀하면 고용 평등 및 차별 관련 법률을 위반하여 벌금 등 처벌 조치를 받을 수 있다. 그다음으로 소재국의 법률에서 규정한 노동자의 권익을 무시하는 사안도 발생할 수 있다. 예를 들면 현지 근로자와 노조 등과 원만한 관계를 형성하지 못할 경우 파업투쟁이나 격렬한 항의에 직면할 수 있다. 근로자의 대우와 복지보장 문제는 현지국가의 노동법에 저촉되어 처벌이나 소송에 휘말릴 수 있다. 심한 경우 합병 자체가 무산될 위험도 있다. 마지막으로 현지직원의 감원과 철수 또는 인력구조조정을 전개할 때는 감원의 강도,

감원 및 해고 정리한 직원에 대한 보상 등의 법률조항에 각별히 유의하는 게 좋다.

3) 환경문제로 인한 법률적 위험

세계 각 국가의 환경보호에 대한 기준과 법률이 갈수록 엄격해지고 있다는 점에 특히 주의할 필요가 있다. 많은 국가는 보호법률을 제정하여 자원을 파괴하거나 환경오염을 유발하는 외자 프로젝트에 대해 금지 및 제한 조치를 시행하고 있다. 특히 유럽연합의 경우 공장 건설과 생산라인에서부터 제품 운송, 판매 등 각 라인에 걸쳐 매우 까다로운 환경규제 표준과 법률규정을 제정하고 있다. 중국의 관련 기준보다 엄격한 경우가 대부분이어서 중국 기업이 적응하기 어려울 수 있다. 예를 들면 영국과 네덜란드에 위치한 쉘^{Shell}기업은 니제르 삼각주를 오염시켜 15억 달러의 벌금을 해당정부에 납부해야 했다. 일대일로 전략의 해외프로젝트도 마찬가지로 환경 관련 법률적 위험에 직면하고 있다. 현지법률에서 정한 환경표준을 준수해야 되므로 기업의 원가가 상승할 가능성도 있다. 또한 법률에서 정한 환경표준을 위반하는 경우 법률소송에 휘말리게 되며 심지어 공장이 폐쇄되기도 한다. 스리랑카는 최근 중국이 콜로보 항에서 진행하는 프로젝트의 시공에 대해 잠정적인 중단조치를 내렸다. 이 프로젝트는 중국이 해당지역에 투자한 최대 규모로서 15억 달러에 이른다. 원인은 이러했다. 2014년 말부터 스리랑카 대통령 선거가 시작되고 지금까지, 콜로보 항 프로젝트는 줄곧 도마 위에 올라 있는 핫이슈라 할 수 있다. 지난해 스리랑카의 정계는 항만도시 프로젝트가 환경에 치명적 위협이 되는 사안이라며 즉각 중단해야 한다고 주장했다. 중국 기업이 해외사업에서 난관에 봉착한 원인이 정말로 환경문제 때문인지에 대해서는 아직 확신할 수 없다. 다만 이러한 경험을 통해 한 가지 분명한 사실을 인식해야 한다. 중국 기업은 녹색 실크로드의 개념을 반드시 준수하여 해외의 환경표준에 적응하도록 최선을 다하며 생태환경을 둘러싼 법률적 분쟁을 최소화해야 한다.

4) 경영 부실로 인한 법률적 위험

중국 기업은 보편적으로 법률에 대한 인식이 부족한 편이다. 때문에 기업경영관리에서 관련 법률을 소홀히 하여 문제를 초래할 수 있다. 이러한 위험은 다음과 같이 몇 가지에서 찾아볼 수 있다.

먼저 소재국의 관련 법률에 대해 이해도가 부족하거나 간과하여 깊게 살펴보지 못하는 경우가 많다. 그러다 보니 일상적인 경영관리에서 법률에 저촉되기 쉽다.

다음으로 기업경영에서 상업적인 부패사건 등으로 법률적 위험을 초래할 수 있다. 유럽 등 국가는 기업의 반부패와 관련하여 엄격한 법률규정을 두고 있다. 기업의 뇌물수수 및 부패 등 문제가 발견되면 기업의 명성은 하루아침에 추락하며 거대한 소송에 휘말리고 여러 제재조치 등을 받게 된다. 이에 반해 아시아 및 아프리카 지역의 일부 저개발국가는 정치체제 자체에 부정부패가 만연하다. 중국 기업이 관련 프로젝트를 수행하기 위해서 반드시 뇌물을 공여해야 할 수도 있다. 그런데 이는 오히려 미래경영에 위험을 야기할 수 있으니 유의해야 한다.

마지막으로, 국가마다 세수 관련 법률정책이 다르기 때문에 때로는 여러 국가가 동일한 법인을 대상으로 세금을 부과할 수 있다. 해외에서 기업을 경영하다 보면 속인원칙(屬人原則)에 따라 중국정부에 세금을 납부하는 동시에 속지원칙(屬地原則)에 따라 소재국의 정부에 세금을 납부하는 이중과세의 위험에 처할 수 있다. 중국 기업의 납세상황 및 탈세수단이 소재국의 과세법 등에 맞지 않아서 법률적인 위기에 직면할 수 있으니 이 또한 명심할 필요가 있다.

5) 연선 국가의 법률 미비로 인한 법률적 위험

일대일로는 많은 국가와 연관된 프로젝트다. 이중에는 법률체제 자체가 미비한 국가가 있을 수 있다. 해외에서 사업을 추진하다 보면 기준이 없어서 우왕좌왕하는 경우가 있다. 관련 법률이 마련되지 않은 상황에서 중국 기업이 소재국의 사법부서와 갈등을 빚게 되면 소재국은 자국의 이익을 우선적으로 고려할 것이다. 결국 중국 기업은 막대한 손실을 입어 위험에 빠질 수 있다.

기업경영관리에 대한 소재국의 법률조항이 국제법이나 중국 법률과 달라서 분쟁이 발생할 수 있다. 이 경우 중국 기업은 부득이 국제법이나 중국 법률을 위반하고 현지법에 따라서 경영해야 하는 딜레마에 빠진다. 결국 둘 중에 하나를 선택해야 하는데 이는 중국 기업에는 또 하나의 위험이 될 수 있다.

또 다른 위험을 살펴보자. 소재국의 법률 또는 정책에 변화가 생기는 경우를 들 수 있다. 예를 들면 투자 비율 및 범위, 시장개방 정도 등에 변화가 생기면 중국의 해외투자 기업은 더욱더 예측 불가의 법률적 위험에 봉착할 것이다.

6) 무역으로 인한 법률적 위험

일대일로 협력의 핵심은 바로 무역창통, 즉 무역활성화에 있다. 국제무역에서도 법률적 위험이 존재한다. 국제무역상품의 표준차이를 예로 들 수 있다. 상대국의 상품허가기준이 중국과 종종 다른 경우가 발생할 수 있다. 특히 유럽연합은 식품 등 상품에 적용하는 기준이 매우 엄격하다. 중국표준에 부합하는 상품을 다른 국가에 수출하더라도 현지표준에 맞지 않을 수 있다. 무역장벽도 문제가 된다. 일대일로 전략에 참여한 무역파트너가 자국의 경제이익을 고려하여 엄격한 법률로 무역보호조치를 취하는 경우가 발생한다. 이러한 법률적인 규제는 주로 다음과 같다. ① 관세 및 관세관리 ② 통관절차 ③ 기술장벽 ④ 반덤핑정책 ⑤ 일반특혜제도[GSP]의 취소

4 · 남중국해 문제의 실례를 통한 일대일로가 직면한 법률적 위험 분석

–

일대일로 구축과정에서 법률적 문제의 중요성을 강조함과 동시에 해외에서 직면할 수 있는 문제점을 분석하고자 한다. 남중국해 문제를 예로 들어 법률적 위험을 파악하고 남중국해 문제를 집중 해부함으로써 일대일로의 법률분쟁을 해결하기 위한 몇 가지 시사점을 제시하고자 한다.

남중국해 분쟁은 법률문제는 아니지만 법률적 요소를 포함하고 있다.

본질적으로는 주권문제다. 우선은 남중국해 도초(島礁, 간만의 차에 따라 물에 잠기거나 수면 위로 드러나는 바위 - 역주)의 영토주권 귀속문제가 확정되어야 한다. 그리고 영토주권문제가 확정된 이후에야 비로소 법률적 문제가 대두되며 법률문제도 해결이 가능하다는 것이다. 또한 국제법으로는 현재의 주권 귀속문제를 해결할 수 없다는 점에 주목해야 한다.

동남아에서 영토주권을 주장하는 국가 중에서 가장 활발한 움직임을 보이는 국가는 필리핀이다. 2014년 초에 필리핀은 '국제연합해양법조약 UNCLOS(이하 '조약'이라 약칭함.)' 중재재판소에 약 4천 페이지에 달하는 소장을 제출했다. 필리핀에서 중재를 요청한 내용은 아래 세 가지로 요약할 수 있다.

첫째, '조약'에서 규정한 권리범위 외에 '구단선(九段線, 중국이 임의로 영해에 선을 그은 것, 즉 중국의 남해 단속선 - 역주)' 내의 수역, 해저, 하층토에 대한 중국의 역사적 권리 주장은 '조약'에 부합하지 않는다.

둘째, 중국이 남중국해의 일부 암초, 간출지(干出地), 수중 지물에 대해 제기한 200해리, 심지어 그 이상에 대한 권리 주장은 '조약'에 부합하지 않는다.

셋째, 남중국해에서의 중국의 주장과 권리의 행사는 필리핀이 '조약'에 근거하여 향유하고 행사하는 주권권리, 관할권, 운항권리와 자유를 불법적으로 간섭하는 것이다.

위에서 언급한 세 가지 항목 가운데 첫 번째 항목은 사실 주권문제다. 두 번째와 세 번째가 구체적으로 법률문제에 속한다. 따라서 2014년 12월 7일 외교부는 '필리핀공화국에서 제기한 남중국해 중재안·관할권 문제에 관한 중화인민공화국정부의 입장문서요약'을 발표했다. 문서는 다음과 같이 밝혔다.

"본 안건에 대해, 남중국해 도초에 대한 중국의 영토주권이 확정되기 전까지는, 중국이 남중국해에서 주장할 수 있는 해양권리범위에 대해서도 중재재판소는 '조약'에 근거한 확정판결을 내릴 수 없다. 남중국해에서 중국의 해양권리 주장이 '조약'에서 승인한 범위를 초과했는지의 여부에 대해서도, 중재재판소는 더욱 판결을 내릴 수 없다. 그리고 영토주권은 '조약'이 중재하는 범위에 속하지 않는다. 또한 국가 주권을 벗어나면 도초 자체는 어떠한 해양권리도 보유하지 않는다. 관련 도초에 대해 영토주권을 소유한 국가만이 '조약'에 근거하여 관련 도초에 대한 해양권리를 주장할 수 있다."

이러한 공식 문서를 발표함으로써 실제로 현실에서 발생하는 주권문제, 즉 정치적 문제가 추상적인 법률문제로 변질되는 것을 피할 수 있었다. 필리핀의 소장을 작성한 사람도 분명 국제법에 정통한 사람이었을 것이며 중국을 함정에 빠뜨리려는 의도를 가지고 있었다고 판단된다. 만약 중국이 처음부터 중재재판소의 이른바 법률해결 원칙에 따라 항소를 준비했다면 중재재판소가 공정한지 여부와 상관없이 중재를 한다는 것 자체가 관련 도초에 대한 주권을 포기하는 것과 다름없기 때문에 철저하게 패소했을 것이다. 중국은 주권문제와 법률문제의 분리를 계속 견지해나갈 것이다. 실제로 이것이 법률정신을 수호하면서도 이른바 중재에서 치명타를 입지 않는 방법이다.

현 단계에서 남중국해 문제의 본질을 명확히 파악해야 한다. 법률사무 종사자는 어떻게 전문지식을 이용하여 주권문제 해결에 도움을 줄 수 있을지 충분히 고심해야 할 것이다. 예를 들면 중국의 남중국해 '구단선'은 어떠한 성향의 문제이며 명명은 또 어떤 것이 좋은지 등에 대해서 연구할 필요가 있다. 이러한 연구는 남중국해에서 기지건설·순시·개발을 진행함과 동시에 중국의 영유권을 더욱 분명하고 강력하게 요구할 수 있는 근거를 제공해줄 수 있다. 이를 위해서는 국제법의 기존개념을 유리하게 활용하며 실제상황에 맞게 새로운 개념을 수립할 수 있어야 한다. 국제법은 갑자기 하늘에서 떨어진 개념이 아니며 바로 실천을 통해 생겨난 산물이다. 중국은 세계에 더 큰 공헌을 해야 함은 물론, 국제법의 발전에도 기여해야 할 것이다.

남중국해의 주권문제가 우선적으로 해결된 이후에 다음 사항을 이행할 수 있다.

"관련 당사국은 1982년 '국제연합해양법조약'을 포함한 공인된 국제법 원칙을 수용하며 직접 관련된 주권국가는 우호적인 협의와 협상을 통해 평화적인 방법으로 해당 영토 및 관할권 분쟁을 해결한다. 무력을 사용하거나 무력으로 서로 위협하지 않는다."

주권문제가 정해지면 그때부터 남중국해 문제는 비로소 진정한 법률문제로서 다뤄질 것이다. 이 과정에서 여러 법률 전문가들은 자신의 전문능력을 최대한 발휘하여 구체적인 법률문제를 해결하며 새로운 국제법률을 위해 나름 기여할 수 있다.

따라서 법조인으로서 남중국해 분쟁 해결에 기여하려면 이 문제를 법률·정치·역사의 종합적 사안으로 간주해야 하며 이 문제가 끊임없이 변화한다는 점을 감안해야 한다. 먼저 현 단계가 법률적 해결단계인지 파악한다. 만약 아니라면 어떠한 상황에서 어떠한 법률문제가 발생할 가능성이 있는지 고려해야 한다. 이 사안이 법률문제로 변했거나 또는 이미 법률문제가 발생했다면 그다음에는 현행의 국제법 틀 안에서 문제를 해결할 것인지, 아니면 국제법을 보완하거나 변경해서 문제를 해결해야 하는지를 분석하고 연구해야 한다. 마지막으로 풍부한 법률지식을 최대한 동원해서 소송을 준비함으로써 일대일로의 이익을 지켜내야 한다. 법률작업을 전체 프로젝트의 한 부분으로 간주하여 일을 진행하는 안목이 필요하다. 근시안적으로 조급히 법률카드를 꺼내 들어서는 안 된다.

중국은 남중국해 문제에 대해 이치나 도리에 어긋남이 없다고 확신한다. 역사와 현실을 통해 중국이 남중국해 열도 및 부근 해역에 대해 논쟁의 여지가 없는 확실한 주권을 소유하고 있음이 증명되었다. 해양분쟁 관련 현 단계는 명확한 주권문제의 단계라 할 수 있다. 여기에도 일부 위험이 존재한다.

먼저 자국의 권리 주장을 위한 국제법 활용에 미숙한 경우 위험이 발생할 수 있다. 전형적인 예를 들어보자. 남중국해의 이른바 '구단선Nine Dash Line'의 성격과 명칭의 문제다. 남중국해의 도초 및 그 부근 해역의 주권에 대해서 말하자면, 도초문제는 사실 모호할 게 전혀 없다. 다만 어느 수역에 포함되는지에 대해 아직까지 정해지지 않았다. 그리고 남중국해의 U자형 구단선은 도초 부근의 해역을 구분 짓는 데 매우 중요한 역할을 한다. 국제 법 전문가들 사이에서는 아직까지도 의견이 분분하다. 이 구단선이 역사 적으로 존재해 온 수역을 나타내는 선이라고 말하는 사람도 있고, 도초의 귀속을 나타내는 라인이라고 여기는 전문가도 있다. 또한 일각에서는 '군도 수역선(群島水域線)'이라고 말한다. 비단 한두 가지가 아닌, 여러 의견과 주장이 나오고 있다. 게다가 각각의 주장과 논리는 그 내부에서조차 서로 다른 목소리를 내고 있다. 이는 국제법 연구학계도 내부적으로 조율이 부족하며 연구력이 분산되어 있음을 나타내는 것이다. 따라서 해당 선은 의미가 불분명하며 위상도 모호하다는 게 외부의 시각이다. 중국이 전 세계 앞에서 남중국해 도초 및 도초 부근 해역의 영유권을 명확하고 당당하게 밝히려면, 구단선의 위상과 명칭을 반드시 규명할 필요가 있다. 이는 그 누구도 대신할 수 없다. 오로지 법률 관련 종사자에게 의지해야 되는데 아직도 마무리되지 않은 상태다. 결과적으로 일부 국가의 의혹과 경계심만 증폭시켜서 U자형선의 내부에서 불법활동을 전개하도록 방치한 셈이다. 대니얼 러셀 미 국무부 차관보는 국회 공청회에서 구단선을 가리켜 "구단선의 의미를 규정하는 어떠한 국제법 해석이나 국제법 기초도 없다."라고 공격한 바 있다. 구단선이 영유권을 주장하는 국가와 외부세력이 집중 공격하는 표적이 된 지 이미 오래되었다. 적절한 대응이 뒤따르지 않으면 남중국해 분쟁관련 전후 맥락을 모르는 사람들은 쉽게 오해할 수 있다.

필리핀 등의 국가도 중국에 대한 법률적 공세를 잇달아 진행하고 있다. 필리핀의 주장은 전혀 근거가 없으며 국제법을 남용하여 소기의 목적을 달성하려는 것이다. 그런데 이러한 수단은 외부세력의 지지를 받고 있다. 푸쿤청은 '국제법으로 본 필리핀의 불의와 우리가 취해야 할 반격전략(從國際法看菲律賓的不義與我們應有的反制策略)'이라는 글에서 이렇게 분석하고 있다.

"필리핀이 2013년부터 중재를 제기할 수 있었던 것은 임기 만료를 2년여 앞둔 일본계 해양법재판소 재판장과 결탁했기 때문이다. '조약'의 부칙7 규정을 이용하여 '국제연합해양법조약'의 해석요구를 빌미로 삼았다. 소장 제기의 진짜 속셈을 위장하여 법원에 강제조정신청을 제기함으로써 남중국해의 U자형선의 불법성을 판정하려는 의도다. 중국은 이 제소를 즉각적으로 단호하게 물리쳤다. 그리고 일본계 재판장은 필리핀에 협조하며 재빨리 강제조정법원을 구성했다."

미국 국무원도 때마침 중재법원에서 규정한 이른바 중국의 소명변호자료 제출기한 전에 '해양경계선-남중국해에서의 중국 주장'이라는 보고서를 발표하여 중국의 구단선을 공격하고 나섰다.

중국은 현재 엄청난 외부압력에 직면해 있다. 만약 국제법 연구학계에서 남중국해 열도 및 부근 해역에 대한 중국 주권을 적극 나서서 알리지 않는다면 이러한 무형의 압력은 현실적인 어려움으로 다가올 것이다. 중국은 구단선에 대해 명확히 설명해야 하며 구단선을 홍보해야 한다. 그리고 법조인의 신분으로 구단선을 제대로 알릴 필요가 있다. 중국의 입장을 설명하는 역할은 언론매체나 홍보기관이 아닌 법률전문가의 몫이다. 법률

전문가의 홍보가 일반적인 홍보보다 훨씬 설득력이 있으며 국제학술회 또는 해외 언론취재의 기회를 활용하여 구단선에 대해 명확히 밝히며 변호해야 한다. 그렇지 않고 단순한 국내 학술토론에 그친다면 전 세계가 중국의 의도를 더욱 오해할 수 있다.

구단선에 대한 법률전문가의 해석과 설명이 미흡한 경우에도 더욱 심각한 문제를 초래한다. 학술적인 연구에 그친 채 상아탑 수준에 머무르며 현실과 동떨어진 국제법 연구가 되어서는 안 될 것이다. 더욱이 국제법을 교조처럼 맹목적으로 떠받들어 모든 국제법 기구를 맹신하는 의미로 해석되어서는 안 될 것이다.

국제법은 수단이지 결코 목적이 아니며 국제관계의 모든 것을 대변하는 것은 더욱 아니다. 법률문제는 단지 수많은 현실적 문제가 표출되는 하나의 형태에 불과하다. 따라서 법률문제는 학술연구 과제가 아니라 현실문제라는 사실을 명심해야 한다. 사실에서 벗어나서 허구를 전제로 하여 현실에 존재하는 국제법 문제를 토론한다면, 이는 학자들끼리의 울타리 안에서 벌이는 지능게임으로 전락하고 말 것이다. 여기에서 도출된 결론 또한 일대일로 구축에 이로울 리가 없다.

법치의 수호가 법률의 맹신을 의미하는 것은 결코 아니다. 또한 법률의 숭배가 법률의 남용을 의미하지도 않으며 법률의 명의로 법률을 위반하는 것은 더더욱 있을 수 없다. 종래의 국제법을 맹목적으로 따르면서 국제법의 현 단계 효력을 맹신하는 우를 범할 수 있다. 유럽과 미국 법학을 오랫동안 숭배해 온 일부 전문가들은 법학분야에서조차 이른바 글로벌화와 통합을 일관되게 추구해 왔다. 그런데 이들은 국제법을 국익보다 우선시하며 국익을 초월하는 대상으로 착각하고 있다. 낮게 머리를 조아린 채 맹목적인 숭배에 급급한 것이다. 심지어 국제법의 헛된 명성에 굴복하여 일부 해외언론의 표면적 찬사를 얻기 위해서 일대일로의 이익에 손해를 가져왔다. 과학에는 국경이 없지만 과학자에게는 조국이 있다는 말이 있다. 이는 마찬가지로 국제법에도 적용된다.

국제법 연구학계는 일대일로의 제안에 대해 가장 기본적인 이론적 뒷받침을 제공한다. 그러나 이론은 반드시 현실과 결합되어야 한다. 단순히 중국 주권을 밝히고 홍보하는 것으로는 부족하며 해상순찰·법률집행 등의 활동으로 주권을 수호해야 한다. 현재 중국에서 남중국해 주권수호를 위해 활동하는 부서는 많다. 그러나 관건은 투입인력의 숫자가 아니라 상호 협조체제를 굳건히 하여 법률집행력을 강화하는 데 있다. 남중국해 상황은 복잡하여 어업과 에너지, 해적 등의 수많은 분쟁이 끊이지 않는다. 영유권을 주장하는 국가들은 현재 군사력을 증강하고 있어서 법률적 위험이 안보와 정치의 위험으로까지 확산되고 있다. 이러한 상황에서 만약 법집행력이 취약하며 인적·물적 자원도 부족하여 다양한 돌발상황에 대한 법적 대응력을 갖추지 못한다면, 미처 손도 쓰지 못한 채 배가 산으로 갈 수 있다.

또한 남중국해 분쟁에서 법률이 마련되지 않아서 위기를 초래할 수 있다는 점을 상기시키고자 한다. 마땅히 따라야 할 법이 없는데 어떻게 엄격한 법집행을 할 수 있겠는가! 이미 강조했듯이 해적법이 없어서 해적에 대한 양형을 내리지 못하는 웃지 못할 처지에 놓일 수 있다. 현재 남중국해에서 영유권을 주장하는 국가들의 분쟁유발의 수법도 갈수록 새롭고 다양해지고 있다. 이 지역에서 법률집행을 하려면 입법기관의 신속한 법률 반포와 수정을 통해 새로운 상황에 대비할 필요가 있다. 기존법률에 대한 해석도 더욱 보완하여 새로운 문제를 처리할 수 있도록 준비해야 한다.

남중국해 분쟁에 대한 법률적 해석이 미흡하고 아직 실질적인 입법이 마무리되지 않은 상황이다. 따라서 일대일로 구상도 비슷한 문제에 직면할 가능성이 있다. 중국 입장에서 보면 일대일로는 모든 영역을 망라하는 대프로젝트이기 때문에 지나치게 엄격한 틀을 만들 필요는 없다. 국제법 영역도 과도하게 확대하면 오히려 일부 국가의 의혹만 불러올 것이며 프로젝트 참여를 망설일 수 있다. 일대일로는 국내법 영역에서 제반 법률이 미비하며 일대일로 구상을 국가전략으로 확립할 수 있는 지도 원칙성 법률이 특히 부족한 상황이다. 일대일로의 경제 관련 법률·법규는 발 빠르게 준비되고 있다.

그런데 이에 반해 본 전략의 중요성, 특히 핵심사상과 과연 무엇이 중요한지 파악하지 못하는 사람이 많다. 지나친 것은 모자란 것만 못하다는 말이 있듯이 아무리 법률의 역할을 강조하고 그 역할이 막중하다 해도 법률의 권위만 맹신할 수는 없다. 실제 운영과정에서 국제조직과의 협력을 강화하며 법률의 틀 안에서 다양한 양자·다자간 협력을 전개한다면, 법률은 행동을 구속하기 위한 조항이 아니라 행동을 올바르게 인도하는 규범으로서 제 역할을 다할 것이다.

5 · 법률적 위험에 어떻게 대응할 것인가?

앞서 언급한 바와 같이 일대일로 전략을 실행하는 과정에서 다국적 기업과 해외투자기업은 수많은 법률적 위험과 도전에 직면할 수밖에 없다. 중국의 대응력을 키우기 위해 아래와 같이 몇 가지 분야에서 준비하고 대비해야 한다.

먼저 일대일로 연선 국가 및 지역의 법률을 숙지한다. 현지국가의 법률을 숙지하지 못하면 일대일로 구축에서 직면할 법률적 위험도 사전에 대비할 수 없다. 종래의 법학연구는 주로 선진국을 대상으로 집중 진행되어 왔다. 반면 개발도상국에 대한 법률연구는 상대적으로 소홀했었다. 법률적 지식에서의 편차는 상호 정책소통에 걸림돌이 될 수 있다. 뿐만 아니라 일대일로 연선 국가가 법률을 제대로 이행하지 못하면 결국 일대일로의 현장 건설자의 이미지에 타격을 주게 된다. 예를 들어, 무역과 금융 분야에서 해당국의 법률을 숙지하지 못하면 무역협력계약서에 서명할 때 불법적으로 이용당하며 법적 효력을 잃게 된다. 민심상통 측면에서도 마찬가지다. 만약 소재국의 환경법과 노동법을 제대로 숙지하지 못하면 생태환경과 인권을 구호로 내건 비정부기구와 맞대응하는 상황에서 칼자루를 상대방에게 넘겨주는 꼴이 된다. 결국 힘도 써보지 못하고 당할 수밖에 없다.

다음으로 소재국의 법률제도를 준수하며 철저하게 법률에 따라 경영한다. 중국 기업이 해외투자를 진행할 때 주로 현지의 정책법규·법률제도를 준수하지 않아서 문제가 발생한다. 따라서 일대일로 연선 국가에서 투자활동을 진행할 때는 반드시 현지의 법률·법규를 엄격히 준수하며 해당 정부와 국민과 우호적인 협력관계를 구축할 필요가 있다. 해당국가에서 다국적 기업이 더욱 활발한 투자와 발전을 도모할 수 있도록 중국에 대한 좋은 이미지 형성을 위해 최선을 다해야 할 것이다.

또 다른 하나는 국제법을 숙지하며 국제비즈니스 원칙을 준수하는 것이다. 일대일로 프로젝트를 전개해나갈수록 무역의 형태는 더욱 복잡한 양상을 띨 것이다. 프로젝트의 참여자는 중국과 연선 국가의 법률뿐만 아니라 국제상법과 국제비즈니스 원칙을 제대로 숙지하고 활용해야 한다. 향후 일대일로를 둘러싼 무역마찰도 더욱 증가할 것으로 예상된다. 중국 기업이 진정한 의미의 주출거 전략을 수행하려면 피동적인 응소(應訴)에서 벗어나 국제비즈니스 원칙과 체제를 적절히 운용하며 국가별 법률을 숙지해야 한다. 이외에 프로젝트 수행과정에서 분쟁이 발생하여 이른바 국제중재로 넘어가면, 이때 국제법 문제가 대두될 것이다. 이 경우에도 국제법 또는 국제재판소를 맹신해서 수세에 몰리는 일이 발생하지 않도록 각별히 유의해야 한다.

마지막으로 전문법조인 양성을 강화한다. 전문화된 법률전문가 그룹을 구성하여 일대일로 거점도시와 연선 국가에 대한 과학적인 조사 및 검토를 진행해야 한다. 각국의 법률·문화·정치·제도를 철저히 이해하고 파악하는 게 중요하다. 무엇보다 투자대상에 대한 심도 있는 분석을 통해 자산경영, 산업운영, 법적자격, 경영규제범위 등의 분야에서의 현황을 충분히 평가해야 한다. 이를 통해 법률적 위험대비책을 강구하여 적을 알고 나를 알면 백 번 싸워도 위태롭지 않은 이른바 지피지기 백전불태(知彼知己百戰不殆)가 되어야 한다.

또한 실제 법률 위험에 대처하여 분쟁을 해결하는 과정에서 법률의 권위를 무조건 맹신해서는 안 된다. 일대일로 구축에서 직면할 문제와 위험은 분명 다양한 법률과 관련이 있다. 하지만 현실은 이론보다 더욱 복잡하여 단순히 법률 위험에만 국한되지 않는다. 법률적 관점으로만 문제에 접근하면 위험요소를 완전히 제거할 수 없으며 오히려 새로운 문제를 야기할 수 있다.

5 도덕적 위험

일대일로가 직면한 도덕적 위험은 세 가지 측면에서 찾아볼 수 있다. 주로 국가적인 측면과 기업적인 측면, 그리고 개인적인 측면의 위험이 있다.

1 · 국가적 측면의 도덕적 위험

일대일로 구축에서 국가는 전략의 실행주체로서 여러 국가와 정부 차원의 협력과 공조를 추진한다. 다시 말해 한 국가는 국가 간의 규정을 준수하며 그 규정이 이행되는지 감독해야 한다. 이러한 의미에서 보면 연선 국가가 약속을 지키고 신용을 지키는 일은 일대일로 구축에 있어서 매우 중요한 부분이다. 왜냐하면 일대일로의 기타 세부 프로젝트도 같은 맥락을 유지하며 운영되어야 하기 때문이다.

먼저 중앙아시아와 중동지역에 대해 말하자면, 앞서 밝힌 바와 같이 중앙아시아 여러 국가는 이른바 균형외교를 표방하고 있다. 즉 해외 여러 국가 사이에서 국가 간 가격흥정을 통해 자국의 이익을 극대화하는 데 주력하고 있다. 중국의 일대일로 구축은 중앙아시아지역에 엄청난 발전기회를 제공한다. 또한 인프라 정비와 국민의 생활수준 향상에 기여할 뿐 아니라 중국 발전의 '홍리'를 함께 공유하여 역내 국가의 호혜공영을 실현할 것이다. 비록 이러한 비전과 확신을 제시하고 있지만 중앙아시아 국가는 미국과 일본, 유럽 등 여러 국가의 전략적 유혹도 받고 있다. 만약 중앙아시아 국가가 저울의 한쪽으로 무게중심을 옮기고 신뢰를 저버린다면 이는 중국의 일대일로 구축에 매우 불리한 여건이 된다. 물론 중동지역도 마찬가지다.

다음으로 동남아지역의 경우를 살펴보자. 이곳은 현재 정치적으로 미국에 의존적이며 경제적으로는 중국에 기대고 있다. 일대일로를 동남아 국가에서 구축하려면 미국의 아시아 회귀전략 및 TPP협상이라는 이중압박에 맞서야 한다. 더욱 주목할 만한 점은 동남아의 여러 국가는 미국의 영향력 하에서 일대일로를 압박하여 부정적 영향을 가져올 가능성이 매우 높다는 사실이다. 중국 주변외교의 핵심지역인 동남아지역 국가가 국가적 신용을 보여준다면 일대일로 구축에 안정적인 주변환경을 조성해줄 뿐 아니라 긍정적인 시범효과를 발휘할 것이다.

이외에 아프리카 국가는 현재 중요한 전략적 전환기에 진입했다. 세계 주요 국가는 아프리카 국가와의 연계를 강화하고 있으며, 특히 유럽은 아프리카를 중요한 전략 요충지로 판단하고 있다. 역사적으로 아프리카는 중국과 형제애와 다름없는 우의를 돈독히 쌓아 오고 있으며 중국이 유엔UN에 가입하는 데 앞장섰던 지역이다. 중국도 아프리카 발전을 위해 무이자 자금지원을 진행했다. 비록 쌍방이 돈독한 우호관계를 형성했다고는 해도 한창 발전기에 접어든 아프리카 입장에서는 자국의 이익을 우선적으로 고려할 수 있다. 게다가 서방세계 가치관의 영향을 받는다면 이 지역 국가의 일대일로에 대한 지지기반은 약화될 수 있다.

이상으로 중앙아시아, 동남아, 아프리카를 예로 들어 국가적 신용이 직면한 도덕적 위험과 그 중요성에 대해 서술했다. 신용을 지키며 정부차원의 지지가 확보되어야만 일대일로 프로젝트도 순조롭게 전개할 수 있다. 또한 여러 가지 문제를 해결할 때도 확고한 정책적 지지를 얻을 수 있다. 양국 간 정치적 상호신뢰를 강화해가며 일대일로의 협력도 더욱 강화해나갈 수 있을 것으로 기대한다.

2 · 기업적 측면의 도덕적 위험

일대일로 구축에 대해 국가는 막대한 자금을 투입하고 거시적 조정을 통해 실크로드 건설의 순항을 보장하는 역할을 한다. 일대일로 구축 초기에는 인프라 건설이 가장 핵심업무라 할 수 있으며 이 중책은 불가피하게 자국 기업에 맡길 수밖에 없다. 기업이 일대일로 구축의 중책을 담당하면서 많은 도덕적 위험에 빠질 수 있다. 주로 시장성 도덕 위험과 사회성 도덕 위험이 여기에 해당된다. 구체적 내용은 다음과 같다.

시장성 도덕 위험은 주로 중국 기업의 경제활동과 서로 관련이 있다. 중국 기업은 기업 스스로 경제활동 행위를 규제해야 하며, 이와 동시에 경제적 정세를 면밀히 관찰하여 경제활동을 순조롭게 전개해야 한다. 기업의 시장성 도덕 위험은 다음과 같다.

첫째, 독점과 불공정 경쟁이다. 해외에서 경영활동을 할 때 만약 독점과 불공정 경쟁을 일삼고 소재국 및 주변지역의 시장을 교란시킨다면 분명 도덕적 위험을 초래할 것이다. 또한 일대일로 참여국 가운데 경제규모가 비교적 작은 국가에 대해 중국의 대기업이 규모경제의 효과를 악용하여 시장독점 현상을 초래하지 않도록 각별히 주의를 기울여야 한다. 예를 들어보자. 2015년 3월 국무원 국유자산관리감독위원회는 원칙적으로 중국북차^{CNR}(中國北車)와 중국남차^{CSR}(中國南車), 두 기업의 합병을 승인했다. 남차와 북차는 해외에서 다양한 사업을 추진하고 있었다. 때문에 합병과정에서 현지국가의 법률을 준수하여 반독점법 관리감독기구의 비준을 얻어야 했다. 과거에는 중국 기업이 합병할 때 여러 국가에서 반독점기구의 승인을 얻는 사례는 거의 없었다.

둘째, 신용부도와 계약사기다. 2009년 9월에 중국의 COVEC 공사(중국해외공정총공사, 中海外)는 폴란드의 고속도로 건설공사를 수주했다. 이는 유럽연합이 처음 공식적으로 중국인에게 맡긴 건설프로젝트다. 그렇다면 최초로 수주한 EU의 건설프로젝트 현황은 어떠한가? 당시 사업을 수주한 COVEC 공사의 원가산정에 착오가 있었으며 폴란드 공급업체들이 가격인상을 담합하면서 COVEC을 압박해왔다. 결국 실제 건설비가 당초 낙찰가를 훨씬 상회하는 사태가 발생하여 COVEC은 자산을 모두 탕진하고 공사를 중단할 수밖에 없었다. COVEC은 계약 위반에 따라 25억 달러에 달하는 위약금을 지불해야 하는 상황에 직면했으며 해외에서 중국 기업의 이미지도 치명타를 입게 되었다. 해외사업을 추진하면서 계약사항을 지키지 않아서 위약사례가 빈번히 발생하거나 심지어 계약사기를 일삼는 등 도덕적 위험에 처할 수 있다.

셋째, 법규를 위반하여 위험을 전가하고 채무를 회피하는 경우를 들 수 있다. 해외사업을 추진하면서 소재국에서 자금융자를 받거나 상장하는 경우가 있다. 불법의 거액 대출을 받아 자금을 투입한 뒤, 파산 등의 원인으로 채무상환을 못하는 경우가 발생할 수 있다. 이는 소재국의 은행 및 금융 기관 등 채권자에게 막대한 손실을 초래하는 행위이며 그에 따른 도덕적 위험이 뒤따르게 된다. 일례로 중국의 항공유료그룹공사(中國航空油料集團公司)가 파산하자 회사가 운영한 석유 파생상품 교역이 총 5억 5천 달러의 적자를 기록하게 되었다. 회사 순자산이 1억 4천500달러 미만에 불과한 심각한 부실기업으로서 채권자 측에 막대한 경제적 손실을 입혔을 뿐 아니라 중국 기업의 국제적 이미지에도 큰 타격을 입혔다.

넷째, 무역분야의 덤핑 및 보조금 문제다. 2011년 10월 18일에 독일의 솔라 월드Solar World 미국 지사는 6개의 다른 생산업체와 연합하여 미국 상무부에 중국 태양광제품에 대한 반덤핑·반보조금 조사를 정식 신청했다. 이들 기업은 중국 태양광기업이 미국시장에서 다결정실리콘 태양전지를 불법 덤핑했다고 이의를 제기한 것이다. 또한 중국정부가 중국 내 생산기업에 공급 및 생산 과정에서 보조금을 제공하여 무역장벽을 설치하는 등, 불법 보조사례가 있었다고 주장했다. 아울러 미 연방정부가 중국산 태양광제품에 대해 10억 달러 이상의 관세를 징수할 것을 요구했다. 이처럼 중국 기업이 해외에서 반덤핑·반보조금 조사를 받는 사례를 언론을 통해 자주 접할 수 있다. 따라서 중국 기업은 해외에서 수출무역을 진행할 때 직면할 수 있는 도덕적 위험에 유의해야 한다.

사회성 도덕 위험은 중국 기업이 연선 국가에서 활동할 때 주로 해당 지역의 사회 및 국민에 의해 도덕적 위험에 직면하는 경우를 말한다. 주요 내용은 다음 세 가지다.

첫째, 연선 국가의 자원소모 및 환경오염에 의한 자연 위험이다. 일대일로 프로젝트의 해외 경영활동을 진행하면서 중국 기업은 현지 천연자원을 과도하게 채굴하거나 대량의 폐기물을 배출하는 등 환경오염을 유발할 가능성이 있다. 이는 소재국의 지속가능한 발전에 피해를 주는 것으로 도덕적 위험이 뒤따를 수 있다. 2011년 9월 30일에 떼인 세인^{Thein Sein} 미얀마 대통령은 미얀마 전력부, 중국 전력투자그룹, 미얀마 아시아세계공사로 구성된 합자회사에서 투자한 미트소네 수력발전소(중국명 미쑹-역주) 건설공사를 본인 임기 중에 중단한다고 돌연 발표했다. 이러한 일방적 선언은 어떤 의미에서 보면 해당지역의 생태균형을 유지하여 환경파괴를 막기 위한 조치일 수도 있다. 이외에도 유럽 등 국가는 환경보호와 오염방지 등 관련 분야의 법률과 규제가 중국보다 엄격하다. 기업의 설립, 생산, 판매, 서비스, 경영 등 모든 영역에서 까다로운 환경보호 및 배출규정이 정해져 있다. 따라서 중국 기업이 관련 국가에서 해외사업을 수행할 때 환경보호 분야에 더욱 각별히 신경 써야 한다.

둘째, 문화와 풍습의 차이에서 도덕적 위험이 발생할 수 있다. 중국의 문화 및 풍속 습관, 민족문제 등에서 일대일로를 추진하는 현지국가와 차이가 있다. 기업의 해외경영에서도 마찬가지로 문화 및 풍습 차이로 인해 도덕적 위험에 직면할 수 있다. 여기에는 주로 소재국의 종교와 신앙활동에 대해 중국 기업이 간섭하는 경우가 포함된다. 현지 풍속과 관습을 무시하여 해당국가 주민의 저항과 반대에 부닥칠 수 있으며 민족갈등으로 격화될 수 있다.

셋째, 기업의 활동이 연선 국가 주민의 생활에 영향을 줌으로써 도덕적 위험에 직면할 수 있다. 해외 경영활동은 종종 해당지역 주민의 삶에 영향을 주게 마련이다. 만약 적시에 대중들과 소통하여 협의하지 않거나 상응하는 보상을 하지 못한다면 마찬가지로 도덕적 위험을 초래한다. 이와 관련해서 전형적인 예가 있다. 바로 중국과 미얀마의 레파다웅^{Letpadaung} 구리광산 프로젝트다. 2011년 7월 8일에 중국수이뎬^{Sinohydro Group Ltd.}(中國水利水電建設集團公司)은 미얀마 모니와지역의 레파다웅 광산프로젝트를 순조롭게 수주했다. 그런데 2012년 11월 18일부터 수백 명의 현지 농민, 승려와 권익옹호자들이 레파다웅 광산의 작업장에 진입하여 시위를 시작했다. 공사장 부근에 6개의 임시 캠프를 설치했으며 구리광산 철거보상의 부당함과 환경오염, 사찰철거 등에 대해 제소했다. 결국 당시 구리광산 프로젝트는 전면 중단될 수밖에 없었다. 2012년 12월 2일부터 아웅산 수지를 위원장으로 한 조사위원회는 해당 프로젝트에 대해 전면적이며 상세한 심층조사를 실시했다. 2013년 3월 11일 보고서는 최종 결과를 발표했다. 보고서는 레파다웅 광산프로젝트가 현 상황으로 치닫게 된 주요 원인이 투명성 부족과, 개발업체와 현지주민 및 지방정부 간 소통과 교류 부족 때문이라고 밝혔다. 또한 토지수용 비용이 턱없이 낮으며 노동자 권익을 충분히 보장받지 못한 결과 시위가 발생했으며 토지수용과정에서 관련 측의 해명 부족, 외부조직 및 단체의 개입으로 사태가 악화되었다고 보고서는 덧붙였다. 또한 보고서는 환경보호와 현지인 보상, 회사협력계약 등에서 개선이 필요하다고 건의하면서 개발업체와 현지주민이 협상을 통해 사찰의 안전한 이전 등을 추진하라고 주문했다.

3 · 개인적 측면의 도덕적 위험

중국 경제가 발전하면서 출국 여행자 수가 끊임없이 증가하고 있다. 여행객들은 개인 신분으로 해외에 나가 중국 이미지를 알리는 대변인 역할을 하게 된다. 정부 문서에서도 여행분야 협력을 강화하고 여행 규모를 확대하여 민심의 교류를 추진하는 것은 매우 중요한 일이라고 밝히고 있다. 그런데 일대일로 주변국가에 여행을 하면서 미개하고 교양 없는 행동을 보인다면 개인적 측면의 도덕적 위험을 초래할 수 있다. 일대일로 구축 임무를 담당하기 위해 출국한 현장 직원들의 경우도 마찬가지다. 의식 수준이 낮거나 미숙한 업무처리로 인해 고의든 고의가 아니든 민심상통에 걸림돌이 될 수 있다. 또한 현지의 풍속과 관습을 간과하여 도덕적 위험을 초래할 수 있다.

필자는 세 그룹을 예로 들어 개인적 측면의 도덕 위험에 대해 보다 자세히 서술하고자 한다.

첫째, 기업법인의 경우다. 앞서 강조한 바와 같이 일대일로 구축과정에서 기업의 역할은 매우 중요하다. 기업법인은 단독으로 민사적 책임을 지며 법인자격을 취득한 사회경제조직이다. 그런데 법인은 이익추구에만 중점을 두어서 국가정책을 왜곡할 가능성이 있다. 일대일로 구축을 이익추구의 수단으로 여겨 부정부패를 일삼고 법률을 위반함으로써 도덕적 위험을 초래할 수 있다. 이러한 법률 위반 행위는 일대일로에 막대한 영향을 초래한다. 투입된 자본이 제대로 활용되지 않기 때문에 실크로드 건설 효과가 대대적으로 축소될 수 있다. 뿐만 아니라 부정적인 도미노효과를 야기하여 국내외에서 나쁜 풍조를 조성할 수 있다. 이는 중국 국내의 반부패·부정척결의 분위기에 완전히 위배되는 것이다. 해외에서도 중국의 국가이미지는 타격을 받을 수밖에 없다. 만약 이러한 상황을 제때 바로잡지 못한다면 국외에서는 중국의 전략 자체에 의혹을 제기할 가능성이 있다. 여기에 서방언론의 홍보까지 더해진다면 일대일로의 효과는 분명 크게 반감될 수밖에 없다.

둘째, 비즈니스맨 그룹의 예를 살펴보자. 일대일로 프로젝트가 전면적으로 추진되면서 원래 사업을 하지 않았던 사람조차도 이 기회에 중국에서 사업을 하거나 자국에서 중국과 무역을 진행하기를 희망하고 있다. 정부 문서에서도 각국 기업의 중국 투자를 환영한다고 명확히 밝힌 바 있다. 일대일로가 추진되면 또 한 차례의 중국 투자열풍이 불 것으로 예상된다. 그러나 중국어도 모르고 중국에서의 비즈니스 경험이 부족한 투자자도 있을 수 있으며 소액 경영으로 리스크 대응력이 떨어지는 업체도 있을 것이다. 따라서 중국 비즈니스에서 손실을 입을 가능성을 완전히 배제할 수는 없다. 실패를 겪은 상태에서 중국에 대한 이해도 부족하다면 중국에 불리한 여론을 조성할 수도 있다. 현지에 있는 일반국민들은 이런 의견에 쉽게 솔깃하게 마련이다. 결국 중국에 대해 객관적으로 판단할 수 없게 된다. 따라서 중국 내에서 사업체를 운영하는 외국 친구들을 아끼고 관심을 기울여야 한다. 수속을 밟거나 대출을 신청할 때, 또는 마케팅활동을 할 때 최대한 이들에게 도움을 주어야 한다. 국내외 무역과 비즈니스를 추진하면서 중국의 이미지 제고에도 노력을 아끼지 말라고 당부하고 싶다.

셋째, 유학생 그룹의 경우를 살펴보자. 유학은 해외국민이 중국을 이해할 수 있는 중요한 루트 가운데 하나다. 현재 일대일로 연선 국가에서 중국으로 유학 온 학생들은 대부분 경제여건이 좋은 편이거나 두 국가정부의 보조를 받는 학생들이다. 중국의 문화를 전파하는 데 이들이 중요한 역할을 하는 것은 분명 사실이지만 실질적인 효과는 오히려 반감된다. 일상생활에서 그리고 실제 교내에서 외국유학생이 중국 학생들의 일상생활에 그대로 융합되기란 사실 그리 쉬운 일이 아니다. 따라서 유학생이 중국 문화를 제대로 파악하며 느끼기에는 여건상 분명 한계가 있기 때문에 유학생을 매개로 한 이미지홍보 방법은 실효를 거두기 어렵다. 뿐만 아니라 일부 유학생은 서양의 사고방식을 자주 접하기 때문에 중국에 대해 선입견을 가지고 있는 경우가 많다. 게다가 이들은 '중국위협론'의 영향을 받기 때문에 근본적으로 중국에 대한 선입견을 개선하지 않거나 아예 깊게 알려 하지 않고 꼬투리부터 찾으려 하는 경향도 있다. 이에 대해 중국의 정부 문서에서도 언급한 바 있다.

"중국은 세계 주요 국가와 상호 유학생 규모를 확대하며 공동 학교건립을 추진할 것이다. 중국은 매년 연선 국가의 1만 명의 학생을 대상으로 정부장학금을 수여할 계획이다."

이는 중국이 청소년인재를 집중 육성하겠다는 의지의 표명이며 민심상통을 실현하려는 노력과 시도를 보여주는 것이다. 이외에 유학대상도 일부 외국 대학생에만 국한시키지 않고 그 범위를 확대해야 한다. 예를 들어, 현지 노동자와 농민을 중국에 초청하여 기술을 전수하는 방법도 있다. 전문가나 기술자로 범위를 한정하지 않고 자원을 오픈하여 평등하게 수용할 필요가 있다. 양국 간 일반 노동자층의 교류를 확대한다면 민심상통의 효과를 거둘 뿐 아니라 일대일로 연선 국가의 발전에도 크게 기여할 것으로 기대된다.

개인적 측면의 도덕문제를 조속히 해결하려면 반드시 다음 두 가지에 착수해야 한다.

첫째, 연선 지역의 중국계 화교가 긍정적인 역할을 발휘해야 한다. 공자학원을 활용하여 개개인의 상호이해를 증진하는 방법을 활용할 수 있다. 데이터에 따르면 현재 전 세계 중국계 화교인구는 6천만 명을 초과했다. 일대일로 연선의 동남아 각 국가의 중국계 화교 수는 4천만 명을 넘어섰다. 이들은 막강한 경제력과 높은 기술력을 보유하고 있으며 정치참여의 열정이 강하다는 특징을 가지고 있다. 중국계 언론의 영향력은 지속적으로 확대되고 있을 뿐 아니라 화교사회단체의 역량도 날로 강성해지고 있다. 이는 바로 현재 해외 화교그룹의 주요 특징이다.

"역사적으로 유례없는 소중한 기회를 맞이하여, 아시아 특히 동남아지역의 화교상인은 강점을 최대한 발휘하여 일대일로 구축에 적극 참여해야 한다."

허야페이 국무원 대만사무소 판공실 부주임은 화교 경제가 크게 공헌할 수 있는 다섯 가지를 이렇게 강조했다.

1. 산업의 단계별 이전 및 구조조정·고도화를 촉진한다.

2. 호연호통 및 인프라 건설에 참여할 절호의 기회다.

3. 위안화의 더욱 광범위한 사용을 촉진한다.

4. 해양경제의 개발과 협력을 강화한다.

5. 과학기술·두뇌인력의 인프라를 구축한다. [12]

중국계 화교의 긍정적인 역할은 더 이상 강조하지 않아도 얼마나 중요한지 알 수 있다. 공자학원도 일대일로 때문에 조직된 단체는 아니지만 객관적으로 볼 때 연선 국가의 민심상통을 위한 큰 밑거름이 된다. 새로운 시대를 맞이하여 공자학원과 일대일로가 한마음으로 동행하며 상부상조할 수 있다. 공자학원은 문명의 부흥을 보여주는 장소이며 중국의 매력을 생동감 있게 묘사해주는 곳이다. 고대 실크로드가 중국과 연선 국가에 우정의 씨앗을 뿌렸다면 공자학원의 세심한 손길과 정성을 거쳐 그 씨앗이 뿌리를 내려 발아하기를 기대한다. 나아가 일대일로 건설을 통해 찬란한 꽃을 피울 것이다. 일대일로는 함께 비즈니스를 추진하며 공동으로 건설하여 같이 키운 파이를 서로 나누는 공상, 공건, 공향의 원칙을 강조한다. 이는 공자학원의 이념과 일맥상통하는 부분이다. 평화협력, 개방포용, 호학호감, 호혜공영이라는 실크로드 정신을 널리 알리는 일은 이러한 측면에서 볼 때 공자학원의 미래 발전에도 새로운 동력을 제공할 것이다. 또한 개개인의

---

12) **참고** | 허야페이, '화교·중국인이 '일대일로' 건설에 크게 기여할 수 있다(華僑華人參與 '一帶一路' 建設 大有作爲)', 〈중국신문망(中國新聞網)〉, 2015년 5월 21일

상호이해의 증진에도 기여함은 물론, 일정 부분 개인적 측면의 도덕 위험을 피하는 데 도움을 줄 것으로 기대된다.

둘째, 일대일로의 도덕적 위험은 중국의 내부에서 생긴다. 따라서 일대일로 구축에서 사람과의 교류에 중점을 두면서 대외개방의 강도를 끊임없이 높이는 한편, 국내 개혁에도 박차를 가해야 한다. 주변국가가 중국을 더욱 잘 이해할 수 있도록 진심으로 민심을 교류하고 소통하며 책임감을 가지고 일대일로에서의 도덕적 위험에 맞서야 할 것이다. 정부 문서에서도 밝힌 바와 같이 실크로드의 우호협력 정신을 계승·발전하여 문화교류, 학술왕래, 인재교류 협력, 언론매체 협력, 청소년 및 부녀자 교류, 자원봉사자 서비스 등 폭넓은 교류를 추진해야 한다. 양자·다자간 협력을 강화하기 위한 든든한 여론기반을 조성하며 앞서 언급한 다양한 방안을 통해 도덕적 위험을 극복하여 진정한 민심상통을 실현해나갈 것으로 기대한다.

4부

'일대일로' 건설,
어떻게
추진할 것인가

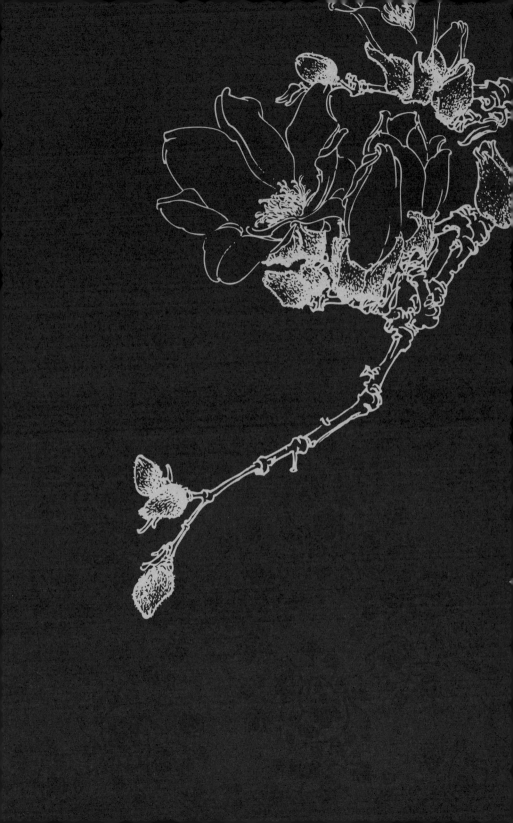

일 대일로 건설, 어떻게 추진할 것인가? 시진핑 주석은 관건은 '5통'을 실현하는 것이라고 강조했다.

1. 태평양에서 발트 해와 인도양까지 유라시아 대륙을 가로지르는 교통 간선을 구축한다.
2. 무역과 투자를 활성화한다. 무역절차의 간소화를 추진한다. 무역규모를 확대하며 무역구조를 개선하고 최첨단 기술과 고부가가치 상품 비중을 확대한다. 투자협력을 강화한다.
3. 화폐의 유통을 강화한다. 통화스와프를 추진하며 무역의 본위화폐 결제를 실행한다. 금융체계를 강화하여 금융리스크 대응력을 키우며

국제경쟁력을 강화한다. 금융기구를 설립하여 두 개의 실크로드 건설을 위한 자금을 지원한다.

4. 정책소통을 강화한다. 두 개의 실크로드를 이익 공동체와 운명 공동체로 건설한다.

5. 인문유대 교류를 강화하며 민심이 서로 통하게 한다.

2015년 3월 28일에 중국 국가발전개혁위원회, 외교부, 상무부가 공동 발표한 '실크로드 경제벨트와 21세기 해상 실크로드의 공동 건설 추진에 대한 미래비전과 행동'에서는 '5통'의 내용을 다음과 같이 서술했다.

'연선의 각 국가는 보유하는 자원이 각기 다르며 경제 상호보완성이 비교적 강해 상호협력이 가능한 잠재력과 분야가 매우 크고 넓다. 정책소통, 인프라연통, 무역창통, 자금융통, 민심상통을 주 내용으로 하여 다음 분야에서 협력을 강화하는 데 총력을 기울여야 한다.'

'5통'은 처음 유럽인이 글로벌화를 추진했을 당시 주로 무역과 금융에 초점을 두었던 것에 비하면 그 범위가 훨씬 넓다. 또한 고대 실크로드의 물물교환과 문화교류도 뛰어넘는다. '5통'은 정부·기업·사회에까지 그 영향력을 미칠 것이며 물류, 자금흐름, 인력교류, 정보교류를 망라하는 전방위의 교류와 혁신이라 할 수 있다.

'5통'을 실현하기 위해서는 이념적 혁신, 이론적 창의성, 참신한 방식이 필요하다. 강대국이 경쟁할 때의 승리 여부는 바로 이념에 달려 있다. 일대일로는 공상, 공건, 공향의 원칙을 강조하며 마셜플랜과 대외원조 및 주출거 전략을 초월하는 전략이다. 여기에서 관건은 실제 실행과정에서 흔들리지 않고 기본이념을 끝까지 관철하여 궁극적으로 21세기 글로벌 협력의 신모델을 출범시키는 데 있다.

중국의 개혁개방은 오늘날 세계에서 가장 혁신적인 조치였다. 일대일로는 전방위 대외개방 전략으로서 이제 경제회랑이론과 경제벨트이론, 그리고 21세기의 국제협력이론을 바탕으로 하여 창의적인 경제발전이론, 지역협력이론, 글로벌화이론으로써 그 위상을 공고히 할 것이다.

일대일로는 연선 국가 및 지역의 기존 협력체제를 포용하여 병행 추진해야 하는 과제를 안고 있다. 동시에 국내외 세력의 각종 의혹 심지어 전략적 와해 움직임에 직면해 있는 상황이다. 따라서 일대일로는 반드시 참신한 방식으로 실행해야 하며 창의적인 '5통'을 구현해야 한다. 이를 통해서 비로소 장기적인 성과를 보장하며 원하는 기대효과를 도출할 수 있다.

1 이념적 혁신

이념적 승리를 통해 서방세계를 초월해야 한다. 일대일로는 공상, 공건, 공향의 원칙을 강조한다. 또한 일대일로는 마셜플랜과 대외원조 및 주출거 전략을 초월하는 전략이다.

일대일로 구축 프로젝트는 중국의 실정과 세계의 전반적인 발전상황에 근거하여 외환보유고를 합리적으로 활용함으로써 국내 산업의 구조조정 및 고도화를 완성하기 위한 새로운 구상이다. 또한 내륙지역의 잠재력을 발굴하여 경제의 지속성장세를 유지하기 위한 새로운 성장동력을 제공할 것이다. 이로써 평화와 화합의 주변환경을 조성하는 새로운 질서가 태동될 것으로 기대된다. 또한 일대일로는 장기적으로 중국이 '3개의 자신감(노선·이론·제도 3개 분야에서의 자신감을 의미함.-역주)'을 굳건히 확립하며 책임감 있는 대국 이미지를 형성하기 위한 물적 자원을 지원함과 동시에, 신뢰와 지지기반을 제공할 것이다. 일대일로는 신창타이에 진입한 중국의 경제사회 발전의 수요를 정확히 반영하여 참신한 발전이념, 협력이념, 개방이념을 제안했다. 이러한 이념을 근간으로 한 일대일로 구상을 통해 자국 발전, 주변국가와의 관계 정립 및 관리, 국제사안에의 참여, 신질서규범 제정 분야에서 중국은 새로운 태도를 보여줄 것으로 기대된다. 구체적으로 일대일로의 이념적 혁신은 다음과 같다.

1 · 다자간 공영(共贏)의 협력이념

—

협력과 공영은 각 국가가 국제적 사안을 처리하는 기본정책 방향이다. 시진핑 국가주석의 말을 빌리면 다음과 같다.

"우리는 전면적인 개혁심화를 추진하기 위반 모든 포석을 마쳤다. 중점적 추진방향 중 하나는 바로 더욱 완벽하고 생동감 넘치는 개방형 경제 체제를 갖추며 전방위적·다층적인 국제협력을 추진하여 모든 국가 및 지역과의 공동이익과 호혜공영을 확대해나가는 것이다."[1]

일대일로 구상은 연선 국가가 공동으로 발전과 성공기회를 모색하는 청사진을 제시한다. 또한 이 구상을 제안함으로써 연선 국가와 함께 글로벌 경제침제에 맞서서 난관을 헤쳐 가자는 의지와 결심을 표명했다. 중국은 잇달아 공상, 공건, 공향의 이념과 운명 공동체, 이익 공동체를 중심으로 한 공동체 이념을 제안했다. 이러한 제안은 다자간 공영의 새로운 국제 협력체제를 태동시키는 출발점이 될 것으로 확신한다.

공상, 공건, 공향 이념을 제안함으로써 중국이 일대일로 구축을 통해 일방통행식의 정책을 펼치며 유라시아 대륙을 주도할 야욕을 품고 있다는 의혹을 해소시켰다. 일대일로 구축은 평화공존 5개 원칙을 기초로 하여

---

1) **시진핑** │ '실크로드정신을 발양하여 중국·아랍국가연맹과의 협력을 심화하자(弘揚絲路精神, 深化中阿合作)', 신화왕(新華網)

UN 헌장의 취지와 원칙의 지도 하에 진행될 것이다. 먼저 중국이 공상이념을 제안한 것은 참여한 연선 국가의 프로젝트에 대한 발언권을 존중한다는 뜻이다. 나라의 크기나 강약 그리고 빈부에 상관없이 누구나 일대일로의 평등한 참여자가 되어 적극적으로 의견을 개진하며 정책을 제안할수 있다. 또한 자국의 필요에 의해서 다자협력 관련 의제를 선정할 때 영향력을 행사할 수 있다. 그러나 타국의 발전노선에 대해서는 함부로 지시하거나 개입해서는 안 된다. 양자·다자간 협의와 협상을 통해 상호 경쟁우위를 발굴·보완하여 발전전략이 제대로 접목되도록 노력해야 한다. 다음으로 공건이념에 대해서다. 먼저 상호 의견교류의 과정을 거치는데 이는각자가 일대일로에 실질적으로 참여하기 위한 첫 단추를 끼우는 것이라할 수 있다. 다음 단계에서는 주출거 전략을 제대로 수행하기 위한 준비작업에 착수해야 한다. 이와 동시에 연선 국가는 자금과 기술을 도입한 이후에 인재양성을 통해 자생력을 키워야 한다. 이러한 공상과 공건 이념을 우선적으로 실천해야만 비로소 일대일로 구축으로 인한 성과, 즉 함께 키워낸 파이를 연선 국가와 함께 누리는 공향의 이념을 구현할 수 있다.

공동체 이념은 호혜와 공영의 협력관을 새롭게 한 단계 격상시킨 개념이다. 중국의 새로운 지도층이 기존 외교이념을 초월하여 승화시킨 개념이라 할 수 있다. 제로섬 경쟁과 냉전사고는 이미 시대착오적인 사상이다. 공동체 의식은 바로 이와 정반대되는 개념으로 국제협력에 대한 중국의새로운 시각을 반영하고 있다. 즉 한 국가가 다른 국가의 발전을 억누르고자국의 발전을 쟁취해서는 안 된다는 뜻이다. 균형적 발전이란 제로섬 형태의 발전이 아니라 혁신을 기반으로 한 상생적인 발전을 의미한다. 일대일로 연선 국가는 경제발전에 대한 공통된 염원을 가지고 있으며 평화공존 5개 원칙의 지도 하에 상호 빈번한 교류를 추진하며 상호 소통해야 한다. 일대일로 프로젝트는 연선 국가 및 지역의 인프라 건설에 역량을 집중하여 원활한 교통 및 통신 설비의 구축을 진행할 것이다. 이를 통해 공동체 일원인 연선 국가를 긴밀하게 하나로 연결할 계획이다. 또한 연선 국가의 공동체 의식과 공감대를 형성하는 데 기폭제 역할을 함으로써 생동감 넘치게 화합하면서 공동의 발전을 이룩하는 데 기여할 것이다.

일대일로 구축은 연선 국가의 공동번영과 역내 경제협력 강화에도 유리한 여건을 조성하며 정치적 신뢰와 선린우호관계 증진에도 기여할 것으로 기대된다. 일대일로를 통해 중국 내륙지역의 대외개방의 강도를 높이는 한편, 육·해상 전략의 통합 및 동·서지역의 균형적인 대외개방을 추진하기 위한 새로운 국면을 조성할 것이다. 일대일로를 공동 건설하려면 연선 국가와의 전통적인 우호관계를 지속적으로 증진시키며 기존 협력체제와 플랫폼을 충분히 활용할 필요가 있다. 상호이익을 존중하여 연선 국가의 입장과 기반을 토대로 이익의 교집합부분을 최대한 확대하는 게 무엇보다 중요하다. 양자·다자간 수익을 극대화하여 '윈윈'의 새로운 이념을 확립하며 정치적 우호관계와 지역적 근접성, 그리고 경제적 상호보완성을 통해 실질적인 협력관계를 증진시킴으로써 지속적인 성장세를 유지할 것이다.

2 · 전대미문의 포용적인 개방이념

일대일로의 핵심이념은 포용이다. 일대일로 전략에서 개방의 의미는 역사적으로 유례를 찾아볼 수 없는 포용적 개방이다. 가오후청 중국 상무부 부장은 〈추스〉 잡지의 기고문을 통해 다음과 같이 밝혔다.

"일대일로를 공동으로 건설하는 것은 전방위적 대외개방의 새로운 국면을 여는 것이다. 일대일로 건설은 당과 국가가 혁신적인 이념으로 새로운 대외개방 정책을 추진한다는 의미다. 이는 국내외 상호협력을 강화시키며 국내외 상호개방을 촉진하는데 크게 기여할 것으로 기대된다. 또한 두 개의 시장과 두 가지 자원을 충분히 활용하여 발전 잠재력을 발굴하여 협력분야를 모색하는 데 긍정적 역할을 할 것이다. 전방위적 개방에 필요한 모든 분야에서 새로운 대외개방 정책의 포용성이 집중 발휘될 것으로 확신한다."[2]

전방위 개방은 사실 새로운 주제는 아니다. 1990년대 초에 덩샤오핑의 남방담화로 인해 중국은 제2의 대외개방 물꼬가 트이게 된다. 공산당의 14대 보고서에서는 대외개방의 지역을 확대하여 다층적·다각적·전방위 개방국면을 조성해야 한다고 밝힌 바 있다. 공산당의 15대 보고서에서도

---

[2] **참고** | 가오후청의 〈'일대일로'전략을 공동 구축하여 중국의 전방위적 대외개방의 새로운 국면을 열자(共建'一帶一路'戰略, 開創我國全方位對外開放新格局)〉, 〈추스〉, 2015년 제5기

이렇게 강조했다.

"전방위·다층적·광범위한 대외개방 국면을 완성하여 개방형 경제를 발전시키며 국제경쟁력을 강화함으로써 경제구조의 특화와 국민경제의 질적 수준을 향상시켜야 한다."

이러한 정책으로 수많은 국경과 강변, 내륙의 성·도시는 개방을 추진하기 시작했다. 1998년에 연해지역에서 내륙으로, 그리고 가공업에서 서비스업으로 개방이 확대되어 전방위·다층적·광범위한 대외개방 국면이 기본적으로 형성되었다.[3] 중국이 WTO에 가입한 이후 대외개방은 다시 한번 도약한다. 중국은 WTO 가입조건을 성실히 이행하며 제도적인 개방으로 방향을 선회했다. 이때 대외개방정책을 실시하는 지역은 더욱 확대되었다. 지금까지 중국은 대외개방정책을 30여 년간 실시해 오면서 개방형 경제를 건설하는 데 만족할 만한 성과를 거두었다고 평가할 수 있다. 그런데 국무원 발전연구센터의 연구결과를 보면 중국의 대외개방수준은 여전히 세계 평균수준에 머무르는 것으로 나타났으며 전반적인 사회의 개방수준은 높지 않은 것으로 조사되었다.[4] 역사적인 경험에 비춰보건대 대외개방은 시대적 흐름에 순응하는 조치였다. 또한 개방 강도를 높이는 일은

---

[3] **참고** | 류상동의 〈봉건적 사회에서 전방위·다층적·광범위한 대외개방으로 나아가다(從封建走向全方位·多層次·寬領域的對外開放)〉, 〈추스〉, 1998년 제22기
[4] **참고** | 가오후칭의 〈세계대세를 파악하여 개방수준을 제고시키자(把握世界大勢, 提高開放水平)〉, 〈추스〉, 2015년 제2기

'인더스트리 4.0 시대(사물인터넷을 통한 4차 산업혁명으로 제조업 성장전략을 말함.-역주)'라는 호기를 놓치지 않고 전략적 대세전환의 상승분위기를 최대한 오래 유지하고 연장하기 위해서 반드시 선택해야 하는 길이다.

전방위·다층적·광범위한 대외개방이라는 의미는 지역과 수준, 업종범위에서 모두 새로운 국면을 맞이한다는 뜻이다. 일대일로 전략을 통해 우리는 전방위적 개방체제를 구축할 것이다. 그리고 전방위적 개방체제의 관건은 바로 장기간 지역불균형 발전으로 야기된 여러 갈등과 문제점을 해소하는 데 있다. 또한 신창타이에 진입한 중국이 지역적 포석을 마무리하며 내륙지역(특히 중·서부지역)의 시장 잠재력을 발굴하는 계기가 된다. 그런데 전방위적 개방체제의 의미는 여기에 그치지 않으며 새로운 대외개방정책으로서 다음 네 가지 측면에서 이른바 '업그레이드[승급(昇級), 이 용어는 중국 기업의 낙후된 산업구조와 모델, 인프라 등을 한 단계 상승시킨다는 의미 - 역주]'를 구현해야 한다.

첫째, 개방주체를 업그레이드해야 한다. 먼저 일대일로 건설을 실질적인 국가 현황에 맞게 추진하되 내륙지역의 개방 강도를 높이는 데 주력해야 한다. 이를 통해 단계별 개방으로 야기되었던 불균형 문제를 완화시켜야 한다. 대외개방정책을 실시하던 초기에 중국의 국력에는 한계가 있었으며 경험도 부족했다. 제대로 된 개방정책을 추진할 여력이 없었기 때문에 경제특구부터 시작해서 단계별로 정책적인 개방노선을 실시해 왔다. 중국이 막대한 경제성장을 이룩한 것은 이러한 전략적 선택과 무관하지 않다. 일대일로 프로젝트를 추진하려면 연선 및 지방 지역의 적극성이 절대적으로 필요하다. 특히 미개방·미개발된 중·서부지역의 적극성을 유도할 필요가 있다. 서부지역의 생산력분야 경쟁우위와 동부 및 연선 국가의 시장수요가 함께 만난다면 상생할 수 있다. 그리고 일대일로는 참여국의 신분에도 제한을 두지 않는다. 즉 연선 국가와 기타 형태로 참여한 국가 및 경제주체에도 문호를 개방할 것이다. 또한 경영다각화를 표방하여 정부·기업·민간의 다각적 교류를 주도적으로 추진할 계획이다.

둘째, 개방대상의 업그레이드다. 일대일로는 더욱 광범위한 국내와 국제 시장을 목표로 하는 개방정책을 확립해야 한다. 일대일로의 출발점은 중국이며 일대일로는 세계적으로 가장 넓은 지역을 망라하는 경제대회랑 건설의 청사진을 제시하고 있다. 이를 추진하려면 우선 대내개방을 확대해야 한다. 즉 연선 지역의 각 지방은 우선 적극적인 투자와 경제기반의 내실화를 추진하여 관할지역의 프로젝트를 차질 없이 완수하는 한편, 국내의 다른 지역과의 상호연계를 마무리해야 한다. 다음으로 대외개방도 더욱 확대해야 한다. 다시 말해, 더욱 많은 국가와 다양한 분야를 대상으로 대외개방정책을 추진해야 한다. 개방대상에 있어서도 특정지역으로 한정하지 않으며, 마찬가지로 일부 지역을 배제하지도 않는다. 협력파트너의 선정범위가 무한대로 확장된다고 봐도 무방하다. 일대일로 구상에 따르면 중앙아시아와 동남아시아, 남아시아를 관통하여 유럽지역까지 연결된다. 동쪽으로 아시아태평양 경제권을, 서쪽으로는 유럽경제권을 하나로 묶는 프로젝트다. 전 세계 44억의 인구, 전 세계 인구의 63%를 아우르며 경제규모는 약 21조 달러로 전 세계 경제규모의 29%에 해당한다. 일대일로는 전통적인 지역경계 구분을 초월한다. 경유하는 국가 및 지역의 발전수준도 천차만별이다. 또한 민족과 종교, 발전 역사와 문화적 배경 등에 있어서 커다란 차이를 보이고 있다. 중국정부는 연선 국가 외에도 세계 기타 국가 및 국제기구, 지방조직의 적극적인 참여를 환영한다고 밝히고 있다. 중국의 진정성을 보여주기 위해 역외 국가를 대상으로 여러 차례 일대일로 구상을 설명하며 아시아인프라투자은행 출범 등의 자금지원 플랫폼을 마련하고 있다. 특히 금융업이 발달한 미국 및 유럽 국가를 방문하여 별도로 프로젝트 설명회를 진행한 바 있다. 이는 더욱 많은 국가와 경제주체를 수용하여 일대일로라는 대형 프로젝트에 총력을 기울이겠다는 의지를 표명한 것이다.

셋째, 상호작용 형태를 업그레이드해야 한다. 개방의 목적은 양자·다자 간 경제적 상호작용, 즉 경제적 시너지 창출에 있다. 무역 측면을 살펴보면 일대일로는 중국과 연선 국가를 상호 연결하는 교통·통신 등 인프라구축에 역점을 두고 있다. 이를 통해 역내 물류효율이 높아지고 양자·다자 간 무역거래의 편의성이 제고될 것으로 기대되고 있다. 또한 더욱 넓은 소비시장을 발굴하여 지속가능한 무역거래모델을 정착시키는 계기가 될 것이다. 투자 측면에서는 일대일로를 통해 글로벌 가치사슬의 분업구조에서 중국 제조업의 위상을 높일 수 있다. 중국 기업의 해외진출에 지속적인 원동력을 제공하며 주출거 전략은 인진래 전략과 맞물려 양방향 시너지 효과를 낼 수 있다. 일대일로의 포용적 개방정책의 핵심이 바로 여기에 있다. 현재 중국의 국제경쟁력은 여전히 노동집약형 산업에 집중되어 있다. 따라서 전통산업의 고도화 및 세대교체와 부가가치 상승의 가능성은 무궁무진하다고 할 수 있다. 일대일로 프로젝트를 진행하면서 대규모 기술집약·자본집약 프로젝트의 수주를 긍정적으로 기대해도 좋을 것이다. 일대일로는 기술집약·자본집약·자본집약형 산업의 국제경제력 제고를 위한 기폭제 역할을 하며 수입대체시장을 획기적으로 확대하는 계기를 마련해줄 것으로 예상된다. 과거 10년 동안 중국의 수출성장이 가장 빨랐던 분야는 저가의 가공을 통해 만든 '메이드인차이나' 제품이 아니었다. 바로 선박, 자동차, 통신설비와 플랜트 분야였다. 예를 들면 화웨이나 중싱의 제품이 전 세계로 팔려 나갔으며 주로 개발도상국을 목표시장으로 하여 제품을 제공해 왔다. 한마디로 해외 판매량이 국내 판매량을 이미 훨씬 초과한 것이다. 이처럼 일대일로는 연선 개도국에 공업화와 도시화의 새로운 기회를 제공할 것으로 확신한다. 이와 더불어 이들 국가는 공업화·도시화에 따른 제반 인프라도 구축할 필요가 있다. 따라서 에너지, 전략, 시멘트, 철강, 기계, 교통, 통신 등을 포함한 인프라 시설 관련 업종에서 발전의 기회가 무궁무진하다고 볼 수 있다. 중국 기업은 중국의 공업화·도시화 건설 분야에서 자본, 인력, 기술 그리고 풍부한 경험을 축척했으며 국제경쟁을 통해 발군의 실력을 갖추고 있다. 전문가들은 향후 일정 기간 전 세계는 인프라 관련 산업이 최고의 전성기를 맞이할 것이라고 예측하고 있다. 이는 중국에는 커다란 기회다. 전략적인 절호의 기회를 실기하지 않고 글로벌 경쟁에서 우위를 점해야 한다.

넷째, 개방을 추진하는 마음가짐에도 업그레이드가 필요하다. 중국은 일대일로를 통해 더욱 포용적인 대외개방을 추진하며 실질적인 협력에서도 포용성을 발휘함으로써 국제협력에 새로운 바람을 불러일으킬 것이다. 과거에 일대일로와 같은 대규모 경제벨트 프로젝트를 구축하는 경우 주관 국가에서 일방통행식의 수출 위주 전략을 추진하여 자국의 이익을 확실히 챙겼었다. 이제 중국은 내정불간섭 원칙을 끝까지 고수하여 마찰과 갈등을 초래하는 구태의연한 방식에서 탈피하고자 한다. 선린우호 원칙을 지켜나가면서 즐겁게 함께 나누며 공동의 발전을 추구할 것이다. 일대일로 전략에서는 일방주의와 강압적 태도를 지양한다. 또한 일대일로 전략의 틀 안에서는 모든 연선 국가가 자국 발전을 위한 의견과 수요를 기탄없이 논의하며 역내 국가가 자주적 혁신역량을 높일 수 있도록 아낌없이 지원할 예정이다. 이렇게 국가 간 진솔한 소통으로 최상의 협력효과를 창출할 것이다. 비록 중국이 처음 제안한 구상이지만 중국은 기꺼이 우두머리 자리를 내놓을 수 있다. 관련 국가와 평등한 협상으로 협력프로젝트의 합리성과 실행 가능성을 확보해나갈 계획이다. 일대일로 성공의 관건은 연선 국가 간 '5통', 즉 정책소통, 인프라연통, 무역창통, 자금융통, 민심상통의 실현에 있다. 일대일로가 순항하려면 서로 마음을 나누는 심통(心通)에 역점을 두어야 한다. 이를 위해서는 연선 국가와 지역이 운명 공동체 건설이라는 원대한 이상과 목표를 세우며 더욱 포용적인 자세로 문화공존·가치공유를 구현해야 한다. 더 나아가 실물경제의 상호 연동 및 구축을 위한 정신적인 밑거름을 제공하여 발전을 향한 믿음을 쌓아야 할 것이다. 중국은 누구나 누릴 수 있는 공공 플랫폼을 적극적으로 제공하여 국제적 책임을 다하며 연선 국가 및 지역의 호혜와 발전에 앞장서고자 한다. 국가차원의 대동사상(大同思想, 전통 사상가들이 제시한, 사람마다 평등하고 자유로운 이상사회 - 역주)으로 다른 국가를 대하며 역지사지의 마음으로 포용적 개방이념을 널리 알림으로써 상대국의 민심에 한 걸음 다가설 것이다.

3 · 균형과 조화의 발전이념

일대일로는 대내와 대외의 두 가지 정책방향을 포함하고 있으며 중국의 대내 발전전략과 대외 교류정책의 유기적인 결합이라 할 수 있다. 균형적이고 조화로운 발전이념도 여기에 잘 나타나 있다.

먼저 일대일로는 국내 각 지역의 균형적 발전에 역점을 둔다.

개혁개방을 실시한 지 30여 년 동안 중국의 국내 경제는 세계적으로 괄목할 만한 성과를 거두었다. 그러나 발전의 불균형 문제는 해를 거듭할수록 중국의 재도약을 가로막는 걸림돌이 되어버렸다. 2000년대에 접어들면서 중국정부는 통합적이며 조화로운 지역발전을 목표로 하는 서부대개발 프로젝트를 전개했다. 연이어 중부지역의 굴기전략 및 동북지역의 진흥전략 정책을 발표했다. 여기에서 뚜렷한 성과를 거뒀지만 전략에서 소외된 내륙지역은 여전히 빈곤계층이 커다란 비중을 차지하고 있다. 사회경제의 발전과 관련된 뿌리 깊은 고질적 문제도 아직도 해소되지 않은 상태다. 단계별 개방정책 하의 낙제생은 태생적인 지리적 여건과 교통환경, 경제 인프라와 시장화 수준 등에 있어서 부정적인 영향을 받게 된다. 이로 인해 내륙지역은 자연자원의 강점과 시장잠재력에도 불구하고 체계적인 개발기회를 얻지 못한 것이다. 글로벌화가 가속화되자 이러한 내륙지역의 경쟁열세는 더욱 두드러지면서 연해의 발달지역과의 격차가 더욱 현격히 벌어지고 있다.

불균형한 지역발전은 국가의 전반적인 경제사회에 심각한 후유증을 가져온다. 먼저 각 지역 간에 이해충돌이 불거진다는 점이다. 내륙지역은 자본축적이 충분히 되지 않은 상황에서 자금·인력·자원의 외부유출이라는 부담을 짊어진 채 설상가상으로 생태환경의 악화로 인한 이중고를 겪고 있다. 평등한 지역발전의 기회를 보장받지 못한 채 발전격차는 더욱 확대되고 있다. 희생에 대한 대가와 보상을 받지 못한 내륙지역을 위해 문제해결에 조속히 나서지 않는다면 지방경제의 적극성도 기대하기 어려울 것이다. 지역불균형 문제는 사회가 감당하기 어려운 수준으로 악화되어 사회문제까지 야기할 수 있다. 심지어 사회적 안정과 단결에도 치명적인 영향을 줄 수 있다. 내륙지역은 현재 국가발전을 위한 뒷심을 축적하고 있다. 국가 건설을 위한 막강한 자연자원과 인력의 공급능력을 비축하고 있는 데다, 아직 미개발된 광활한 시장을 보유하고 있다. 내륙지역의 개발에는 안정적인 사회환경이 필수적이다. 그런데 지역 간 발전격차는 주민의 사회적 공감대를 저하시켜 화합을 깨뜨리는 요인이 될 수 있다. 이는 국가가 대규모 발전계획을 수립하고 실행할 때 그만큼 통제 불가한 요소가 증가된다는 의미다.

현재 내륙지역의 도약을 저해하는 주요 원인은 개방수준이 낮으며 산업구조가 불합리하여 산업고도화를 추진하기 어렵다는 데 있다. 실크로드 경제벨트 프로젝트는 육상의 개방통로 확장에 주안점을 두어 추진할 계획이다. 중·서부지역이 개방형 경제로 발전할 수 있도록 직접 창구를 개방하며 중·서부지역의 개발을 추진하여 주민소득의 증가를 위한 새로운 동력을 제공할 것이다. 또한 시장화에 총력을 기울이며 지역불균형 해소에 적극 나설 것이다. 일대일로 프로젝트는 국가 발전전략으로 채택된 '징진지 협동발전(京津冀協同發展, 징진지 지역의 조화로운 발전 - 역주)' 전략과 창장경제지대 전략을 하나로 연결하여 지역 간 인프라를 완벽히 정비하며 호연호통 실현을 위한 플랫폼을 구축할 계획이다. 이는 내륙지역의 '차선출해[借船出海, 배(외국선진기업)를 빌려 넓은 바다(세계시장)로 나간다는 뜻, 즉 외부 조건을 이용하여 무역상품의 생산을 발전시키는 것을 비유하여 쓰는 말로 신조어임.-역주]' 전략을 추진하는 데 매우 유리한 환경을 조성해줄 수 있다. 또한 내륙지역은 연해지역의 수출주도형 경제가 보유한 장기적 발전 경험과 노하우를 활용하여 연해지역, 나아가 해외시장의 수요를 충족시킬 수 있다. 이는 다시 역으로, 내륙지역 발전을 촉진하는 기폭제가 되어 발상을 전환하는 계기를 마련할 것이다. 그 결과 내륙지역은 자발적으로 지역 현실과 정세에 적합한 우수한 역내자원을 개발하여 산업발전 수준을 높일 것으로 기대된다. 이를 통해 기업경쟁력을 제고하며 기술력이 낙후된 산업은 도태시킴으로써 산업구조 고도화의 길로 접어들 것이다.

일대일로는 연선 국가의 경제성장을 이끄는 견인차로서 글로벌 경제의 조화로운 발전을 촉진할 것으로 기대하고 있다. 세계 경제발전에는 마태효과Matthew effect(부익부 빈익빈 현상-역주)가 존재한다. 어떤 국가는 갈수록 부유해지며 어떤 국가는 장기간 빈곤과 낙후상태에 빠져 있는 것이다. 이러한 현상은 지속되어서는 안 된다. 현재 글로벌 경제침체와 금융위기의 여파가 완전히 가시지 않았다. 그러나 '인더스트리 4.0' 시대가 도래하면서 선진국과 개도국 구분 없이 누구나 놓쳐서는 안 될 절체절명의 호기를 맞고 있다. 지금 이 순간 열린 자세로 경제회복의 기회를 잡아야 한다. 개도국은 상대적으로 경제기반이 부실하며 자금·인력·기술력이 취약한 상황이므로 외부역량의 빌려 지탱할 필요가 있다. 일대일로는 유라시아 대륙을 가로질러 구축되는 프로젝트로서 연선 국가 대부분이 개도국이다. 시진핑 주석의 발언을 되짚어보자.

"물이 불어나면 배도 올라가며 작은 강에 물이 있어야 큰 강에도 물이 차는 법이다(水漲船高, 小河有水大河滿). 우리가 발전해야만 모두가 발전할 수 있다. 모든 국가가 자국의 발전을 추구함과 동시에 다른 국가의 공동발전을 촉진해야 한다. 발전의 성과가 모든 국가 국민에게 더욱 많은 혜택을 줄 수 있도록 해야 한다."[5]

이러한 정신을 바탕으로 일대일로를 건설하여 중국의 개혁과 발전의 '홍리'를 함께 나누며 중국의 발전 경험과 교훈을 제공하고자 한다. 궁극적으로 연선 국가 간 실질적인 협력과 대화를 통해 더욱 평등하며 균형적인 신형 글로벌 동반자 관계를 수립하는 데 총력을 기울임으로써 장기적이며 안정적인 세계경제의 발전을 도모할 것이다.

---

5) **시진핑** | '평화공존 5개 원칙을 널리 알리고, 협력·공영의 아름다운 세상을 건설하자(弘揚和平共處五項原則, 建設合作共贏美好世界),〈런민일보〉, 2014년 6월 29일

2 　이론적
　　 창의성

일대일로 구상은 중국 지도층이 공상, 공건, 공향의 원칙 하에 국내외 정세를 종합하고 이론적으로 창의성을 발휘하여 제안한 프로젝트다. 주로 경제분야와 지역협력 분야의 구축 내용이 포함되어 있다. 이러한 혁신적 지도이념을 지침으로 인진래 전략과 주출거 전략을 유기적으로 결합하여 세계 속으로 파고들 수 있다. 중국 발전의 '홍리'를 공동으로 나누며 개방과 평등정신으로 세계 여러 국가와의 공동발전, 호혜와 공영을 추구하고자 한다. 뿐만 아니라 중국은 경제발전과 지역협력 이론에 창의적인 내용을 담았다. 이는 기존의 전통적 경제이론 및 협력모델을 한 차원 뛰어넘는 혁신적 내용이다. 균형, 포용, 화합의 이념은 오늘날 글로벌화에 깊은 영향력을 발휘하고 있다. 이러한 이론적 창의성은 전 세계에 발상전환의 계기를 제공하고 전 세계의 호연호통을 앞당기는 기폭제 역할을 하고 있다.

1 · 경제발전이론

—

중국 공산당 18기 삼중전회에서는 일대일로를 중요한 국가전략으로 격상시켰다. 이때부터 중국 지도층은 역사계승의 발판 위에 경제협력을 주축으로 개방적이며 포용적인 육·해상 실크로드 건설을 본격적으

로 구상하기 시작했다. 육상에서는 북쪽으로 눈을 돌려 러시아와 중앙아
시아 여러 국가, 나아가 유럽을 아우르는 실크로드 경제벨트를 건설할 계
획이다. 또한 중국의 서남부 지역 발전을 견인하는 데 힘을 기울이는 한
편, 남아시아와 동남아 지역에까지 깊숙이 진입하여 상호 선린우호를 기
반으로 한 경제회랑 건설을 추진하고자 한다. 여기에는 주로 중국·파키스
탄 경제회랑, 방글라데시·중국·인도·미얀마 경제회랑, 그리고 동북아지
역의 번영과 안정을 유지하여 전통적 우의를 돈독히 하는 중국·몽골·러
시아 경제회랑이 포함되어 있다. 실크로드 경제벨트 건설이론과 경제회랑
건설이론의 양대 경제이론은 실크로드를 구축하기 위한 창의적인 지도이
념으로서 향후 방향성을 제시하고 있다. 이와 동시에 해상 실크로드 건설
도 조화롭게 병행하여 추진할 것이다. 여기에서 포용성, 개방성, 혁신은 연
선 국가의 폭넓은 호응을 얻으며 공감대를 형성하고 있다. 일대일로 프로
젝트 가운데 경제발전이론은 전통적인 경제학이론을 혁신적으로 탈피한
개념이다. 즉 중국의 발전성과를 함께 공유하며 주변국가에 동반상승의
긍정적인 영향을 줌으로써 이들 국가의 적극적인 참여를 유도하는 프로젝
트라 할 수 있다. 또한 쌍방이 이해충돌과 무역장벽을 해소하여 장기적이
며 지속적인 역내 경제협력을 이루는 효과적인 플랫폼도 제시하고 있다.
궁극적으로는 연선 국가의 공동참여와 평등협력을 통해 정치적으로 함께
논의하는 공상, 경제적 공동번영, 문화적 상호조화를 실현하는 새로운 지
평을 열 것으로 확신한다.

일대일로 경제발전이론의 창의성은 주로 육상 실크로드 건설, 즉 실크
로드 경제벨트 건설과 경제회랑 건설의 두 분야에서 엿볼 수 있다. 이러한

두 개의 건설 프로젝트는 각기 다른 지역을 타깃으로 진행하되 국가차원의 통일된 지도와 이념 하에 동일한 방향성을 추구하고 있다. 대외개방의 새로운 체제를 공동으로 개척하여 더욱 책임감 있게 글로벌화를 추진한다는 점에서 더욱 그러하다. 또한 두 프로젝트는 모두 역외자원을 충분히 활용하여 세계와 함께 호연호통을 구현한다는 비전을 제시하고 있다. 이를 통해 진정한 공상, 공건, 공향의 발전이념을 현실에서 실천하여 유라시아 대륙의 공동발전과 호혜, 공영을 실현할 것이다.

1) 실크로드 경제벨트 건설

2013년 9월에 시진핑 주석은 카자흐스탄 방문기간에 실크로드 경제벨트라는 위대한 전략적 구상을 제안하여 나자르바예프 카자흐스탄 대통령의 격찬과 지지를 받은 바 있다. 이 구상의 내용을 보면 시 주석이 밝힌 바와 같이 혁신적인 협력모델을 제시한다. 또한 동시에 '5통' 건설, 즉 정책소통, 인프라연통, 무역창통, 자금융통, 민심상통의 실현방안을 제안했다. 이를 통해 우리는 실크로드 경제벨트가 새로운 발전모델의 수립에 주력하고 있으며 비배타적 원칙과 개방·포용의 자세로 여러 국가의 폭넓은 참여를 환영한다는 점을 알 수 있다. 또한 실크로드 경제벨트가 전통적 경제협력 모델의 '초국가적 행위체(국가의 범위를 넘어서 국제적 영향력을 행사하는 행위 주체 – 역주)'의 한계를 탈피하여 호연호통의 기반 위에 호혜와 공영의 실현을 목표로 한다는 점도 알 수 있을 것이다.

실크로드 경제벨트는 바로 지역경제협력 모델의 혁신적인 개념이다. 이 가운데 경제회랑, 즉 중국·몽골·러시아 경제회랑, 신유라시아대륙교,

중국·중앙아시아·서아시아 경제회랑, 방글라데시·중국·인도·미얀마 경제회랑, 중국·인도차이나반도 경제회랑, 해상 경제회랑 등은 경제성장을 통해 주변의 동반성장을 유도하는 비전을 제시하고 있으며 이는 전통적인 발전경제학 이념을 초월한 것이다.

실크로드 경제벨트가 출범된 국내외적 배경 가운데 우선 국내적인 발전상황을 살펴보자. 수십 년 동안 개혁개방정책을 추진하면서 중국 동부지역, 특히 연해지역은 엄청난 발전을 이루었다. 사회적 부가 축적되고 풍부한 인력자원을 확보했으며 대외적으로도 활발한 교류를 진행하면서 개방수준이 높아졌다. 그런데 이와 정반대로 중앙정부의 주도 하에 서부대개발 프로젝트가 대대적으로 추진되었지만 서부지역은 내륙에 깊숙이 위치한 지리적 여건 때문에 외자유치에 어려움을 겪게 되었다. 결국 개발수준이 미흡하며 인프라도 취약할 뿐 아니라 내부의 인력도 대거 유출되는 등 문제가 발생하여 동부지역에 비해 낙후한 상황에 처하게 되었다. 이러한 시기에 실크로드 경제벨트와 여러 경제회랑의 구축은 험난한 역경을 헤쳐 나감으로써 대세 반전의 기회를 제공할 것이다. 서부지역은 중앙아시아와 남아시아, 동남아시아 나아가 유럽과 연결되는 중요한 요충지다. 이번 기회에 비주류에서 벗어나 대외개방의 최전선을 담당하는 주류로 그 위상이 급부상할 수 있다. 중국 동·서부지역의 발전격차를 해소하여 전방위적 대외개방전략을 실현할 기회를 맞이한 것이다. 다음으로 대외 환경을 살펴보자. 미국이 아시아 회귀전략을 선언하자 일본은 '지구본을 부감하는 외교(아베정권이 표방하는 것으로 세계 모든 지역과 국가를 상대로 한 전방위 외교를 의미함.-역주)' 전략을 발표했다. 게다가 '중국위협론'이 대두되면서 아태지역에서 중국은 여러모로 강대국의 압박과 포위를 피하기 어려운 상황이다. 이러한 시기에 실크로드 경제벨트 구상을 제안한 중국은 지역패권을 장악하려는 의도가 없음을 분명히 밝히며 진정성을 보여주고자 한다. 중국의 발전성과를 전 세계와 함께 나누면서 중국의 굴기 이후 '투키디데스 함정Thucydides trap'에 빠질 것이라는 각국의 우려를 불식시킬 것이다. 글로벌 금융위기를 계기로 서방의 선진자본주의 국가는 경제성장이 눈에 띄게 둔화되었다. 반면 대다수 개발도상국의 경제는 빠른 성장세를 보이고 있다. 실크로드 경제벨트 구상을 통해 중국은 신흥경제국과의 연계를 더욱 강화하여 새로운 도약을 위한 성장엔진을 모색할 것이다.

내용 면에서 살펴보면 중국이 제안한 실크로드 경제벨트는 종래에 등장했던 경제구와 경제연합과는 개념상 차이가 있다. 두 개념에 비해 실크로드 경제벨트는 탄력적으로 운용되며 적용 가능 범위가 넓고 운용이 쉽다는 특징을 가지고 있다. 또한 모든 국가가 평등한 참여자로서 자발적 참여·공동추진의 원칙에 입각하여 고대 실크로드의 겸용병포의 정신을 계승·발전할 것이다. 포괄지역은 주로 동아시아에서 유럽에 이르는 주변국가와 동아시아, 중앙아시아와 서아시아 등 여러 지역이다. 실크로드 경제벨트는 개방적이며 포용적인 이념을 표방한다. 따라서 조직과 체계의 수립 측면에서 유럽연합처럼 통일된 규범 제정과 회원국의 준수 의무를 강조하는 정책과는 판이하게 다르다. 연선 국가가 자신만의 독특한 문화 및 제도적 강점을 발휘할 것을 강조하고 있다. 또한 발전수준이 다른 국가 간에 서로 막힘없이 소통하며 강점을 살리고 단점은 보완하면서 실크로드 경제벨트 건설에 함께 참여하는 방안을 제시하고 있다. 현 단계에서 실크로드 경제벨트는 우선 연선 국가의 인프라 구축을 가장 최우선 과제로 선정하고 있다. 인프라 분야에 역점을 두어 교통·운송망을 정비하고 자본과 노동력의 자유로운 이동을 도모할 계획이다. 점이 모여 면이 되는 것처럼 에너지와 금융 등의 핵심분야에서 우선적으로 협력을 추진하면서 점차 '5통'을 실현해나가려 한다. 특히 주목할 만한 점은 중앙아시아는 뛰어난 지정학적 위치에 풍부한 천연자원을 보유하고 있기 때문에 실크로드 경제벨트에서 핵심적 위상을 차지한다는 사실이다. 2013년에 중국은 중앙아시아 국가와 전략적 동반자 관계를 수립했다. 또한 상하이협력기구를 기반으로 한 양 지역의 정치와 경제 협력은 '상부구조(上層建筑, 중국어로 '상층건축'이라 하며 경제 기초 위에 세워진 사회·과학·예술·철학·도덕·정치·법률 등 의식형태의 총체-역주)'를 위한 강력한 지지기반을 확보하게 되었다. 중앙아시아지역의 전략적 우위를 충분히 발휘하여 양 지역 간 에너지 분야의 협력을 강도 높게 진행할 필요가 있다. 무엇보다도 도로·철도·통신·전력 등 인프라 건설분야의 협력 강화는 거스를 수 없는 대세라 할 수 있다. 특히 인프라 시설의 구축과 완비는 제2의 유라시아대륙교 건설을 위해서도 매우 중요한 의미를 지닌다.

실크로드 경제벨트 구상의 창의성은 종래의 경제발전의 내용을 더욱 풍부하게 만들었다. 이 구상은 개방과 포용의 자세로 유라시아 대륙의 공동발전과 공동번영을 추진한다는 청사진을 제시하고 있다. 바로 여기에서 우리는 실크로드 경제벨트 구상의 창의적인 면모를 제대로 엿볼 수 있다. 중국의 구상은 시기와 현 정세에 완벽히 부합하는 것이다. 또한 진리의 추구와 효율성을 강조하며 시대와 함께 전진한다는 진취적인 이념과 혁신적인 기풍을 담고 있다.

2) 경제회랑 건설

메콩 강 유역 공동개발사업의 협력체제에 의해 1996년에 마닐라에서 열린 제8차 메콩강유역경제협력 관련 장관급 회의에서 처음으로 경제회랑이 제안되었다. 경제회랑의 개념이 제시된 것은 이때가 시초다. 이 사업의 기본취지는 하나의 특수한 지역 내에 생산과 무역, 인프라 시설을 연결한 플랫폼을 구축하는 데 있다. 주요 내용은 교통회랑을 확충하고 경제이익을 극대화하여 역내 또는 국가 간 경제 협력과 발전을 촉진하는 것이다. 범경제회랑을 건설하려면 몇몇 국가가 관련 지역 및 인접지역에서 각각의 자원과 태생적 경쟁우위를 최대한 발휘하여 강점을 극대화해야 한다. 이를 통해 인프라 건설, 무역투자, 산업협력, 무역여행 등의 분야에서 협력을 전개하는 것이다.[6] 중국의 경제회랑 프로젝트는 일대일로 구상의 실크로드 경제벨트 건설과 상호 보완하며 협조하는 체제를 형성할 것이다. 경제회랑이 구축되면 동아시아와 동북아시아, 동남아시아, 남아시아 그리고 멀리 아프리카 북부 국가까지 하나로 긴밀하게 연결될 것이다. 서로 다른 지역 국가 간 경제무역 분야의 협력을 밀도 있게 진행하며 활발한 교역 및 왕래를 추진하게 된다. 이를 통해 퍼즐조각을 맞춰가듯이 하나의 완성된 패널인 '통합체'를 구축해나갈 계획이다. 또한 개방 포용성과 전면

---

6) **사오젠핑, 리유잉멍** | 《방글라데시·중국·인도·미얀마 경제회랑 건설 : 의의, 도전과 방안에 대한 사고(孟中印緬經濟走廊建設 : 意義, 挑戰和路徑思考》,〈인도양경제체연구(印度洋經濟體硏究)〉, 2014년 제6기

적 통합성을 갖추어 경제발전의 새로운 국면을 전개하며 역내 경제협력을 위한 혁신적 아이디어와 모델을 제시하고자 한다.

일대일로가 제시한 청사진에 따르면 육상분야는 국제 대통로 구축에 그 핵심이 있다. 연선의 중심도시를 거점으로 주요 경제무역산업단지를 협력플랫폼으로 활용하여 다양한 국제 경제협력 회랑을 함께 조성해나가는 것이다. 덧붙이자면 중국은 동북아, 동남아와 남아시아, 중앙아시아 지역에서 현지 실정에 입각한 다양한 맞춤형 경제회랑 모델을 수립했다. 중국·몽골·러시아 경제회랑, 방글라데시·중국·인도·미얀마 경제회랑, 중국·파키스탄 경제회랑, 중국·중앙아시아·서아시아 경제회랑, 중국·인도 차이나반도 경제회랑 등이 그 예다. 다양한 경제회랑은 구체적인 제반 정책과 실행대책 등에서 차이점을 보이고 있지만 그 이념만큼은 동일하다. 즉 공상, 공건, 공향의 이념을 표방하며 포용과 개방, 비강제성을 고수하는 기본원칙에는 변함이 없다. 이는 화합, 공생, 화목, 융합을 추구하는 경제 혁신 모델이라 할 수 있다.

중국의 전면적 전략협력동반자인 러시아와 전면적 전략동반자인 몽골은, 중국과 우호적이며 굳건한 협력기반을 구축하고 있다. 삼자는 경제구조, 특히 에너지 분야에서 강한 상호보완성을 가지고 있다. 2014년 5월에 10여 년의 협상을 거쳐 중국은 러시아와 30년 기한의 동환 천연가스 공급 계약에 최종 합의함으로써 연간 380억m^3의 가스를 공급받게 된다. 이 프로젝트로 인해 양국은 한 걸음 더 가까워졌다. 러시아는 우크라이나 사태로 서방세계의 제재조치를 받고 있으며 게다가 러시아 오일가격의 급락과 셰일가스혁명 등의 여러 부정적 영향을 받고 있다. 이러한 상황에서 중국과 이번 계약을 성사시킴으로써 새로운 시장을 개척하게 된 것이다. 마찬가지로 몽골도 러시아 에너지자원에 대한 의존도가 상당히 높은 편이다. 따라서 중국, 몽골, 러시아 3개국이 오일·가스 송유관을 공동 구축한다면 이는 분명 또 한 차례의 질적 도약이 될 것으로 예상된다. 또한 한편으로 3개국은 국경을 접하고 있다. 지정학적으로 매우 가까우며 같은 기운을 받았다 할 정도로 친밀한 관계를 유지해 왔다. 결과적으로 경제적인 교류와 발전뿐만 아니라 정치적으로도 자주 만남을 가져왔다고 할 수 있다. 또한 동아시아와 동북아시아, 나아가 아시아의 평화와 안정을 위해 3개국 모두 매우 긍정적인 역할을 하고 있다. 중국이 제안한 중국·몽골·러시아 경제회랑 계획은 개방성과 융통성이 뛰어난 장점이 있다. 따라서 이는 역내에 현존하는 러시아의 유라시아연합계획, 그리고 몽골이 제안한 초원 실크로드를 함께 아우를 수 있는 계획이다. 각자의 경쟁우위를 살리면서 3개국이 진정한 의미의 통일시장을 구축함으로써 상호 무역 및 교류에 편리한 네트워크를 형성하는 데 유리한 기회가 될 것으로 확신한다. 이는 지역안정은 물론, 지역경제의 단일화 추진에도 막대한 영향력을 발휘할 것으로 기대된다.

방글라데시·중국·인도·미얀마 경제회랑 건설은 동아시아·남아시아와 동남아시아를 함께 묶는 프로젝트다. 이 구상은 리커창 총리가 2013년에 인도 방문 시 처음 제안했다. 당시 중국과 인도는 방글라데시·중국·인도·미얀마 협력포럼을 기반으로 경제회랑을 공동으로 구축하자고 제안했다. 이후 이 구상은 나머지 두 국가의 승인과 찬사를 받으면서 출범하게 되었다. 4개국은 경제회랑의 공동건설에 깊은 공감대를 형성하고 있다. 2012년 제18차 공산당 전국대표대회 이후 중국 외교정책에서 주변국가의 역할이 점차 강조되고 있다. 인접국과의 우호관계를 유지하여 주변국가의 안정과 번영을 견지해나가며 친밀, 성실, 혜택, 포용의 이념을 표방한다는 내용이 외교정책에 반영되어 있다. 그리고 바로 방글라데시·중국·인도·미얀마 경제회랑이 중국의 주변 외교이념을 생생하게 반영한 사례라 할 수 있다. 경제회랑을 구축하여 역내 생산요소, 즉 노동력·자본·기술·정보 등의 요소의 자유로운 이동을 추진할 수 있다. 또한 중국은 편견 없이, 그리고 국가의 크기나 파워와 상관없이 누구나 경제회랑 건설에 참여할 것을 강조하고 있다. 이를 통해 역내의 발전격차를 해소하여 진정한 공동번영과 평화안정을 추구할 것이라 확신한다. 방글라데시·중국·인도·미얀마 경제회랑 건설은 중국 서남부지역의 대외개방 강도를 높이는 데도 유리한 여건을 조성할 것이다. 또한 윈난 성을 위시한 서남부지역의 각 성은 남아시아 및 동남아시아 국가와의 관계를 강화할 수 있는 기회를 맞이하게 된다. 나아가 동부와 서부의 발전격차를 줄여 개혁개방에 박차를 가함으로써 공산당 18기 삼중전회에서 확정한 결정 내용 중 내륙개방 관련 정책을 이 기회에 제대로 이행할 것으로 기대되고 있다.

2013년 초에 중국은 싱가포르를 대신하여 파키스탄의 과다르 항을 인수하는 데 동의했다. 같은 해 5월에 리커창 총리가 파키스탄을 방문했을 때 쌍방은 회담 후 발표한 '전면적 전략협력 관련 공동성명'에서 중국·파키스탄 경제회랑CPEC의 공동 건설계획을 제기했다. 이 계획의 주요 목적은 신장에서 파키스탄까지 연결하며 나아가 인도양의 육상통로까지 진입하는 것이다. 현재 중국과 파키스탄의 경제무역은 활발하게 진행되고 있다. 중국은 파키스탄의 2대 무역파트너이자 4대 수출국이다. 양국은 우호적인 분위기를 유지하고 있으며 호연호통 분야에서도 이미 교통운송 인프라를 기본적으로 갖추고 있다. 따라서 양국의 경제회랑 구축사업의 기반은 튼튼하며 앞으로의 전망도 밝은 편이라 할 수 있다. 양국은 향후 전략적 협력을 지속적으로 강화하여 상호 경제무역과 인적교류, 에너지 등 핵심 분야의 협력 전개에 더욱 주력해야 한다. 기존의 호연호통 수준을 더욱 보강하여 중국의 신장과 파키스탄을 포함한 경제회랑 주변지역에서 그 긍정적 경제효과가 확대되기를 기대해본다.

3) 해상 실크로드의 경제발전이론

'중국 문명에는 해양 유전자도 적지 않다. 다만 오랜 세월 대륙 유전자에 의해 억압되었을 뿐이다.'[7]

오늘날 사회에서 해양은 외교의 새로운 영역으로 급부상했다. 내륙에서 바다로 무게중심을 옮기는 것은 이미 거스를 수 없는 대세라 할 수 있다. 21세기 해상 실크로드 구상을 발표하면서 중국도 점차 육상외교에서 해상외교로, 큰 강에서 큰 바다로 그 영역을 확대하고 있으며 해상파워를 적극 발전시켜 해상경쟁력을 강화하는 한편, 주변국가와의 해양관계에도 주력하고 있다. 이는 주변국가와의 해상 영토분쟁에 대응하며 세계 속에 융합되기 위한 필연적 선택이다.

21세기 해상 실크로드의 주요 방향은 중국 연해항구에서 남중국해를 지

---

7) **참고** | **왕이웨이** :《바다는 요절했는가? - 유럽문명계시록(海殤?-歐洲文明啓示錄)》, 세기출판그룹, 상하이 런민출판사, 2013년도 출간

나 인도양에 이르며 유럽까지 연장하는 것이다. 주요 경유지로는 동남아시아, 남아시아, 서아시아, 북아프리카 등의 지역과 남태평양지역을 포함한다. 해상 실크로드 건설로 주변국가는 하나의 벨트로 긴밀히 연결될 계획이다. 중국은 중·일·한 자유무역구 협상을 개시하며 아세안 무역구와의 관계도 격상시키는 등 협력채널을 넓히면서 역내 통합과정에 박차를 가하고 있다. 동시에 포용성을 기반으로 해상 실크로드는 육상 실크로드와 호흡을 맞춰가면서 일대일로 안팎을 촘촘히 메우고 육·해상의 통합을 완성할 계획이다. 이는 중국의 개혁개방을 한 단계 심화·발전시키는 한편, 유라시아 대륙 나아가 전 세계의 평화와 번영, 발전을 촉진할 것으로 확신한다.

중국은 세계 최대무역국가로 성장했지만 비동맹정책을 표방한다. 그리고 해상패권을 주무르는 미국에 신형 국제관계 수립을 제안했다. 같은 맥락에서 '21세기' 해상협력의 신개념도 제기했다. 운항과 물류, 안보협력의 혁신적 모델을 만들며 특허경영권과 항구의 공동건설·공동향유 등의 방식을 통해 육·해상 실크로드의 통합 연계를 추진할 계획이다. 21세기 해상 실크로드에서 키워드는 '21세기'다. 바꿔 말하면 중국은 서구 열강이 걸어왔던 해양 확장과 분열, 식민지 등의 구태의연한 전략을 답습하지 않으며 해양패권을 잡기 위해 미국과 대치하는 그릇된 길로 빠져들지도 않겠다는 것을 시사한다. '21세기'가 의미하는 바는 바로 구시대적 글로벌화의 폐단을 효율적으로 차단하는 한편, 사람과 바다가 하나가 되어 평화롭게 공존하며 지속가능한 발전을 실현하는 신형 해양문명을 열어가겠다는 의지의 표명이다.

21세기 해상 실크로드는 21세기 해상협력의 신이념을 제대로 반영하고 있다. 또한 혁신적인 해상운송 협력모델도 강조하고 있다. 예를 들어, 특허 경영권, 항구의 공동건설 등의 방법이다. '21세기'를 특히 강조한다는 것은 중국이 제안한 해양협력 이념이 그만큼 창의적이며 시대를 반영하고 있다는 반증이다. 다시 말해, 과거 역사적으로 서방 국가는 해양 식민지 확장을 통해 패권을 장악해 왔으나 중국은 그 전철을 다시 밟지 않겠다는 의지를 표명하고자 '21세기'를 강조한다. 중국은 평등·신의·호혜공영·지속가능한 발전을 추구하는 평화의 길을 걸을 것이다. 리커창 총리가 2014년 6월에 중국-그리스 협력포럼에서 언급한 바와 같이 중국은 전 세계 모든 국가와 함께 해양사업의 발전으로 경제발전을 견인하며 국제협력을 강화하고 국제평화를 추진하여 평화·협력·화합의 해양건설에 총력을 기울일 것이다.

앞서 서술한 혁신적인 경제이론, 실크로드 경제벨트와 경제회랑 그리고 21세기 해상 실크로드의 출범은 결코 순탄하지는 않을 것이다. 그 구상을 실천하며 구현해나가는 과정에서 역내와 외부 세력의 영향을 받을 수밖에 없다. 일례로 국내만 해도 일부 성에서는 일대일로 열차에 편승하고자 막무가내로 여러 계획을 쏟아내고 있다. 어떤 계획은 중복사업으로서 막대한 인적·물적 자원의 낭비를 초래하고 있는 실정이다. 그뿐만이 아니다. 국제사회에서도 여러 국가가 다양한 정책을 내놓고 있다. 미국이 제안한 신실크로드 구상이나 유럽연합의 신중앙아시아 전략, 터키의 투르크어 국가연맹 등을 예로 들 수 있다. 이러한 지역 관련 다양한 연계계획은 크든 작든 일정 부분 중국의 일대일로에 영향을 줄 수 있다. 여기에 서방 국가의 홍보와 오도가 가세하여 중국 급부상을 경계하는 '중국위협론'과 '중국패권론' 등이 잇달아 퍼지고 있다. 이 역시 중국을 신뢰하는 일부 주변국가의 참여의지를 꺾을 수 있는 소지가 분명히 있다. 그렇다 해도 중국은 그 신뢰를 저버려서는 안 되며 갈 길이 험난하다 해도 미래가 밝다는 사실만큼은 변하지 않을 것이다.

일대일로 구상에서 제기한 여러 경제발전이론의 공통점은 개방성과 포용성이다. 중국은 자발적으로 나서서 주도적 위상을 쟁취하지 않을 것이며 다만 이 구상의 제안자로서 구축 프로젝트를 앞서서 이끌어나갈 계획이다. 이론정책 자체가 비배타성을 표방하고 있기 때문에 모든 국가가 자발·평등의 원칙 하에 여러 프로젝트에 참여할 수 있다. 상호 협력과 교류를 통해 중국 개혁개방의 '홍리'를 같이 누리며 책임감 있는 중국의 당당한 대국 면모를 보여줄 것이다. 더욱 중요한 점은 중국이 제안한 여러 경제이론은 개방, 포용, 호혜를 담고 있기 때문에 전통적인 지역경제협력 모델을 탈피했다는 사실이다. 포스트 금융위기 시대에, 각국의 경제발전이 지연되는 상황에서 새로운 발상과 아이디어를 제공하고 있는 것이다. 즉 '초국가적인 기구와 규제체제를 만드는 것이 아니며 각국의 이익을 존중한다는 전제 하에 다운탑down-top방식의 자연스러운 통합과 시너지 창출을 비전으로 제시한다. 이에 따라 글로벌 경제체제는 더욱 합리적으로 운영되며 역내 국가의 경제안보도 보장될 것으로 확신한다. 경제협력이 정치문화교류를 이끌어내며 안정적인 국가관계와 상호신뢰를 기반으로 공동의 번영과 발전을 실현할 것으로 기대된다.'[8]

---

8) **쑨좡즈** | 《실크로드 경제벨트 구상의 배경, 잠재적 전략과 미래추세(絲綢之路經濟帶構想的背景, 潛在戰略和未來趨勢)》, 〈유럽경제(歐亞經濟)〉, 2014년 제4기

2 · 지역경제협력이론

앞서 서술한 실크로드 경제벨트와 경제회랑 그리고 21세기 해상 실크로드 등의 경제이론은 모두 일대일로 프로젝트와 긴밀히 연결될 예정이다. 다른 지역 간의 협력과 통합 역시 이러한 이론적 바탕 위에 전개될 것이다. 고대 실크로드는 역사적으로 동아시아에서 유럽에 이르는 육상교통의 대동맥을 개척했다. 그리고 중국과 중앙·서아시아, 남유럽까지 광범위한 지역을 하나로 묶는 역할을 했다. 여러 지역은 실크로드를 통해 통상무역과 교류를 진행하여 주변지역에 번영을 가져왔으며 서로 충돌과 대항 없이 평화롭고 화목하게 지냈었다. 포용적인 자세로 지역협력을 추진하는 데 커다란 역할을 한 것이다. 이와 동시에 고대 실크로드는 당시의 유구한 중국 문화와 페르시아 문화, 아랍 문화 나아가 그리스 아테네 문화까지 하나로 연결하여 융합하는 역할을 했으며 상호 문화소통을 위한 가교가 되었다. 현재 중국이 제안한 일대일로가 아우르는 범위 또한 고대 실크로드와 비교해서도 손색이 없으며 더욱 광범위한 영역을 포함할 계획이다. 동쪽으로 아시아태평양지역에서 출발하여 서쪽으로는 유럽에 이르는 광활한 대지 위에 일대일로 구상을 펼쳐나갈 것이다. 그 과정에는 분명 많은 기회와 도전이 기다리고 있을 것이다. 일대일로의 혁신적인 지역협력 모델과 이념은 역내 분쟁을 해결하여 새로운 협력의 지평을 여는 데 막강한 힘을 발휘할 것으로 확신한다.

1) 역내 협력의 원칙

일대일로의 지역협력에서 중국은 분쟁은 조정하고 협력을 추진하며 공동발전과 호혜·공영의 지역협력 원칙을 견지할 것이다. 일대일로는 포괄지역의 범위가 넓으며 참가한 국가와 민족이 많기 때문에 각종 역사와 종교 문제, 영토분쟁 등이 빈번히 발생할 수밖에 없다. 어찌 보면 대수롭지 않다고 여길 정도로 자주 발생할 것으로 예상된다. 또한 역내에는 지정학적 요충지에 위치한 국가가 많다. 따라서 많은 역외의 강대국은 자신들의 세력범위를 확장하여 주도권을 확보하기 위해 호시탐탐 기회를 노리고 있다. 이처럼 여러 이해관계가 복잡하게 얽혀 있어서 갈등은 불가피해 보인다. 하지만 중국은 지역협력을 추진할 때 언제나 변함없이 협력에 초점을 둘 것이다. 갈등 요소가 결코 역내 협력의 걸림돌이 되어서는 안 되며 그렇게 되도록 방치할 생각도 없다.

구체적인 실행과정에서도 중국은 상호존중을 전제로 하여 평등한 교류를 진행함으로써 갈등과 분쟁에 공동으로 대처해나가고자 한다. 갈등 요소를 회피하지 않고 적극 대응한다는 의미다. 이러한 기본자세로 상호 공동이익을 모색하여 이익의 파이를 키우고 갈등의 그림자를 걷어낼 생각이다. 궁극적으로 지역협력의 비전인 공동발전, 호혜공영을 이뤄낼 것으로 확신한다. 또한 글로벌 지역경제의 통합 움직임에 발맞추어 상품, 자본 및 노동력 등 생산요소의 자유로운 이동이 실현될 것이다.

중국이 제안한 지역협력 원칙은 바로 내정불간섭과 세력범위의 확장이나 주도권 확보경쟁에 나서지 않는다는 데 그 특징이 있다. 일대일로 구축과정에서 중국은 참여국과 함께 이익을 공유하며 만들고자 한다. 중·미관계를 예로 들어보자. 양국의 갈등을 해결할 때 중국이 지역협력 원칙을 어떻게 실천하는지 알 수 있을 것이다. 일대일로의 사업범위에는 중동과 중앙아시아 지역이 포함된다. 이 지역은 풍부한 에너지와 광산자원을 보유하고 있으며 지정학적 요충지로서 의미가 남다른 곳이다. 따라서 해당지역은 미 달러화의 주도적 위상과 미국의 패권과도 매우 밀접한 관련이 있다. 현재 미국은 해당지역에서 자신의 패권을 확고히 굳히기 위해 발버둥치고 있다. 중국이 이 지역을 일대일로 사업범위에 포함시키다 보니 불가피하게 양국은 갈등 요소를 내포하게 되었다. 현재 미국은 아시아 회귀전략을 선언하고 TPP협상 타결에 주력하는 등 높은 문턱과 기준을 내세워 중국과 러시아를 압박하고 있다. 이는 동맹국과 연합하여 아태지역의 경제적 주도권을 움켜쥠으로써 역내 중국 굴기의 영향력을 희석시키려는 의도다. 한편으로 미국은 신실크로드 구상을 제안하여 중앙아시아지역에서 아프가니스탄·파키스탄·인도 남쪽의 인도양을 경유하는 통로를 개척하는 비전을 내놓았다. 이는 중앙아시아 국가를 대중국 의존도에서 벗어나게 하려는 노림수다. 미국의 이러한 움직임에 대해 중국은 우호적인 태도로 원만하게 대처하고자 노력한 바 있다. 시진핑 주석은 오바마 미국 대통령과 서니랜즈 애넌버그 별장에서 가진 회담에서 '중·미 신형 대국관계' 구축을 제안했다. 이는 충돌하지 않고 대치하지 않으며 상호 존중하고 협력과 상생을 통해 21세기 중·미 신형관계를 공동 구축하자는 내용이다. 이 이념은 중·미 양국 간의 분쟁해결에도 똑같이 적용된다. 먼저 이론적인 측면을 살펴보자. 일대일로 정책은 개방성과 포용성을 담고 있기 때문에 역내 기존 지역협력체제와 무리 없이 융합되어 보조를 맞출 수 있다. 첨예한 분쟁의 씨앗은 애초에 뿌리지도 않을 것이다. 따라서 미국이 제안한 신실크로드 구상과 일대일로 구상은 함께 공존하여 융합할 수 있는 여지가 있다. 다음으로 중국과 미국 양국은 여러 분야에서 공동의 이익을 찾을 수 있다. 예를 들면 메콩강유역개발사업의 에너지 수송분야에서 공동이익을 도모할 수 있으며 이미 어느 정도 가시적인 성과를 거두고 있다. 또한 중동지역의 평화와 ISIS 극단조직세력 격퇴, 이라크·아프가니스탄 등 국가의 안보 및 안정 도모, 에너지 수송의 안정성 확보 등 여러 분야에서 협력 가능성이 있다. 중국은 이러한 공동이익에서 출발하여 양국의 협력을 추진하고 분쟁을 조정할 수 있도록 적극 나서고자 한다. 중국은 강한 책임감을 가지고 미국과 평등하며 성실한 소통으로 상호협력을 극대화함으로써 역내의 번영과 안정을 이루도록 최선을 다할 것이다.

2) 역내 협력의 구체적 내용과 특징

2013년 9월 시진핑 중국 국가주석은 카자흐스탄 나자르바예프 대학에서 실크로드 경제벨트 구상을 제안할 때 다음과 같이 밝힌 바 있다.

"점이 모여 선이 되고 선이 모여 면과 조각을 이루는 것과 마찬가지로 지역 간 대협력을 단계적으로 추진할 계획이다."

또한 시 주석은 연설에서 '5통', 즉 정책소통, 인프라연통, 무역창통, 자금융통, 민심상통의 방안을 제시했다. '5통'의 내용에는 지역협력의 주요 내용과 구체적 특징이 잘 반영되어 있다.

중국 공산당 18기 삼중전회에서는 '중국 공산당 중앙정부의 전면적 심화개혁과 관련한 중대문제에 대한 결정'을 정식 발표하면서 실크로드 경제벨트와 21세기 해상 실크로드 구축 프로젝트가 공식적으로 가동되었음을 선언한 바 있다. 이는 중국 대외개방정책의 새로운 국면을 여는 신호탄이라 할 수 있으며 일대일로 정책을 국가의 핵심전략으로 채택하여 공식화한다는 뜻이다. 일대일로를 구축해나가는 과정은 장기적으로 진행되는 지구전이다. 따라서 결코 한술 밥에 배부를 수는 없다는 사실을 간과해서는 안 된다. 현실을 냉철히 판단하여 국가별 수요에 맞게 프로젝트를 배정하며 점진적으로 추진해야 한다. 구체적인 실행과제는 다음과 같다.

첫째, 도로, 운송로, 통신, 정보 등의 인프라를 구축한다. 일대일로는 광활한 지역을 망라하고 있으며 중부지역의 많은 개도국은 현재 인프라가 매우 취약한 상황이다. 도로의 운송여건이 취약하여 안보 위험이 도사리고 있을 뿐 아니라 정보의 소통과 교류도 원활하지 않다. 통신망의 커버리지가 좁고 전송속도도 느린 편이다. 인프라 시설을 완비하는 것이 바로 호연호통을 완벽히 실현하는 기초가 된다. 따라서 인프라 분야의 협력이 일대일로 지역협력의 첫 걸음이라 할 수 있다. 바로 여기에 협력의 공동이익과 당위성이 있다.

둘째, 인프라 완비의 토대 위에 상호이해를 증진시키며 정책소통을 강화해야 한다. 또한 다양한 경제무역구를 건설하여 역내에서 종래에 이미 진행 중인 전략 프로젝트에 보조를 맞추고 조율해나갈 예정이다. 이를 통해 더욱 강력한 지역협력체제를 마련하여 협력의 틀을 한 단계 격상시켜야 한다. 이 과정에서 중국은 지역협력의 합일점을 찾아낼 수 있을 것이다. 중국은 국가별 다양한 수요에 맞춰 기업협력과 에너지협력을 추진할 수 있다. 예를 들어, 중국의 국내 과잉생산력 분야인 철강분야는 해외로 산업이전을 추진할 수 있다. 이러한 실질적인 노력을 통해 상대국의 경제발전과 번영에도 기여할 것으로 기대된다. 이외에도 일대일로 프로젝트를 더욱 구체화하기 위한 노력의 일환으로 협력의 수위를 높일 수 있다. 예를 들면 중-아세안 자유무역구의 업그레이드 버전을 고려해볼 수 있다. 중국과 중앙아시아 간 자유무역구 건설을 추진하면서 여기에 아프리카 북부 국가 또는 다른 연선 국가를 협력파트너로 합류시키는 방안을 검토할 수 있다.

셋째, '5통' 구축을 지속적으로 추진함과 동시에 동아시아, 남아시아, 동남아시아, 중앙아시아와 서아시아 나아가 유럽에 이르는 광범위한 유라시아 대륙의 네트워크를 형성해야 한다. 이 네트워크 안에서 생산요소의 자유로운 이동을 실현하며 노동력·자본·화폐의 원활한 유통을 추진할 계획이다. 또한 편리한 교통운송망, 정부협력망, 과학교류망을 구축하고 무역장벽을 해소하여 경제무역 협력을 강화해야 한다. 이러한 과정을 통해 진정한 의미의 화합을 이루고 안정된 공동체를 구축함으로써 공동번영, 공동발전, 공동도약을 실현할 수 있을 것이라 확신한다. 앞서 말한 세 가지 사항은 단지 필자가 중국의 지역협력 절차를 개략적으로 서술한 것에 불과하다. 실제 구체적으로 실행할 때는 현지 실정에 맞게 시기나 지역, 조건 등을 조율해나가면 될 것이다. 그러나 분명한 사실은 지역협력을 추진할 때 안정적이며 지속적으로 차근차근 단계를 밟아가야 한다는 점이다. 끊임없이 서로 이해하고 진심으로 교류하면서 '5통'을 구현해나간다면 영광과 상처를 함께 나누고 감싸는 공동체를 형성할 것이다.

지역협력을 단계별로 강화하여 일대일로의 목표를 향해 전진하는 과정에서 중국 지도층은 발상의 전환을 통해 새로운 사고와 남다른 면모를 충분히 보여주었다.

첫째, 능동성이다. 중국은 개혁개방정책을 추진하면서 처음에는 인진래 전략, 즉 무임승차 방식으로 국제 자본을 끌어들여 자국의 경제를 발전시키는 방안을 채택했다. 그리고 연이어 주출거 전략을 통해 해외진출을 선언했다. 해외시장을 더욱 충분히 활용하여 개혁개방의 강도를 높이면서 질적 성장을 꾀하려는 것이다. 현재 중국의 GDP는 이미 일본을 추월하여 세계 2위로 올라섰다. 중국이 이제 어떠한 행보를 보일 것인지, 그리고 과연 무슨 일을 할 것인지 전 세계가 시시각각 촉각을 곤두세우며 예의 주시하고 있다. 바로 이 시기에 중국은 능동성을 발휘하여 적극적으로 먼저 나선 것이다. 인진래와 주출거를 상호 결합함으로써 중국이 발전을 통해 거둔 성과인 '홍리'를 기꺼이 함께 나누어 주변국가에 도움을 주고자 최선을 다할 것이다. 또한 대국으로서의 소임을 다하며 국제사회에 모범적인 모습을 보여줌으로써 각 국가의 의구심을 해소하여 각종 '중국위협론'에 현명하게 대처해나가고자 한다. 인진래와 주출거의 유기적 결합은 국내와 해외 시장의 자원을 더욱 잘 활용하는 계기가 되며 개혁개방을 심화시킬 것이다. 나아가 각기 다른 지역과의 협력을 강화하는 원동력을 제공할 것으로 기대된다.

둘째, 전면성이다. 지역협력의 추진과정에서 '점이 모여 면이 되고 선이 모여 조각을 이루듯이 지역 간 대협력을 점차 추진한다'는 방침을 지키고 있다. 이렇게 점진적인 방식을 취함에 따라 공간적·시간적으로 다양한 정책과 조치를 펼칠 수 있게 되었다. 이는 과거 그물망 형태와는 다르게 막대구조로 전개되고 있다. 그리고 막대구조는 그 자체가 전면적인 형태를 띠면서 여러 가지 입체적으로 통합되는 특징을 지니고 있다. 이러한 구조로 인해 협력의 활력과 동력을 불어넣을 수 있는 것이다. 앞서 제기한 지역협력 내용에서 알 수 있듯이 일대일로는 단지 인프라 시설 분야의 호연호통에 국한되지 않으며 여기를 출발점 또는 접속점으로 삼을 것이다. 그리고 단계별로 전면적이며 심도 있게 추진해나갈 것이다. 경제무역과 과학기술 및 인문 등의 더욱 다양한 분야에서 전면적 협력을 추진함으로써 거의 모든 분야에서 공상, 공건, 공향의 새로운 지역협력 모델을 구축해나갈 것이다.

셋째, 사업 추진력이다. 일대일로는 지역협력을 추진하면서 실무적으로 강력한 추진력을 발휘하면서 진행하고자 한다. 국내와 해외 두 방향으로 동시에 진행하되 현재 실정에 입각하여 차근차근 추진해야 한다. 국내적으로 개혁개방정책을 추진해 오면서 결과적으로 동부지역의 개방수준이 서부지역보다 월등히 높은 상황이 초래되었었다. 이 점에 착안하여 이번에 진행하는 일대일로 프로젝트는 소외되었던 서부지역을 핵심거점으로 선정했다. 이를 계기로 동·서부지역의 발전격차를 해소하여 서부의 대외개방 수준을 높여나갈 것이다. 궁극적으로 동·서부의 양대 진영의 균형적인 개방을 추진하는 가장 이상적인 환경이 조성될 것으로 기대된다. 일대일로 프로젝트에서 중국은 국가별 현황을 파악하여 각 국가의 개별 수요에 적합한 사업영역을 배정할 계획이다. 바로 여기에서 중국의 사업 추진력이 돋보이고 있다. 이렇게 적합한 프로젝트의 배정을 통해서 국제적인 책임을 다하면서 역내의 조화로운 성장을 추진할 수 있다. 나아가 국가 간 발전격차를 해소하면서 공동발전과 공동도약의 목표를 향해 한 걸음 다가설 것이다. 뿐만 아니라 중국은 각기 다른 국가와 지역협력을 추진하면서 지역 강대국과의 관계에 현명히 대처하여 기타 국가도 충분히 배려할 수 있도록 노력하고자 한다. 갈등이 생기면 자국의 국익을 보호하면서도 상대방의 합리적인 요구를 충분히 고려하여 평등과 성실, 정직한 태도로 문제해결을 위해 최선을 다할 것이다. 역내에 현존하는 지역조직과 구상에 대해서도 중국은 정책적인 접목을 위해 다각도로 방안을 모색하고자 한다. 여기에서 중국은 평등과 추진력을 제대로 보여주고 있다.

이상으로 지역협력의 원칙과 내용 및 특징부터 시작해서 중국의 지역협력이론을 서술했다. 이러한 이론에는 중국의 개방과 포용, 평등과 성실, 호혜와 공영의 정신이 충분히 반영되어 있다. 또한 각기 다른 국가와 민족, 지역 간 상호협력에 있어서 기존 사고의 틀을 깨는 혁신적 아이디어와 새로운 모델을 제시했다. 중국은 다른 지역 간 호혜와 공영을 위한 협력추진을 적극 환영하고 있다. 중국과의 협력지역에 대해서 자국 정책에 근거하여 주변외교 정책에서 강조하는 선린우호와 주변국의 안정 및 번영을 견지해나갈 것이다. 또한 주변국가와 우호·동반자 관계를 계속 유지하며 친밀, 성실, 혜택, 포용의 이념으로 여러 문제를 처리해나가고자 한다. 이를 통해 중국 주변외교의 한 단계 도약을 실현하며 실질적 협력과 발전을 촉진할 것이다. 이와 동시에 중국은 지역협력과정에서 패권을 장악할 의도가 없으며 다른 국가가 패권을 강요하는 것 또한 용납하지 않을 것이다. 역내 주도적 위상을 노리지도 않을 것이며 변함없이 평화와 도약의 길을 걸으며 국제적 책임을 다하고자 한다. 실제 건설과정에서 중국은 모든 국가와 평등하게 교류와 협력을 진행하며 상호 존중하고 배려하는 자세로 상대방의 합리적인 이익 요구를 수용함으로써 역내 협력의 '5통'을 적극 추진할 계획이다. 이 밖에도 경제발전 이념과 마찬가지로 지역협력에서도 중국은 일대일로의 주도자 또는 지도자가 아니며 다만 제안자일 뿐이다. 모든 것을 포용하는 태도로 모든 국가가 일대일로에 적극적이고 자발적으로 참여할 것을 호소하고자 한다. 나아가 지역협력을 실현하는 데 함께 기여하기를 희망하고 있다. 여기에도 중국 일대일로 구상의 전형적인 비배타성이 잘 나타나 있다.

3 · 글로벌화 이론

오늘날은 글로벌화 시대다. 특히 경제 글로벌화를 위주로 한 생산과 무역, 금융 및 기업무역의 글로벌화는 사람들에게 풍족한 부를 가져다준 반면 파생적인 부작용도 초래했다. 중국이 제안한 일대일로 정책은 경제발전과 지역협력 두 가지 측면에서 혁신적인 발전이론이다. 이는 글로벌화 과정에서 출현된 많은 문제해결에 적지 않은 도움이 되고 긍정적인 역할을 발휘할 것으로 기대된다. 이 이론은 또한 전통적 의미의 단일화 건설이라는 개념을 초월하여 글로벌화 시대의 협력과 상생을 추구하는 데 그 취지가 있다. 현재 상황을 보면 '글로벌화 과정에서는 세계 다극화, 글로벌 거버넌스 권리의 분산화, 국제문제의 분열화, 지역단일화체제 구축의 가속화 등의 다양한 현상이 대두되고 있다. 실제로 일대일로의 공건이 넘은 앞서 언급한 여러 현안과 밀접한 관련이 있으며 이를 제대로 추진하면 글로벌화의 선순환 발전에 매우 긍정적 역할을 할 것이다.'[9] 일대일로는 글로벌화 이론 측면에서 혁신적인 방안을 제시하고 있다. 혁신적이라 강조하는 이유는 바로 이익 공동체, 운명 공동체, 책임 공동체의 건설이라는 비전을 제안했다는 점과 균형, 포용, 화합의 3대 이념적 특징을 제시했다는 점 때문이라 할 수 있다.

일대일로는 공동발전이라는 밑그림을 토대로 추진될 것이며 반드시 연선 지역을 포함한 공동체를 구축해야 한다. 이는 글로벌화 이론의 혁신적인 내용 중 하나다. 2014년 4월에 열린 보아오 아시아포럼의 개막사에서 리커창 총리가 제안한 내용을 살펴보자.

"공동발전이라는 큰 방향을 끝까지 견지하여 아시아 이익 공동체를 구축한다. 융합발전이라는 중대한 국면을 조성하여 아시아 운명 공동체를 형성한다. 평화로운 발전환경을 유지하여 아시아 책임 공동체를 구축한다."

일대일로를 구축하려면 글로벌화 시대의 국가 간 긴밀한 연계가 무엇보다 중요한 밑거름이 된다. 이를 토대로 관련 국가 간 공동번영, 공동쇠락

---

9) **뤄위이** | 《일대일로 : 글로벌 신질서의 희소식(一帶一路 : 全球新秩序的福音)》, 〈중국외환(中國外匯)〉, 2014년 10월 1일

의 공동체 의식을 수립해야 한다. 또한 각국이 안보 위험에 연합 대응하여 공동발전과 공동도약을 실현해야 할 것이다. 구체적으로 살펴보자. '이익 공동체'란 국가별 이익에는 정도의 차이가 있을 수 있지만 공동이익이 존재하게 마련이므로 각국이 공동이익을 끊임없이 모색하여 이견을 해소함으로써 협력과 발전을 추구한다는 의미다. 이익 공동체의 최종 목표는 호혜와 공영을 실현하는 것이다. '운명 공동체'란 글로벌화가 가속화되는 오늘날 모든 국가의 운명은 긴밀히 연결되어 있으며 사소한 사안이라 해도 일단 문제가 발생하면 전반적 정세에 엄청난 파급효과를 가져온다는 의미다. 국가의 크기와 빈부격차, 강약에 상관없이 어느 국가나 인류의 공동운명에 책임을 지고 있다. 따라서 국가별 규제를 없애 각국이 평등하게 공동체 건설에 참여해야 한다. '책임 공동체'란 현재 국제사회의 산적한 현안이 국가와 국경의 한계를 초월하여 한 국가의 힘만으로는 해결하기 어렵다는 의미다. 예를 들면 생태환경 문제나 비전통안보 문제 등의 공동 쟁점 사안에 대해서 누구나 상응한 책임을 함께 져야 한다. 상호 대화와 협조체제를 강화하며 이데올로기의 굴레에서 벗어나 한마음 한뜻으로 위기와 도전에 맞서야 할 것이다. 프로젝트를 진행하면서 '5통'의 기본이념을 전제로 공동체 건설에 박차를 가해야 한다. 즉 주변국가와의 경제협력 동반자 관계를 적극 강화하여 정치적 신뢰, 경제적 융합, 문화적 포용을 실현하는 이익 공동체, 운명 공동체, 책임 공동체를 구축해야 할 것이다.

일대일로 구상이 강조하는 주요 이념 중 하나는 점이 모여 면이 이루어지고 퍼즐조각이 맞춰져 하나의 완전한 패널이 이루어지듯이 점진적인 통합을 실현하는 것이다. 일대일로는 글로벌화를 향해 발전한다는 기본개념을 근간으로 한다. 그러나 기존의 글로벌화와 차별화되는 부분은 글로벌화의 긍정효과는 최대한 끌어올리되, 부작용은 최소화하여 인류에게 참신하며 혁신적인 발전이념을 제시했다는 점이다. 일대일로 구상은 퍼즐조각을 맞춰서 하나의 완전한 패널로 만들듯이 지역협력과 통합과정을 추진할 것이며 이 과정에서 균형과 포용, 화합의 3대 특징을 보여줄 것이다.

첫째, 균형을 강조한다. 글로벌화시대의 두드러진 특징 중 하나는 선진국이 개도국의 자원을 끊임없이 탈취하여 개도국 시장을 독점함으로써 빈익빈 부익부 현상을 초래한 점이다. 일대일로에서의 균형이념은 이러한 문제 때문에 제기된 것이다. 균형이란 한 국가가 부를 독점해서는 안 되며 협력해서 함께 발전하여 공동의 부를 창출해야 한다는 뜻이다. 또한 세계 모든 국가와 발전의 이익을 공유하여 국가 간 빈부격차를 해소하기 위해서 균형을 강조하는 것이다. 중국이 일대일로 정책을 제안한 이후에 400억 달러의 실크로드기금을 출연키로 결정한 것도 국제사회의 균형적 발전에 대한 의지를 표명한 것이며 전 세계와 발전성과를 함께 나누려는 염원을 보여준 것이다.

둘째, 포용을 강조한다. 글로벌화를 추진하면 필연적으로 단일화 과정이 가속화되게 마련이다. 단일화는 지역의 번영을 가져오는 긍정적 효과도 있지만 많은 폐단을 초래하기도 한다. 유럽연합을 예로 들어보자. 유럽의 채무위기가 발생하자 그 제도 설계상의 결함이 고스란히 드러나기 시작했다. 단일화에 따른 초국가적인 체제와 규범만으로는 국가별 실제 상황을 제대로 반영하거나 살필 수가 없었다. 유럽중앙은행의 주도 하에 전체 유로존에서 단일 환율정책이 채택되자 각각의 회원국에서는 자신만의 환율관리 도구가 사라져버렸다. 울며 겨자 먹기 식으로 유럽 단일화 추세에 몸을 맡긴 채 흘러갈 수밖에 없었던 것이다. 결국 통합된 단일의 환율정책은 회원국마다 각기 다른 핵심정책들과 마찰을 빚게 되었다. 포용의 이념은 이러한 단일화의 폐단을 일정 부분 개선할 수 있을 것으로 기대된다. 다시 말해 단일화 과정에서 회원국의 문화적 특성과 발전 특징, 자원 및 제도적 장점 등을 세심히 파악하여 통합과정에 제대로 반영하는 것이다. 이는 전통적 단일화의 초국가적 특징을 뛰어넘는 것으로 신시대 단일화를 위한 발상의 전환이라 할 수 있다.

셋째, 화합을 강조한다. 화합을 키워드로 하여 중국이 제안한 '화해세계(和諧世界, 화합과 조화로운 세계 - 역주)'의 이념을 일대일로 프로젝트 구축에 담아낼 것이다. 이를 통해 국제관계의 민주화를 추진하며 인류의 지속적 평화와 공동발전을 실현할 계획이다.

일대일로 구상을 수립하면서 글로벌화와 관련한 여러 가지 경제발전이론과 역내 협력이론을 참고하고 여기에서 많은 혁신적 아이디어를 발굴하여 발전시켰다. 그리고 글로벌화와 단일화가 가속화되는 바로 오늘날의 글로벌 쟁점사안을 해결하는 데 귀감이 될 만한 좋은 선례를 제공하려한다. 만약 일대일로 연선의 60여 개 국가와 40여 억 인구의 적극성을 유도하여 공동체 의식을 기반으로 균형·포용·조화의 삼박자를 갖춘 글로벌 환경을 조성한다면 전통적인 단일화·글로벌화 과정에서 탈피할 수 있을 것이다. 또한 글로벌 쟁점사안을 조속히 해결하여 세계 발전과 공동번영을 위한 새로운 활력을 불어넣을 수 있을 것이다.

3 참신한 방식

현재까지 진행된 실크로드 경제벨트의 주요 내용은 시 주석의 카자흐스탄 나자르바예프 대학에서의 강연 내용과 상하이협력기구 정상이사회 제13차 회의의 연설에 잘 나타나 있다. 또한 2015년 3월 28일에 중국 국가발전개혁위원회, 외교부, 상무부가 공동 발표한 '실크로드 경제벨트와 21세기 해상 실크로드의 공동 건설 추진에 대한 미래비전과 행동'에서도 그 핵심적 내용을 살펴볼 수 있다. 시진핑 주석의 카자흐스탄 강연 내용의 핵심은 중앙아시아를 겨냥한 4요 원칙(四要原則), 실크로드 경제벨트의 5대 지주(支柱) 그리고 상하이협력기구의 실질적 협력전개 관련 5대 구체적인 대책방안 등이다. 이 가운데 인프라연통은 가장 기본이 되며 무역창통은 핵심 부분이다.

'4요 원칙'이란 반드시 지켜내야 할 네 가지의 원칙을 말하며 그 내용은 다음과 같다.

1. 중국과 중앙아시아 국가는 유래 깊은 전통적 우의를 견지하여 화합과 화목을 추구하는 좋은 이웃이 되어야 한다.
2. 상호 든든한 지지기반이 되어 성실과 신뢰를 추구하는 좋은 이웃이 되어야 한다.
3. 실질적 협력을 강화하여 호혜와 공영을 위한 좋은 동반자가 되어야

한다.

4. 더욱 넓은 가슴과 원대한 안목으로 역내 협력을 추진하여 새로운 영광을 함께 만들어야 한다. 한마디로 '4요 원칙'은 바로 개방과 협력의 견지, 화합과 포용의 견지, 시장운용의 견지, 호혜공영의 견지를 말한다.

실크로드 경제벨트 전략 구상의 '5대 지주'는 다음과 같다.

첫째, 정책소통이다. 즉 정책을 서로 교류하며 공조해야 한다. 일대일로의 순항 여부는 연선 국가 간의 확고한 상호 정치적 신뢰에 달려 있다. 그리고 경제적인 상호교류를 통해 형성된 의존도는 다시 역으로 국가 간 화합을 추진하기 위한 새로운 원동력이 되기도 한다. 우호적인 대화와 협상으로 각 국가는 경제발전 전략과 대책을 함께 논의하여 공통점을 찾아내야 할 것이다. 정책의 장벽을 철폐함과 동시에 기타 인위적으로 조성된 협력의 장벽도 해소해나가야 한다. 또한 정책·법률·국제계약을 통해 연선 국가의 경제통합을 지켜내야 한다. 이를 위해서는 정부 간 협력을 강화하며 다각적인 거시정책 공조체제를 구축하여 공동이익을 극대화해야 할 것이다. 나아가 정치적 신뢰를 공고히 하여 협력을 위한 새로운 공감대를 형성해야 한다. 이는 일대일로의 성공적인 구축을 보장하기 위해서 반드시 실현해야 하는 부분이다. 연선 국가의 경제발전 전략과 대책에 대해서도 충분히 교류하여 조율할 수 있다. 역내의 협력추진과 관련한 규범과 조치를 함께 제정하여 협력과정에서 생긴 현안을 협의하며 해결해야 한다. 또한 실질적인 협력을 진행하며 대규모 프로젝트를 공동으로 추진하기 위한 정책적 지원도 아끼지 않아야 할 것이다. 실크로드와 관련한 조직을 구

성하여 포럼을 진행한다든지 고위층 협상을 진행하는 등의 다양한 활동이
필요하다. 또는 중앙당 간부학교에 실크로드와 관련한 강습 및 연구 토론
반을 개설함으로써 일대일로 연선 국가의 중간관리자를 대상으로 학습교
류의 장을 제공하는 방안도 검토할 수 있을 것이다.

둘째, 인프라연통, 즉 도로교통 설비 등의 인프라를 연계해야 한다. 인프
라연통에는 주로 네 가지가 포함된다.

1. 교통 인프라. 특히 간선 통로와 주요 노드 및 핵심적인 프로젝트에 주
   력해야 한다. 노선의 단절구간을 먼저 개통하며 병목구간은 소통이
   원활해지도록 개선할 필요가 있다. 또한 도로 안전방호시설과 교통
   관제 설비 등의 제반 시설을 통합하고 정비함으로써 도로의 소통상
   태를 향상시켜야 한다. 체계적이며 통일된 '통운송 관리체계'를 구축
   하여 국제통관과 환적, 복합운송 등과 유기적인 연계를 추진함으로
   써 국제운송의 편의성을 제고해야 한다.

2. 항만인프라. 육·해상 복합운송통로의 소통을 원활하게 해야 한다. 항
   만의 합작건설사업을 추진하여 해상노선을 확대하며 증편 등을 통해
   해상물류의 정보화와 관련한 협력을 강화해야 한다. 또한 민항분야
   에서도 전면적 협력체제와 플랫폼을 구축하여 항공분야의 인프라 수
   준을 제고할 수 있도록 총력을 기울여야 한다.

3. 에너지 인프라 시설. 오일·가스 송유관 등 인프라 안보를 공동 수호
   해야 한다. 범국경 전력망 및 송전망의 건설을 추진함과 동시에 역내
   의 전력망 개조 및 업그레이드를 위한 협력에 적극 나서야 할 것이다.

4. 범국경 광케이블 등 통신 간선망, 국제적인 통신망의 상호연동을 강화하여 정보 실크로드를 구축해야 한다. 양자 간 범국경 광케이블 구축에 박차를 가하며 대륙 간 해저광케이블 프로젝트를 기획하여 추진하는 한편, 공중(위성) 정보통신 채널을 확보·정비함으로써 정보통신 분야의 교류와 협력을 강화해야 한다.

중국은 '인프라 건설 프로젝트의 우선적 추진'을 발전전략으로 채택했다. 도로와 통신, 에너지와 전력 등의 인프라를 구축하며 완비해나가는 일은 개방의 강도를 높이며 좋은 투자환경을 조성해줄 것이다. 뿐만 아니라 주변지역의 동반성장을 견인하여 풍요로운 삶을 보장하는 지름길이 될 것이다. 우리는 이미 이 사실을 과거의 경험을 통해 잘 알고 있다. 인프라의 호연호통은 일대일로의 최우선 프로젝트다. 그런데 현재 중국과 일대일로 연선 국가와의 호연호통 수준은 상대적으로 낙후된 편이다. 이는 자연환경의 제약 때문이다. 연선 국가의 지리적 지형조건 등의 건설환경은 매우 복잡하다 할 수 있다. 막대한 공정규모와 난이도는 물론이고, 거액의 자금이 투입되는 프로젝트다. 뿐만 아니라 기존시설의 유지보수 상태도 그리 좋지 않은 편으로 간선도로 대부분이 유실되거나 단절되었다. 이외의 다른 교통통로의 건설등급이 낮아서 호연호통을 위한 기준에 부합되기 어려운 실정이다. 인프라연통을 실현하려면 중국의 인프라 관련 업종의 과잉생산력을 충분히 활용해야 한다. 선진기술, 우수한 인력, 축적된 경험 등의 경쟁우위를 발휘하여 육·해상 실크로드 연선 국가를 위해 개방·발전·부를 향한 길을 개척해야 할 것이다. 인프라연통을 위해서는 반드시 연선 국가가 역량을 집중하여 상호 협력하고 끊임없이 조율해야 한다. 또한 교통 및 물류 대동맥을 구축하여 발트 해에서 태평양에 이르고, 중앙아시아에서 인도양 및 걸프만에 이르는 교통운송회랑을 건설하여 완전한 소통을 추진해야 한다. 도로, 철도(고속철도), 해운, 전력, 통신, 에너지 등 인프라의 상호연동이 완성되면 중국은 일대일로 연선 국가와 입체적으로 연결된다. 이러한 하드웨어를 통한 연동은 장기적이며 효율적인 실크로드 협력의 추진을 보장하는 근간이 될 것이다.

먼저 이를 위해서는 관련 국가의 주권을 존중하며 안보에 주력할 필요가 있다. 이러한 전제 하에 연선 국가는 인프라 구축기획 및 기술표준체계의 연계를 강화하여 국제 간선통로 건설을 공동으로 추진해야 한다. 이를 통해 아시아 준지역 및 아시아·유럽·아프리카 간 인프라망을 점진적으로 구축할 계획이다. 여기까지가 일대일로 구축의 가장 기본이 되는 대공사라 할 수 있다. 물론 녹색저탄소 인프라 건설과 운영관리도 필수적이며 기후변화의 영향도 충분히 고려하여 녹색 실크로드를 건설해야 한다.

셋째, 무역창통, 즉 무역의 활성화를 도모하는 것이다. 해외무역은 한 국가의 대외개방 척도를 가늠하는 지표라 할 수 있다. 전통적인 화물무역은 시의적절한 정책공조가 기반이 되어야 한다. 이를 통해 일대일로 연선 국가는 상대국의 발전모델을 전반적으로 이해하게 된다. 또한 관련 국가의 산업구조와 발전단계, 그리고 무역 특징에 대해서도 합리적인 분석이 가능해진다. 나아가 우수한 자원을 중점 개발하며 경쟁우위 산업을 발전시켜 비교우위를 발휘할 수 있다. 서비스무역 분야도 해외무역의 중요한 구성 부분이다. 서비스무역을 활성화하려면 관련 국가의 정책적 협조가 더욱 절실하다. 정보화시대에 접어들면서 서비스무역도 전통적인 인적교류에서 벗어나 전자상거래와 제반 서비스를 포함한 광범위한 체계로 산업구조가 고도화되었다. 따라서 법률과 정책, 국제협력협약 등의 형태를 통해 협력체계를 안정화시키며 정책소통을 통한 합의 결과를 실무적으로 추진해야 한다. 또한 인프라의 호연호통을 충분히 활용하여 물류의 편의성을 제고함으로써 자연적·인위적 무역장벽을 해소하여 각종 생산요소의 범국경 이동으로 인해 발생할 수 있는 위험을 줄여나가야 한다. 이러한 활동을 통해 연선 국가의 무역구조 고도화를 실현할 수 있으며 양적 팽창과 질적 성장이라는 두 마리 토끼를 잡을 수 있다. 실크로드 경제벨트의 총 인구는 30억 명에 달한다. 시장규모와 잠재력은 가히 독보적이라 할 수 있으며 특히 무역·투자 관련 협력분야에서의 잠재력은 무궁무진하다. 따라서 무역·투자의 편의성 제고를 위한 연구 진행과 효율적 조치를 통해 무역장벽을 해소해야 한다. 또한 무역·투자의 원가를 절감함으로써 역내 경제의 선순환을 촉진하며 질적인 향상으로 호혜·공영을 실현할 수 있다.

투자무역 협력은 일대일로 구축의 핵심적 내용이다. 원활한 투자활동을 위한 편의성을 도모하여 투자의 장벽을 해소하며, 양자 간 투자보호협정 및 이중과세 방지협약을 강화하여 투자자의 합법적인 권익을 보호해야 한다. 또한 역내에 최적의 비즈니스 환경을 조성하여 연선 국가 및 지역과 자유무역구를 공동으로 건설하는 데 주력해야 한다. 한마디로 협력의 잠재력을 극대화하여 가능한 한 크고 좋은 파이를 만드는 게 궁극적인 추진 방향이라고 할 수 있다.

넷째, 자금융통을 실현해야 한다. 만약 프로젝트 참여국 모두가 경상계정과 자본계정에서 본위화폐 태환과 결제를 추진한다면 자본유통의 비용을 대대적으로 절감할 수 있다. 또한 금융위기 대응력도 강화하여 해당지역의 국제경쟁력을 제고할 수 있을 것이다. 일대일로 구축은 중국과 연선국가가 금융안보를 실현하는 데 새로운 계기를 마련해줄 것으로 기대된다. 금융이 현대 경제발전의 핵심이라는 사실은 누구나 인정하고 있다. 일대일로의 경유 국가는 대부분 역외 국가의 화폐를 국제 지불 및 결제 수단으로 사용하고 있다. 연선 국가의 자금조달 수요에 부합하고 대규모 핵심 프로젝트의 다국적 협력과 건설을 지원하기 위해서는 실크로드기금과 역내 다자간 기구인 투자개발은행의 자원을 충분히 활용하는 한편, 상하이 협력기구은행연합체(銀聯體) 등의 자원의 협조와 지원을 받아야 한다. 한편, 연선 국가의 금융분야 협력을 위해 혁신적 아이디어를 보태며 긴밀한 협력관계를 구축할 필요가 있다. 동시에 일대일로는 본위화폐 결산과 본위화폐의 통화스와프를 제안함으로써 관련 국가는 투자·무역활동에서의 환율리스크를 줄여 결산원가를 절감시킬 수 있다. 상호 경제교류 과정에서 발생하는 금융위험을 공동으로 책임지는 화폐안보망을 마련함으로써 참여국 모두가 자국의 금융안보와 경제이익을 수호할 수 있는 역량을 키울 수 있을 것이다.

'실크로드 경제벨트와 21세기 해상 실크로드의 공동 건설 추진에 대한 미래비전과 행동'에서도 자금융통은 일대일로 건설의 중요한 기틀이라고 밝힌 바 있다. 금융협력을 강도 높게 추진하여 아시아 화폐안정체계·투자융자체계·신용체계를 건설해야 할 것이다. 또한 연선 국가는 쌍방 본위화폐의 통화스와프와 결산 규모 및 범위를 확대해야 한다. 아시아 채권시장의 개방과 발전도 추진될 것이다. 아시아인프라투자은행과 브릭스국가개발은행의 출범을 함께 추진하며 상하이협력기구의 융자기구 설립을 위한 협상도 전개해나갈 것이다. 실크로드기금의 조성과 운영에도 박차를 가해야 한다. 중국·아세안은행 컨소시엄, 상하이협력기구 은행연합체의 실질적 협력을 심도 있게 진행하여 은행대출과 은행여신 등의 방식으로 다자간 금융협력을 전개할 계획이다. 연선 국가의 정부와 신용등급이 비교적 높은 기업 및 금융기구에 대해서는, 이들의 중국 내 위안화 채권발행을 지원할 계획이다. 또한 조건에 부합되는 중국 내 금융기구 및 기업은 역외에서 위안화 채권과 외화채권을 발행할 수 있으며 연선 국가에서 융통한 자금을 사용할 수 있도록 독려할 것이다. 이와 동시에 금융관리감독의 협력 강화, 관리감독협력에 관한 쌍방 양해각서의 체결, 그리고 역내 고효율의 관리감독협조체제의 점진적 구축 등의 업무도 추진된다. 리스크 대응 및 위기관리제도를 완비하며 역내 금융리스크 경보시스템을 구축함으로써 역외 리스크 대응 및 위기관리에 대한 교류협력체제를 조성할 것이다. 이 외에도 신용조회 관리 부서 및 조직을 강화하여 신용등급평가기구의 국제교류 및 협력을 추진할 계획이다. 또한 실크로드기금 및 국부펀드를 충분히 활용하며 상업용 주식형펀드와 사회자금이 일대일로 핵심프로젝트에 공동 참여할 수 있도록 유도해야 한다.

다섯째, 민심상통을 강화해야 한다. 민심상통은 민심이 서로 교류하고 통한다는 의미다. 일대일로 건설은 선린우호의 협력정신을 강조하고 있다. 교육, 문화, 여행 등의 분야에서 인문교류 협력을 강화하고 문화교류를 통해 포용과 개방 이념을 정착·확산시키고자 한다. 문화의 융합과 문화적 공감대 형성은 연선 국가 간 협력을 위한 내적동기를 부여하게 된다. 최근 중국과 연선 국가는 정부와 민간 차원에서 빈번한 교류를 추진하고 있으며 인문유대 강화를 통한 효과도 두드러지게 나타나고 있다. 중국은 변함없이 실크로드 정신을 계승·발전해나가며 우호협력을 주도하여 연선 국가의 민심에 한 걸음 더 가까워짐으로써 협력강화를 위한 탄탄한 여론기반을 형성할 것이다. 중국은 연선 국가와의 인문유대 강화 및 교류협력 분야에서 막대한 가능성을 발견하고 있다. 일부 내용은 이미 고위층 회담에서 구체화되기 시작했다. 예를 들면 중국은 연선 국가를 대상으로 제공하는 정부장학금의 학생정원을 확대하기로 결정했다. 이외에도 연선 국가의 관련 인력이 중국 연수 및 교육에 참가하도록 지원할 방침이다. 상호 문화의 해를 지정하거나 예술제 등의 이벤트를 진행하는 한편, 연선 국가의 여행 홍보 및 마케팅 관련 협력을 추진하며 여행투자협력을 확대하는 등 다양한 활동을 진행할 계획이다.

실크로드 경제벨트는 현재까지 아직 추상적인 단계라 할 수 있어 해당 경제벨트의 지역 범위, 협력분야, 협력메커니즘 마련, 구체적 실행방법, 실행 단계 및 목표 등을 빠른 시일 내에 구체화하여 국제적 공감대를 형성할 필요가 있다.

그런데 고무적인 사실은 일대일로 구상은 이미 다음 사항에서 공감대가 형성되었다는 점이다. 먼저 단일자원·원자재의 무역한계를 탈피하여 도약해야 한다는 점, 그리고 양자협력부터 시작하여 연선 국가를 대상으로 경제적 투자와 역량을 확대하여 더욱 다양한 공공재와 공공서비스를 제공할 필요가 있다는 점에 공감하고 있다. 또한 배타적인 편견을 없애며 개방과 포용의 자세로 두 개의 실크로드 건설 분야에서 주변국가와 공동이익을 찾아냄으로써 호혜·공영 원칙 하에 이익 공동체를 구축하는 데 의견일치를 보고 있다. 기초환경을 조성하는 것도 마찬가지로 중요하다. 즉 소비자의 상호신뢰를 높이고 기업과의 상호소통, 문화교육인력의 상호 파견 및 교류를 추진할 필요가 있다.

이러한 공감대를 실질적 협력으로 구체화하려면 다음 사항을 진행할 필요가 있다. 바로 호연호통의 인프라 구축, 무역편의성 실현과 무역모델의 혁신, 직접투자 독려 및 투자영역 확대를 통한 현지주민의 취업기회 확대, 금융협력 강화와 무역의 본위화폐 결산 추진, 에너지협력 강화와 에너지산업의 채굴·가공·부가가치 제고, 에너지 수출입의 다각화 실현, 인문교류 추진, 생태환경 보호 등이다.

앞서 언급한 '5대 지주'에 따른 구체적 대책에는 다음 사항이 포함된다.

- **대출 제공**

  아시아, 아프리카, 라틴아메리카 등 개발도상국을 대상으로 중국은 우호국가에 국채를 제공하여 채무국의 인프라 구축 지원을 희망한다고 선언했다.

- **관세 감면**

  중국에 우호적인 후진국가에 일부 상품에 대한 관세 감면 우대조치를 실시하여 상호 무역 활성화를 촉진시킨다.

- **인재 육성**

  중국은 개발도상국이 다양한 인재를 육성·배양할 수 있도록 현지에 훈련 및 연구기관을 설립하며 유학생에게 정부장학금을 제공하는 등 현지경제의 실질적 발전에 기여한다.

- **원조 강화**

  농업, 식량원조, 교육훈련, 보건, 청정에너지 등 다양한 분야에서 개발도상국가에 각종 원조를 진행한다. 중국은 금융위기 상황에서도 원조를 줄이지 않으며 형제국가와 공동발전을 추진하고 함께 난관을 극복해 왔다.

- **채무 해소**

  금융위기가 발발한 이래 중국은 자국의 어려움을 극복하고 아시아·아프리카 개도국 대상 무상원조·무이자차관·특혜차관 등을 지속적으로 제공해 왔다.

실크로드 경제벨트는 다국적 경제벨트에 속하며 역내 협력의 신모델 구축을 원대한 비전이자 목표로 삼고 있다. 실크로드 경제벨트가 전통적 지역협력과 차별화되는 부분을 살펴보자. 전통적 지역협력의 경우 상호이익이 되는 무역투자활동을 통해 우선 통일된 관세정책을 확립한다. 그런 다음, 초국가적 기구의 설립을 통해 심도 있는 협력을 진행한다. 반면 실크로드 경제벨트는 하이 레벨의 목표를 설정하지 않는다. 단기적으로 무역·교통·투자 분야의 협력을 주로 추진하며 추후에도 관세동맹을 설립하지 않을 것이다. 경제벨트는 긴밀한 단일화 협력조직이 아니며 기존의 협력체제 틀을 깨뜨리지 않을 계획이다. 이에는 실질적이며 탄력적인 경제협력활동이라는 표현이 더욱 적합할 수 있다.

일대일로 전략추진 1차 업무회의에서, 장가오리 국무원 부총리는 일대일로에 대해 이렇게 강조했다.

"일대일로 사업은 웅장하며 방대한 프로젝트로서 핵심분야에 역량을 집중하는 게 중요하다. 장·단기계획을 통합하여 강력하면서도 질서 정연하게 그리고 효율적으로 추진해야 한다. 일대일로 프로젝트의 시작 단계에서 첫 단추를 제대로 끼워 확고한 걸음으로 스타트 라인에 서야 할 것이다."

일대일로 전략의 추진을 위해서는 공상, 공건, 공향의 원칙을 견지하며 연선 국가의 발전전략과의 상호 조율에 적극 나서야 한다. 또한 중점 추진 방향을 제대로 파악하는 게 무엇보다 중요하다. 육상분야에서 국제적인 대통로 구축에 역점을 두며 주요 경제무역산업단지를 협력플랫폼으로 활용하여 다양한 국제 경제협력회랑을 함께 조성해나가야 한다. 해상분야는 핵심 항만도시 구축에 성공 여부가 달려 있다. 이를 위해 안전, 효율성, 소통의 삼박자를 갖춘 운송 대통로를 공동 구축해야 한다. 계획적 추진과 자율적 추진을 병행하며 장기적인 목표와 임무, 그리고 단기적인 업무를 통합 관리함으로써 가시적이면서도 구체적으로 업무를 추진해야 한다. 핵심 프로젝트에 총력을 기울이는 한편, 인프라의 호연호통을 돌파구로 삼아야 할 것이다. 이를 통해 일대일로 구축을 위한 기본적 틀을 마련하여 모범적인 성공사례를 제공해야 한다. 무역투자의 활성화를 추진하려면 투자와 무역의 편의성을 추구하여 역내 비즈니스 환경 조성에 주력할 필요가 있다. 이와 동시에 역외 협력단지 건설에 박차를 가하며 역내 경제협력의 상생발전이라는 새로운 틀을 만들어야 할 것이다. 이 밖에 금융협력을 확대해나가야 한다. 강력한 투자 및 자금조달 채널을 구축하여 자금지원의 기반을 조성함으로써 일대일로 구축을 위한 안정적 자금을 확보해야 한다. 또한 인문교류를 추진하며 고대 실크로드의 우호협력 정신을 계승·발전시킴으로써 일대일로 구축을 위한 여론 및 사회 지지기반을 다져야 할 것이다. 이외에도 생태환경을 보호하고 법률법규를 준수하며 사회적 책임을 다해 녹색, 화합, 공영의 일대일로를 공동으로 건설해나가야 한다. 상호 소통과 협상 강화에도 힘을 기울여야 한다. 또한 다자·양자 간, 지역·준지역의 협력체제 및 플랫폼 역할을 충분히 발휘하여 이익의 교집합 부분을 최대한 확대해나가야 한다. 궁극적으로 공동발전과 공동번영을 추구하며 일대일로 구축을 향해 함께 손잡고 전진해야 할 것이다.

실크로드 경제벨트와 21세기 해상 실크로드 구상은 실크로드에 새로운 함의를 부여하고 생명력을 불어넣었다. 일대일로 구상은 역사적으로 그 유례를 찾아볼 수 없는 포용성을 담고 있다. 이러한 점은 수많은 다자협력 체제와 확연히 차별화되는 부분으로 독특한 흡인력을 보여주고 있다. 또한 그만큼 일대일로 추진과정에는 험난한 위험과 도전이 기다리고 있다. 일대일로 틀 안에서의 협력은 장기적 비전을 공유하고 포용하며 아우르는 협력이 될 것이며 단계별로 진행될 계획이다. 분기별 발전계획을 수립하여 그 분기에 맞는 핵심프로젝트에 역량을 집중하며 지원할 것이다. 또한 국가, 기업, 개인 등 여러 행위주체가 발휘할 수 있는 각각의 특수 역할을 고려할 필요가 있다. 뿐만 아니라 연선 국가별 발전수준과 수요를 전면적으로 분석하여 정치, 경제, 사회, 안보 분야에서 연선 지역의 이익과 요구사항을 총괄적으로 수렴하여 반영해야 한다.

2014년 10월에 시진핑 주석이 '호연호통 동반자 관계 강화' 관련 주최국 동반자회의에서 강조한 바와 같이 일대일로를 아시아에서 비상하는 두 개의 날개에 비유한다면 호연호통은 이 두 개의 날개의 혈맥경락[경맥과 낙맥을 아울러 이르는 말. 전신의 기혈(氣血)을 운행하고 각 부분을 조절하는 통로 - 역주]이다. 일대일로는 시공을 초월한 웅대한 전략 구상으로서 중국이 자주적으로 건설한 최대의 외교 플랫폼이 될 것이다. 이 플랫폼을 제대로 구축하려면 실무협력의 자세와 태도를 계속 유지하며 호연호통을 위해 필요한 모든 업무를 실행하여 구체화해야 한다. 또한 이 플랫폼을 제대로 활용하려면 이에 상응한 미래비전이 필요하다. 미래비전은 바로 중국의 꿈이 실크로드를 통해 연선 국가의 번영·발전의 꿈과 만나는 것이다. 나아가 이러한 꿈들이 함께 연결되어 세계 평화발전의 꿈과 서로 맞닿을 수 있는 것을 말한다.

연선 국가와의 호연호통의 구현은 일대일로 건설로 새로운 국제협력 모델을 구축하는 데 내부적으로 꼭 필요한 일이다. 인프라 건설이 전체 사업을 진두지휘하면서 산업구조의 고도화를 앞당길 것으로 예상된다. 나아가 중국과 연선 국가의 공동발전을 촉진시킬 것이다. 이는 일대일로 구축 초기에 반드시 달성해야 할 목표다. '5통'은 호연호통의 목표를 정책소통, 인프라연통, 무역창통, 자금융통, 민심상통으로 세분화한 것이다. 5통은 중국과 실크로드 연선 국가의 호연호통을 어떻게 구축하는지에 대한 하나의 로드맵이라 할 수 있다. 5통을 제안한 것은 중국이 일대일로 구축을 통해 연선 국가와 정치적 신뢰를 더욱 공고히 하여 실크로드 연선 국가의 경제발전 수준을 제고시키겠다는 의지의 표명이다. 또한 민간교류와 문명의 상호교류 확대를 통한 공감대 형성이라는 일대일로의 비전을 5통을 통해 제안한 것이기도 하다. 한마디로 중국의 결심과 실질적 추진의사를 5통에서 보여주고 있다. 5통을 실현하면 중국의 외교환경 개선, 장기적 경제발전, 그리고 지속적 사회안정을 위한 든든한 기반을 다지게 될 것으로 확신한다.

5통은 중국이 지역협력을 진행하며 일대일로 연선 국가와의 발전을 공동 추구하기 위한 행동지침이라 할 수 있다. 참여국과 하드웨어의 상호연동과 성실한 대화로 5통을 추진하는 과정에서 동남아와 남아시아, 중앙아시아와 서아시아 나아가 유럽에 이르는 광범위한 유라시아 대륙의 네트워크를 형성해나갈 것이다. 이 네트워크 안에서 생산요소의 자유로운 이동이 실현되며 국가 간 관계도 더욱 우호적으로 발전할 것이다. 중국과 연선 국가는 흥망성쇠·안위를 함께하는, 한 배를 탄 이웃이자 좋은 친구이며 파트너로 점차 성장할 것이다. 또한 공동번영, 공동발전, 공동도약을 실현하며 영광과 상처를 함께 나누고 감싸는 공동체를 점차 형성할 것으로 확신한다.

세계에 현존하는 공동체 조직은 그다지 많은 편이 아니다. 대부분 지역적인 협력조직으로 경제무역의 활발한 교류와 비교적 높은 수준의 경제협력을 추진한다는 점이 이들 협력조직의 주된 특징이다. 역사적으로 공동체라는 단어에 사람들이 익숙해지기 시작한 것은 1965년 유럽경제공동체가 설립되면서부터다. 이는 지역경제 단일화과정의 한 단계를 대표하는 단어였다. 그리고 지역경제협력의 제도화를 표현하는 말이기도 했다. 그런데 경제글로벌화가 가속화되고 현대의 교통과 통신기술의 눈부신 발달로 인해 국제 행위주체 간의 상호의존적 관계가 더욱 강화되기 시작했다. 인류가 공동으로 직면한 도전과 외부적 문제가 갈수록 증가하면서 지금 글로벌 거버넌스 체계에 변화가 생긴 것이다. 이러한 현실에 주목하여 공산당 18대 보고에서는 인류의 운명 공동체 개념을 제시했다. 자국이익을 추구함과 동시에 타국의 합리적 요구사항을 배려하며 자국발전을 통해 모든 국가의 공동발전을 촉진함으로써 더욱 평등하며 균형적인 신형 글로벌 동반자 관계를 구축하자는 제안을 내놓은 것이다. 이는 전통적인 공동체의 발전적 개념이다. 공동체에 대한 이해와 인식을 지리적 범위와 분리시킨 것이다. 단순한 경제영역의 협력을 초월하여 인류가 전면적인 발전과 진보를 추진한다는 의미를 담고 있다.

지금까지 중국 지도층이 여러 장소에서 언급한 공동체는 주로 이익 공동체, 책임 공동체, 운명 공동체 등이다. 리커창 총리의 보아오 아시아포럼 개막사 발언을 살펴보자.

"공동발전이라는 큰 방향을 끝까지 견지하여 아시아 이익 공동체를 구축한다. 융합발전이라는 중대한 국면을 조성하여 아시아 운명 공동체를 형성한다. 평화로운 발전환경을 유지하여 아시아 책임 공동체를 구축한다."

중국은 아세안, 아프리카, 라틴아메리카, 카스피 해 지역의 국가에 공동체 의식을 수립하여 중국과 이들 지역 국가 간에 전면적 협력을 전개하자는 뜻을 지속적으로 표명해 왔다. 예를 들면 중국은 '중국·아세안 운명 공동체' 건설을 제안하면서 신뢰화목, 협력상생, 상부상조, 이심전심, 개방포용을 견지하여 지역 국민에게 더욱 많은 복지를 제공해야 한다고 강조한

바 있다. 시진핑 주석 취임 이후 처음 진행된 아프리카 정책 연설에서도,

"중국과 아프리카는 예전이나 지금이나 변함없이 운명 공동체다."

라고 밝혔다. 또한 아프리카 국가가 자국 실정에 부합한 발전노선을 적극 모색할 수 있도록 지지할 것이라고 표명했다. 그런데 공동체 개념의 함의는 사실 더욱 광범위하다. 연선 국가가 호연호통으로 얻게 될 객관적 효과를 살펴본다면 더욱 그러하다. 일대일로 구축을 통해 중국은 주변국가가 함께 정치적 신뢰, 경제적 융합, 문화적 포용을 실현하는 이익 공동체, 운명 공동체, 책임 공동체를 구축할 계획이다.

첫째, 실크로드 정신을 함양하고 문명의 호학호감, 즉 상호 학습과 귀감을 통해 문명 공동체를 만들어야 한다. 실크로드는 세계 문명사에서 특별한 위치를 차지한다. 고대 실크로드의 동쪽 출발점으로서 중국은 중화문명의 발상지이며 핵심지역이다. 고대 실크로드는 사치품 교역을 통해 4대 문명의 발상지를 하나로 연결했다. 중화문명은 다른 문명과 상호 연계하고 서로 귀감이 되어 인류사회의 진보에 남다른 역량을 발휘해 왔다. 중화문명의 영향력도 두 개의 실크로드를 통해 주변지역에 전파되어 커다란 중화문명권을 형성했으며 지리적으로는 오늘날 중국 주변의 중앙아시아와 동남아시아, 동아시아의 거의 대부분을 포함하고 있다. 따라서 일대일로는 고대 실크로드의 이러한 역할을 계승해야 하며 또한 그만큼 뿌리 깊은 역사적인 기반을 가지고 있는 것이다. 역사적으로 중화문명의 영향을 받은 광대한 지역은 중국과 지리적으로 근접해 있으며 문화적으로 서로

유사하고 통하는 면이 많다. 이들은 중국이 문화공동체를 구축하는 데 이상적인 동반자라 할 수 있다. 인프라의 호연호통이 구현되면 중국과 연선 국가는 더욱 편리하게 인문교류와 협력을 진행할 수 있으며 문명의 계승과 확산범위도 더욱 넓어질 것이다. 실크로드 정신을 널리 알리면서 기타 문명과 다른 국가의 발전적 선택을 존중해야 한다. 인류 문명은 그 자체가 높낮이로 평가되거나 우월이 정해지는 게 아니다. 문명 간의 평등한 교류와 만남은 때로 그 내실을 더욱 풍요롭게 해주고 사고의 폭을 넓혀주면서 인류 문명을 더욱 다채롭게 만들어준다. 또한 일대일로 구상에서는 문명의 폭넓은 수용을 제안하여 상호귀감이 될 것을 독려하고 있다. 관용과 화합을 도모하며 서로 귀감이 되어 발전을 추구한다면 극단세력이 문명갈등의 틈새를 이용해 갈등을 조장할 수 없을 것이다. 궁극적으로 실크로드 주변의 모든 국가가 한마음 한뜻으로 응집력을 강화할 수 있다.

둘째, 상호 이해하며 다각적으로 협력하여 이익 공동체를 형성해야 한다. 이익 공동체 이념은 다자에게 모두 이익이 되는 실질적 협력을 근간으로 한다. 이익의 통합을 추구하며 이익의 교집합 부분을 끊임없이 확대하는 것이다. 리커창 총리가 2014년에 보아오 아시아포럼 기조연설에서 밝힌 내용을 살펴보자.

"이익 공동체란 국가별 이익에는 정도의 차이가 있을 수 있지만 공동이익이 존재하게 마련이므로 각국이 공동이익을 끊임없이 모색하여 이견을 해소함으로써 협력과 발전을 추구한다는 의미다. 이익 공동체의 최종 목표는 호혜와 공영을 실현하는 것이다."

이익 공동체는 중국의 이익과 연선 국가의 이익이 상호 조화를 이루어야 의미가 있다.

실크로드 연선 국가는 대부분 개발도상국이다. 과거 수십 년 동안 중국이 이들 국가와 전개해 온 경제무역 거래는 대부분 중국의 저부가가치 소비재를 수출하여 석유와 천연가스 등 광산자원과 교환하는 형태였다. 이러한 형태의 거래는 이들 국가가 중국을 대체한 소비재 제조업을 키우는 데 전혀 도움을 주지 못했으며 국민의 기본적 삶의 수요도 만족시킬 수 없었다. 뿐만 아니라 현지의 우수한 자원을 활용한 경쟁우위 산업의 기술력도 향상시키지 못했다. 또한 연선 국가의 경우 비록 내키진 않았지만 어쩔 수 없이 중국 상품의 덤핑시장 또는 원료공급기지로 전락한 경우가 허다했다. 심지어 일부 국가는 중국이 이러한 거래형태를 지속하여 자국의 경제안전을 위협한다고 우려하기도 한다. 따라서 중국의 일대일로의 전통적 거래형태에 대해서 망설이며 명확한 의사를 표명하지 않고 있다. 이는 프로젝트 진척에 악영향을 줄 수 있다. 중국은 이러한 부분을 분명히 인식하여 이익 공동체 이념을 제안함으로써 연선 국가의 우려를 불식시키고자 한다.

과거 경험에서 알 수 있듯이 연선 국가의 현대화 발전수요에 부응할 수만 있다면 일대일로 구축은 해당 연선 국가의 지지와 투자를 이끌어낼 수 있다. 일대일로 계획을 살펴보면 중국이 상대국의 이익 요구사항에 더욱 관심을 둔다는 점을 알 수 있다. 일대일로는 관련 국가의 발전적 요구를 충분히 고려하며 연선 국가(특히 개발도상국)의 경제 현대화 실현을 목표로 공동이익의 찾아낼 것이다. 이러한 새로운 협력의 틀은 관련 국가 간 충분한 토론과 협상을 전제로 마련될 수 있다. 프로젝트 구축의 성과가 상대국의 이익과 수요에 부합됨은 물론이며 중국 기업의 주출거 전략의 위상도 높여줄 수 있다. 또한 동시에 중국의 국제이미지를 개선하여 국제적 위상을 제고시킬 것으로 기대된다.

일대일로를 구축할 때는 대외관계 발전에서 경제와 정치, 안보 및 문화 이익을 함께 고려하며 조화를 이루도록 노력해야 한다.

경제, 정치, 안보, 문화 등의 분야에서 국가별 이익은 각각 다르다. 그런데 전통적 외교 관념으로 대외관계를 처리하면 이러한 이익을 각각 분리해서 생각할 수 있다. 하나의 개별 사안으로 처리하게 되는 것이다. 특히 중국의 주변 외교환경은 매우 복잡하며 역사적 잔재도 많이 남아 있다. 그리고 지연과 종교, 민족 갈등 등이 수시로 발생하고 있다. 이런 상황이기 때문에 주변국가와 교류를 진행할 때 모든 분야에서 밀월기와 냉각기가 반드시 일치한다고 보기 어렵다. 중국과 일본의 관계만 해도 그렇다. 정치는 냉각된 반면 경제교류는 활발한 '정냉경열' 현상이 자주 발생하고 있는데 이는 바로 앞서 말한 전형적인 사례에 해당한다. 일대일로는 해외와 연관된 전략기획이며 분야별 국가이익을 함께 연계하며 종합적으로 판단하여 제안한 프로젝트다. 이런 의미에서 일대일로는 외교이념의 새로운 지평을 열었다고 할 수 있다.

일대일로 구축을 추진하면서 중국은 경제협력을 주도적으로 추진하며 연선 국가의 협력의지를 확보하기 위해 계속 노력할 것이다. 또한 정치적 협력을 기반으로 경제협력 추진 시 직면하는 인위적 장벽을 해소하고자 한다. 문명의 교류와 문화협력을 발판으로 연선 국가와의 신뢰를 굳건히 쌓고 민심을 얻어 협력의 기반을 구축할 계획이다. 더 나아가 극단세력을 발본색원하여 안보 위험을 예방함으로써 전방위적 대외관계 발전이념을 수립하고자 한다. 이러한 이념은 한마디로 일거'다'득을 추구하는 것이다. 이는 중국이 실크로드 건설로 세계에 공헌하는 데 긍정적 역할을 할 것이며 일대일로는 이러한 이념으로 최고의 안정성을 확보할 것이라 확신한다.

셋째, 위험을 함께 부담하며 함께 관리하는 책임 공동체를 건설해야 한다. 이에 대한 리커창 총리의 발언은 다음과 같다.

"현재 국제사회의 산적한 현안이 국가와 국경의 한계를 초월하여 한 국가만의 힘으로는 해결하기 어렵다는 의미다. 예를 들면 생태환경 또는 비전통안보 문제 등의 공동 쟁점사안에 대해서 누구나 상응한 책임을 함께 져야 한다. 상호 대화와 협조체제를 강화하며 이데올로기의 굴레에서 벗어나 한마음 한뜻으로 위기와 도전에 맞서야 할 것이다."

일대일로 프로젝트의 협력은, 각 국가가 공동의 위험에 적극 대응하며 실제행동으로 공동 관리하여 효과적으로 대응하는 의미 있는 시도라 할 수 있다. 현재 세계 정치체제는 변화와 혁신의 중요한 시기에 직면해 있다. 경제글로벌화와 정보화시대에 접어들면서 기후변화와 식량안보, 빈곤 등 기존의 고질적 문제를 장기간 해결하지 못했다. 게다가 핵무기 확산, 금융안보, 네트워크 안보, 해양안보 등 비전통안보 문제가 대두되고 있어서 갈수록 더욱 심각한 상황에 직면하고 있다. 전 세계적인 공동 문제가 불거지면서 글로벌 거버넌스 능력을 강화하여 거버넌스 체계 자체를 강화해야 한다는 목소리가 커지고 있다. 일대일로 프로젝트에서는 연선 국가가 전면적인 협력에 나설 것을 강조하고 있다. 또한 정책소통, 인프라연통, 금융 리스크 공동부담, 민간교류 추진 등 다각적 협력을 촉구하고 있다. 이렇게 협력을 촉구하며 강조하는 이유는 무엇일까? 바로 연선 국가가 더욱 긴밀한 협력을 진행함으로써 기존단계를 초월하는 심층적 협력이 추진되기를 바라는 염원 때문이다. 이러한 협력으로 연선 국가도 글로벌 위기를 외면하지 않고 공동대응에 나서기를 기대해본다. 일대일로의 참여 국가는 새로운 글로벌 거버넌스를 시도하게 될 것이다. 이는 관련 국가가 문제를 회피하지 않고 함께 정면 돌파하는 데 적지 않은 도움을 줄 것이다. 뿐만 아니라 공공재를 제공하는 데 힘을 보태면서 진정한 의미의 책임 공동체 일원으로 거듭날 것이다.

책임 공동체 안에서 중국은 대국으로서의 책임과 소임을 다하며 일대일로 구축을 위해 제반 서비스와 기타 공공재를 적극 제공할 계획이다. 중국은 지난 경제위기의 충격을 겪으면서 분명한 사실을 깨닫게 되었다. 바로 각 국가 경제는 여전히 회복과 구조조정이 절실히 필요하며 글로벌 산업분업체계는 세대교체가 필요한 시기에 접어들었다는 점이다. 또한 글로벌 과잉생산력이 몰고 올 엄청난 후유증에 대해서도 분명히 자각하고 있다. 일대일로 구상의 제안을 통해 중국은 이제 책임감 있는 대국이 되기 위한 중요한 첫발을 내딛었다. 다음으로 중국은 풍부한 자금력과 인프라 관련 산업의 강력한 경쟁력을 발판으로 연선 국가의 공업화·도시화 구현을 위해 자금·기술·인력 등을 지원할 것이다. 진정한 대국의 자세를 갖추고 일대일로 구축사업을 진행하고자 한다.

넷째, 경제협력의 성과를 공고히 하며 극단세력에 연합 대응하여 안보 공동체를 구축해야 한다. 2014년 말에 첸리화 국방부 외사판공실 전 주임은 상산 포럼에서 아시아 국가에 다양한 문제가 대두되고 있으며 안보 공동체 건설은 아직 시기상조라고 밝힌 바 있다. 일대일로 프로젝트와 관련된 국가는 지리적으로 더욱 분산되어 있으며 국가별 실제 상황도 천차만별이기 때문에 단시일 내에 안보 공동체를 구축한다는 것은 분명 쉽지 않은 일이다.

일대일로 프로젝트는 연선 지역의 안보 공동체 건설을 위해 세 가지 기회를 제공할 것이다.

1. 칼 도이치^{Karl Deutsch}의 정의에 따르면 안보 공동체는 분쟁해결을 무력에 의존하지 않는 최고의 단합된 커뮤니티, 또는 군중을 일컫는다. 이는 하나의 사회적 개념으로 각기 다른 국가의 국민이 공감대를 형성하여 키워 온 결과물을 말한다. 교류와 소통은 안보 공동체 건설의 핵심이자 필요조건이며, 또한 조직을 존재시키고 유지시키는 마치 접착제와도 같은 역할을 한다. 교류와 소통은 공감대를 형성시키며 한 단체가 같은 사고, 관념, 행동을 하게 하는 중요한 토대가 된다.[10] 일대일로 구상을 재확인해보면 호연호통 프로젝트는 연선 국가의 국민에게 충분한 교류와 소통의 기회를 제공함으로써 안보 공동체 형성을 위한 점진적인 여론기반을 쌓게 될 것이다.

---

10) 참고 | **친야칭**(秦亞靑) :《국제관계이론 : 반성과 재건(國際關係理論 : 反思與重構)》,〈베이징대학출판사〉, 2012년도판, 16페이지

2. 경제안보가 국가안보의 중요한 부분을 차지한다는 점이다. 강도 높은 호연호통을 실현하면 실크로드 연선 국가의 경제의존도는 역사상 최고조에 이르게 된다. 경제적 의존은 국가 간 분쟁 발생가능성을 해소시켜줄 것이다. 동시에 각국의 실물경제와 금융분야는 더욱 긴밀히 하나로 연결된다. 따라서 중대한 위기상황에서는 반드시 함께 책임지면서 경제 및 금융 안보를 지켜낼 것이다.

3. 일대일로를 추진하는 과정에서 연선 국가라면 누구나 해를 거듭할수록 상호 경제협력의 성과를 잘 지켜내고자 노력할 것이다. 또한 인프라의 상호연동 및 정상운행을 보장하려 할 것이다. 이는 모두의 공통된 염원이 될 것으로 확신한다. 실크로드 경제벨트는 중앙아시아와 남아시아 북단과 중동지역을 가로지르게 된다. 이 지역은 정세가 불안하며 테러리즘, 분열주의, 종교극단주의의 강력한 영향을 받기 때문에 지엽적 충돌의 폭발 가능성이 매우 높은 곳이다. 또한 해상 실크로드는 중국 동해와 남해를 통과한다. 해양분쟁 또한 실크로드 시설의 안보와 물류소통에 심각한 위협을 초래할 수 있다. 일대일로 프로젝트를 추진하면 극단세력의 위협에 공동 대응할 수밖에 없으며, 이를 통해서 경제협력의 성과를 굳건히 지켜내어 비로소 함께 상생의 길로 나아갈 수 있다.

다섯째, 도전에 함께 맞서며 공동의 발전을 추구하여 운명 공동체를 건설해야 한다. 다섯 가지의 공동체 개념은 개념별로 각각 다른 의미를 내포하고 있다. 중국 외교협력에서의 실무적인 태도를 제대로 보여주는 개념이라 할 수 있다. 운명 공동체는 앞서 언급한 네 가지 공동체 개념을 새로운 단계로 승화시킨 것으로 최고 단계의 개념이다. 중국은 주변국가와 일대일로 연선 지역의 개발도상국을 대상으로 운명 공동체 개념을 제안했다. 이는 현재 비슷한 발전과정을 겪고 있는 국가의 공감대를 기반으로 하고 있다. 또한 공동발전·공동책임·공동 위기대응·공동수익에 대한 이들 국가의 의지 표명이기도 하다.

운명 공동체라는 단어는 공산당 18대 보고와 주변업무 회의보고 등 중요 문서에서 잇달아 등장했다. 따라서 그 영향력을 족히 짐작할 수 있을 것이다. 글로벌화의 강도가 점차 높아지고 있는 현시점에서, 각 국가의 운명은 떼려야 뗄 수 없을 정도로 긴밀히 연결되어 있다. 깃털만큼의 작은 날갯짓이 폭풍우와 같은 커다란 변화를 유발할 수 있을 정도로 한 몸과 다름없다. 운명 공동체는 평등·공정한 권력 개념, 호혜·공영의 협력 개념, 그리고 중국의 국제 의리관을 담고 있다. 또한 한 배를 타고 풍파와 역경을 같이 헤쳐 나가는 동고동락 개념을 강조한다. 여기에서 우리는 중국의 외교철학이 자국의 이익만 살폈던 독선주의에서 탈피하여 '겸제천하(兼濟天下, 동시에 천하를 구제 – 역주)' 이념으로 중대한 전환을 했다는 사실을 알 수 있다.

세계의 울타리 안에서 자라난 중국이 어느새 장성하여 세계에 보답하는 날이 다가온 것이다. 개혁개방을 추진한 지 30여 년 만에 중국의 경제는 비약적으로 성장했으며 눈부신 사회발전과 국민 생활수준의 향상은 세인의 이목을 집중시키고 있다. 중국은 홀로 독야청청 발전하는 게 아니라 백화가 만발하듯 모두가 눈부시게 발전하는 모습을 그리고자 노력하고 있다. 글로벌 경제의 침체국면을 전환하여 세계 평화와 발전을 추진하려면 각국의 공동노력이 절실히 필요하다. 중국의 번영과 부강을 추구함과 동시에 세계 발전에 공헌하는 것은 바로 중국의 꿈이 추구하는 궁극적 목표다. 일대일로는 이 두 가지를 더욱 자연스럽고 조화롭게 하나로 통합할 계획이다. 연선 국가의 미래운명도 긴밀히 서로 연결되어 생사고락을 함께해나갈 것이다. 중국은 직설화법으로 관련 국가가 중국발전열차에 무임승차하는 것을 얼마든지 환영한다고 밝힌 바 있다. 이는 호혜·공영의 국제협력 원칙을 운명 공동체라는 고차원 단계로 격상시킨 것이다. 이를 통해 중국은 일대일로 구축에서 호혜·공영의 협력자세로 공동이익을 함께 수호하며 관련 당사국의 이익을 통합하고 더욱 극대화시키고자 한다. 중국의 발전을 통해 다른 국가를 이롭게 하며 중국도 다른 나라의 발전으로부터 이익을 얻게 되리라 확신한다.

'일대일로'의 아름다운 스토리를 전 세계가 함께 나눌 수 있는 공공재로 바친다

옛 선인들은 이렇게 말했다.

"국가 간의 참된 교류는 국민이 서로 가까워지는 데 그 의미가 있으며 국민이 서로 가까워지면 마음이 서로 통하게 된다(國之交在於民相親, 民相親在於相通)."

실크로드 외교는 중국 외교의 로드맵이자 청사진으로서 장기간 관리·경영하고 세심히 기획하며 현명하게 운영해야 한다. 그 가운데 민심상통이 그 무엇보다 중요하다. 공공외교는 두 개의 실크로드 구축에 있어 '5통' 가운데 민심상통을 위한 제 역할을 해야 한다. 고대의 실크로드는 실크로드 주변에 위치한 여러 국가를 좋은 이웃, 좋은 친구, 그리고 좋은 파트너가 되도록 매개체 역할을 했었다. '가까운 친척과 이웃이 서로 돕는다(親望親好, 隣望隣好)'라는 말이 있다. 중국은 이 말처럼 주변국가와 우호·동반자 관계를 계속 유지하고 주변국가와의 선린우호·안정·번영을 견지하며 친밀, 성실, 혜택, 포용의 이념을 실천해나갈 것이다. 실크로드의 공공외교는 다름 아닌 바로 중국의 발전과 주변 여러 국가의 발전을 상호 연계하는 데 주력하는 일이다. 중국의 꿈과 전 세계인의 행복한 삶 추구라는 세계의 꿈이 서로 통하게 될 것이다. 또한 주변국가는 중국 발전으로부터 도움과 이익을 얻을 수 있으며 중국도 주변국가와의 공동발전을 통해 이익을 얻게 될 것이다.

I

—

"실크로드 부흥의 그날을 학수고대한다. 찬란했던 알렉산더 대왕 대원정의 시절을 떠오르게 한다."

이는 기요르게 이바노프 마케도니아 대통령이 이스탄불에서 개최된 제18차 유라시아 경제정상회담에서 필자의 '일대일로를 통한 유라시아문명 부흥'이란 주제발언에 호응하며 던진 말이다. 발칸, 중앙아시아와 남코소보 지역의 여러 정치인들도 필자의 발언에 긍정적 반응을 보였다. 그런데 이 기회를 빌려 자국의 실크로드 영광을 뽐내려는 의도를 드러내는 경우가 더욱 많았으며, 과연 실크로드 어느 구간과 어느 지역에서 부흥이 일어날지에 대해 막연한 동경을 품는 경우도 있었다. 이렇듯 실크로드에 대한 국가별 시각은 제각각이다. 따라서 일대일로에 대한 공감대를 형성하려면 아직도 좀 더 많은 노력이 요구될 것으로 보인다. 더욱 이해할 수 없었던 것은 세계 석학과 엘리트가 집결한 회의에서 여전히 많은 사람들은 중국이 '실크로드 경제벨트와 21세기 해상 실크로드의 공동 건설 추진에 대한 미래비전과 행동' 문서를 공식 발표했다는 사실조차 처음 접하고 있었다는 점이다.

사실 누구를 탓할 일은 아니다. 우리 자신조차 일대일로에 대해 잘못된 해석을 한다. 일대일로에 대한 인식오류를 살펴보면 다음과 같이 정리할 수 있다.

1. 일대일로는 '전략'이다.

일대일로를 미국의 아시아 회귀전략, 즉 서진(西進)전략에 대한 대응전략의 일환으로 적극 추진하는 것이라고 잘못 해석하는 경우가 있다. 고의적이든 아니든 간에 말이다. 이는 중국이 이 기회에 지정학적 확장을 노린다고 오해할 수 있는 빌미를 제공한다. 전략이란 표현은 신중하게 사용해야 하며 우리는 문명을 자주 거론해야 한다. 특히 대전략이라는 개념은 피하는 게 좋다. 일반적으로 대전략이라 하면 대부분 패권 국가의 글로벌 전략을 가리키기 때문이다.

2. 일대일로는 중국의 것이다.

일대일로는 전략을 위해 필요에 따라 만든 것이며 일대일로가 중국의 것, 우리의 것이 아닌 나 혼자의 것이라고 오판하는 경우가 있다. 이 말대로라면, 중국은 일대일로를 위한 발전개혁위원회와 재정부의 역할뿐만 아니라 심지어 실크로드 해방군의 역할까지 해야 한다. 또한 이 말은 계획부터 시작해서 자금, 안보보장, 심지어 가장 밑바닥의 일까지 모두 도맡아서 중국이 해야 된다는 의미다. 분명 일대일로는 중국이 제안한 위대한 협력구상이다. 그러나 사실 중국의 전유물이 아니며 연선 모든 국가의 공동 소유로서 전 세계에 엄청난 발전의 기회를 가져다줄 것이다.

3. 일대일로에서 '로(路)'를 중요시하고 '대(帶)'는 가볍게 여긴다.

일대일로에서 해상 부분은 관심을 딴 곳으로 돌리기 위한 양동작전이며 실제 핵심은 육상에 있다고 말하는 사람이 있다. 이 또한 분명 전략용어다. 일대일로에서는 경중이 따로 있을 수 없다. 단지 선후만 있을 뿐이다. 그리고 유라시아 대륙의 호연호통을 실현하며 아프리카와 남태평양지역까지 연장·확대해야만 비로소 하나의 통합시스템으로서 그 효과를 제대로 발휘할 수 있다.

4. 일대일로는 '부흥'이라는 단어를 빌리고 있지만 실상은 '복고'전략이다.

일부 국가는 중국이 부흥을 꾀한다고는 하지만 실제로는 복고, 즉 조공체계를 재도입하려 한다며 우려를 표명하고 있다. 이는 경제적으로 중국에 의존적인 사실을 우려한다는 반증이기도 하다. 사실, 일대일로는 문명의 부흥이다. 단지 중화문명의 부흥에만 그치는 게 아니라 유라시아 문명의 부흥에 더욱 초점을 맞추고 있다.

5. 일대일로는 과잉생산력을 수출하려는 것이다.

이른바 일대일로는 중국판 마셜플랜이라는 논리를 펼치면서 과잉된 생산력을 수출하려는 의도라고 주장하고 있다. 동시에 중국이 이 기회를 틈타 지역패권을 확립하려 한다고 조장한다. 과잉생산력이 중국 국내를 겨냥한 말이라면 분명 이는 사실이다. 그러나 연선 국가의 경우라면 양질의 풍부한 생산력이라고 해야 마땅할 것이다. 그렇지 않다면 '중국의 기회를 세계의 기회로 만들겠다'는 이념 자체를 과연 어떻게 실현할 수 있겠는가!

6. 일대일로는 중국판 경제제국주의 또는 글로벌화 4.0-중국판 글로벌화다.

이른바 중국자본의 확장이라는 논리 또는 지정학적 사고라는 표현이 유행함으로써 비현실적이며 소름 돋는 논리가 활개를 치고 있다. 일대일로는 중국이 국제사회에 제공하는 공공재다. 공건, 공건, 공향의 원칙에 따라 개방과 포용을 강조하고 있다. 중국판 경제제국주의라는 표현은 어불성설이다.

7. 일대일로는 중국 중심주의, 즉 중화사상의 부활이다.

일대일로는 연선 국가와 정치·기술·표준 등을 서로 맞춰가는 상호연동을 강조하고 있다. 이로 인해 사람들에게 '남이 나에게 맞추는 것이지, 내가 남에게 맞춰가는 것이 아니다'라는 인상을 심어주고 있다. 예를 들면 인도의 계절풍 항로 프로젝트와 상호연동을 추진한다고 말하는데 과연 진심으로 이 프로젝트를 받아들이는 것인지, 아니면 단지 일대일로 구상으로 편입시키려는 것인지? 등이다. 이런 식으로 인식과 논리가 모호해서 오류가 발생하고 있다. 사실 맞춰가는 목표 대상은 호연호통이다. 호연호통을 완성하려는 마당에 누가 누구에게 맞춰가는지는 사실 의미가 없다.

8. 일대일로는 중국의 주변외교의 일환이다.

사실 주변의 개념은 여전히 중국을 중심에 놓고 쓰는 표현이다. 당연히 우방이라는 단어로 대체되어야 옳다. 일대일로는 지역 거버넌스를 강조하고 있다. 여기에는 단순한 중국 주변외교 또는 다자간 외교뿐만 아니라 안보 거버넌스가 포함된다.

9. 일대일로는 폐쇄적인 서클이다.

인터넷에서 유행하는 그림을 보면 대부분 일대일로를 폐쇄적인 원으로 그려놓았다. 사실 일대일로는 폐쇄적인 서클모양이 아니라 개방형 벨트이며 경제회랑과 경제벨트를 하나로 묶는 인프라·투자·무역·정보의 네트워크다.

10. 일대일로는 중국이 경제협력으로 군사확장을 엄호하려는 의도다.

교두보나 거점 등의 표현도 군사적 색채가 농후하므로 조심스럽게 사용할 필요가 있다. 일대일로는 21세기 지역 및 국제 협력을 강조하는 이념으로서 서방세계의 진부한 전철을 밟을 리도 없으며 밟지도 않을 것이다.

앞서 말한 여러 가지 인식오류는 어불성설이며, 말이 되지 않는 일에 사람들은 공감하지 않을 것이다. 일대일로 구상은 현존하는, 그리고 앞으로 직면할 궤변과 편견의 위험을 직시하여 문명충돌의 함정에 빠지지 않도록 각별히 유의해야 한다.

그렇다면 인식오류의 위험을 어떻게 극복해야 할까? 여기서 반드시 재확인할 필요가 있다. 즉 실크로드는 유라시아 국가가 함께 기억하고 있는 역사적 사실이며 일대일로 또한 연선 국가의 공동사업이라는 점이다. 공상, 공건, 공향의 원칙을 변함없이 고수하며 공상·공건의 실크로드를 통해 환난을 함께하면서 찬란한 영광도 함께 누리는 목표를 달성할 것이다. 이를 위해서는 실크로드의 문화를 제대로 전파하고 실크로드의 아름다운 스토리를 전달하며 실크로드의 정신을 명확히 밝혀야 한다.

II

—

일대일로의 위대한 구상은 중국의 새로운 외교정책으로서 중국의 과잉생산력을 해소시키는 데 돌파구를 마련해줄 것으로 기대된다. 중국의 전면적 개방전략을 기반으로 글로벌 분업체계에서의 새로운 비교우위를 발굴함으로써 유라시아 대륙 통합의 새로운 이정표를 세울 계획이다. 이러한 비전을 우선 국제사회에 천명할 필요가 있다. 그런 다음, 연선 국가의 일대일로에 대한 시각과 관련한 문제는 실크로드 공공외교를 통해 중점적으로 풀어야 할 것이다.

실크로드 공공외교의 주요 3대 대상은 다음과 같다.

1. 실크로드 자신을 겨냥한 공공외교

문명 공동체. 2014년 6월에 필자는 우루무치에서 참가국이 새롭게 개최한 '공건·공향·공영(共贏, 윈윈 - 역주)·공영(共榮, 공동번영 - 역주)의 실크로드 경제벨트' 회의에 참석한 바 있다. 중국의 실크로드 전략에 대해 참가국 대표들의 질문은 끊이지 않았다. 실크로드 경제벨트는 무엇인가? 어떠한 국가가 포함되는가? 중국은 대체 무엇을 하려고 하는가? 우리한테 무슨 이득이 있나? 기존 지역체제와의 관계정립은? 등등이다. 결론적으로 유럽과 미국은 냉정하고 방관적인 태도를 보였으며 러시아는 냉소와 조소, 중앙아시아는 의구심을, 남아시아는 갈피를 잡을 수 없다는 태도였다. 이것이 바로 회의 첫날의 일반적인 반응이었다. 하루 동안 중국정부 관리와 학자들의 설명이 이어진 뒤 이튿날 분위기는 다소 완화되었다. 이러한 반응은 일대일로를 전략이라 지칭하는 것이 얼마나 부적절한지 일깨워주고 있다. 제안이라 해야 더욱 적합할 것이다. 전략이란 표현은 신중하게 사용해야 하며 문명교류와 포용적 발전을 강조해야 한다. 핵심은 실크로드의 부흥이며 글로벌화시대에 문명 공동체 건립이 궁극적 취지라는 점을 역설하고자 한다.

2. 역외 국가를 겨냥한 공공외교

이익 공동체. 일대일로는 몇 대에 걸쳐 지속적인 각고의 노력을 통해서 비로소 완성되는 위대한 사업이다. 그렇다면 미국이 주도하는 현행 국제 체계 및 글로벌화와 어떻게 관계를 정립할 것인가? 바꿔 말해 일대일로가 역내 현존하는 협력체제 및 국제질서와 어떻게 하면 함께 어우러지고 연 결될 수 있으며 역외 국가와 역내 국가가 함께 누리며 공영의 길로 갈 수 있을 것인가? 이는 실크로드 공공외교가 반드시 풀어야 할 명제라 할 수 있다. 실크로드 정신의 개방과 포용 원칙을 통해 어떻게 역내·역외의 이 익 공동체를 건설할 것인지에 대한 해답을 제시해야 한다.

3. 역내 국가를 겨냥한 공공외교

운명 공동체. 실크로드는 평화·무역·문화교류의 길이다. 일대일로는 해상 안보 위험, 타국의 견제, 그리고 종교, 삼고세력 등의 도전에 직면해 있다. 안보의 발전과 발전의 안보를 어떻게 확보할 것인가? 여기에서 중국 의 평화발전이론을 확대해서 생각할 필요가 있다. 일대일로는 또한 중국 굴기 이후 세계에 무엇을 – 발전의 기회와 안보책임 – 가져다줄 것인지에 대한 확실한 해답을 제시해야 한다. 중국은 세계 무역국가 가운데 유일무 이하게 미국과 비동맹관계에 있다. 오랫동안 독립 자주의 평화외교 정책 을 견지해 왔으며 해외 동맹국과 군사기지를 보유하지 않았다. 단지 임차, 특허영업권 및 항만 합작건설 등의 형태로 해상통로의 안보를 확보하거 나 미래 항공모함을 위한 연료보급소만 준비하고 있다. 이는 중국의 평화 발전·지속가능한 안보관을 그대로 보여주는 부분이다. 인프라 투자도 전략적이며 장기적으로 추진되는 것으로, 이는 반드시 일대일로 주변국가의 정치적 안정 및 대중국 관계 안정에 달려 있다. 따라서 색깔혁명의 방해와 중국에 대한 도발에 미리 대비하지 않으면 안 된다. 실크로드 주변국가와 이익당사국을 포함한 실크로드 관련 국가는 자국의 국내정치에 대한 안정과 관리를 우선적으로 실현할 필요가 있다. 이러한 기반 위에 공공안보를 제공하여 실크로드의 평화와 안정을 함께 확보해나감과 동시에 동고동락의 정신으로 운명 공동체 의식을 형성해야 한다.

III

—

실크로드의 문화를 제대로 전파하고 실크로드의 아름다운 스토리를 전달하며 실크로드의 정신을 명확히 밝혀야 한다. 이는 실크로드 공공외교의 3대 함의다.

실크로드 문화를 전파하는 데 있어 중요한 도전은, 전통적 실크로드 문화에 대한 흥미와 열정을 현대의 실크로드 문화에 대한 흥미와 열정으로 바꾸는 것이다. 그리고 현대 실크로드 문화에 대한 흥미와 열정을 다시 일대일로에 대한 흥미와 열정으로 승화시키는 것이다. 시진핑 주석의 발언을 빌리면 다음과 같다. "중화민족의 가장 기본적인 문화 유전자를 현대문화에 각인시키고 현대사회와 조화를 이루어야 한다. 사람들이 즐겨 보고 들으며 적극 참여하는 방식으로 전파해야 한다. 시간과 공간을 초월하고 국경을 초월하여 변함없는 매력과 현대가치를 지닌 문화정신으로 널리 확대·발전시켜야 한다. 우수한 전통문화를 계승하여 시대정신을 담으며, 뿌리는 국내에 두고 멀리 세계를 향해 비상하는 현대 중국 문화의 혁신적 성과를 널리 알려야 할 것이다. 전통문화자원을 체계적으로 정비하며 궁궐에 소장된 문물과 여러 지역에 분산 진열된 유산 그리고 고대서적의 명언 등을 마치 살아 숨 쉬는 생물처럼 생생하게 되살려야 한다. 이념으로 감동을 주며 문화로 감명을 주고 덕으로 감화를 주어야 한다. 또한 문화교류의 수준을 높이며 인문유대 강화체제를 완비하고 인문교류 방식을 혁신적으로 개선해야 한다. 대중 매체와 단체 등 다각적 채널을 종합적으로 활용하여 홍보를 진행하거나 인맥을 통한 전파 등 다양한 방식으로 중화문화의 매력을 보여줄 필요가 있다." 시 주석의 중화문명에 대한 이러한 발언은 실크로드 문화에 그대로 적용할 수 있다. 특히 역외 국가의 일대일로에 대한 의혹과 우려를 실크로드 문화의 매력을 활용하여 불식시키도록 노력해야 한다. 실크로드 문화와 다른 문화와의 공통점을 발굴하고, 실크로드 문화를 부활시킴으로써 타 문화의 부흥을 촉진시키며 인류 문명의 번영에 이바지해야 할 것이다.

실크로드의 아름다운 스토리텔링은 이미 실크로드 공공외교의 중점적 추진방향이다. 실크로드 국가의 역사학자, 문학가, 예술가들이 실크로드 인류 문명의 연구 성과를 참고하여 실크로드 스토리 이면의 제도적 근원 및 문화적 유전자 등을 제대로 밝히도록 노력해야 한다. 그리고 이러한 내용을 일대일로의 새로운 거버넌스체계 및 발전모델로 승화시켜 더욱 포용적인 글로벌화를 창조함으로써 실크로드 안보·발전·거버넌스의 삼위일체를 실현해야 한다. 빅데이터를 제대로 활용하여 한 편의 웅장한 서사시처럼 실크로드에 대한 스토리텔링을 완성함으로써 궁극적인 문화 대전환을 추진해야 한다. 5천 년의 역사에서 처음으로 내륙문명이 해양문명으로, 농경문명이 산업(정보)문명으로, 지역적 문명이 글로벌 문명으로 전환 발전되는 것이다. 이러한 세 가지 문명의 혁신적 전환은 인류 문명의 대전환에 위대한 공헌을 할 것이다. 국제적인 주류 언론매체 및 출판사에 영상물과 문학작품 등을 제공함으로써 이러한 웅대한 서사시를 노벨문학상, 세계영화대전 대상, 인터넷 게임 등의 상품으로 발전시킬 수 있을 것이다.

실크로드 정신을 명확히 천명하는 것은 실크로드 공공외교 분야에서 새롭게 추진할 방향이다. 실크로드 성공스토리 이면의 가치근원 및 보편성을 명확히 설명해야 한다. 그리고 국제사회에 실크로드가 담고 있는 평화협력, 개방포용, 호학호감, 호혜공영의 정신을 널리 알리도록 노력해야 한다. 평화협력이란 솔직 담백한 대화와 깊은 교감을 통해 소통으로 평등하게 교류하며 다른 국가와 지역 간의 교류와 협력을 심화시킴으로써 운명 공동체, 책임 공동체를 형성한다는 뜻이다. 또한 정치적 관계와 지리적 근접성, 경제적 보완성 등의 강점을 활용하여 실질적인 협력과 지속적 성장의 원동력이 되도록 하는 것이다. 개방포용은 세계적 안목과 전략적 사고를 겸비하여 다른 것을 수용하여 보존하며 다양한 장점을 받아들인다는 의미다. 이는 실크로드 정신의 가장 두드러진 특징이다. 실크로드 연선 국가와의 교류와 협력을 강도 높게 추진하는 과정에서 서로 포용하여 같은 점은 취하며 이견은 해소해나가야 한다. 또한 각국이 자주적으로 선택한 사회제도와 발전노선의 권리를 충분히 존중해야 한다. 호학호감이란 의미는 문화와 노선의 다양성과 불균형한 발전상황을 존중하여 이를 기반으로 서로 배우며 본보기가 되는 것을 말한다. 장점은 취하며 단점은 보완하여 함께 성장하는 것이다. 호혜공영은 서로 다른 종족, 신앙, 문화적 배경을 가진 국가와 지역이 호혜와 협력을 추진하여 위협에 공동 대응해나가는 것을 의미한다. 궁극적으로는 이익과 복지를 공동으로 추구함으로써 상생과 원원을 실현하는 것이다. 실크로드 정신 가운데 평화협력은 전제이며 개방포용은 근본이 된다고 할 수 있다. 그리고 호학호감은 수단이며 호혜공영은 궁극적 목표다. 실크로드 정신은 인류 정신의 고귀한 자산이자 시대적 흐름에 따라 새로운 글로벌화 시대를 꽃피울 인류 정신의 공동자산이라 할 수 있다.

IV

–

실크로드 공공외교의 핵심은 21세기 실크로드 문명을 발굴하여 전파하고 천명하는 데 있다. 또한 부흥과 포용, 혁신의 삼박자를 제대로 갖추는 데 있다.

첫 단계는 부흥이다. 지정학자인 매킨더Mackinder는 유라시아 대륙을 세계의 섬이라고 높이 평가한 바 있다. 일대일로의 위대한 구상 및 제안은 지금 유라시아인이라는 공동의 신분을 탄생시키면서 유라시아 대륙을 인류 문명의 중심으로 재출범시키고 있다. 유라시아 대륙은 본래 세계 문명의 중심지였다. 최소한 이집트문명이 쇠락한 뒤부터 그러했다.

과거 동서양 양대 문명을 하나로 연결했던 실크로드는 오스만제국이 강대해지자 단절되는 운명을 맞았다(역사적으로 '오스만제국 장벽'이라 함). 유럽은 자구책으로 바다로 눈길을 돌릴 수밖에 없었고, 유럽의 해양진출은 중국의 나침반, 화약 등 4대 발명품이 아랍을 거쳐 유럽으로 전파되는 계기가 되었다. 해양진출을 시작한 유럽은 주변지역을 식민지화함으로써 글로벌화를 추진했다. 이는 아랍인의 해상운송 개척과 더불어 실크로드를 더욱 쇠퇴의 길로 걷게 만들었다. 동방문명은 폐쇄적이고 보수적인 방향으로 전개되면서 이른바 서방 중심 세계로 진입하기 시작했다. 그러다 서방세계의 무게중심이 유럽에서 급부상한 미국으로 넘어가게 된다.

쇠퇴기에 접어들기 시작한 유럽은 유럽통합이라는 과정을 겪었으나 대세를 전환시키기에는 역부족이었다. 하지만 이제 유럽은 세계 중앙무대에 복귀할 수 있는 역사적인 절호의 기회를 맞이하고 있다. 이는 바로 유라시아 대륙의 부흥을 통해서 가능하다. 유럽연합의 호연호통과 중국의 일대일로를 하나로 연결하며 정책, 무역, 교통, 자금, 민심의 '5통'을 통해 중국과 유럽의 평화, 성장, 개혁, 문명의 4대 동반자 관계 구축을 추진할 것이다. 유라시아 대륙이 인류 문명의 중심지로 재탄생하게 되면 그 파급효과는 아프리카 대륙까지 이를 것이며 인류의 지속적 평화와 공동번영을 실현할 수 있다

두 번째 단계는 포용이다. 일대일로 성공의 관건은 관련 국가의 발전·안보·거버넌스의 삼위일체를 실현하는 데 있다. 국내에서 효과적인 거버넌스를 실현하여 이를 토대로 실크로드의 지속가능한 발전과 지속가능한 안보를 수립해야 한다. 중화문명, 아랍문명, 무슬림문명, 페르시아문명, 인도문명, 기독교문명 등 실크로드 주변문명의 부흥을 실현하며 전환과 혁

신으로 실크로드 문명을 만들어나갈 것이다. 전통적 글로벌화는 바다에서 태동하여 바다에서 성장했으며 연해지역과 해양국가에서 먼저 발전하기 시작했다. 반면 육상국가와 내륙지역은 비교적 낙후된 편이어서 빈부격차가 현격하게 나타났다. 이에 일대일로 구상은 '서쪽 개방'을 기치로 내걸며 서부대개발 프로젝트를 추진할 것이다. 나아가 중앙아시아와 몽골 등의 내륙국가 개발의 촉진제 역할을 톡톡히 해낼 것이다. 또한 국제사회에서 글로벌화의 포용적인 발전이념을 구현하여 새로운 21세기 글로벌화 시대에 문명의 포용, 호학호감이라는 새로운 역사의 장을 펼칠 것으로 기대한다.

세 번째 단계는 혁신이다. 실크로드는 유라시아 대륙의 무역통로이자 문명교류의 연결고리라 할 수 있다. 실크로드 경제벨트는 글로벌 시대에 고대 무역과 문화 통로를 계승할 뿐 아니라 육상 글로벌화의 추진을 통해 해상 글로벌화의 위험을 헤지^{hedge}하는 역할을 해낼 것이다. 문명과 경험을 서로 교류하고 나누면서 유라시아 대륙의 평화와 번영을 실현하며 인류의 지속가능한 발전이라는 새로운 문명을 열 것으로 기대한다. 중국의 21세기 해상 실크로드는 서구 열강이 걸어왔던 해양 확장과 분열, 식민지 등의 구태의연한 전략을 답습하지 않으며 구시대적 글로벌화의 폐단을 효율적으로 차단할 것이다. 또한 사람과 바다가 하나가 되어 평화롭게 공존하며 지속가능한 발전을 실현하는 신형 해양문명을 열어갈 것으로 확신한다.

이 책은 시의적절한 시기에 나오게 되었다. '시의(時宜)'라고 말한 이유는 시대적 요구에 따라 자연스럽게 진행되었다는 뜻이다. 〈런민출판사〉 류징 원 편집장님의 예리한 안목과 프로의식, 그리고 시대적 소명감에 감사드 리며 약속대로 이 책을 선보이게 되었다. 짧은 시간에도 효율적으로 진행 하여 양질의 편집작업을 마치고 이렇게 때맞추어 출간해주신 〈런민출판 사〉 여러분께 감사의 말을 전하고 싶다.

이 책은 시대적 흐름에 순응한 결과물이라 할 수 있다. 일대일로 전략이 제안되자 국내외에서는 설왕설래하며 의견이 분분했다. 먼저 일대일로 전 략은 중국정부 지도자의 선견지명과 세상을 주도하고 대세를 장악하는 면 모를 유감없이 보여주고 있다. 또한 일대일로 구상은 다양한 측면을 고려 하여 내용 면에서 전반적인 기획과 방법이 충실히 마련되어 있으며, 위험 을 사전에 대비하며 대책 등을 준비하고 있다. 이는 실로 뿌듯하고 경사스 러운 일이다. 그런데 일대일로에 대한 외부의 오해와 편견이 끊이지 않고 있다. 일대일로를 중국판 마셜플랜, 신조공체계, 서진전략이라고 폄훼하는 등 잡음이 일고 있다. 따라서 이와 관련하여 시기적으로 설득력 있는 논술과 이념을 조속히 밝힘으로써 국내외 여론을 바르게 인도하며 학술 연구 및 협력을 주도할 필요가 있다. 이 책의 저술이 일대일로가 가져올 행복한 세상에 도움을 주고 아울러 지식인 시대를 앞당기는 데 기여할 수 있을 것이라 확신한다. 세계 문제를 연구하려면 중국 문제를 최우선적으로 연구해야 한다. 이때 우리는 결코 시대에 부끄럽지 않은 학문을 창조해내야 한다. 이러한 공감대를 바탕으로 필자는 중국 런민대학 충양금융연구원, 국가발전 및 전략연구원 그리고 중국공산당 중앙대외연락부 당대세계연구센터·찰합이학회 The Charhar Institute ·춘추발전전략연구원의 수석연구원이라는 중책을 맡아 연구와 저술 작업에 임하게 된 것을 영광스럽게 생각하며 세계적인 석학과 지식인들의 강력한 지지를 얻게 된 것에 감사드리고자 한다. 특히 찰합이학회와 런민대학 충양금융연구원은 본 저서를 위해 잇달아 출간발표회를 열어 홍보활동을 진행했다. 이에 대해 다시 한 번 감사의 말씀을 전하고 싶다. 런민대학 충양금융연구원 왕원 집행학장님께서 직접 제게 일대일로 연구프로젝트를 위임하시고 전폭적으로 지원해주신데 대해 이 자리를 빌려 특히 감사드리고자 한다.

이 책은 학습의 결과물이다. 일대일로는 새로 생겨난 산물이라 할 수 있다. 연구조사 과정에서 필자는 경제계와 외교계 인사들과 밀착하여 교류할 수 있는 행운을 얻게 되었다. 그리고 각계의 지도자와 동료들의 전폭적인 지지를 받게 되었다. 특히 장훙리 중국 공상은행 부행장님, 장류징 외교부 국제경제사 부사장님 등 일대일로 프로젝트의 기획 및 정책 제정자의 도움을 받았다. 덕분에 이 책은 실질적인 정책에 더욱 가깝다고 할 수 있다. 국무원 신문판공실, 중국국제출판그룹^{CIPG}의 초청으로 필자는 2014년 6월 우루무치에서 열린 '실크로드 경제벨트 – 공건·공향과 공영(共榮)· 공영(共贏)의 새로운 기회' 국제포럼, 그리고 2015년 2월 취안저우에서 개최된 '공상, 공영, 공향 – 21세기 해상 실크로드' 국제포럼에 참석하게 되었다. 이로 인해 필자는 일대일로 프로젝트 연구에 좀 더 빨리 참여할 수 있었으며 국제적인 여론과 견해를 더욱 잘 이해하는 계기를 갖게 되었다.

이 책은 새로운 시도를 통해 도출한 결과물이다. 필자가 책을 쓰고 있을 때는 '실크로드 경제벨트와 21세기 해상 실크로드의 공동 건설 추진에 대한 미래비전과 행동'이 발표되기 전이었다. 오히려 이 책을 쓰면서 이념적인 측면과 거시적인 안목을 갖추기 위해 더욱 연구하고 토론을 진행했다. 정부의 공식 문서가 발표되자 필자는 공식 문서에 따라 책의 내용을 점검하며 조율과정을 거쳤다. 일대일로는 몇 대에 걸쳐 수십 개의 국가가 함께 그려내야 하는, 하나의 웅장하며 아름다운 거대한 화폭에 비유될 수 있다. 이 책은 단지 초보적인 토론과 연구결과를 모아놓은 것에 불과하다. 다소 조급하게 출간되다 보니 많은 오점과 누락을 피할 수 없을 것이다. 각계각층의 기탄없는 의견을 수렴하여 끊임없이 보완하면서 완성하기를 희망하고 있다.

필자는 3년 동안 런민대학에서 가르치며 연구활동을 진행해왔다. 그리고 13년 동안 푸단대학에서 공부하고 일했다. 이중에 3년간은 유럽연합주재 중국 사절단에서 파견근무를 했었다. 이 과정에서 정책방향, 외교적인 열정과 애국심을 키울 수 있었다. 30년 동안 지식을 갈구하고 성장하는 과정에서 수많은 선배와 스승과 벗, 동창들의 지지와 도움을 받아 왔다. 특히 주원시, 마오위, 정동, 천쯔웨 등의 학우는 이 책의 일부챕터 저술 작업에 나름대로 힘을 보태주었다. 또한 좋은 벗인 청야원 등은 초고를 읽고 소중한 의견을 개진하여 보완작업에 도움을 주었다. 물론 가족의 이해와 관심이 그 무엇보다 소중하고 감사하다. 새로운 사고의 성과물이 이제 막 출간되려는 이 시점에 다시 한 번 도움을 주신 모든 분께 감사드린다.

왕이웨이

2015년 6월

국내외에서 간헐적으로 '일대일로'와 관련하여 뉴스가 나올 때마다 우선 위상이 달라진 중국의 자신감을 느끼게 된다. 불과 10년 전만 해도 개혁개방의 성과를 알리며 '짝퉁 국가'라는 오명에서 벗어나려던 중국이 이제는 세계를 주도하는 파워 국가로 성장했으니 말이다. 일대일로나 AIIB와 관련한 미국의 무언의 압력에도 중국 쪽에 무게중심을 실어주고 있는 전통우방인 영국만 봐도 이제는 실리주의 시대인 것이 분명하다.

중국하면 떠오르는 단어는 무엇일까? 중국에 여행을 가보지 못했거나 주위에서 중국인을 접촉해보지 못한 일반인은, 1992년 한·중 수교 이후 지금까지 많은 세월이 흘렀지만 여전히 중국이라는 두 글자가 생소할 수도 있다. 아니면 군복을 입은 인민군의 모습이 떠오를지도 모른다. 우리 귀에 자주 들리던 '중공군'이라는 다소 부정적인 이미지가 남아 있기 때문이다.

역자가 피부로 느끼는 중국은 민주주의 국가도 아니고 우리가 학창시절 부정적으로 알고 있던 공산주의 국가는 더더욱 아니다. 우리가 기억하는 공산주의는 독재와 통제, 억압이라는 단어와 왠지 모르게 친밀할 것이다. 하지만 중국은 최소한 겉으로 보기엔 통제와 억압과는 거리가 멀다. 천안문 광장과 상하이 와이탄에서 자유롭게 거니는 인파를 보면 오히려 가장 민주적이라고 느낄지도 모른다.

그렇다면 우리는 중국을 어떻게 이해해야 할까? 중국의 경쟁력은 어디에 있을까? 경험에 따라 사람마다 답이 다를 수 있다. 99%의 중국 일반인은 정치가 무엇인지 관심조차 없으며, 정부를 비판하는 게 감히 가능하냐고 반문한다. 여기에서 중국이 우리와 다르다는 것을 그제야 알게 된다. 공산당 일당 독재가 만든 뿌리 깊은 문화와 정통성이 결코 흔들리지 않는다는 것을 뼈저리게 느끼게 되는 것이다. 중국인은 중국 공산당과 정부를 동일시하며, 더 나아가 정부와 중국 국민을 운명공동체로 생각한다. 중국 지식층에게 "어떻게 중국 공산당의 일당 독재가 가능하냐?"라고 질문한다면 십중팔구 "15억 인구를 통제할 강력한 중앙집권 정부가 없으면, 공산당이 '영도'하지 않으면 중국은 곧바로 망하게 된다."라고 대답할 것이다.

결론적으로, 경제적으로 이미 중국은 시장경제 자본주의 국가이지만 정치적으로는 여전히 프롤레타리아 독재의 터널을 지나고 있는 사회주의 국가라고 봐야 한다. 이 모순 때문에 중국은 외부인의 눈에 '알다가도 모를' 나라가 된 것이다.

이러한 이해를 바탕으로 일대일로 전략을 살펴볼 필요가 있다. 2013년 시진핑 국가주석이 밝힌 세계경영 비전인 일대일로는 한마디로 시진핑 시대의 외교전략이자 중화부흥, 즉 팍스 차이나^{Pax China} 실현을 위한 전술이라 할 수 있다. 대외적으로 G2로 부상한 중국이지만, 미국은 여전히 이를 인정하지 않고 아시아재균형전략을 통해 중국의 굴기를 필사적으로 압박하며 견제하고 있다. 미국과의 관계나 북한의 핵문제 등 미묘한 갈등에도 불구하고 우리나라가 친중국 노선을 걷는 것은 대세이자, 선택이 아닌 필수가 되어버린 게 현실이다.

그렇다면 일대일로는 성공할 수 있을까? 물론 회의론과 긍정론은 언제나 공존한다.

다만 역자가 중국관련 통번역과 강의를 20여 년간 해 온 경험과 '감'으로 조심스럽게 판단해보자면 일대일로를 제안한 것 자체로 이미 이 프로젝트는 90% 이상 성공했다고 본다. 중국은 사상 처음으로 자체 개발한 일대일로라는 모델을 해외로 수출하려 하고 있기 때문이다. 과거 서방의 경제모델에 휘둘렸던 것과는 판이하게 달라진 모습이다.

일대일로의 파급효과는 멀리 갈 필요도 없이 이미 성공을 예감한 듯 들떠 있는 중국 국내의 모습에서 찾아볼 수 있다. 중국은 중국 공산당이 이른바 '영도'하는 일대일로를 위해 학교, 기업, 지방정부가 앞장서서 모든 예산과 인력을 투자하며 일사불란하게 움직이고 있다. 이러한 모습은 공산주의가 아니면 불가능하다 싶을 정도로 그 자체가 파괴력이 있다. 게다가 인해전술이라는 표현이 있을 만큼 사람 수로 밀어붙였던 중국이 이제는 세계의 제조공장이라는 이미지에서 벗어나 스마트폰 시장에서 국산브랜드가 시장을 석권할 정도로 첨단기술 분야에서도 우리나라를 바짝 추격하고 있다.

물론 우리나라 기업이나 국가 입장에서 일대일로의 성공 여부를 저울질하며 면밀히 따져볼 필요는 있다. 하지만 분명한 사실은 거대한 자본이라는 밑바탕에 정부와 운명공동체라고 여기는 중국 인민의 단결력이 더해진 일대일로는 결코 무시할 수 없는 흐름이라는 점이다.

역자가 번역작업을 하면서 반복하여 등장하는 '상생', '공유'라는 단어에 거부감이 들었던 것도 사실이다. 하지만 한편으로 어느덧 '가진 자'가 된 그들의 여유가 부럽기도 했다. 붉은 오성기와 인민군 복장만 떠올리게 하던 중국이 이제 전 세계를 쥐락펴락하며 핫이슈를 제조하는 핵심 국가로 부상했다는 점에 속이 아리기도 했다.

이제는 중국이라는 단어를 빼고 한국의 비즈니스를 논하는 것 자체가 무의미할 정도로 중국은 우리의 생활 속 깊숙이 파고들었다. 이들이 하루도 빠짐없이 언급하는 일대일로를 면밀히 살펴보는 일은 어쩌면 지금 이 땅에 몸담고 있는 지식인의 숙명이라는 생각이 든다.

일대일로의 글자 하나하나에 담긴 중국의 속내를 파악하고 강대국 틈새에 끼어 있는 우리나라가 나아갈 방향을 잡는 데 조금이나마 도움이 되었으면 하는 마음으로 번역을 마쳤다.

옮긴이 *한민화*

부록 1

실크로드 경제벨트와 21세기 해상 실크로드의 공동건설 추진에 대한 미래비전과 행동

–

국가발전개혁위 외교부 상무부
(국무원의 위임권을 받아 발표)

2015년 3월

목차

머리말
1. 시대적 배경
2. 공동건설 원칙
3. 기본 개념
4. 협력의 핵심
5. 협력체제
6. 중국 각 지방의 개방태세
7. 중국의 적극적 행동
8. 아름다운 미래를 공동으로 건설하자

머리말

2천여 년 전 아시아와 유럽 대륙의 근면하고 용감한 선인들은 아시아·유럽·아프리카 대문명을 연결하는 몇 갈래의 무역 및 인문교류 통로를 찾아냈다. 후세에 이를 '실크로드'라 통칭했다. 수천 년 동안 평화협력, 개방포용, 호학호감, 호혜공영의 실크로드 정신은 대대로 전해지면서 인류 문명의 진보를 추진했다. 이는 연선 각국의 번영과 발전을 촉진시키는 중요한 구심점으로서 동서양 교류와 협력의 상징이자 세계 각국이 공유하고 있는 역사·문화적 유산이라 할 수 있다.

21세기에 접어들면서 평화, 발전, 협력, 공영을 키워드로 하는 새로운 시대가 도래했다. 글로벌 경제의 침체·둔화와 복잡한 국제 및 지역 정세에 직면하여 실크로드 정신을 계승하고 발전시키는 일은 더욱 소중하고 중요한 일이 되었다.

2013년 9월과 10월에 시진핑 중국 국가주석은 중앙아시아와 남아시아를 순방하는 기간에 '실크로드 경제벨트와 21세기 해상 실크로드의 공동건설 추진에 대한 미래비전과 행동(이하 일대일로라 약칭함)'의 중대한 구상을 연이어 공식 제안했으며 국제사회의 이목을 집중시킨 바 있다. 리커창 중국 국무원 총리는 2013년 중국·아세안 엑스포에 참석하여 아세안 지역 대상의 실크로드를 건설하여 아세안 중심부 지역의 발전을 견인하는 전략 거점을 구축할 것을 강조했다. 일대일로 건설의 가속화는 연선 각국의 경제적 번영과 지역경제협력을 촉진하는 데 기여할 것이며 서로 다른 문명의 교류와 호학호감을 강화하여 세계의 평화와 발전을 촉진할 것이다. 이는 세계 각국 국민의 삶을 윤택하게 하는 위대한 과업이다.

일대일로 프로젝트는 복합적인 요소가 유기적으로 연결된 방대한 사업이다. 공상, 공건, 공향의 원칙을 견지하며 연선 국가의 발전전략을 상호연계할 수 있도록 적극 추진해야 한다. 일대일로의 중대한 구상을 실행하여 고대 실크로드에 새로운 활기와 생동감이 넘치도록 만들어야 한다. 새로운 형식으로 아시아·유럽·아프리카의 국가를 더욱 긴밀히 연결하고 호혜협력을 역사상 최고수준으로 끌어올리기 위해 중국정부는 '실크로드 경제벨트와 21세기 해상 실크로드의 공동 건설 추진에 대한 미래비전과 행동'을 제정·발표한다.

1. 시대적 배경

오늘날 세계에는 복잡하고 심각한 변화가 발생하고 있으며, 국제 금융위기의 뿌리 깊은 후유증이 지속되면서 글로벌 경제는 침체에서 벗어나지 못한 채 발전격차는 심화되고 있다. 국제 투자무역체계와 다자간 투자무역규범은 강력한 구조전환의 가능성을 내포하고 있다. 각국의 발전문제에는 여전히 가혹한 시련이 예고되는 상황이다. 일대일로의 공동건설 프로젝트는 세계 다극화, 경제 글로벌화, 문화 다양성, 사회정보화의 흐름에 발맞추어 추진될 것이며, 개방적 지역협력 정신을 표방하며 글로벌 무역체계와 개방형 세계경제를 수호하는 데 총력을 기울일 것이다. 일대일로의 공동건설의 근본취지는 체계적이며 자유로운 경제요소의 이동 추진을 통해 효율적으로 자원을 배치하고 긴밀하게 시장융합을 추진하는 데 있다. 또한 연선 국가 간 경제정책의 공조와 조화를 추진하며, 더욱 광범위하며 수준 높고 심도 있는 지역협력 확대를 통해 개방적이고 포용적이며 균형을 갖춘, 상호 이로운 지역경제협력의 틀을 함께 마련하는 데 있다. 일대일로의 공동건설은 국제사회의 기본적 이익에 부합하며 인류사회의 공동 이상과 행복 추구의 염원을 잘 나타내고 있다. 또한 이는 글로벌 거버넌스의 신모델을 적극 모색하는 일이며 세계의 평화와 발전에 새로운 긍정에너지를 불어넣을 것이다.

일대일로의 공동건설 프로젝트는 아시아와 아프리카, 유럽 대륙 및 주변 해양의 호연호통에 역점을 두어 전방위·다층적·복합형의 호연호통 네트워크를 구축할 계획이다. 이를 통해 연선 국가의 다양하고 민주적이며 균형적이고 지속가능한 발전을 실현하고자 한다. 일대일로의 호연호통 프로젝트는 연선 국가의 발전전략을 조율하여 결합을 추진하며 역내시장의 잠재력을 발굴하여 투자·소비를 촉진하고 수요와 취업기회를 창출할 것으로 기대된다. 연선 국가 국민의 인문교류와 문명의 호학호감을 강화함으로써 각 국가의 국민이 서로 만나고 이해하며 상호 신뢰와 존경을 쌓아가면서 화합, 평온, 풍요로운 삶을 함께 누리게 될 것이다.

오늘날 중국 경제와 세계 경제는 매우 밀접하게 연결되어 있다. 중국은 대외개방의 기본 국책을 일관되게 견지하며 전방위적 대외개방 신체제를 구축하여 글로벌 경제체제와 강도 높은 융합을 추진할 것이다. 일대일로는 중국이 대외개방을 확대하고 심화할 필요성에 따라서 이러한 시대적인 흐름을 반영하여 제기되었다. 또한 아시아와 유럽, 아프리카를 비롯한 세계 각국의 호혜와 협력의 필요성에서 그 추진 동기를 찾아볼 수 있다. 중국은 능력의 한도 내에서 최선을 다해 더욱 많은 책임과 의무를 질 것이며 인류의 평화와 발전에 지대한 공헌을 할 것을 희망하고 있다.

2. 공동건설 원칙

유엔UN 헌장의 취지와 원칙을 고수한다. 평화공존 5개 원칙, 즉 각국의 주권과 영토 보존의 상호존중, 상호 불가침, 상호 내정불간섭, 평화공존, 평등호혜의 원칙을 준수한다.

개방적 협력을 견지한다. 일대일로는 관련 국가가 주축이지만 고대 실크로드의 범위에 국한하지 않으며 각 국가나 지역, 조직 모두 참여할 수 있다. 함께 이룬 성과를 통해 더욱 넓은 지역을 이롭게 할 것이다.

화합과 포용을 견지한다. 문명의 폭넓은 포용을 표방하며 각국이 선택한 발전 노선과 모델을 존중할 것이다. 다른 문명 간 대화를 강화하며 같은점은 취하고 이견은 해소하여 모든 것을 수용하며, 평화공존과 상생·공영을 추진할 것이다.

시장 운용을 견지한다. 시장의 규범과 국제시장의 통용법칙을 준수하며, 자원배분에서 시장의 결정적 역할과 각종 기업의 주체적 역할을 충분히 발휘토록 한다. 동시에 정부도 제 역할을 충분히 발휘할 것이다.

호혜공영을 견지한다. 관련국의 이익과 입장을 함께 고려하여 이익과 협력의 최대공통분모를 모색하며 다양한 지혜와 아이디어를 수렴할 것이

다. 상호 장점을 발휘하여 맡은 바 역할을 해낸다면 잠재력과 경쟁우위를
충분히 발휘할 수 있다.

3. 기본개념

일대일로는 공동발전을 추진하며 공동번영을 실현하는 협력·공영의 길
이며, 상호이해를 증진시키며 전방위적 교류와 협력우호를 강화하는 평화
우정의 길이다. 중국정부는 평화협력, 개방포용, 호학호감, 호혜공영의 이
념을 표방하며 전방위적 실무협력을 추진하여 정치적 신뢰, 경제적 융합,
문화적 포용을 실현하는 이익 공동체·운명 공동체·책임 공동체 건설을
제안했다.

    일대일로 프로젝트는 아시아·유럽·아프리카 대륙을 관통한다. 한쪽은
생동감이 넘치는 동아시아 경제권이며 다른 한쪽은 선진적 유럽경제권이
다. 그리고 그 중간의 광활한 중심부는 경제발전 잠재력이 무궁무진한 곳
이다. 실크로드 경제벨트는 중국에서 중앙아시아와 러시아를 관통하여 유
럽(발트 해)에 이르는 루트와 중국에서 중앙아시아와 서아시아를 경유하
여 페르시아만과 지중해에 이르는 루트, 그리고 중국에서 동남아와 남아
시아, 인도양에 이르는 루트가 있다. 이러한 루트를 중점적으로 연결할 것
이다. 21세기 해상 실크로드의 주요 추진방향은 중국 연해항구에서 남중
국해를 지나 인도양에 이르며 유럽까지 연장되는 루트와 중국 연해항구에
서 남중국해를 지나 남태평양에 이르는 루트를 구축하는 것이다.

일대일로의 구축방향에 근거하여 육상분야는 국제적인 대통로 구축에 그 핵심이 있다. 연선의 중심도시를 거점으로 하며 주요 경제무역산업단지를 협력플랫폼으로 활용하여 유라시아대륙교, 중국·몽골·러시아 경제회랑, 중국·중앙아시아·서아시아 경제회랑, 중국·인도차이나반도 경제회랑 등 국제적 경제협력회랑을 함께 구축할 것이다. 해상분야는 핵심 항만도시를 거점으로 하여 안전하고 효율적인 운송 대통로를 공동 구축할 계획이다. 중국·파키스탄 경제회랑과 방글라데시·중국·인도·미얀마 경제회랑, 두 개의 경제회랑은 일대일로 구축 추진과 매우 밀접한 관련이 있으며 더욱 협력을 강화하여 커다란 성과를 거두기를 기대한다.

일대일로 구상은 연선 국가가 개방과 협력을 추진하는 데 있어 원대한 경제비전을 제시하고 있다. 관련 국가는 서로 협력하고 노력하여 호혜공영과 공동안보라는 목표를 향해 함께 나아가야 한다. 지역인프라를 더욱 완비하여 안전하며 고효율인 육·해·공 네트워크를 기본적으로 형성함으로써 호연호통을 새로운 수준으로 끌어올려야 한다. 또한 투자·무역의 편의성을 한층 제고하여 수준 높은 자유무역구 네트워크를 기본적으로 구성함으로써 경제적으로 더욱 긴밀해지며 정치적 신뢰도 한층 강화해야 한다. 동시에 일대일로 연선 국가와 인문교류를 더욱 광범위하고 강도 높게 추진할 필요가 있다. 이를 통해 서로 다른 문명이 함께 배우고 귀감이 되어 공동번영을 실현하며, 각 국가의 국민은 서로 이해하고 교류하며 평화와 우의를 다질 것으로 기대된다.

4. 협력의 핵심

연선의 각 국가는 보유하는 자원이 각기 다르며 경제 상호보완성이 비교적 강해 상호협력이 가능한 잠재력과 분야가 매우 크고 넓다. 정책소통, 인프라연통, 무역창통, 자금융통, 민심상통을 주 내용으로 하여 다음 분야에서 협력을 강화하는 데 총력을 기울여야 한다.

정책소통을 실현한다. 정책소통의 강화는 일대일로의 성공적인 구축을 보장하기 위해서 반드시 실현해야 한다. 정부 간 협력을 강화하며 다각적인 거시정책 공조체제를 구축하여 공동이익을 극대화해야 할 것이다. 나아가 정치적 신뢰를 공고히 하여 협력을 위한 새로운 공감대를 형성해야 한다. 이는 일대일로의 성공적인 구축을 보장하기 위해서 반드시 실현해야 하는 부분이다. 또한 연선 국가의 경제발전 전략과 대책에 대해서도 충분히 교류하여 조율할 수 있다. 역내의 협력추진과 관련한 규범과 조치를 함께 제정하여 협력과정에서 생긴 현안을 협의하며 해결해야 한다. 또한 실질적인 협력을 진행하며 대규모 프로젝트를 공동으로 추진하기 위한 정책적 지원도 아끼지 않아야 할 것이다.

인프라연통을 추진한다. 인프라의 호연호통은 일대일로의 최우선 프로젝트다. 관련 국가의 주권을 존중하고 안보에 주력하며, 이러한 기반 위에 연선 국가는 인프라 구축기획 및 기술표준체계의 연계를 강화하여 국제 간선통로 건설을 공동으로 추진해야 한다. 그리고 아시아 준지역 및 아시아·유럽·아프리카를 연결하는 인프라망을 점진적으로 구축해나갈 것이다. 녹색저탄소 인프라 건설과 운영관리를 강화하여 프로젝트를 추진할 때 기후변화의 영향도 충분히 고려하도록 해야 한다.

교통 인프라의 간선통로와 주요 노드, 핵심프로젝트에 주력해야 한다. 노선의 단절구간을 먼저 개통하며 병목구간은 소통이 원활해지도록 개선할 필요가 있다. 또한 도로 안전방호시설과 교통관제설비 등의 제반 시설을 통합하고 정비함으로써 도로의 소통상태를 향상시켜야 한다. 체계적이며 통일된 통운송 관리체계를 구축하여 국제통관과 환적, 복합운송 등과 유기적인 연계를 추진함으로써 국제운송의 편의성을 제고해야 한다. 또한 항만 인프라를 구축해야 한다. 그리하여 육·해상 복합운송통로의 소통을 원활하게 해야 한다. 항만의 합작건설사업을 추진하여 해상노선을 확대하며 증편 등을 통해 해상물류의 정보화와 관련한 협력을 강화해야 한다. 또한 민항분야에서도 전면적 협력체제와 플랫폼을 구축하여 항공분야의 인프라 수준을 제고할 수 있도록 총력을 기울여야 한다.

에너지 인프라 시설의 호연호통 분야 관련 협력을 강화하여 오일/가스 송유관 등 인프라 안보를 공동 수호해야 한다. 범국경 전력망 및 송전망의 건설을 추진함과 동시에 역내의 전력망 개조 및 업그레이드를 위한 협력에 적극 나서야 할 것이다.

범국경 광케이블 등 통신 간선망 구축을 함께 추진하며 국제적 통신망의 상호연동을 강화하여 정보 실크로드를 구축해야 한다. 양자 간 범국경 광케이블 구축에 박차를 가하며 대륙 간 해저광케이블 프로젝트를 기획하여 추진하는 한편, 공중(위성) 정보통신 채널을 확보·정비함으로써 정보통신 분야의 교류와 협력을 강화해야 한다.

무역창통을 추진한다. 투자무역 협력은 일대일로 구축의 핵심적 내용이다. 관련국 모두가 투자무역의 편의성 문제를 해결하기 위해 연구에 주력하여 투자·무역의 장벽을 해소하며 역내 최적의 비즈니스 환경을 조성해야 한다. 또한 연선 국가 및 지역과 자유무역구를 공동 건설하는 데 역점을 두며 협력의 잠재력을 극대화하여 가능한 한 크고 좋은 파이를 만들어야 한다.

연선 국가는 정보의 상호교류, 관리감독·상호인증, 법률집행·상호지원 등의 세관협력을 강화해야 한다. 또한 검역검사, 인증·인가, 표준계량, 통계정보 등의 분야에서도 양자 및 다자간 협력을 강화하여 WTO의 '무역원활화협정'의 발효 및 실시를 추진해야 한다. 국경지대에서 항만 통관시설의 여건을 개선하여 항만의 단일창구 구축에 박차를 가함으로써 통관 원가를 절감하여 통관 효율을 제고할 것이다. 공급망의 안전 및 편의성 제고를 위한 협력을 강화하며 범국경 관리감독 절차의 공조를 추진해야 한다. 또한 검역검사 인증서의 국제인터넷 대조검사를 추진하며 성실무역업체 AEO : Authorized Economic Operator 제도를 상호 도입하도록 추진할 것이다. 비관세 장벽을 낮추며 기술적 무역조치의 투명성을 제고하여 무역 자유화와 원활화의 수준을 높여야 한다.

무역분야를 확대하고 무역구조의 특화를 추진하여 새로운 성장엔진을 발굴함으로써 균형적인 무역발전을 추진해야 한다. 또한 무역방식을 혁신적으로 개선하며 범국경 전자상거래 등 비즈니스 형태를 발전시켜야 한다. 아울러 건전한 서비스무역 촉진체계를 수립하여 전통무역의 안정과 확대를 추진함과 동시에 현대 서비스무역을 대대적으로 발전시킬 것이다. 투자와 무역을 유기적으로 결합하여 투자를 통한 무역발전을 도모해야 한다.

또한 원활한 투자활동을 위한 편의성을 도모하여 투자의 장벽을 해소하며 양자 간 투자보호협정 및 이중과세방지협약을 강화하여 투자자의 합법적인 권익을 보호해야 한다.

상호 투자영역을 확대하여 농업, 임업, 목축업, 어업 그리고 농기계 및 농산품 생산가공 등의 분야에서 협력을 전개할 것이다. 또한 해양양식, 원양어업, 수산물가공, 해수담수화, 해양생물 제약, 해양공학기술, 환경보호, 해상여행 등의 분야에서 적극 협력을 추진할 것이다. 석탄과 오일가스, 금속광산 등 전통적 에너지 자원의 탐사개발과 관련한 협력을 강화하며 수력, 원자력, 풍력, 태양에너지 등 청정·재생이 가능한 에너지 분야에서의 협력도 강화할 것이다. 에너지 자원의 현지·근거리 가공전환 분야에서 협력을 추진하며 에너지 자원 협력에서 업·다운스트림의 통합 가치사슬을 형성해나갈 것이다.

신흥 산업분야에서의 협력을 추진한다. 경쟁우위의 상호보완과 호혜·공영의 원칙에 따라 연선 국가와 차세대 정보기술, 생화학, 신에너지, 신소재 등 신흥 산업분야에서 심도 있는 협력을 진행할 필요가 있다. 또한 산업 가치사슬에서의 분업구조를 개선해야 한다. 업·다운스트림과 관련 산업의 조화로운 발전을 추진하며 연구개발·생산·판매 관련 시스템의 수립을 독려함으로써 지역산업 관련 토털서비스의 수준과 종합경쟁력을 강화할 것이다. 서비스업의 상호개방을 확대하여 지역서비스의 발전을 촉진시켜야 한다. 또한 투자협력의 신모델을 모색하며 역외 경제무역협력구와 범국경 경제무역협력구 등 다양한 산업단지의 공동건설을 장려함으로써 산업클러스터의 발전을 추진할 예정이다. 투자무역에서 생태문명 개념을 부각시키며 생태환경·생물다양성·기후변화대응 등의 분야의 협력을 강화함으로써 녹색 실크로드를 공동 건설할 것이다.

각 국가 기업의 대중국 투자를 환영한다. 또한 자국 기업이 연선 국가의 인프라 구축 및 산업투자에 참여하는 것을 독려할 것이다. 기업은 속지화(屬地化, 현지의 원칙 및 방침을 준수 - 역주) 원칙에 따라 경영관리를 추진하며, 현지의 경제발전, 일자리 창출, 민생개선에 적극 협조할 것이다. 뿐만 아니라 사회적 책임을 적극 담당하며 생물다양성과 생태환경을 엄격히 보호해야 한다.

자금융통을 실현해야 한다. 자금융통은 일대일로 건설의 중요한 기틀이다. 금융협력을 강도 높게 추진하여 아시아 화폐안정체계·투자융자체계·신용체계를 건설할 것이다. 연선 국가는 쌍방 본위화폐의 통화스와프, 결산 규모 및 범위를 확대해야 한다. 아시아 채권시장의 개방과 발전도 추진될 것이다. 아시아인프라투자은행과 브릭스국가개발은행의 출범을 함께 추진하며 상하이협력기구의 융자기구 설립을 위한 협상을 전개해나갈 것이다. 실크로드기금의 조성과 운영에도 박차를 가해야 한다. 중국·아세안은행 컨소시엄, 상하이협력기구 은행연합체의 실질적 협력을 심도 있게 진행하여 은행대출과 은행여신 등의 방식으로 다자간 금융협력을 전개할 것이다. 연선 국가의 정부와 신용등급이 비교적 높은 기업 및 금융기구에 대해서는, 중국 내 위안화 채권발행을 지원할 계획이다. 또한 조건에 부합되는 중국 내 금융기구 및 기업은 역외에서 위안화 채권과 외화채권을 발행할 수 있으며, 연선 국가에서 융통한 자금을 사용할 수 있도록 독려할 것이다.

이와 동시에 금융관리감독의 협력강화, 관리감독협력에 관한 쌍방 양해각서의 체결, 그리고 역내 고효율의 관리감독협조체제의 점진적 구축 등을 추진할 것이다. 리스크 대응 및 위기관리제도를 완비하며 역내 금융리스크 경보시스템을 구축함으로써 역외 리스크 대응 및 위기관리에 대한 교류협력체제를 조성해야 한다. 이외에도 신용조회 관리 부서 및 조직을 강화하여 신용등급평가기구의 국제 교류 및 협력을 추진할 계획이다. 실크로드기금 및 국부펀드를 충분히 활용하며 상업용 주식형펀드와 사회자금이 일대일로 핵심프로젝트에 공동 참여할 수 있도록 유도해야 한다.

민심상통을 강화해야 한다. 민심상통은 일대일로 구축의 사회적 기반이라 할 수 있다. 실크로드의 우호협력 정신을 계승·발전시켜 문화교류, 학술왕래, 인재교류 협력, 언론매체 협력, 청소년 및 부녀자 교류, 자원봉사자 서비스 등 폭넓은 교류를 추진해야 한다. 또한 양자·다자간 협력을 강화하기 위한 든든한 여론기반을 조성해야 한다.

이외에 상호 유학생 규모를 확대하며 공동 학교건립을 추진해야 한다. 중국은 매년 연선 국가의 1만 명의 학생을 대상으로 정부장학금을 수여할 계획이다. 연선 국가 간 상호 문화의 해를 지정하거나 예술제, 영화제, 드라마 주간, 도서전시회 등 이벤트를 개최하며 영상매체의 최우수작품 창작 및 번역 활동을 공동 전개할 것이다. 또한 세계문화유산 공동등재를 추진하여 세계유산의 공동보호활동을 전개하며 연선 국가 간 인문교류 협력을 심도 있게 추진할 계획이다.

여행협력을 강화한다. 여행규모를 확대하고 상호 여행주간과 홍보의 달 등의 이벤트를 진행할 것이다. 실크로드 특색을 가진 베스트 해외여행노선 및 여행상품을 공동으로 기획하며 연선 국가의 여행비자의 발급간소화도 추진할 필요가 있다. 또한 21세기 실크로드 크루즈 여행 관련 협력도 진행할 수 있다. 체육교류활동을 활발히 추진하여 연선 국가의 중요한 국제 체육행사의 유치를 적극 지지할 것이다.

주변국가와 전염병 등과 관련하여 정보를 서로 교환하고 예방기술의 교류와 전문인력 양성 등의 분야에서 협력을 강화하여 공공보건 관련 돌발 사태에 대한 공동대응력을 제고해야 한다. 관련 국가에 의료지원과 응급 구조를 제공하며 부녀자·아동과 장애인의 건강증진 그리고 에이즈, 결핵, 말라리아 등 주요 전염병 분야의 실무협력을 전개하며 전통의약 분야의 협력도 확대해나간다.

과학기술 협력을 강화한다. 공동실험실(연구센터), 국제기술이전센터, 해상협력센터를 공동 설립하며 과학기술 분야의 인력교류를 추진해야 한다. 핵심적인 과학기술의 한계를 극복하기 위한 협력을 진행하며 과학기술의 혁신역량을 강화해야 한다.

현재 보유한 여러 프로그램 자원을 통합 관리한다. 연선 국가와 청소년 취업, 창업교육, 직업기능개발, 사회보장관리 서비스, 공공행정관리 등의 공통 관심분야에서 실무협력을 적극 확대·강화할 것이다.

정당과 의회의 교류추진에 있어서도 교량의 역할을 충분히 발휘해야 한다. 연선 국가의 입법기구, 주요 당파, 정치조직의 우호교류를 강화하며 도시교류 협력을 전개한다. 연선 국가의 주요 도시 간 자매우호도시 체결을 환영하고 있으며 인문교류를 중심으로 실무협력에 집중하여 더욱 생동감 있는 협력 모범사례를 만들어나갈 것이다. 연선 국가의 싱크탱크 간 공동 연구와 협력포럼 개최 등의 활동은 긍정적인 방향이라 할 수 있다.

연선 국가 민간기구의 교류협력을 강화해야 한다. 주로 일반대중을 타 깃으로 하여 교육의료, 빈민구제개발, 생물다양성, 생태환경 등 각종 공익 자선 활동을 폭넓게 전개함으로써 실크로드 주변 빈곤지역의 생산 및 생 활 여건을 개선해나가야 한다. 또한 문화·언론매체의 국제교류 협력을 강 화하고 인터넷플랫폼을 적극 활용하거나 뉴미디어 도구 등을 운영하여 화 합하며 우호적인 문화·생태·여론 환경을 조성할 계획이다.

5. 협력체제

현재 세계경제의 통합 움직임은 가속화되고 있다. 지역협력도 활발하게 이루어지면서 이제 전성기를 맞이하고 있다. 이때 종래의 양자·다자간 협 력체제를 적극 활용하며 일대일로 구축을 추진하여 지역협력의 비약적 발 전을 촉진시킬 것이다.

먼저 양자 협력을 강화할 필요가 있다. 다층적이며 다각적인 소통과 협 상을 진행하여 양자 관계의 전면적 발전을 추진해야 한다. 관련 국가와 협 력양해각서 또는 협력프로젝트 체결을 추진하여 양자 협력의 좋은 시범사 례를 만들어나가야 한다. 쌍방의 공동작업체제를 구축·완비하며 일대일 로 구상의 실행방안을 세부적으로 검토하고 행동 로드맵을 연구해야 한 다. 기존의 연합위원회, 통상협력위원회, 협회위원회, 지도위원회, 관리위 원회 등 양자체제의 역할을 충분히 발휘함으로써 협력프로젝트의 이행을 순조롭게 추진해나갈 것이다.

다자간 협력체제의 역할을 강화해야 한다. 상하이협력기구, 중국·아세안 '10+1' 아시아태평양경제협력기구, 아시아·유럽 정상회의, 중국·아랍 국가협력포럼, 중국·걸프협력기구이사회 전략회의, 메콩강유역개발사업, 중앙아시아 지역경제협력체 등 기존의 다자간 협력제제의 역할을 충분히 발휘하여 관련 국가와의 소통을 강화함으로써 더욱 많은 국가와 지역이 일대일로 구축에 참여하도록 해야 한다.

연선 국가의 지역·준지역 관련 국제포럼, 전시회, 보아오 아시아포럼, 중국·아세안 박람회, 유라시아경제포럼, 중국 국제투자무역상담회, 중국-남아시아 박람회, 중국-아랍 박람회, 중국 서부 국제박람회, 중국-러시아 박람회, 첸하이 협력포럼 등 플랫폼의 긍정적 역할을 계속 발휘해야 한다. 연선 국가와 지방정부 또는 민간차원에서 추진하는 일대일로의 역사와 문화유산 발굴사업을 지지할 것이다. 또한 특별 투자기금을 공동 조성하며 무역과 문화교류 활동을 공동 추진하고자 한다. 실크로드(둔황) 국제문화박람회, 실크로드 국제영화제와 도서전도 성공리에 개최할 것이다. 이외에 일대일로 국제 정상포럼 설립을 제안하고자 한다.

6. 중국 각 지방의 개방태세

일대일로 구축을 추진할 때 중국은 국내 각 지역의 비교우위를 충분히 발휘하여 더욱 적극적이고 주동적인 개방전략을 실행할 것이다. 동부·중부·서부 지역의 상호 시너지를 창출하며 협력을 강화하여 개방형 경제수준을 전면적으로 제고할 계획이다.

서북과 동북 지역의 경우를 살펴보자. 신장은 독특한 위치 프리미엄을 갖고 서쪽지역으로의 개방창구 역할을 발휘할 것이다. 또한 중앙아시아·남아시아·서아시아 등의 국가와 교류협력을 강화하여 실크로드 경제벨트의 교통 요충지이자 비즈니스·무역·물류와 문화·교육·과학의 중심지 그리고 실크로드 경제벨트의 핵심지역으로 자리매김할 것이다. 산시, 간쑤의 전반적인 경제문화의 강점 그리고 닝샤와 칭하이의 민족·인문의 우위를 발휘하여 시안의 내륙형 개혁개방의 새로운 고지를 구축해야 한다. 란저우와 시닝의 개발·개방에 박차를 가하며 닝샤의 내륙개방형 경제시험구 건설을 추진할 계획이다. 이를 통해 중앙아시아·남아시아·서아시아 국가로 향하는 통로를 만들어 비즈니스물류의 허브, 주요 산업 및 인문교류의 기지를 형성할 것이다. 러시아·몽골과 연결되는 네이멍구의 위치프리미엄을 충분히 활용하며 헤이룽장에서 러시아로 향하는 철도노선과 지역철도망을 완비하는 한편, 헤이룽장·지린·랴오닝과 러시아 극동지역을 연결하는 육·해상 복합운송 협력업무를 정비해야 한다. 베이징－모스크바－유라시아 고속운송회랑 구축을 추진하여 북쪽으로의 중요한 개방창구를 건설해야 한다.

서남지역에 대해 살펴보자. 광시지역은 아세안 국가와 육상과 해상으로 서로 인접해 있다는 지리적 장점을 가지고 있다. 이에 북부만(北部灣) 경제구와 주장－시장 경제벨트의 개방·발전에 총력을 기울이며 아세안지역으로 향하는 국제통로를 구축한다. 서남, 중남지역의 개방·발전을 위한 새로운 전략적 거점을 조성하며 21세기 해상 실크로드와 실크로드 경제벨트를 유기적으로 연결하는 중요한 관문을 만들어야 한다. 윈난의 위치 프리미엄을 제대로 발휘하여 주변국가와의 국제운송통로의 건설을 추진해야 한다. 메콩강유역개발사업을 통한 경제협력의 강도를 최고조로 끌어올리며 남아시아·동남아시아에 파급효과를 창출하는 허브를 구축해야 한다. 또한 티베트와 네팔 등 국가의 변경무역과 여행문화 협력사업을 추진함으로써 동남아와 남아시아를 향한 개방의 주요 관문을 건설해야 한다.

연해지역과 홍콩·마카오·타이완 지역의 경우를 살펴보자. 창산자오(長三角, 양쯔 강 삼각주), 주산자오(珠三角, 주장삼각주), 해협 양안, 환발해 등의 경제구는 개방수준이 높으며 경제기반도 튼튼할 뿐 아니라 주변경제에 대한 긍정적 파급효과를 기대할 수 있는 지역이다. 따라서 이를 기반으로 중국(상하이)자유무역시험구 건설에 주력하며 푸젠은 21세기 해상 실크로드의 핵심지역으로 자리 잡도록 지원할 것이다. 선전 첸하이, 광저우 난사, 주하이 헝친, 푸젠 핑탄 등은 개방협력구로서의 역할을 충분히 발휘하여 홍콩·마카오·대만과 협력을 강화함으로써 웨강아오(粤港澳, 광둥·홍콩·마카오) 다완(大灣)지구를 조성할 계획이다. 저장 해양경제발전 시범구, 푸젠 해협 그린경제시범구, 저우산 군도(舟山群島) 신구 등의 건설을 추진하며 하이난 국제여행도(海南國際旅遊島)의 개방을 더욱 강도 높게 추진할 것이다. 상하이, 톈진, 닝보·저우산, 광저우, 선전, 잔장, 산터우, 칭다오, 옌타이, 다롄, 푸저우, 샤먼, 취안저우, 하이커우, 산야 등 연해도시의 항만 건설에 주력하는 한편, 상하이와 광저우 등 국제허브공항의 기능을 더욱 강화해야 한다. 반강제적 '다오비(倒逼, 압력과 조치를 취해 일의 진행을 원하는 쪽으로 인도한다는 뜻의 신조어 - 역주)' 형태의 강도 높은 개혁정책을 확대하며 개방형 경제체제 및 메커니즘을 개혁해야 한다. 또한 과학기술의 창의성을 높임으로써 국제협력 경쟁에 적극 참여하며 주도하는 새로운 정세를 만들어나가야 한다. 이를 통해 일대일로, 특히 21세기 해상 실크로드 구축의 선발주자이자 주력부대가 되어야 한다. 해외교포, 홍콩 및 마카오 특별행정구는 각자의 장점을 충분히 발휘하여 일대일로 건설에 적극 참여하고 힘을 보태야 할 것이다. 또한 타이완지역도 일대일로 건설에 참여할 수 있도록 가장 적합한 역할을 부여해야 한다.

내륙지역을 살펴보자. 내륙지역은 넓은 전략적 완충지대를 확보하고 있으며 풍부한 인력자원과 산업인프라가 비교적 잘 갖추어졌다는 장점을 가지고 있다. 창장의 중류지역 도시군, 청두~충칭 도시군, 중위안도시군, 후바오어위(呼包鄂榆, 네이멍구자치구 후허하오터, 바오터우, 어얼둬쓰, 산시 성 위린을 가리킴.-역주) 도시군, 하장(哈長, 하얼빈·장춘-역주) 도시군 등 중점지역을 근거지로 하여 지역의 상호협력과 경쟁우위산업의 발전을 추진해야 한다. 또한 충칭 서부지역을 개발·개방의 중요 거점으로 구축하며 청두, 정저우, 우한, 창사, 난창, 허페이 등을 내륙개방형 경제의 중심지로 발전시킬 것이다. 창장의 중상류 지역과 러시아 볼가 강 연안 연방지역의 협력추진에 박차를 가할 계획이다. 중국-유럽 통로 철도운송과 항만통관의 협조체제를 구축하며 '중어우반례(中歐班列, 중국~유럽 쾌속화물열차-역주)'의 브랜드를 정착시킴으로써 국경 안팎을 소통하여 중부·동부·서부를 연결하는 운송통로를 건설할 계획이다. 정저우, 시안 등 내륙도시의 공항, 국제 내륙항 건설을 장려하며 내륙항구와 연해·연안항구와의 통관협력을 강화하고 해외무역 및 전자상거래 서비스를 시범적으로 시행하고자 한다.

또한 세관의 특수관리지역으로 지정·특화시키며, 가공무역 형태를 혁신적으로 개선하여 연선 국가와의 산업협력을 심화할 계획이다.

7. 중국의 적극적 행동

1년여 동안 중국정부는 일대일로를 적극 추진하기 위해 연선 국가와의 소통 및 협상을 강화하며 실무협력을 추진해 왔다. 일련의 정책 및 대책을 시행함으로써 조속한 시일 내에 성과를 거두기 위해 노력해 왔다.

첫째, 고위층 지도자가 직접 나서서 프로젝트를 추진하고 있다. 시진핑 주석과 리커창 총리 등 국가 지도자는 연이어 20여 개 국가를 방문했다. 호연호통 동반자 관계 토론회와 중국·아랍국가협력포럼 제6차 장관급회의에 참석하여 양국 관계와 지역발전 문제에 대해 관련 국가 정상 및 정부 수뇌들과 여러 차례 회담을 진행한 바 있다. 만남을 통해 일대일로의 함의와 긍정적 의의를 설명함으로써 일대일로에 대한 폭넓은 공감대를 형성했다.

둘째, 협력의 틀을 위한 합의서를 체결하고 있다. 중국은 일부 연선 국가와 일대일로 공동구축 협력에 관한 양해각서를 체결했으며 인접국가와도 지역협력 및 변방협력에 관한 양해각서를 체결하여 통상협력 관련 중장기 발전계획에 합의했다. 일부 인접국가와의 지역협력추진 관련 계획 및 개요를 연구·편찬하기도 했다.

셋째, 프로젝트 건설을 추진하고 있다. 연선 관련 국가와 소통 및 협상을 강화하여 인프라의 호연호통, 산업투자, 자원개발, 통상협력, 금융협력, 인문교류, 생태환경 보호, 해상협력 등의 분야에서 이미 제반 여건을 갖춘 여러 핵심 협력프로젝트를 추진 중이다.

넷째, 정책 및 대책을 완비해나가고 있다. 중국정부는 국내의 여러 자원을 통합 활용하며 정책적 지원을 강화할 것이다. 아시아인프라투자은행의 출범과 실크로드기금의 출자 및 설립을 추진하고 있으며 중국-유라시아 경제협력기금의 투자기능을 강화하기 위해 노력하고 있다. 또한 은행카드 결제기관의 역외 결제서비스 및 지불기구의 역외 지불서비스 등의 업무를 추진해나갈 계획이다. 투자무역의 활성화를 적극 추진하며 역내 통관 단일화 개혁을 중점적으로 진행할 것이다.

다섯째, 플랫폼 역할을 발휘하고 있다. 각 지역에서 일대일로를 주제로 한 국제정상회의, 포럼, 토론회, 박람회를 성공리에 개최함으로써 이해증진, 공감대 형성, 협력심화 등의 중요한 역할을 발휘했다.

8. 아름다운 미래를 공동으로 건설하자

일대일로의 공동건설은 중국이 제안한 프로젝트이자 중국과 연선 국가의 공통된 염원이기도 하다. 새로운 출발점에 서서 중국은 연선 국가와 함께 일대일로의 공동건설을 계기로 평등하게 협상하며 각자의 이익을 배려하고 요구사항을 반영함으로써 더욱 광범위하며 수준 높고 심도 있는 대개방·대교류·대통합을 함께 추진해나갈 것이다. 일대일로 구축은 개방적이며 포용적으로 진행되는 프로젝트로서 세계 각국과 국제 및 지역조직의 적극적인 참여를 환영하고 있다.

일대일로 공동건설의 방법은 목표의 조율과 정책의 공조를 위주로 진행될 것이다. 지나친 획일성을 추구하지 않으며 융통성과 탄력성을 충분히 발휘할 수 있는 다원적·개방적 협력과정을 추구한다. 중국은 연선 국가와 함께 일대일로 협력의 내용과 방식을 끊임없이 보완하여 내실을 다져야 한다. 또한 일정표와 로드맵을 함께 만들며 연선 국가의 발전추이 및 지역 협력 계획에 주도적으로 보조를 맞추어가면서 추진하고자 한다.

중국은 연선 국가와 기존의 다자·양자 간, 지역·준지역의 협력의 틀과 체제 안에서 공동연구와 포럼 및 전시회, 인력교육, 교류방문 등 다양한 형태의 활동을 진행하고자 한다. 이를 통해 일대일로 공동건설의 의미와 목표, 임무 등에 대해 연선 국가가 더욱 잘 이해하고 공감할 수 있도록 노력할 것이다.

중국은 연선 국가와 함께 시범프로젝트 건설을 차근차근 추진하며 쌍방의 이익에 부합하는 일련의 프로젝트를 확정해야 한다. 그리고 각국의 동의를 거쳐 제반 여건을 갖춘 프로젝트부터 우선 착수함으로써 조속한 성과를 거두어야 할 것이다.

일대일로는 상호 존중과 믿음으로 만드는 길이다. 또한 협력과 공영의 길이자 문명을 서로 배우고 본보기가 되는 호학호감의 길이다. 연선 국가가 한마음 한뜻으로 난관을 극복하여 함께 마주하며 전진한다면 실크로드 경제벨트와 21세기 해상 실크로드 건설의 새로운 지평을 열 것이며, 연선 국가의 국민은 일대일로 공동건설을 통해 이룩한 성과를 함께 누릴 수 있을 것이다.

부록 2

일대일로 프로젝트 관련,
일대일로 건설 추진을 맡은
공작영도소조 판공실
(工作領導小組辦公室)
책임자와 기자의 일문일답

문 일대일로 건설의 시대적 배경은 무엇인가?

답 2013년 9월과 10월에 시진핑 중국 국가주석은 중앙아시아와 남아시아를 순방하는 기간에 실크로드 경제벨트와 21세기 해상 실크로드의 중대한 구상을 연이어 공식 제안했으며, 국제사회의 이목을 집중시키며 호응을 이끌어냈다. 리커창 국무원 총리는 2013년 중국·아세안 엑스포에 참석하여 아세안지역 대상의 실크로드를 건설하여 아세안 중심부 지역의 발전을 견인하는 전략 거점을 구축할 것을 강조했다. 일대일로의 공동건설을 통해 중국정부는 국제 및 지역 정세의 변화흐름을 반영하며 중국 발전이 직면한 새로운 형세 및 새로운 역할에 따라 글로벌 자유무역체계와 개방형 경제체제를 수호하는 데 총력을 기울일 것이다. 또한 일대일로는 연선 각국이 협력을 강화하고 난관을 함께 극복하여 공동발전을 추진하기 위해 제안한 구상으로서 남다른 시대적 배경을 가지고 있다.

첫째, 오늘날 세계에는 복잡하고 심각한 변화가 발생하고 있으며 국제 금융위기의 뿌리 깊은 후유증이 지속되면서 글로벌 경제는 침체에서 벗어나지 못한 채 발전격차는 심화되고 있다. 국제투자무역체계와 다자간 투자무역 규범은 구조전환의 강력한 가능성을 내포하고 있다. 각국의 발전문제는 여전히 가혹한 시련이 예고되는 상황이기 때문에 개방적 협력정신이 절대적으로 필요하다. 이에 따라 더욱 광범위하며 수준 높고 심도 있는 지역협력 확대를 통해 개방적이고 포용적이며 균형을 갖춘, 상호 이로운 지역경제협력의 틀을 함께 마련함과 동시에 경제요소의 체계적이고 자유로운 이동과 효율적 배치를 추진할 것이다.

둘째, 호연호통과 협력공영은 시대적 키워드라 할 수 있다. 역사적으로 육상 실크로드와 해상 실크로드는 중국이 중앙아시아, 서아시아, 남아시아, 동남아시아, 동아프리카, 유럽과 경제무역과 문화교류를 진행하던 대통로였다. 일대일로의 공동건설 프로젝트는 아시아와 아프리카, 유럽 대륙 및 주변 해양의 호연호통에 역점을 두어 연선 국가와 호연호통 동반자 관계를 수립하고 강화할 것이다. 또한 전방위·다층적·복합형의 호연호통 네트워크를 구축하며 이를 통해 연선 국가의 다양하고 민주적이며 균형적이고 지속가능한 발전을 실현할 것이다. 일대일로의 호연호통 프로젝트는 연선 국가의 발전전략을 조율하여 결합을 추진하며 역내시장의 잠재력을 발굴하여 투자·소비를 촉진하고 수요와 취업기회를 창출할 것으로 기대된다. 연선 국가 국민의 인문교류와 문명의 호학호감을 강화하여 각 국가의 국민이 서로 만나고 이해하며 상호 신뢰와 존경을 쌓아가면서 화합, 평온, 풍요로운 삶을 함께 누리게 될 것이다.

셋째, 중국은 개혁과 개방을 더욱 강도 높게 추진할 계획이다. 중국 경제와 세계 경제는 매우 밀접하게 연결되어 있다. 중국은 대외개방의 기본 국책을 일관되게 견지하며 연해 개방수준을 높이고 내륙과 변경 지역 개방을 심화시키면서 서쪽으로의 개방정책을 실시할 것이다. 또한 전방위적 대외개방 신체제를 구축하여 세계 경제체제와 강도 높은 융합을 추진할 것이다. 중국의 발전에는 세계가 필요하며 세계 발전에도 중국이 필요하다. 일대일로의 공동건설 프로젝트는 세계 다극화, 경제 글로벌화, 문화 다양성, 사회정보화의 흐름에 발맞추어 추진될 것이며, 이는 경제요소의 체계적이고 자유로운 이동 추진, 효율적 자원 배치와 긴밀한 시장융합에 유리한 여건을 조성할 것이다. 또한 연선 국가간 경제정책의 조화를 추진하며 글로벌 자유무역체계와 개방형 경제체제를 수호하는 데 총력을 기울일 것이다. 일대일로의 공동건설은 국제사회의 기본적 이익에 부합하며 인류사회의 공동이상과 행복추구의 염원을 잘 나타내고 있다. 이는 세계의 평화와 발전에 새로운 긍정에너지를 불어넣을 것이다. 중국은 능력의 한도 내에서 최선을 다해 더욱 많은 책임과 의무를 다할 것이며 인류의 평화와 발전에 지대한 공헌할 것을 희망하고 있다.

문 중국은 연선 국가와 일대일로 구축을 함께 추진하는 데 있어, 어떠한 기본원칙을 준수할 것인가?

답 수천 년 동안 평화협력, 개방포용, 호학호감, 호혜공영의 실크로드 정신은 대대로 전해지면서 인류 문명의 진보를 추진했다. 이는 동서양 교류와 협력의 상징이자 세계 각국이 공유하고 있는 역사·문화적 유산이라 할 수 있다. 새로운 역사를 맞이하여 일대일로 구축을 추진하면서 실크로드 정신을 지속적으로 계승하고 유엔 헌장의 취지와 원칙, 평화공존 5개 원칙을 준수함과 동시에, 다음 네 가지 원칙을 견지할 것이다.

1. 개방적 협력을 견지한다.

일대일로는 관련 국가가 주축이지만 고대 실크로드의 범위에 국한하지 않으며 각 국가나 지역조직 모두 참여할 수 있다. 함께 이룬 성과를 통해 더욱 넓은 지역을 이롭게 할 것이다.

2. 화합과 포용을 견지한다.

문명의 폭넓은 포용을 표방하며 각국이 선택한 발전 노선과 모델을 존중할 것이다. 다른 문명 간 대화를 강화하고 같은 점은 취하며 이견은 해소하여 모든 것을 수용하며 평화공존과 상생·공영을 추진할 것이다.

3. 시장 운용을 견지한다.

시장의 규율과 국제시장의 통용법칙을 준수하며 자원배분에서 시장의 결정적 역할과 각종 기업의 주체적 역할을 충분히 발휘토록 한다. 동시에 정부도 제 역할을 충분히 발휘할 것이다.

4. 호혜와 공영을 견지한다.

관련국의 이익과 입장을 함께 고려하여 이익과 협력의 최대공통분모를 모색하며 다양한 지혜와 아이디어를 수렴할 것이다. 상호 장점을 발휘하여 맡은 바 역할을 해낸다면 잠재력과 경쟁우위를 충분히 발휘할 수 있다.

문 일대일로 공동건설의 전반적인 이념은 무엇인가?

답 일대일로 공동건설에 있어 평화협력, 개방포용, 호학호감, 호혜공영의
이념을 표방한다. 또한 '5통' 즉 정책소통, 인프라연통, 무역창통, 자금
융통, 민심상통을 주요 내용으로 하여 전방위적 실무협력을 추진하고
정치적 신뢰, 경제적 융합, 문화적 포용을 실현하는 이익 공동체·운명
공동체·책임 공동체를 건설한다.

첫째, 협력의 방향을 제대로 설정한다. 일대일로 구축은 아시아·유
럽·아프리카 대륙을 관통한다. 한쪽은 생동감이 넘치는 동아시아 경
제권이며 다른 한쪽은 선진적 유럽경제권이다. 그리고 그 중간의 광활
한 중심부는 경제발전 잠재력이 무궁무진한 곳이다. 실크로드 경제벨
트는 중국에서 중앙아시아와 러시아를 관통하여 유럽(발트 해)에 이르
는 루트와 중국에서 중앙아시아와 서아시아를 경유하여 페르시아만,
지중해에 이르는 루트, 그리고 중국에서 동남아와 남아시아, 인도양에
이르는 루트가 있다. 이러한 루트를 중점적으로 연결할 것이다. 21세
기 해상 실크로드의 주요 추진방향은 중국 연해항구에서 남중국해를
지나 인도양에 이르며 유럽까지 연장되는 루트와 중국 연해항구에서
남중국해를 지나 남태평양에 이르는 루트를 구축하는 것이다.

둘째, 경제협력회랑을 공동 구축한다. 육상분야는 국제적인 대통로
구축에 그 핵심이 있다. 연선의 중심도시를 거점으로 하며 주요 경제
무역산업단지를 협력플랫폼으로 활용하여 유라시아대륙교, 중국·몽
골·러시아 경제회랑, 중국·중앙아시아·서아시아 경제회랑, 중국·인

도차이나반도 경제회랑 등 국제적 경제협력회랑을 함께 구축할 것이다. 해상분야는 핵심 항만도시를 거점으로 하여 안전하고 효율적인 운송 대통로를 공동 구축할 것이다. 중국·파키스탄 경제회랑과 방글라데시·중국·인도·미얀마 경제회랑, 이 두 개의 경제회랑은 일대일로 구축 추진과 매우 밀접한 관련이 있으며 더욱 협력을 강화하여 커다란 성과를 거두기를 기대한다.

셋째, 지역경제 단일화의 새로운 체제를 형성한다. 일대일로 구상은 연선 국가가 개방과 협력을 추진하는 데 있어 원대한 경제비전을 제시하고 있다. 관련 국가는 서로 협력하고 노력하여 호혜공영과 공동안보라는 목표를 향해 함께 나아가야 한다. 지역인프라를 더욱 완비하여 안전하며 고효율인 육·해·공 네트워크를 기본적으로 형성함으로써 호연호통을 새로운 수준으로 끌어올려야 한다. 투자·무역의 편의성을 한층 제고하여 수준 높은 자유무역구 네트워크를 기본적으로 구성함으로써 경제적으로 더욱 긴밀해지며 정치적 신뢰도 한층 강화해야 한다. 동시에 일대일로 연선 국가와 인문교류를 더욱 광범위하고 강도 높게 추진할 필요가 있다. 이를 통해 서로 다른 문명이 함께 배우고 귀감이 되어 공동번영을 실현하며 각 국가의 국민은 서로 이해하고 교류하며 평화와 우의를 다질 것으로 기대된다. 더욱 광대한 범위를 포함하며 다양한 분야를 망라하는 심층적인 지역경제 단일화의 신체제가 출범될 것으로 기대된다. 동시에 일대일로 연선 국가와의 인문교류를 더욱 광범위하고 강도 높게 추진할 것이다. 이를 통해 각기 다른 문명이 서로 배우고 귀감이 되면서 공동번영을 실현하며 각국 국민은 우호적인 교류를 진행할 수 있을 것이다.

문 일대일로 연선 국가 정부 간 협력을 어떻게 강화할 것이며 정책소통은 어떻게 강화할 것인가?

답 일대일로 연선 각국은 발전수준이 각기 다르며, 이익 및 관심사도 제각 각이다. 정부 간 협력을 강화하고 정책 교류와 조율을 추진하는 것은 일대일로의 성공적 구축을 위해 절대적으로 필요하다. 정책소통을 추진함에 있어, 고위층의 상호방문이 선도적 역할을 할 것이다. 정부 간 협력 및 양자·다자간 협력강화에 주력하는 한편, 다각적인 정부 간 정책교류 및 연동체제를 구축하여 정책 대화 및 협상을 강화해야 한다. 또한 경제협력을 강화하며 정치적 신뢰를 공고히 하고 협력을 위한 새로운 공감대를 형성해야 한다. 연선 각국은 경제발전 전략 및 대책에 대해 충분히 교류하고 조율할 수 있다. 같은 점은 취하며 이견은 해소한다는 기본이념을 염두에 두고 역내 협력추진 관련 규범과 대책을 함께 제정하여 협력과정에서 생긴 문제를 협의하고 해결함으로써 최상의 정책환경을 조성해야 한다.

문 인프라 시설의 호연호통은 일대일로 구축의 최우선 과제다. 그렇다면 일대일로 연선 각국과 시설연통 분야의 협력을 어떻게 강화할 것인가?

답 관련 국가의 주권을 존중하고 안보에 주력하며, 이러한 기반 위에 연선 국가는 인프라 구축기획 및 기술표준체계의 연계를 강화하여 국제 간선통로 건설을 공동으로 추진해야 한다. 그리고 아시아 준지역 및 아시아·유럽·아프리카를 연결하는 인프라망을 점진적으로 구축해나가며 기후변화의 영향도 충분히 고려하도록 해야 한다. 또한 녹색저탄소 인프라 건설과 운영관리를 강화해야 한다. 특히 다음 세 가지 분야에서의 협력을 중점적으로 추진해야 할 것이다.

교통인프라, 특히 간선통로와 주요 노드, 핵심프로젝트에 주력해야 한다. 노선의 단절구간을 먼저 개통하며 병목구간은 소통이 원활해지도록 개선할 필요가 있다. 또한 도로 안전방호시설과 교통관제설비 등의 제반 시설을 통합·정비하여 도로의 소통상태를 향상시켜야 한다. 체계적이며 통일된 통운송 관리체계를 구축하여 국제통관과 환적, 복합운송 등과 유기적인 연계를 추진함으로써 국제운송의 편의성을 제고시켜야 한다. 또한 항만인프라를 구축해야 한다. 육·해상 복합운송 통로의 소통을 원활하게 하며 항만 합작건설을 추진하여 해상노선을 늘리고 증편 등을 통해 해상물류 정보화 협력을 강화해야 한다. 또한 민항분야의 전면적 협력체제와 플랫폼을 구축하여 항공분야 인프라 수준 제고에 주력할 것이다.

에너지 인프라 시설의 호연호통 분야 관련 협력을 강화해야 한다. 중앙아시아·서아시아·동남아시아·러시아 등의 국가와의 에너지 수송통로 건설 관련 협력을 강화하여 오일·가스 송유관 등 인프라 안보를 공동으로 수호해야 한다. 범국경 전력망 및 송전망 건설을 추진하며 역내 전력망 개조 및 업그레이드를 위한 협력에 적극 나서야 한다.

통신인프라 시설의 협력과 관련하여 양자 간 범국경 광케이블 구축에 박차를 가하고 대륙 간 해저광케이블 프로젝트를 기획하고 추진하는 한편, 공중(위성) 정보통신채널을 확보·정비함으로써 정보통신 분야의 교류와 협력을 확대해야 한다. 지역통신 간선망을 함께 건설하며 국제통신망의 상호연동을 강화하여 빠르고 신속한 정보 실크로드를 구축해야 한다.

문 투자무역 협력은 일대일로 구축의 핵심적 내용이다. 중국은 어떤 분야에서 연선 국가와 협력을 추진할 것인가?

답 투자무역 분야의 협력은 일대일로 구축의 전통적인 영역이자 막강한 잠재력을 가진 가장 중요한 핵심분야다. 관련국 모두가 투자무역의 편의성 문제를 해결하기 위해 연구에 주력하여 투자·무역의 장벽을 해소하며 역내 최적의 비즈니스 환경을 조성해야 한다. 또한 연선 국가 및 지역과 자유무역구를 공동 건설하는 데 역점을 두며 협력의 잠재력을 극대화하여 가능한 한 크고 좋은 파이를 만들어야 한다. 중국은 연선 국가와 다음 여섯 가지 분야에서 협력을 강화할 것이다.

1. 무역 자유화와 편의성 수준을 제고한다.

연선 국가는 정보의 상호교류, 관리감독·상호인증, 법률집행·상호지원 등 세관협력을 강화해야 한다. 또한 검역검사, 인증·인가, 표준계량, 통계정보 등의 분야에서도 양자 및 다자간 협력을 강화하여 WTO의 '무역원활화협정'의 발효 및 실시를 추진해야 한다. 국경지대에서 항만 통관시설의 여건을 개선하여 항만의 단일창구 구축에 박차를 가함으로써 통관 원가를 절감하여 통관 효율을 제고할 것이다. 공급망의 안전 및 편의성 제고를 위한 협력을 강화하며 범국경 관리감독 절차의 공조를 추진해야 한다. 또한 검역검사 인증서의 국제인터넷 대조검사를 추진하며 성실무역업체제도의 상호 도입을 추진할 것이다. 이외에 비관세장벽을 낮추며 기술적 무역조치의 투명성을 제고해야 한다.

2. 무역구조의 전환 및 고도화를 추진한다.

무역분야를 확대하고 무역구조의 특화를 추진하여 새로운 성장엔진을 발굴함으로써 균형적인 무역발전을 추진해야 한다. 또한 무역방식을 혁신적으로 개선하며 범국경 전자상거래 등의 비즈니스 형태를 발전시켜야 한다. 아울러 건전한 서비스무역 촉진체계를 수립하여 전통무역의 안정과 확대를 추진함과 동시에 현대 서비스무역을 대대적으로 발전시킬 것이다. 투자와 무역을 유기적으로 결합하여 투자를 통한 무역발전을 도모해야 한다.

3. 원활한 투자를 위한 편의성 제고에 박차를 가한다.

관련 국가와의 양자 간 투자보호협정 및 이중과세방지협약을 강화하여 투자장벽을 해소하고 투자자의 합법적인 권익을 보호해야 한다. 취업비자, 투자환경, 차관수요, 우대정책 등의 문제를 서로 협조하여 해결해나가야 할 것이다.

4. 상호 투자영역을 확대한다.

농업, 임업, 목축업, 어업 및 생산가공 등의 분야에서 협력을 강화해야 한다. 또한 해양양식, 원양어업, 수산물가공, 해수담수화, 해양생물 제약, 해양공학기술, 환경보호 등의 분야에서 적극 협력을 추진할 것이다. 석탄과 오일가스, 금속광산 등 전통적 에너지 자원의 탐사개발과 관련한 협력을 강화하며 수력, 원자력, 풍력, 태양에너지 등 청정·재생 가능한 에너지 분야에서의 협력도 강화할 것이다. 에너지 자원의 현지·근거리 가공전환 분야에서 협력을 추진하며 에너지 자원 협력에서 업·다운스트림의 통합 가치사슬을 형성해나갈 것이다. 에너지 자원의 가공기술·장비 및 공정서비스 분야의 협력도 강화해야 한다. 차세대 정보기술, 생화학, 신에너지, 신소재 등 신흥 산업분야에서 심도 있는 협력을 추진하며 창업투자협력체제를 수립해야 할 것이다.

5. 투자협력의 신모델을 모색한다.

관련 국가와 산업가치사슬에서의 분업협력을 강화하며 업·다운스트림과 관련하여 산업의 조화로운 발전을 추진함으로써 지역산업 관련 토털서비스의 제공 수준과 종합경쟁력을 강화할 것이다. 또한 서비스업의 상호개방을 확대해야 한다. 관련 국가와 역외 경제무역협력구, 범국경 경제무역협력구 등 산업클러스터의 발전을 추진할 예정이다. 중국은 각국 기업의 대중국 투자를 환영한다. 또한 지국 기업이 연선 국가의 인프라 구축 및 산업투자에 참여하는 것을 독려할 것이다.

6. 투자협력의 새로운 모범사례를 수립한다.

투자무역에서 생태문명 개념을 부각시키며 생태환경·생물다양성·기후변화대응 등의 분야의 협력을 강화함으로써 녹색 실크로드를 공동 건설할 것이다. 중국의 해외투자 기업은 속지화 원칙에 따라 경영관리를 추진하며 현지의 경제발전, 일자리 창출, 민생개선에 적극 협조하고 앞장서서 사회적 책임을 다해야 한다.

문 일대일로 연선 국가와 자금융통 분야의 협력을 어떻게 강화할 것인가?

답 일대일로 구축사업에는 막대한 자금지원이 필요하며 경제협력을 추진할 때도 대량의 화폐유통이 이루어진다. 따라서 자금융통은 일대일로 건설에서 중요한 기틀이다. 먼저 금융협력을 강도 높게 추진하여 아시아의 화폐안정체계·투자융자체계·신용체계를 건설해야 할 것이다. 연선 국가는 쌍방 본위화폐의 통화스와프와 결산 규모 및 범위를 확대해야 한다. 아시아 채권시장의 개방과 발전도 추진될 것이다. 아시아인프라투자은행과 브릭스국가개발은행의 출범도 함께 추진하며 관련 국가는 상하이협력기구의 융자기구 설립을 위한 협상을 전개해나가야 한다. 실크로드기금의 조성과 운영에도 박차를 가해야 한다. 중국·아세안은행 컨소시엄, 상하이협력기구 은행연합체의 실질적 협력을 심도 있게 진행하여 은행대출과 은행여신 등의 방식으로 다자간 금융협력을 전개할 계획이다. 연선 국가의 정부와 신용등급이 비교적 높은 기업 및 금융기구에 대해서는, 이들의 중국 내 위안화 채권발행을 지원할 계획이다. 또한 조건에 부합되는 중국 내 금융기구 및 기업은 역외에서 위안화 채권과 외화채권을 발행할 수 있으며 연선 국가에서 융통한 자금을 사용할 수 있도록 독려할 것이다. 다음으로는, 금융관리감독의 협력강화, 관리감독협력에 관한 쌍방 양해각서의 체결, 그리고 역내 고효율의 관리감독협조체제의 점진적 구축 등을 추진할 것이다. 리스크대응 및 위기관리제도를 완비하며 역내 금융리스크 경보시스템을 구축함으로써 역외 리스크대응 및 위기관리에 대한 교류협력체제를 조성할 것이다. 이외에도 신용조회 관리부서 및 조직을 강화하여 신용등급 평가기구의 국제 교류 및 협력을 추진할 계획이다. 실크로드기금 및 국부펀드를 충분히 활용하며 상업용 주식형펀드와 사회자금이 일대일로 핵심프로젝트에 공동 참여할 수 있도록 유도해야 한다.

문 일대일로 연선 각국은 인문교류 분야에서 어떻게 협력을 강화할 수 있을까?

답 민심상통은 일대일로 구축의 사회적 기반이다. 유라시아 대륙은 고대 문명의 발상지이자 역사적 진화의 가장 큰 무대였다. 인류사회의 획기적 발전이 이루어질 때마다 어김없이 이곳에 깊은 발자국이 남겨졌다. 인문유산은 셀 수 없을 만큼 촘촘히 분포되어 있으며 헤아릴 수 없을 정도로 방대하고 풍부하다. 서로 다른 문명이 휘황찬란하게 그 빛을 뽐내며 날로 번창하여 탐스러운 꽃을 피웠다. 실크로드의 우호협력 정신을 계승·발전하여 중국은 연선 국가와 문화 등 다양한 분야에서 광범위한 교류협력을 전개해야 한다. 이는 다른 분야의 협력을 위한 여론 기반을 형성할 뿐 아니라 연선 지역의 뿌리 깊은 인문자원을 발굴하는 데 더욱 기여할 것이다. 또한 상호 교류와 화합, 왕래를 통해 각기 다른 문명이 서로 배우고 본보기가 되며 인류 문명이라는 거목에 함께 물을 주는 일이라 할 수 있다.

1. 교육문화 협력을 강화한다.

상호 유학생 규모를 확대하며 청소년의 우호교류를 강화해야 한다. 중국은 매년 연선 국가의 1만 명의 학생을 대상으로 정부장학금을 수여할 계획이다. 연선 국가 간에 상호 문화의 해 지정, 예술제, 영화제, 문예전시회 등의 다양한 교류활동을 통해 세계유산의 공동 보호활동을 전개함으로써 각 국가의 소중한 문화자원이 전 세계에 더욱 널리 알려지도록 할 것이다. 또한 체육교류활동을 활발히 추진하여 연선 국가의 중요한 국제 체육행사의 유치를 적극 지지할 것이다.

2. 여행협력을 강화한다.

여행규모를 확대하고 상호 여행주간과 홍보의 달 등의 이벤트를 진행할 것이다. 실크로드 특색을 가진 베스트 해외여행노선 및 여행상품을 공동으로 기획하며 연선 국가의 여행비자의 발급간소화도 추진할 것이다. 또한 21세기 실크로드 크루즈 여행 관련 협력을 진행할 수 있다. 이외에도 언론매체의 교류협력을 강화하며, 인터넷플랫폼을 적극 활용하고 뉴미디어 도구 등을 운영하여 화합하며 우호적인 문화·생태·여론 환경을 조성할 것이다.

3. 의료보건 협력을 강화한다.

주변국가와 전염병 등과 관련하여 정보를 서로 교환하고 예방기술의 교류와 전문인력 양성 등의 분야의 협력을 강화하여 공공보건 관련 돌발사태에 대한 공동대응력을 제고해야 한다. 관련 국가에 의료지원과 응급구조를 제공하며, 부녀자·아동과 장애인의 건강증진 그리고 에이즈, 결핵, 말라리아 등 주요 전염병 분야의 실무협력을 전개하며 전통의약 분야의 협력을 확대해나가야 한다.

4. 과학기술 협력을 강화한다.

공동실험실(연구센터), 국제기술이전센터, 해상협력센터를 공동 설립하며 과학기술 분야의 인력교류를 추진해야 한다. 핵심적인 과학기술의 한계를 극복하기 위한 협력을 진행하며 과학기술의 혁신역량을 강화해야 한다. 연선 국가와 생태환경, 기후, 의료, 공학기술 등 공통관심 분야에서 실무협력을 적극 확대·강화해나가야 한다.

5. 공공외교를 강화한다.

연선 국가 간 정부단체의 우호교류를 강화해야 한다. 연선 국가의 주요 도시 간 자매우호도시 체결을 환영하고 있으며 인문교류를 중심으로 실무협력에 집중하여 더욱 생동감 있는 협력모범사례를 만들어나갈 것이다. 연선 국가의 싱크탱크 간 공동연구와 협력포럼 개최 등의 활동을 지원할 것이다. 또한 민간기구의 교류협력을 강화해야 한다. 주로 일반대중을 타깃으로 각종 공익자선활동을 폭넓게 전개함으로써 실크로드 주변 빈곤지역의 생산 및 생활 여건 개선을 촉진시켜야 한다.

문 중국은 일대일로의 제안자로서 앞으로 연선 국가와 어떠한 협력체제와 플랫폼을 구축하고 완비해나갈 것인가?

답 현재 세계경제의 통합 움직임은 가속화되고 있으며 지역협력도 활발하게 이루어지면서 이제 전성기를 맞이하고 있다. 전 세계적으로 여러 가지 양자·다자간 협력체제가 활발한 움직임을 보이며 발전하고 있으며 분업효율성의 제고, 무역장벽의 해소 등 긍정적인 역할을 하고 있다. 일대일로의 두드러진 특징은 바로 개방성, 포용성, 다양성이다. 우리는 연선 국가와 함께 기존 체제와 플랫폼 위에 일대일로라는 새로운 사업 내용을 담아낼 것이며, 이를 통해 관련 핵심사업과 협력을 강력하게 추진해나가야 한다. 이와 동시에 다자·양자 간 다양한 활동을 더욱 활발히 진행하여 지역·준지역의 협력체제 및 플랫폼 발전을 도모할 수 있다. 궁극적으로 서로의 모습에서 자신을 찾는 진정한 의미의 통합 체를 이루며, 어깨를 나란히 하고 전진하며 의지할 수 있는 관계를 형성할 수 있을 것으로 확신한다.

먼저 체제에 대해 설명하려고 한다. 평등한 협상과 호혜공영의 원칙하에 관련 국가와 협력양해각서 또는 협력프로젝트 체결을 추진하여 쌍방의 공동작업체제를 구축·완비하며 일대일로 구상의 실행방안을 세부적으로 검토하고 행동 로드맵을 수립해야 한다. 이를 출발점으로 하여 협력 관련 시범프로젝트를 함께 가동함으로써 일대일로 구상을 더욱 과학적이고 규범화된 초고속 궤도에 올려놓아야 한다. 이와 동시에 상하이협력기구, 중국·아세안 '10+1', 아시아태평양경제협력기구, 아시아·유럽 정상회의, 중국·아랍국가협력포럼, 중국－걸프협력기구이사회 전략회의, 메콩강유역개발사업, 중앙아시아 지역경제협력체 등 기존의 다자간 협력체제가 역할을 발휘하여 관련 국가 간 소통을 강화함으로써 더욱 많은 국가와 지역이 일대일로 구축에 참여하도록 해야 한다.

다음으로 플랫폼 측면을 살펴보자. 연선 국가의 지역·준지역 관련 국제포럼, 전시회, 보아오 아시아포럼, 중국·아세안 박람회, 유라시아 경제포럼, 중국 국제투자무역상담회, 그리고 중국－남아시아 박람회, 중국-아랍 박람회, 중국 서부 국제박람회, 중국－러시아 박람회, 첸하이 협력포럼 등 플랫폼의 긍정적 역할을 계속 발휘해야 한다. 중국정부는 연선 국가와 지방정부, 민간차원에서 추진하는 일대일로의 역사와 문화유산 발굴사업을 지지하고 있다. 또한 특별 투자기금을 공동 조성하며 무역, 문화교류 활동을 공동 추진할 것이다. 실크로드(둔황) 국제 문화박람회, 실크로드 국제영화제와 도서전을 성공리에 개최할 것이다. 이외에 일대일로 국제 정상포럼 설립을 제안하고자 한다.

문 일대일로 구축과정에서 국내 각 지방의 비교우위를 어떻게 발휘할 것인가? 또한 어떻게 국내 지방의 개방형 경제수준을 전면적으로 끌어올릴 것인가?

답 일대일로 구축을 추진할 때 중국은 국내 각 지역의 비교우위를 충분히 발휘하여 일대일로 구상과 국내 지역의 개발·개방정책을 유기적으로 결합해야 한다. 국경지역은 최전선에서 선봉장 역할을 하며, 내륙의 주요 경제구는 요충지로서 역할을 해야 한다. 그리고 동부 연안의 선진지역은 견인차 역할을 수행하면서 동부·중부·서부 지역의 상호 시너지를 창출하며 협력을 강화하여 개방형 경제수준을 전면적으로 제고할 것이다.

　서북과 동북 지역의 경우를 살펴보자. 신장은 독특한 위치 프리미엄과 서쪽지역으로의 개방창구 역할을 발휘할 것이다. 또한 중앙아시아·남아시아·서아시아 등의 국가와 교류협력을 강화하여 실크로드 경제벨트의 교통 요충지이자 비즈니스·무역·물류와 문화·교육·과학의 중심지 그리고 실크로드 경제벨트의 핵심지역으로 자리매김할 것이다. 산시, 간쑤의 전반적인 경제문화의 강점 그리고 닝샤와 칭하이의 민족·인문의 우위를 발휘하여 시안의 내륙형 개혁개방의 새로운 고지를 구축해야 한다. 란저우와 시닝의 개발·개방에 박차를 가하며 닝샤의 내륙개방형 경제시험구 건설을 추진할 계획이다. 이를 통해 중앙아시아·남아시아·서아시아 국가로 향하는 통로를 만들어 비즈니스물류의 허브, 주요 산업 및 인문교류의 기지를 형성할 것이다. 러시아·몽골과 연결되는 네이멍구의 위치 프리미엄을 충분히 활용하며 헤이룽장에서 러시아로 향하는 철도노선과 지역철도망을 완비하는 한편, 헤이룽장·지린·랴오닝과 러시아 극동지역을 연결하는 육·해상 복합운송 협력업무를 정비해야 한다. 베이징-모스크바-유라시아 고속운송회랑 구축을 추진하여 북쪽으로의 중요한 개방창구를 건설해야 한다.

서남지역에 대해 살펴보면 광시지역은 아세안 국가와 육상과 해상으로 서로 인접해 있다는 지리적 장점을 가지고 있다. 북부만 경제구와 주장-시장 경제벨트의 개방과 발전에 박차를 가하며 아세안 지역을 향한 국제통로를 구축하여 서남, 중남 지역의 개방발전을 위한 전략적 거점을 형성함으로써 21세기 해상 실크로드와 실크로드 경제벨트를 유기적으로 연결하는 중요한 관문을 만들어야 한다. 윈난의 위치 프리미엄을 제대로 발휘하여 주변국가와의 국제운송통로 건설을 추진해야 한다. 메콩강유역개발사업을 통한 경제협력의 강도를 최고로 끌어올리며 남아시아·동남아시아에 파급효과를 창출하는 허브를 구축해야 한다. 또한 티베트와 네팔 등의 국가와 변경무역과 여행문화 협력사업을 추진함으로써 동남아와 남아시아를 향한 개방의 주요 관문을 건설해야 한다.

연해지역과 홍콩·마카오·타이완 지역의 경우를 살펴보자. 창산자오, 주산자오, 해협 양안, 환발해 등의 경제구는 개방수준이 높으며 경제기반도 튼튼할 뿐 아니라 주변경제에 대한 긍정적 파급효과를 기대할 수 있는 지역이다. 따라서 이를 기반으로 중국(상하이) 자유무역시험구 건설에 주력하며 푸젠은 21세기 해상 실크로드의 핵심지역으로 자리 잡도록 지원할 것이다. 선전 첸하이, 광저우 난사, 주하이 형친, 푸젠 핑탄 등은 개방협력구로서의 역할을 충분히 발휘하여 홍콩·마카오·타이완과 협력을 강화함으로써 웨강아오 다완지구를 조성할 계획이다. 저장 해양경제발전시범구, 푸젠해협 그린경제시범구, 저우산 군도 신구 등의 건설을 추진하며 하이난 국제여행도의 개방을 더욱 강도 높게 추진할 것이다. 상하이, 톈진, 닝보·저우산, 광저우, 선전, 잔장, 산터우, 칭다오, 옌타이, 다롄, 푸저우, 샤먼, 취안저우, 하이커우, 산야 등 연해도시의 항만건설에 주력하는 한편, 상하이와 광저우 등 국제허브 공항의 기능을 더욱 강화해야 한다. 반강제적 '다오비' 형태의 강도 높은 개혁정책을 확대하며 개방형 경제체제 및 메커니즘을 개혁해야 한다. 또한 과학기술의 창의성을 높임으로써 국제협력 경쟁에 적극 참여하고 주도하는 새로운 정세를 만들어나가야 한다. 이를 통해 일대일로 특히 21세기 해상 실크로드 구축의 선발주자이자 주력부대가 되어야 한다. 해외교포, 홍콩 및 마카오 특별행정구는 각자의 장점을 충분히 발휘하여 일대일로 건설에 적극 참여하고 힘을 보태야 할 것이다. 또한 타이완지역도 일대일로 건설에 참여할 수 있도록 가장 적합한 역할을 부여해야 한다.

내륙지역을 살펴보자. 내륙지역은 넓은 전략적 완충지대를 확보하고 있으며 풍부한 인력자원과 산업인프라가 비교적 잘 갖추어져 있다는 장점을 가지고 있다. 창장의 중류지역 도시군, 청두~충칭 도시군, 중위안 도시군, 후바오어위 도시군, 하장 도시군 등의 중점지역을 근거지로 하여 지역의 상호협력과 경쟁우위산업의 발전을 추진해야 한다. 또한 충칭 서부지역을 개발·개방의 중요 거점으로 구축하며 청두, 정저우, 우한, 창사, 난창, 허페이 등을 내륙개방형 경제의 중심지로 발전시킬 것이다. 창장의 중상류 지역과 러시아 볼가 강 연안 연방지역의 협력추진에 박차를 가할 계획이다. 중국-유럽 통로 철도운송과 항만통관의 협조체제를 구축하며 '중어우반례'의 브랜드를 정착시킴으로써 국경 안팎과 소통하고 중부·동부·서부를 연결하는 운송통로를 건설할 계획이다.

문 일대일로 구축과정에서 중국이 이미 수행한 업무에는 어떤 것이 있으며 또한 어떤 성과를 거두었는가?

답 1년여 동안 중국정부는 일대일로를 적극 추진하기 위해 연선 국가와의 소통 및 협상을 강화하며 실무협력을 추진해 왔다. 일련의 정책 및 대책을 시행하여 조속한 성과를 거두었다.

1. 고위층 지도자가 직접 나서서 프로젝트를 추진했다.

시진핑 주석과 리커창 총리 등 국가 지도자는, 카자흐스탄, 인도네시아, 파키스탄 등 20여 개 국가를 잇달아 방문했다. 또한 호연호통 동반자 관계 토론회와 중국·아랍국가협력포럼 제6차 장관급회의에 참석하여 양국 관계와 지역발전 문제에 대해 관련 국가 정상 및 정부 수뇌들과 여러 차례 회담을 진행한 바 있다. 만남을 통해 일대일로의 함의와 긍정적 의의를 설명함으로써 일대일로에 대한 폭넓은 공감대를 형성했다.

2. 협력계약을 체결하여 양자·다자간 협력을 추진했다.

카자흐스탄, 키르키스스탄, 타지키스탄, 카타르와 일대일로 협력 양해각서를 체결했으며 쿠웨이트와는 실크로드 경제벨트와 실크로드 도시 공동건설 관련 협력 MOU를 체결했다. 또한 러시아와 지역협력과 변경협력에 관한 양해각서에 서명했다. 중국 – 카자흐스탄, 중국 – 키르기스스탄 등 인접지역의 협력추진 관련 계획 및 개요를 연구·제안한 바 있다.

3. 소통과 협상 강화를 통한 핵심프로젝트 건설을 추진했다.

연선 관련 국가와의 소통 및 협상을 적극 나서서 추진해 왔다. 인프라의 호연호통, 산업투자, 자원개발, 통상협력, 금융협력, 인문교류, 생태환경 보호, 해상협력 등의 분야에서, 이미 제반 여건을 갖춘 여러 핵심협력프로젝트를 추진해 왔다.

4. 여러 자원을 통합 관리하며 정책 및 대책을 완비해 왔다.

중국정부는 국내의 여러 자원을 통합 활용하며 일대일로 구축을 위한 정책적 지원을 강화할 것이다. 예를 들면 아시아인프라투자은행의 출범, 400억 달러 규모의 실크로드기금 출자설립, 중국-유라시아경제협력기금의 투자기능 강화 등 다각적으로 노력하고 있다. 또한 은행카드 결제기관의 역외 결제서비스 및 지불기구의 역외 지불서비스 등의 업무를 추진할 계획이다.

5. 지방정부의 적극적인 호응과 주도적인 노력도 빼놓을 수 없다.

일대일로 구상이 제기된 이래 각 지방은 적극적으로 행동하고 현지 여건과 상황에 근거하여 전문적으로 역량을 집중하여 폭넓은 연구를 전개했다. 이러한 기반 위에 일대일로 구축에 참여할 수 있는 전반적인 방안과 아이디어를 제기해 왔다. 각 지방에서는 일대일로를 주제로 한 국제정상회의, 포럼, 토론회, 박람회를 성공리에 개최함으로써 이해증진, 공감대 형성, 협력심화 등, 중요한 역할을 발휘했다.

문 일대일로 공동 건설에 대한 미래비전과 행동을 발표한 뒤, 중국정부는 이를 어떻게 구체화할 계획인가?

답 일대일로 프로젝트는 복합적인 요소가 유기적으로 연결된 방대한 사업이다. 프로젝트의 포괄지역이 광범위하며 장기간 소요될 뿐 아니라 구축을 위해 막강한 임무를 완수해야 한다. 국내와 해외 두 분야에서 프로젝트를 구체화해야 할 것이다. 이를 위해 중국정부는 일대일로 건설추진 관련 공작영도소조(工作領導小組)를 설립하여 일대일로 구축사업을 진두지휘하고 있다. 영도소조 판공실을 국가발전개혁위원회 산하에 설립하여 영도소조의 일상 업무를 실무적으로 전담하고 있다. 중국은 연선 국가와 함께 일대일로 협력의 내용과 방식을 끊임없이 보완하여 내실을 다져야 한다. 또한 일정표와 로드맵을 함께 만들며 연선 국가의 발전추이 및 지역협력 계획에 주도적으로 보조를 맞추어가면서 프로젝트를 추진할 것이다.

중국은 연선 국가와 기존의 다자·양자 간, 지역·준지역의 협력의 틀과 체제 안에서 공동연구와 포럼 및 전시회, 인력교육, 교류방문 등 다양한 형태의 활동을 진행하고자 한다. 이를 통해 일대일로 공동건설의 의미와 목표, 임무 등에 대해 연선 국가가 더욱 잘 이해하고 공감할 수 있도록 노력할 것이다.

중국은 연선 국가와 함께 시범프로젝트 건설을 차근차근 추진하며 쌍방의 이익에 부합하는 일련의 프로젝트를 확정하고 각국의 동의를 거쳐 제반 여건을 갖춘 프로젝트부터 우선 착수함으로써 조속한 성과를 거두고, 현지 국민에게 이익이 되도록 해야 한다.

'발전개혁위원회 홈페이지', 2015년 3월 30일

부록 3

실크로드 정신을
계승·발전하여
아름다운 꿈과 시를
함께 노래하자

–

런민일보평론위원

2 천여 년 전 근면하고 용감한 중국 국민은 지혜와 용기, 피땀으로 유럽, 아시아, 아프리카 대륙 문명을 연결하는 인문·무역 교류의 통로를 개척해냈다. 그리고 연선 국가의 국민과 함께 눈부시게 빛나는 고대 실크로드를 정성껏 빚어냈다. 수천 년 동안 평화협력, 개방포용, 호학호감, 호혜공영의 실크로드 정신은 중화민족의 영혼과 뼛속에 깊이 스며들어 왔으며 중국이 글로벌 정치, 경제, 문화 등의 교류활동을 진행하는 데 중요한 밑거름이 되었다.

새로운 역사를 맞이하여 국제질서는 심각한 조정기를 겪고 있으며 글로벌 경제의 통합 움직임이 가속화되고 있다. 시진핑 주석은 이러한 대세 흐름을 정확히 파악하고 전반적 국면을 꿰뚫는 혜안으로 실크로드 경제벨트와 21세기 해상 실크로드 공동건설이라는 중대한 제안을 내놓았다. 이 제안은 국제사회의 이목을 집중시키며 긍정적인 호응을 얻고 있다. 일대일로 건설은 개방적이고 포용적이며 균형을 갖춘, 상호 이로운 지역경제 협력의 틀을 함께 마련하는 일이다. 중국과 세계를 더욱 긴밀히 하나로 연결하며, 더욱 많은 국가와 지역이 전방위적 협력을 추진하여 함께 역경을 극복하며 찬란한 영광도 더불어 누릴 것이다. 이는 중국이 국제사안에 더욱 적극 참여하고 국제적 책임을 다하고자 하는 긍정적 염원을 담고 있다. 또한 중국이 자신의 능력의 한도 내에서 마땅한 책임과 의무를 다할 것이며 세계의 평화와 번영 그리고 안정을 위해 더욱 큰 공헌을 하겠다는 의지의 표명이기도 하다.

일대일로는 공동발전을 추진하며 공동번영을 실현하는 협력과 공영의 길이자 상호이해를 증진시키며 전방위적인 교류와 협력우호를 강화하는 평화와 우정의 길이다. 중국은 실크로드 정신을 지향하며 일대일로 연선 국가와 정치적 신뢰, 경제적 융합, 문화적 포용을 실현하는 이익 공동체·운명 공동체·책임 공동체를 함께 건설할 것이다.

일대일로의 성공적인 구축을 보장하기 위해서 반드시 '정책소통'을 실현해야 한다. '구동존이(求同存異, 같은 점은 취하며 이견은 해소한다.-역주)'의 기본이념에 따라 연선 국가와 다각적인 정책 교류 및 연동 체제를 적극 마련함으로써 '정층설계'와 전략적 계획을 강화해야 한다. 또한 역내 협력 강화에 유리한 제도 및 대책을 서로 협의하여 연구하고 확정시킬 필요가 있다. 일대일로의 양자·다자간 협력체제를 모색하고 수립해나가며 역내 협력추진 관련 계획도 공동으로 작성하거나 협력 양해각서 체결을 추진하도록 한다. 뿐만 아니라 상호 정치적 신뢰를 쌓아가며 이익통합을 실현하여 협력의 최대공통분모를 만들기 위해 노력할 것이다.

'인프라연통'은 일대일로의 최우선 프로젝트다. 관련 국가의 주권을 존중하며 안보에 주력해야 한다. 이러한 기반 위에 연선 국가는 인프라의 구축기획 및 기술표준체계의 연계를 강화하여 교통과 에너지, 정보 등 국제 간선통로 건설을 공동으로 추진해야 한다. 지역 간 호연호통에 최대한 역점을 두어 단절구간을 먼저 개통하며 병목구간은 소통이 원활하도록 정비함으로써 전반적인 소통수준을 끌어올려야 한다. 연선 각국의 협력교류를 위한, 다원화된 양질의, 편리하고 원활한, 안전하고 고효율인 인프라망을 제공해야 한다.

'무역창통'은 일대일로 구축의 핵심적 내용이다. 관련국 모두가 투자 무역의 편의성 문제를 해결하기 위해 연구에 주력하여 투자·무역의 장벽을 해소하며 역내 최적의 비즈니스 환경을 조성해야 한다. 또한 연선 국가 및 지역과 자유무역구를 공동 건설하는 데 역점을 두어야 할 것이다. 경제 주체 간 자유무역 관계를 발전시키며 일대일로와 전 세계를 아우르는 최고수준의 자유무역구 네크워크를 조성함으로써 협력의 잠재력을 극대화하여 가능한 한 크고 좋은 파이를 만들어야 한다.

'자금융통'은 일대일로 구축의 중요한 기반이다. 연선 국가와 금융협력을 강도 높게 추진하여 아시아의 화폐안정체계·투자융자체계·신용체계를 건설할 것이다. 아시아인프라투자은행 등의 금융기구의 기반을 충분히 활용하며 상하이협력기구의 융자기구 설립과 브릭스국가개발은행을 안정적으로 출범시키는 한편, 실크로드기금의 조성 및 운영에도 박차를 가해야 한다. 이와 동시에 금융관리감독의 협력을 강화하여 역내 고효율의 관리감독협조체제를 점진적으로 수립하며 역내 금융리스크 경보시스템 등을 구축할 계획이다.

'민심상통'은 일대일로 구축의 사회적 기반이다. 중국은 실크로드의 정신을 계승·발전하여 문화교류, 학술왕래, 여행협력 등 다양한 인문분야 협력을 추진해야 한다. 또한 상호 유학생 파견, 학자교류 추진, 문화제·예술제의 공동주최 등 이벤트를 지원할 것이다. 실크로드 특색을 가진 베스트 해외여행노선 및 여행상품을 공동 기획하며 민간조직의 교류협력도 강화할 계획이다. 이를 통해 일대일로는 서로 다른 문화의 연결고리로서 상호 교감할 수 있는 공동체를 출범시킬 것이다.

일대일로는 공동발전과 공동번영에 가장 중요한 의미를 둔다. 고대 실크로드에 새로운 시대적 함의를 부여하여 참여국에 제한을 두지 않으며 폐쇄적인 체제도 아니다. 프로젝트에 참여를 희망하는 국가와 경제주체는 누구나 참여하여 일대일로의 지지자이며 건설가인 동시에 수혜자가 될 수 있다.

출범을 위한 돛을 올리기에 가장 좋은 바람이 불고 있다. 이제 전 세계 모든 이들은 한마음으로 꿈을 찾아 항해를 떠나야 한다. 일대일로 전략 구상의 웅대한 청사진은 이미 그려졌다. 중국은 연선 국가와 더불어 한마음으로 협력하여 난관을 극복하며 나란히 전진하길 희망한다. 또한 고대 실크로드의 찬란했던 영광을 부활시키며 '단결·발전·번영·문명'의 희망찬 꿈을 함께 만들어가고자 한다.

〈런민일보〉, 2015년 3월 29일

참
고
문
헌

- **바오밍신**(包名) : 《실크로드 – 그림과 역사(絲綢之路 – 圖像與歷史)》, 둥화(東華)대학출판사 2011도판
- **공잉옌**(龔纓晏) 편집 : 《20세기 중국 '해상 실크로드' 연구정선(20世紀中國 '海上絲綢之路' 硏究集萃)》, 저장(浙江)대학출판사 2011도판
- **황마오싱**(黃茂興) : 《역사와 현실의 호응 : 21세기 해상 실크로드의 부흥(歷史與現實的呼應 : 21世紀 海上絲綢之路的復興)》, 경제과학출판사 2015년판
- **젠보짠**(剪伯贊) : 《중국사 요강(中國史綱要)》, 베이징대학출판사 2006년도판
- **지윈페이**(紀雲飛) 편집 : 《중국 해상 실크로드 연구년감(2013)(中國海上絲綢之路研究年鑒)》, 저장(浙江)대학출판사 2013도판
- **리진신**(李進新) : 《실크로드 종교연구(絲綢之路宗敎研究)》, 신장(新疆)인민출판사 2008년도판
- **린메이춘**(林梅村) : 《실크로드 고고학 15강(絲綢之路考古15講)》, 베이징대학출판사 2006년도판
- **류위훙**(劉育弘) : 《신실크로드 경제벨트 교통인프라와 지역경제성장(新絲綢之路經濟帶基礎施與區域經濟增長)》, 중국사회과학출판사 2014년도판
- **류잉성**(劉迎勝) : 《실크로드(絲綢之路)》, 장쑤(江蘇) 인민출판사 2014년판
- **리중민**(李忠民) : 《실크로드 경제벨트 발전연구(絲綢之路經濟帶發展研究)》, 경제과학출판사 2014년도판
- **멍판런**(孟凡人) : 《실크로드 사화(絲綢之路史話)》, 사회과학문헌출판사 2011년도판
- **마리리**(馬莉莉) · **런바오핑**(任保平) : 《실크로드 경제벨트 발전보고 : 2014(絲綢之路經濟帶發展報告 : 2014)》, 중국경제출판사 2014년도판
- **루이촨밍**(芮傳明) : 《실크로드 연구입문(絲綢之路硏究入門)》, 푸단(復旦)대학출판사 2009년도판
- **양궁러**(楊共樂) : 《초기 실크로드의 미세한 탐구(早期絲綢之路探微)》, 북경사범대학출판사 2011년도판
- **왕이웨이**(王義桅) : 《 바다는 요절했는가? – 유럽문명계시록(海殤? – 歐洲文明啓示錄)》, 상하이 런민출판사 2013년도판
- **장제**(張潔) 편집 : 《중국 주변안보형세 평가 : '일대일로'와 주변전략(中國周邊安全形勢評估 : 一帶一路 與周邊戰略)》, 사회과학문헌출판사 2015년도판
- **장쉐펑**(張學鋒) : 《한 · 당 고고학과 역사연구(漢黨考古與歷史研究)》, 상하이 산롄(三聯)서점 2013년도판
- **쩌우레이**(鄒磊) : 《일대일로의 정치경제학(一帶一路的政治經濟學)》, 상하이 런민출판사 2015년판
- **중국 런민대학 충양금융연구원 편집** : 《유라시아시대 – 실크로드 경제벨트 연구청서 2014–2015(歐

亞時代-絲綢之路經濟帶硏究藍皮書 2014-2015)》, 중국경제출판사 2014년도판

- [고대 그리스] **아리안** : 《알렉산더대왕 원정기(亞歷山大遠征記)》, 역자 리훠(李活), 상무인서관(商務印書館) 1979년도판

- [우즈베키스탄] **아메도프**(Ahmedov) : 《16-18세기 중앙아시아 역사지리문헌(16-18世紀中亞歷史地理文獻)》, 역자 천위안광(陳遠光), 런민출판사 2011년도판

- [미국] **빌포터**(Bill·Porter) : 《실크로드 : 중화문명사상 가장 빛나는 역사의 장을 찾아서(追溯中華文明史上最輝煌的篇章)》, 역자 마훙웨이(馬宏偉), 뤼장칭(呂長靑) 등, 쓰촨(四川) 문예출판사 2013년도판

- [캐나다] **다니엘 벨**(Daniel A. Bell) : 《동방과 서방과의 조우(東方遭遇西方)》, 역자 쿵신펑(孔新峰), 장옌량(張言亮), 상하이 산롄(三聯)서점 2011년도판

- [호주] **벤 심펜도르퍼**(Ben Simpfendorfer) : 《신실크로드(新絲綢之路)》, 역자 청런타오(程仁桃), 동방출판사 2011년도판

- [영국] **데이비드 밀러** : 《민족책임과 글로벌 정의(民族責任與全球正義)》, 역자 양퉁진(楊通進), 리광보(李廣博), 충칭(重慶)출판사 2014년도판

- [프랑스] **루**(Roux J.P.) : 《서역의 역사와 문명(西域的歷史與文名)》, 역자 겅성(耿昇), 런민출판사 2012년도판

- [영국] **마틴자크**(Martin Jacques) : 《중국이 세계를 지배하면 – 중국의 굴기와 서방세계의 쇠락(當中國統治世界-中國的崛起和西方世界的衰落)》, 역자 장리(張莉), 류취(劉曲), 중신(中信)출판사 2010년도판

- [영국] **노먼 데이비스**(Norman Davies) : 《유럽역사(歐洲史)》, 역자 궈팡(郭芳), 류베이청(劉北成) 등, 세계지식출판사 2007년도판

- [미국] **스타브로 스타브리아노스**(Leften Stavros Stavrianos) : 《글로벌 통사(全球通史)》, 역자 우샹잉(嗚象嬰), 량츠민(梁赤民) 등, 베이징대학출판사 2005년도판

- [영국] **스타인**(Stein) : 《서역 고고기(西域考古記)》, 상무인서관(商務印書館), 2013년도판

- [미국] **새뮤얼 P. 헌팅턴**(samuel p. huntington) : 《문명의 충돌과 국제질서의 재편(文明的衝突與世界秩序的重建)》, 역자 저우치(周琪) 등, 신화(新華)출판사 1988년도판

- [스웨덴] **헤딘**(Sven Hedin) : 《실크로드(絲綢之路)》, 역자 장훙(江紅), 리페이쥐안(李佩娟) 등, 신장 런민출판사 2013년도판

- [미국] **이매뉴얼 월러스틴**(Immanuel Wallerstein) : 《현대세계체제(現代世界體系)》, 역자 뤄룽취(羅榮渠) 등, 고등교육출판사 1998년도판

- [영국] **프란세스 우드**(Frances Wood) : 《실크로드 2000년(絲綢之路2000年)》, 산둥(山東) 화보출판사 2008년도판

- [미국] **즈비그뉴 브레진스키**(Zbigniew Brzezinski) : 《거대한 체스판(大棋局)》, 중국국제문제연구소 번역, 상하이 런민출판사 1998년도판

중국, 그래도 중국

초판1쇄 인쇄   2016년 3월 24일
초판1쇄 발행   2016년 3월 30일

지은이   왕이웨이
옮긴이   한민화

발행인   이정식
편집인   신휘선
편집장   신수경
편집   이현정 김혜연
교정교열   우정희
디자인   디자인 봄에 ｜ 신인수
마케팅   안영배 경주현
제작   주진만

발행처   (주)서울문화사
등록일   1988년 12월 16일 ｜ 등록번호 제2-484호
주소   서울시 용산구 새창로 221-19 (우)140-737
편집문의   02-799-9326
구입문의   02-791-0762
팩시밀리   02-749-4079
이메일   book@seoulmedia.co.kr

ISBN 978-89-263-9688-9 (03320)